LE DERNIER JOUR

D'UN CONDAMNÉ

LITTÉRATURE ET PHILOSOPHIE MÊLÉES

TYPOGRAPHIE DE CH. LAHURE
Imprimeur du Sénat et de la Cour de Cassation
rue de Vaugirard, 9

VICTOR HUGO

LE DERNIER JOUR

D'UN CONDAMNÉ

LITTÉRATURE ET PHILOSOPHIE MÊLÉES

COLLECTION HETZEL

PARIS
LIBRAIRIE DE L. HACHETTE ET Cie
RUE PIERRE-SARRAZIN, N° 14

1858

Droit de traduction réservé

LE

DERNIER JOUR D'UN CONDAMNÉ

Il n'y avait en tête des premières éditions de cet ouvrage, publié d'abord sans nom d'auteur, que les quelques lignes qu'on va lire :

« Il y a deux manières de se rendre compte de l'exis-
« tence de ce livre. Ou il y a eu, en effet, une liasse de pa-
« piers jaunes et inégaux, sur lesquels on a trouvé, enre-
« gistrées une à une, les dernières pensées d'un misérable;
« ou il s'est rencontré un homme, un rêveur, occupé à ob-
« server la nature au profit de l'art, un philosophe, un
« poëte, que sais-je? dont cette idée a été la fantaisie, qui
« l'a prise, ou plutôt s'est laissé prendre par elle, et n'a pu
« s'en débarrasser qu'en la jetant dans un livre.

« De ces deux explications, le lecteur choisira celle qu'il
« voudra. »

Comme on le voit, à l'époque où ce livre fut publié, l'auteur ne jugea pas à propos de dire dès lors toute sa pensée.

Il aima mieux attendre qu'elle fût comprise et voir si elle le serait. Elle l'a été. L'auteur aujourd'hui peut démasquer l'idée politique, l'idée sociale, qu'il avait voulu populariser sous cette innocente et candide forme littéraire. Il déclare donc, ou plutôt il avoue hautement que le *Dernier Jour d'un Condamné* n'est autre chose qu'un plaidoyer, direct ou indirect, comme on voudra, pour l'abolition de la peine de mort. Ce qu'il a eu dessein de faire, ce qu'il voudrait que la postérité vît dans son œuvre, si jamais elle s'occupe de si peu, ce n'est pas la défense spéciale, et toujours facile, et toujours transitoire, de tel ou tel criminel choisi, de tel ou tel accusé d'élection; c'est la plaidoirie générale et permanente pour tous les accusés présents et à venir; c'est le grand point du droit de l'humanité allégué et plaidé à toute voix devant la société, qui est la grande cour de cassation; c'est cette suprême fin de non-recevoir *abhorrescere a sanguine*, construite à tout jamais en avant de tous les procès criminels; c'est la sombre et fatale question qui palpite obscurément au fond de toutes les causes capitales sous les triples épaisseurs de pathos dont l'enveloppe la rhétorique sanglante des gens du roi; c'est la question de vie et de mort, dis-je, déshabillée, dénudée, dépouillée des entortillages sonores du parquet, brutalement mise au jour, et posée où il faut qu'on la voie, où il faut qu'elle soit, où elle est réellement, dans son vrai milieu, dans son milieu horrible, non au tribunal, mais à l'échafaud; non chez le juge, mais chez le bourreau.

Voilà ce qu'il a voulu faire. Si l'avenir lui décernait un jour la gloire de l'avoir fait, ce qu'il n'ose espérer, il ne voudrait pas d'autre couronne.

Il le déclare donc, et il le répète, il occupe, au nom de tous les accusés possibles, innocents ou coupables, devant toutes les cours, tous les prétoires, tous les jurys, toutes les justices. Ce livre est adressé à quiconque juge. Et, pour

que le plaidoyer soit aussi vaste que la cause, il a dû, et
c'est pour cela que le *Dernier Jour d'un Condamné* est
ainsi fait, élaguer de toutes parts, dans son sujet, le con-
tingent, l'accident, le particulier, le spécial, le relatif, le
modifiable, l'épisode, l'anecdote, l'événement, le nom propre, et se borner (si c'est là se borner) à plaider la cause
d'un condamné quelconque, exécuté un jour quelconque,
pour un crime quelconque. Heureux si, sans autre outil
que sa pensée, il a fouillé assez avant pour faire saigner
un cœur sous l'*œs triplex* du magistrat ! heureux s'il a
rendu pitoyables ceux qui se croient justes ! heureux si, à
force de creuser dans le juge, il a réussi quelquefois à y
retrouver un homme !

Il y a trois ans, quand ce livre parut, quelques personnes imaginèrent que cela valait la peine d'en contester l'idée à l'auteur. Les uns supposèrent un livre anglais, les autres un livre américain. Singulière manie de chercher à mille lieues les origines des choses, et de faire couler des sources du Nil le ruisseau qui lave votre rue ! Hélas ! il n'y a en ceci ni livre anglais, ni livre américain, ni livre chinois. L'auteur a pris l'idée du *Dernier Jour d'un Condamné*, non dans un livre, il n'a pas l'habitude d'aller chercher ses idées si loin, mais là où vous pouviez tous la prendre, où vous l'avez prise peut-être (car qui n'a fait ou rêvé dans son esprit le *dernier jour d'un condamné?*), tout bonnement sur la place publique, sur la place de Grève. C'est là qu'un jour en passant il a ramassé cette idée fatale, gisante dans une mare de sang, sous les rouges moignons de la guillotine.

Depuis, chaque fois qu'au gré des funèbres jeudis de la cour de cassation, il arrivait un de ces jours où le cri d'un arrêt de mort se fait dans Paris, chaque fois que l'auteur entendait passer sous ses fenêtres ces hurleurs enroués qui ameutent des spectateurs pour la Grève, chaque fois, la douloureuse idée lui revenait, s'emparait de lui, lui emplissait la tête de gendarmes, de bourreaux et de foule, lui expliquait heure par heure les dernières souffrances du misérable agonisant : en ce moment on le confesse, en ce moment on lui coupe les cheveux, en ce moment on lui lie les mains ; — le sommait, lui, pauvre poëte, de dire tout cela à la société qui fait ses affaires pendant que cette chose monstrueuse s'accomplit ; le pressait, le poussait, le secouait, lui arrachait ses vers de l'esprit, s'il était en train d'en faire, et les tuait à peine ébauchés ; barrait tous ses travaux, se mettait en travers de tout, l'investissait, l'obsédait, l'assiégeait. C'était un supplice, un supplice qui commençait avec le jour, et qui durait, comme celui du misérable qu'on torturait au même moment, jusqu'à *quatre heures*. Alors seulement, une fois le *ponens caput expiravit* crié par la voix sinistre de l'horloge, l'auteur respirait et retrouvait quelque liberté d'esprit. Un jour enfin, c'était à ce qu'il croit, le lendemain de l'exécution d'Ulbach, il se mit à écrire ce livre. Depuis lors, il a été soulagé. Quand un de ces crimes publics qu'on nomme exécutions judiciaires a été commis, sa conscience lui a dit qu'il n'en était plus solidaire ; et il n'a plus senti à son front cette goutte de sang qui rejaillit de la Grève sur la tête de tous les membres de la communauté sociale.

Toutefois, cela ne suffit pas. Se laver les mains est bien, empêcher le sang de couler serait mieux.

Aussi ne connaîtrait-il pas de but plus élevé, plus saint, plus auguste, que celui-là : concourir à l'abolition de la peine de mort. Aussi est-ce du fond du cœur qu'il adhère aux vœux et aux efforts des hommes généreux de toutes les nations qui travaillent depuis plusieurs années à jeter bas l'arbre patibulaire, le seul arbre que les révolutions ne déracinent pas. C'est avec joie qu'il vient à son tour, lui chétif, donner son coup de cognée, et élargir de son mieux l'entaille que Beccaria a faite, il y a soixante-six ans, au vieux gibet dressé depuis tant de siècles sur la chrétienté.

Nous venons de dire que l'échafaud est le seul édifice que les révolutions ne démolissent pas. Il est rare, en effet, que les révolutions soient sobres de sang humain, et, venues qu'elles sont pour émonder, pour ébrancher, pour étêter la société, la peine de mort est une des serpes dont elles se dessaisissent le plus malaisément.

Nous l'avouerons cependant, si jamais révolution nous parut digne et capable d'abolir la peine de mort, c'est la Révolution de juillet. Il semble, en effet, qu'il appartenait au mouvement populaire le plus clément des temps modernes de raturer la pénalité barbare de Louis XI, de Richelieu et de Robespierre, et d'inscrire au front de la loi l'inviolabilité de la vie humaine. 1830 méritait de briser le couperet de 93.

Nous l'avons espéré un moment. En août 1830, il y avait tant de générosité dans l'air, un tel esprit de douceur et de civilisation flottait dans les masses, on se sentait le cœur si bien épanoui par l'approche d'un bel avenir, qu'il nous sembla que la peine de mort était abolie de droit, d'emblée, d'un consentement tacite et unanime, comme le reste des choses mauvaises qui nous avaient gênés. Le peuple venait de faire un feu de joie des guenilles de l'ancien régime. Celle-là était la guenille sanglante, nous la crûmes dans le tas. Nous la crûmes brûlée comme les autres. Et, pendant quelques semaines, confiant et crédule, nous eûmes foi pour l'avenir à l'inviolabilité de la vie, comme à l'inviolabilité de la liberté.

Et, en effet, deux mois s'étaient à peine écoulés qu'une tentative fut faite pour résoudre en réalité légale l'utopie sublime de César Bonesana.

Malheureusement, cette tentative fut gauche, maladroite,

presque hypocrite, et faite dans un autre intérêt que l'intérêt général.

Au mois d'octobre 1830, on se le rappelle, quelques jours après avoir écarté par l'ordre du jour la proposition d'ensevelir Napoléon sous la colonne, la Chambre tout entière se mit à pleurer et à bramer. La question de la peine de mort fut remise sur le tapis, nous allons dire quelques lignes plus bas à quelle occasion, et alors il sembla que toutes ces entrailles de législateurs étaient prises d'une subite et merveilleuse miséricorde. Ce fut à qui parlerait, à qui gémirait, à qui lèverait les mains au ciel. La peine de mort, grand Dieu! quelle horreur! Tel vieux procureur général, blanchi dans la robe rouge, qui avait mangé toute sa vie le pain trempé de sang des réquisitoires, se composa tout à coup un air piteux et attesta les dieux qu'il était indigné de la guillotine. Pendant deux jours, la tribune ne désemplit pas de harangueurs en pleureuses. Ce fut une lamentation, une myriologie, un concert de psaumes lugubres, un *Super flumina Babylonis*, un *Stabat mater dolorosa*, une grande symphonie en ut, avec chœurs, exécutée par tout cet orchestre d'orateurs qui garnit les premiers bancs de la Chambre, et rend de si beaux sons dans les grands jours. Tel vint avec sa basse, tel avec son fausset. Rien n'y manqua. La chose fut on ne peut plus pathétique et pitoyable. La séance de nuit surtout fut tendre, paterne et déchirante comme un cinquième acte de Lachaussée. Le bon public, qui n'y comprenait rien, avait les larmes aux yeux (1).

(1) Nous ne prétendons pas envelopper dans le même dédain *tout* ce qui a été dit à cette occasion à la Chambre. Il s'est bien prononcé çà et là quelques belles et dignes paroles. Nous avons applaudi, comme tout le monde, au discours grave et simple de monsieur de la Fayette, et, dans une autre nuance, à la remarquable improvisation de monsieur Villemain.

De quoi s'agissait-il donc? D'abolir la peine de mort?
Oui et non.

Voici le fait :

Quatre hommes du monde, quatre hommes comme il faut, de ces hommes qu'on a pu rencontrer dans un salon, et avec qui peut-être on a échangé quelques paroles polies, quatre de ces hommes, dis-je, avaient tenté, dans les hautes régions politiques, un de ces coups hardis que Bacon appelle *crimes*, et que Machiavel appelle *entreprises*. Or, crime ou entreprise, la loi, brutale pour tous, punit cela de mort. Et les quatre malheureux étaient là, prisonniers, captifs de la loi, gardés par trois cents cocardes tricolores sous les belles ogives de Vincennes. Que faire et comment faire? Vous comprenez qu'il est impossible d'envoyer à la Grève, dans une charrette, ignoblement liés avec de grosses cordes, dos à dos avec ce fonctionnaire qu'il ne faut pas seulement nommer, quatre hommes comme vous et moi, quatre *hommes du monde!* Encore s'il y avait une guillotine en acajou!

Eh! il n'y a qu'à abolir la peine de mort!

Et, là-dessus, la Chambre se met en besogne!

Remarquez, messieurs, qu'hier encore vous traitiez cette abolition d'utopie, de théorie, de rêve, de folie, de poésie. Remarquez que ce n'est pas la première fois qu'on cherche à appeler votre attention sur la charrette, sur les grosses cordes et sur l'horrible machine écarlate, et qu'il est étrange que ce hideux attirail vous saute ainsi aux yeux tout à coup.

Bah! c'est bien de cela qu'il s'agit! Ce n'est pas à cause de vous, peuple, que nous abolissons la peine de mort, mais à cause de nous, députés, qui pouvons être ministres. Nous ne voulons pas que la mécanique de Guillotin morde les hautes classes. Nous la brisons. Tant mieux si cela arrange tout le monde, mais nous n'avons songé qu'à nous. Ucalégon brûle. Eteignons le feu. Vite, supprimons le bourreau, biffons le Code.

Et c'est ainsi qu'un alliage d'égoïsme altère et dénature les plus belles combinaisons sociales. C'est la veine noire dans le marbre blanc; elle circule partout, et apparaît à tout moment à l'improviste sous le ciseau. Votre statue est à refaire.

Certes, il n'est pas besoin que nous le déclarions ici, nous ne sommes pas de ceux qui réclamaient les têtes des quatre ministres. Une fois ces infortunés arrêtés, la colère indignée que nous avait inspirée leur attentat s'est changée, chez nous comme chez tout le monde, en une profonde pitié. Nous avons songé aux préjugés d'éducation de quelques-uns d'entre eux, au cerveau peu développé de leur chef, relaps fanatique et obstiné des conspirations de 1804, blanchi avant l'âge sous l'ombre humide des prisons d'Etat, aux nécessités fatales de leur position commune, à l'impossibilité d'enrayer sur cette pente rapide où la monarchie s'était lancée elle-même à toute bride le 8 août 1829, à l'influence trop peu calculée par nous jusqu'alors de la personne royale, surtout à la dignité que l'un d'entre eux répandait comme un manteau de pourpre sur le malheur. Nous sommes de ceux qui leur souhaitaient bien sincèrement la vie sauve, et qui étaient prêts à se dévouer pour cela. Si jamais, par impossible, leur échafaud eût été dressé un jour en Grève, nous ne doutons pas, et si c'est une illusion nous voulons la conserver, nous ne doutons pas qu'il n'y eût eu une émeute pour le renverser, et celui qui écrit ces lignes eût été de cette sainte émeute. Car, il faut bien le dire aussi, dans les crises sociales, de tous les échafauds l'échafaud politique est le plus abominable, le plus funeste, le plus vénéneux, le plus nécessaire à extirper. Cette espèce de guillotine-là prend racine dans le pavé, et en peu de temps repousse de bouture sur tous les points du sol.

En temps de révolution, prenez garde à la première tête qui tombe. Elle met le peuple en appétit.

Nous étions donc personnellement d'accord avec ceux qui voulaient épargner les quatre ministres, et d'accord de toutes les manières, par les raisons sentimentales comme par les raisons politiques. Seulement, nous eussions mieux aimé que la Chambre choisit une autre occasion pour proposer l'abolition de la peine de mort.

Si on l'avait proposée, cette souhaitable abolition, non à propos de quatre ministres tombés des Tuileries à Vincennes, mais à propos du premier voleur de grands chemins venu, à propos d'un de ces misérables que vous regardez à peine quand ils passent près de vous dans la rue, auxquels vous ne parlez pas, dont vous évitez instinctivement le coudoiement poudreux; malheureux dont l'enfance déguenillée a couru pieds nus dans la boue des carrefours, grelottant l'hiver au rebord des quais, se chauffant au soupirail des cuisines de monsieur Véfour chez qui vous dinez, déterrant çà et là une croûte de pain dans un tas d'ordures et l'essuyant avant de la manger, grattant tout le jour le ruisseau avec un clou pour y trouver un liard, n'ayant d'autre amusement que le spectacle gratis de la fête du roi et les exécutions en Grève, cet autre spectacle gratis; pauvres diables, que la faim pousse au vol, et le vol au reste; enfants déshérités d'une société marâtre, que la maison de force prend à douze ans, le bagne à dix-huit, l'échafaud à quarante; infortunés qu'avec une école et un atelier vous auriez pu rendre bons, moraux, utiles, et dont vous ne savez que faire, les versant, comme un fardeau inutile, tantôt dans la rouge fourmilière de Toulon, tantôt dans le muet enclos de Clamart, leur retranchant la vie après leur avoir ôté la liberté; si c'eût été à propos d'un de ces hommes que vous eussiez proposé d'abolir la peine de mort, oh! alors, votre séance eût été vraiment digne, grande, sainte, majestueuse, vénérable. Depuis les augustes pères de Trente invitant les hérétiques au concile au nom des entrailles de Dieu, *per viscera Dei*, parce qu'on espère leur conversion, *quoniam sancta synodus sperat hœreticorum conversionem*, jamais assemblée d'hommes n'aurait présenté au monde spectacle plus sublime, plus illustre, et plus miséricordieux. Il a toujours appartenu à ceux qui sont vraiment forts et vraiment grands d'avoir souci du faible et du petit. Un conseil de brahmines serait beau prenant en main la cause du paria. Et ici la cause du paria, c'était la cause du peuple. En abolissant la peine de mort, à cause de lui et sans attendre que vous fussiez intéressés dans la question, vous faisiez plus qu'une œuvre politique, vous faisiez une œuvre sociale.

Tandis que vous n'avez pas même fait une œuvre politique en essayant de l'abolir, non pour l'abolir, mais pour sauver quatre malheureux ministres pris la main dans le sac des coups d'État!

Qu'est-il arrivé? c'est que, comme vous n'étiez pas sincères, on a été défiant. Quand le peuple a vu qu'on voulait lui donner le change, il s'est fâché contre toute la question en masse, et, chose remarquable! il a pris fait et cause pour cette peine de mort dont il supporte pourtant tout le poids. C'est votre maladresse qui l'a amené là. En abordant la question de biais et sans franchise, vous l'avez compromise pour longtemps. Vous jouiez une comédie. On l'a sifflée.

Cette farce pourtant, quelques esprits avaient eu la bonté de la prendre au sérieux. Immédiatement après la fameuse séance, ordre avait été donné aux procureurs généraux par un garde des sceaux honnête homme de suspendre indéfiniment toutes exécutions capitales. C'était en apparence un grand pas. Les adversaires de la peine de mort respirèrent. Mais leur illusion fut de courte durée.

Le procès des ministres fut mené à fin. Je ne sais quel arrêt fut rendu. Les quatre vies furent épargnées. Ham fut choisi comme juste milieu entre la mort et la liberté. Ces divers arrangements une fois faits, toute peur s'évanouit dans l'esprit des hommes d'Etat dirigeants, et avec la peur l'humanité s'en alla. Il ne fut plus question d'abolir le supplice capital ; et, une fois qu'on n'eut plus besoin d'elle, l'utopie redevint utopie, la théorie, théorie, la poésie, poésie.

Il y avait pourtant toujours dans les prisons quelques malheureux condamnés vulgaires qui se promenaient dans les préaux depuis cinq ou six mois, respirant l'air, tranquilles désormais, sûrs de vivre, prenant leur sursis pour leur grâce. Mais attendez.

Le bourreau, à vrai dire, avait eu grand'peur. Le jour où il avait entendu nos faiseurs de lois parler humanité, philanthropie, progrès, il s'était cru perdu. Il s'était caché, le misérable, il s'était blotti sous sa guillotine, mal à l'aise au soleil de juillet comme un oiseau de nuit en plein jour, tâchant de se faire oublier, se bouchant les oreilles et n'osant souffler. On ne le voyait plus depuis six mois. Il ne donnait plus signe de vie. Peu à peu cependant il s'était rassuré dans ses ténèbres. Il avait écouté du côté des Chambres et n'avait plus entendu prononcer son nom. Plus de ces grands mots sonores dont il avait eu si grande frayeur. Plus de commentaires déclamatoires du *Traité des Délits et des Peines*. On s'occupait de tout autre chose, de quelque grave intérêt social, d'un chemin vicinal, d'une subvention pour l'Opéra-Comique, ou d'une saignée de cent mille francs sur un budget apoplectique de quinze cents millions. Personne ne songeait plus à lui, coupe-tête. Ce que voyant, l'homme se tranquillise, il met sa tête hors de son trou, et regarde de tous côtés ; il fait un pas, puis deux, comme je ne sais plus quelle souris de la Fontaine, puis il se hasarde à sortir tout à fait de dessous son échafaudage, puis il saute dessus, le raccommode, le restaure, le fourbit, le caresse, le fait jouer, le fait reluire, se remet à suiver la vieille mécanique rouillée que l'oisiveté détraquait ; tout à coup il se retourne, saisit au hasard par les cheveux, dans la première prison venue, un de ces infortunés qui comptaient sur la vie, le tire à lui, le dépouille, l'attache, le boucle, et voilà les exécutions qui recommencent.

Tout cela est affreux, mais c'est de l'histoire.

Oui, il y a eu un sursis de six mois accordé à de malheureux captifs, dont on a gratuitement aggravé la peine de cette façon en les faisant reprendre à la vie ; puis, sans raison, sans nécessité, sans trop savoir pourquoi, *pour le plaisir*, on a un beau matin révoqué le sursis, et l'on a remis froidement toutes ces créatures humaines en coupe réglée.

Eh ! mon Dieu ! je vous le demande, qu'est-ce que cela nous faisait à tous que ces hommes vécussent ? Est-ce qu'il n'y a pas en France assez d'air à respirer pour tout le monde ?

Pour qu'un jour un misérable commis de la chancellerie, à qui cela était égal, se soit levé de sa chaise en disant : —Allons ! personne ne songe plus à l'abolition de la peine de mort. Il est temps de se remettre à guillotiner ! — il faut qu'il se soit passé dans le cœur de cet homme-là quelque chose de bien monstrueux.

Du reste, disons-le, jamais les exécutions n'ont été accompagnées de circonstances plus atroces que depuis cette révocation du sursis de juillet. Jamais l'anecdote de la Grève n'a été plus révoltante et n'a mieux prouvé l'exécration de la peine de mort. Ce redoublement d'horreur est le juste châtiment des hommes qui ont remis le code du sang en vigueur. Qu'ils soient punis par leur œuvre. C'est bien fait.

Il faut citer ici deux ou trois exemples de ce que certaines exécutions ont eu d'épouvantable et d'impie. Il faut donner mal aux nerfs aux femmes des procureurs du roi. Une femme, c'est quelquefois une conscience.

Dans le Midi, vers la fin du mois de septembre dernier, nous n'avons pas bien présents à l'esprit le lieu, le jour, ni le nom du condamné, mais nous les retrouverons si l'on conteste le fait, et nous croyons que c'est à Pamiers ; vers la fin de septembre donc, on vient trouver un homme dans sa prison, où il jouait tranquillement aux cartes ; on lui signifie qu'il faut mourir dans deux heures, ce qui le fait trembler de tous ses membres ; car, depuis six mois qu'on l'oubliait, il ne comptait plus sur la mort ; on le rase, on le tond, on le garrotte, on le confesse ; puis on le brouette entre quatre gendarmes, et à travers la foule, au lieu de l'exécution. Jusqu'ici rien que de simple. C'est comme cela que cela se fait. Arrivé à l'échafaud, le bourreau le prend au prêtre, l'emporte, le ficelle sur la bascule, l'*enfourne*, je me sers ici du mot d'argot, puis il lâche le couperet. Le lourd triangle de fer se détache avec peine, tombe en cahotant dans ses rainures, et, voici l'horrible qui commence, entaille l'homme sans le tuer. L'homme pousse un cri affreux. Le bourreau, déconcerté, relève le couperet et le laisse retomber. Le couperet mord le cou du patient une seconde fois, mais ne le tranche pas. Le patient hurle, la foule aussi. Le bourreau rehisse encore le couperet, espérant mieux du troisième coup. Point. Le troisième coup fait jaillir un troisième ruisseau de sang de la nuque du condamné, mais ne fait pas tomber la tête. Abrégeons. Le couteau remonta et retomba cinq fois, cinq fois il entama le condamné, cinq fois le condamné hurla sous le coup et secoua sa tête vivante en criant grâce ! Le peuple indigné prit des pierres, et se mit dans sa justice à lapider le bourreau. Le bourreau s'enfuit sous la guillotine et s'y tapit derrière les chevaux des gendarmes. Mais vous n'êtes pas au bout. Le supplicié, se voyant seul sur l'échafaud, s'était redressé sur la planche, et là, debout, effroyable, ruisselant de sang, soutenant sa tête à demi coupée qui pendait sur son épaule, il demandait avec de faibles cris qu'on vînt le détacher. La foule, pleine de pitié, était sur le point de forcer les gendarmes et de venir à l'aide du malheureux qui avait subi cinq fois son arrêt de mort. C'est en ce moment-là qu'un valet de bourreau, jeune homme de vingt ans, monte sur l'échafaud, dit au patient de se tourner pour qu'il le délie, et, profitant de la posture du mourant qui se livrait à lui sans défiance, saute sur son dos, et se met à lui couper péniblement ce qui lui restait de cou avec je ne sais quel couteau de boucher.

Cela s'est fait.

Cela s'est vu.

Oui.

Aux termes de la loi, un juge a dû assister à cette exécution! D'un signe il pouvait tout arrêter. Que faisait-il donc au fond de sa voiture, cet homme, pendant qu'on massacrait un homme? Que faisait-il, ce punisseur d'assassins, pendant qu'on assassinait en plein jour, sous ses yeux, sous le souffle de ses chevaux, sous la vitre de sa portière?

Et le juge n'a pas été mis en jugement, et le bourreau n'a pas été mis en jugement! Et aucun tribunal ne s'est enquis de cette monstrueuse extermination de toutes les lois sur la personne sacrée d'une créature de Dieu!

Au dix-septième siècle, à l'époque de barbarie du code criminel, sous Richelieu, sous Christophe Fouquet, quand M. de Chalais fut mis à mort devant le Bouffay de Nantes par un soldat maladroit qui, au lieu d'un coup d'épée, lui donna trente-quatre coups (1) d'une doloire de tonnelier, du moins cela parut-il irrégulier au parlement de Paris ; il y eut enquête et procès, et, si Richelieu ne fut pas puni, si Christophe Fouquet ne fut pas puni, le soldat le fut. Injustice sans doute, mais au fond de laquelle il y avait de la justice.

Ici, rien. La chose a eu lieu après Juillet, dans un temps de douces mœurs et de progrès, un an après la célèbre lamentation de la Chambre sur la peine de mort. Eh bien ! le fait a passé absolument inaperçu. Les journaux de Paris l'ont publié comme une anecdote. Personne n'a été inquiété. On a su seulement que la guillotine avait été disloquée exprès par quelqu'un *qui voulait nuire à l'exécuteur des hautes œuvres.* C'était un valet du bourreau, chassé par son maître, qui, pour se venger, lui avait fait cette malice.

Ce n'était qu'une espièglerie. Continuons.

A Dijon, il y a trois mois, on a mené au supplice une femme. (Une femme!) Cette fois encore, le couteau du docteur Guillotin a mal fait son service. La tête n'a pas été tout à fait coupée. Alors les valets de l'exécuteur se sont attelés aux pieds de la femme, et à travers les hurlements de la malheureuse, et à force de tiraillements et de soubresauts, ils lui ont séparé la tête du corps par arrachement.

A Paris, nous revenons au temps des exécutions secrètes. Comme on n'ose plus décapiter en Grève depuis Juillet, comme on a peur, comme on est lâche, voici ce qu'on fait. On a pris dernièrement à Bicêtre un homme, un condamné à mort, un nommé Désandrieux, je crois ; on l'a mis dans une espèce de panier traîné sur deux roues, clos

---

(1) La Porte dit vingt-deux, mais Aubery dit trente-quatre. Monsieur de Chalais cria jusqu'au vingtième.

de toutes parts, cadenassé et verrouillé ; puis, un gendarme en tête, un gendarme en queue, à petit bruit et sans foule, on a été déposer le paquet à la barrière déserte de Saint-Jacques. Arrivés là, il était huit heures du matin, à peine jour, il y avait une guillotine toute fraîche dressée, pour public quelque douzaine de petits garçons groupés sur les tas de pierres voisins autour de la machine inattendue : vite, on a tiré l'homme du panier, et, sans lui donner le temps de respirer, furtivement, sournoisement, honteusement, on lui a escamoté sa tête. Cela s'appelle un acte public et solennel de haute justice. Infâme dérision !

Comment donc les gens du roi comprennent-ils le mot civilisation ? Où en sommes-nous ? La justice ravalée aux stratagèmes et aux supercheries ! la loi aux expédients ! monstrueux !

C'est donc une chose bien redoutable qu'un condamné à mort, pour que la société le prenne en traître de cette façon ?

Soyons justes pourtant, l'exécution n'a pas été tout à fait secrète. Le matin on a crié et vendu, comme de coutume, l'arrêt de mort dans les carrefours de Paris. Il paraît qu'il y a des gens qui vivent de cette vente. Vous entendez ? du crime d'un infortuné, de son châtiment, de ses tortures, de son agonie, on fait une denrée, un papier qu'on vend un sou. Concevez-vous rien de plus hideux que ce sou vertdegrisé dans le sang ? Qui est-ce donc qui le ramasse ?

Voilà assez d'exemples. En voilà trop. Est-ce que tout cela n'est pas horrible, et qu'avez-vous à alléguer pour la peine de mort ?

Nous posons cette question sérieusement ; nous la faisons pour qu'on nous réponde, nous la faisons aux criminalistes et non aux lettrés bavards. Nous savons qu'il y a des gens qui prennent l'excellence de la peine de mort pour texte à paradoxes comme tout autre thème. Il y en a d'autres qui n'aiment la peine de mort que parce qu'ils haïssent tel ou tel qui l'attaque. C'est pour eux une question quasi littéraire, une question de personnes, une question de noms propres. Ceux-là sont les envieux qui ne font pas plus faute aux bons jurisconsultes qu'aux grands artistes. Les Joseph Grippa ne manquent pas plus aux Filangieri que les Torregiani aux Michel-Ange, et les Scuderi aux Corneille.

Ce n'est pas à eux que nous nous adressons, mais aux hommes de loi proprement dits, aux dialecticiens, aux raisonneurs, à ceux qui aiment la peine de mort pour la peine de mort, pour sa beauté, pour sa bonté, pour sa grâce.

Voyons : qu'ils donnent leurs raisons.

Ceux qui jugent et qui condamnent disent la peine de mort nécessaire, d'abord : — parce qu'il importe de retrancher de la communauté sociale un membre qui lui a déjà nui et qui pourrait lui nuire encore. — S'il ne s'agissait que de cela, la prison perpétuelle suffirait. A quoi bon la mort? Vous objectez qu'on peut s'échapper d'une prison; faites mieux votre ronde. Si vous ne croyez pas à la solidité des barreaux de fer, comment osez-vous avoir des ménageries?

Pas de bourreau où le geôlier suffit.

Mais, reprend-on, — il faut que la société se venge, que la société punisse. — Ni l'un ni l'autre. Se venger est de l'individu, punir est de Dieu.

La société est entre deux. Le châtiment est au-dessus d'elle, la vengeance au-dessous. Rien de si grand et de si petit ne lui sied. Elle ne doit pas « punir pour se venger; » elle doit *corriger pour améliorer*. Transformez de cette façon la formule des criminalistes, nous la comprenons et nous y adhérons.

Reste la troisième et dernière raison, la théorie de l'exemple. — Il faut faire des exemples! il faut épouvanter par le spectacle du sort réservé aux criminels ceux qui seraient tentés de les imiter! — Voilà bien à peu près textuellement la phrase éternelle dont tous les réquisitoires des cinq cents parquets de France ne sont que des variations plus ou moins sonores. Eh quoi! nous nions d'abord qu'il y ait exemple. Nous nions que le spectacle des supplices produise l'effet qu'on en attend. Loin d'édifier le peuple, il le démoralise et ruine en lui toute sensibilité, partant toute vertu. Les preuves abondent et encombreraient notre raisonnement si nous voulions en citer. Nous signalerons pourtant un fait entre mille, parce qu'il est le plus récent : au moment où nous écrivons, il n'a que dix jours de date. Il est du 5 mars, dernier jour du carnaval. A Saint-Pol, immédiatement après l'exécution d'un incendiaire nommé Louis Camus, une troupe de masques est venue danser autour de l'échafaud encore fumant. Faites donc des exemples! le mardi gras vous rit au nez.

Que si, malgré l'expérience, vous tenez à votre théorie routinière de l'exemple, alors rendez-nous le seizième siècle, soyez vraiment formidables, rendez-nous la variété des supplices, rendez-nous Farinacci, rendez-nous les tourmenteurs-jurés, rendez-nous le gibet, la roue, le bûcher, l'estrapade, l'essorillement, l'écartellement, la fosse à enfouir vif, la cuve à bouillir vif; rendez-nous, dans tous les carrefours de Paris, comme une boutique de plus ouverte parmi les autres, le hideux étal du bourreau, sans cesse garni de chair fraîche. Rendez-nous Montfaucon, ses seize piliers de pierre, ses brutes assises, ses caves à ossements, ses poutres, ses crocs, ses chaînes, ses brochettes de squelettes, son éminence de plâtre tachetée de corbeaux, ses potences succursales, et l'odeur de cadavre que, par le vent du nord-est, il répand à larges bouffées sur tout le faubourg du Temple; rendez-nous, dans sa permanence et dans sa puissance, ce gigantesque appentis du bourreau de Paris. A la bonne heure! voilà de l'exemple en grand. Voilà de la peine de mort bien comprise. Voilà un système de supplices qui a quelque proportion; voilà qui est horrible, mais qui est terrible.

Ou bien faites comme en Angleterre. En Angleterre, pays de commerce, on prend un contrebandier sur la côte de Douvres, on le pend *pour l'exemple, pour l'exemple* on le laisse accroché au gibet; mais, comme les intempéries de l'air pourraient détériorer le cadavre, on l'enveloppe soigneusement d'une toile enduite de goudron, afin d'avoir à le renouveler moins souvent. O terre d'économie! goudronner les pendus!

Cela pourtant a encore quelque logique. C'est la façon la plus humaine de comprendre la théorie de l'exemple.

Mais vous, est-ce bien sérieusement que vous croyez faire un exemple quand vous égorgillez misérablement un pauvre homme dans le recoin le plus désert des boulevards extérieurs? En Grève, en plein jour, passe encore; mais à la barrière Saint-Jacques! mais à huit heures du matin! Qui est-ce qui passe là? Qui est-ce qui va là? Qui est-ce qui sait que vous tuez un homme là? Qui est-ce qui se doute que vous faites un exemple là? Un exemple pour qui? pour les arbres du boulevard, apparemment.

Ne voyez-vous donc pas que vos exécutions publiques se font en tapinois? Ne voyez-vous donc pas que vous vous cachez? que vous avez peur et honte de votre œuvre? que vous balbutiez ridiculement votre *discite justitiam moniti?* qu'au fond, vous êtes ébranlés, interdits, inquiets, peu certains d'avoir raison, gagnés par le doute général, coupant des têtes par routine et sans trop savoir ce que vous faites? Ne sentez-vous pas au fond du cœur que vous avez tout au moins perdu le sentiment moral et social de la mission de sang que vos prédécesseurs, les vieux parlementaires, accomplissaient avec une conscience si tranquille? La nuit, ne retournez-vous pas plus souvent qu'eux la tête sur votre oreiller? D'autres avant vous ont ordonné des exécutions capitales, mais ils s'estimaient dans le droit, dans le juste, dans le bien. Jouvenel des Ursins se croyait un juge; Elie de Thorette se croyait un juge; Laubardemont, Lareynie et Laffemas eux-mêmes se croyaient des juges; vous, dans votre for intérieur, vous n'êtes pas bien sûrs de ne pas être des assassins!

Vous quittez la Grève pour la barrière Saint-Jacques, la foule pour la solitude, le jour pour le crépuscule. Vous ne faites plus fermement ce que vous faites. Vous vous cachez, vous dis-je!

Toutes les raisons pour la peine de mort, les voilà donc démolies. Voilà tous les syllogismes de parquet mis à néant. Tous ces copeaux de réquisitoires, les voilà balayés et réduits en cendres. Le moindre attouchement de la logique dissout tous les mauvais raisonnements.

Que les gens du roi ne viennent donc plus nous demander des têtes, à nous jurés, à nous hommes, en nous adjurant d'une voix caressante au nom de la société à protéger, de la vindicte publique à assurer, des exemples à faire. Rhétorique, ampoule, et néant que tout cela! un coup d'épingle dans ces hyperboles, et vous les désenflez. Au fond de ce doucereux verbiage, vous ne trouvez que dureté de cœur, cruauté, barbarie, envie de prouver son zèle, nécessité de gagner ses honoraires. Taisez-vous, mandarins! Sous la patte de velours du juge on sent les ongles du bourreau.

Il est difficile de songer de sang-froid à ce que c'est qu'un procureur royal criminel. C'est un homme qui gagne sa vie à envoyer les autres à l'échafaud. C'est le pourvoyeur titulaire des places de Grève. Du reste, c'est un monsieur qui a des prétentions au style et aux lettres, qui est beau pareur ou croit l'être, qui récite au besoin un vers latin ou deux avant de conclure à la mort, qui cherche à faire de l'effet, qui intéresse son amour-propre, ô misère! là où d'autres ont leur vie engagée, qui a ses modèles à lui, ses types désespérants à atteindre, ses classiques, son Bellart, son Marchangy, comme tel poëte a Racine et tel autre Boileau. Dans le débat, il tire du côté de la guillotine : c'est son rôle, c'est son état. Son réquisitoire, c'est son œuvre littéraire, il le fleurit de métaphores, il le parfume de citations; il faut que cela soit beau à l'audience, que cela plaise aux dames. Il a son bagage de lieux communs encore très-neufs pour la province, ses élégances d'élocution, ses recherches, ses raffinements d'écrivain. Il hait le mot propre presque autant que nos poëtes tragiques de l'école de Delille. N'ayez pas peur qu'il appelle les choses par leur nom. Fi donc! il a pour toute idée, dont la nudité vous révolterait, des déguisements complets d'épithètes et d'adjectifs. Il rend monsieur Samson présentable. Il gaze le couperet. Il estompe la bascule. Il entortille le panier rouge dans une périphrase. On ne sait plus ce que c'est. C'est douceâtre et décent. Vous le représentez-vous, la nuit, dans son cabinet, élaborant à loisir et de son mieux cette harangue qui fera dresser un échafaud dans six semaines ? Le voyez-vous suant sang et eau pour emboîter la tête d'un accusé dans le plus fatal article du Code? Le voyez-vous scier avec une loi mal faite le cou d'un misérable? Remarquez-vous comme il fait infuser dans un gâchis de tropes et de synecdoches deux ou trois textes vénéneux pour en exprimer et en extraire à grand'peine la mort d'un homme? N'est-il pas vrai que, tandis qu'il écrit, sous sa table, dans l'ombre, il a probablement le bourreau accroupi à ses pieds, et qu'il arrête de temps en temps sa plume pour lui dire, comme le maître à son chien : — Paix là! paix là! tu vas avoir ton os!

Du reste, dans la vie privée, cet homme du roi peut être un honnête homme, bon père, bon fils, bon mari, bon ami, comme disent toutes les épitaphes du Père-Lachaise.

Espérons que le jour est prochain où la loi abolira ces fonctions funèbres. L'air seul de notre civilisation doit dans un temps donné user la peine de mort.

On est parfois tenté de croire que les défenseurs de la peine de mort n'ont pas bien réfléchi à ce que c'est. Mais pesez donc un peu à la balance de quelque crime que ce soit ce droit exorbitant que la société s'arroge d'ôter ce qu'elle n'a pas donné, cette peine, la plus irréparable des peines irréparables!

De deux choses l'une :

Ou l'homme que vous frappez est sans famille, sans parents, sans adhérents dans ce monde. Et, dans ce cas, il n'a reçu ni éducation, ni instruction, ni soins pour son esprit, ni soins pour son cœur; et alors de quel droit tuez-vous ce misérable orphelin? Vous le punissez de ce que son enfance a rampé sur le sol sans tige et sans tuteur! Vous lui imputez à forfait l'isolement où vous l'avez laissé! De son malheur vous faites son crime! Personne ne lui a appris à savoir ce qu'il faisait. Cet homme ignore. Sa faute est à sa destinée, non à lui. Vous frappez un innocent.

Ou cet homme a une famille; et alors croyez-vous que le coup dont vous l'égorgez ne blesse que lui seul? que son père, que sa mère, que ses enfants, n'en saigneront pas? Non. En le tuant, vous décapitez toute sa famille. Et ici encore vous frappez des innocents.

Gauche et aveugle pénalité, qui, de quelque côté qu'elle se tourne, frappe l'innocent!

Cet homme, ce coupable qui a une famille, séquestrez-le. Dans sa prison il pourra travailler encore pour les siens. Mais comment les fera-t-il vivre du fond de son tombeau? Et songez-vous sans frissonner à ce que deviendront ces petits garçons, ces petites filles, auxquels vous ôtez leur père, c'est-à-dire leur pain ? Est-ce que vous comptez sur cette famille pour approvisionner dans quinze ans, eux le bagne, elles le musico ? Oh ! les pauvres innocents !

Aux colonies, quand un arrêt de mort tue un esclave, il y a mille francs d'indemnité pour le propriétaire de l'homme. Quoi ! vous dédommagez le maître, et vous n'indemnisez pas la famille ! Ici aussi ne prenez-vous pas un homme à ceux qui le possèdent ? N'est-il pas, à un titre bien autrement sacré que l'esclave vis-à-vis du maître, la propriété de son père, le bien de sa femme, la chose de ses enfants ?

Nous avons déjà convaincu votre loi d'assassinat. La voici convaincue de vol.

Autre chose encore. L'âme de cet homme, y songez-vous ? Savez-vous dans quel état elle se trouve ? Osez-vous bien l'expédier si lestement ? Autrefois du moins, quelque foi circulait dans le peuple ; au moment suprême, le souffle religieux qui était dans l'air pouvait amollir le plus endurci ; un patient était en même temps un pénitent ; la religion lui ouvrait un monde au moment où la société lui en fermait un autre ; toute âme avait conscience de Dieu ; l'échafaud n'était qu'une frontière du ciel. Mais quelle espérance mettez-vous sur l'échafaud maintenant que la grosse foule ne croit plus ? maintenant que toutes les religions sont attaquées du dry-rot, comme ces vieux vaisseaux qui pourrissent dans nos ports, et qui jadis peut-être ont découvert des mondes ? maintenant que les petits-enfants se moquent de Dieu ? De quel droit lancez-vous dans quelque chose dont vous doutez vous-mêmes les âmes obscures de vos condamnés, ces âmes telles que Voltaire et Pigault-Lebrun les ont faites ? Vous les livrez à votre aumônier de prison, excellent vieillard sans doute ; mais croit-il et fait-il croire ? Ne grossoie-t-il pas comme une corvée son œuvre sublime? Est-ce que vous le prenez pour un prêtre, ce bonhomme qui coudoie le bourreau dans la charrette ? Un écrivain plein d'âme et de talent l'a dit avant nous : *C'est une horrible chose de conserver le bourreau après avoir ôté le confesseur!*

Ce ne sont là, sans doute, que des « raisons sentimentales, » comme disent quelques dédaigneux qui ne prennent leur logique que dans leur tête. A nos yeux, ce sont les meilleures. Nous préférons souvent les raisons du sentiment aux raisons de la raison. D'ailleurs, les deux séries se tiennent toujours, ne l'oublions pas. Le *Traité des Délits* est greffé sur l'*Esprit des Lois*. Montesquieu a engendré Beccaria.

La raison est pour nous, le sentiment est pour nous, l'expérience est aussi pour nous. Dans les Etats modèles, où la peine de mort est abolie, la masse des crimes capitaux suit d'année en année une baisse progressive. Pesez ceci.

Nous ne demandons cependant pas pour le moment une brusque et complète abolition de la peine de mort, comme celle où s'était si étourdiment engagée la Chambre des députés. Nous désirons au contraire tous les essais, toutes les précautions, tous les tâtonnements de la prudence. D'ailleurs, nous ne voulons pas seulement l'abolition de la peine de mort, nous voulons un remaniement complet de la pénalité sous toutes ses formes, du haut en bas, depuis le verrou jusqu'au couperet, et le temps est un des ingrédients qui doivent entrer dans une pareille œuvre pour qu'elle soit bien faite. Nous comptons développer ailleurs, sur cette matière, le système d'idées que nous croyons applicable. Mais, indépendamment des abolitions partielles pour les cas de fausses monnaies, d'incendie, de vols qualifiés, etc., nous demandons que, dès à présent, dans toutes les affaires capitales, le président soit tenu de poser au jury cette question : *L'accusé a-t-il agi par passion ou par intérêt ?* et que, dans le cas où le jury répondrait : *L'accusé a agi par passion,* il n'y ait pas condamnation à mort. Ceci nous épargnerait du moins quelques exécutions révoltantes. Ulbach et Débacker seraient sauvés. On ne guillotinerait plus Othello.

Au reste, qu'on ne s'y trompe pas, cette question de la peine de mort mûrit tous les jours. Avant peu, la société entière la résoudra comme nous.

Que les criminalistes les plus entêtés y fassent attention, depuis un siècle la peine de mort va s'amoindrissant. Elle se fait presque douce. Signe de décrépitude. Signe de faiblesse. Signe de mort prochaine. La torture a disparu. La roue a disparu. La potence a disparu. Chose étrange ! la guillotine est un progrès !

M. Guillotin était un philanthrope.

Oui, l'horrible Thémis dentue et vorace de Farinace et de Vouglans, de Delancre et d'Isaac Loisel, de d'Oppède et de Machault, dépérit. Elle maigrit. Elle se meurt.

Voici déjà la Grève qui n'en veut plus. La Grève se réhabilite. La vieille buveuse de sang s'est bien conduite en Juillet. Elle veut mener désormais meilleure vie et rester digne de sa dernière belle action. Elle qui s'était prostituée depuis trois siècles à tous les échafauds, la pudeur la prend. Elle a honte de son ancien métier. Elle veut perdre son vilain nom. Elle répudie le bourreau. Elle lave son pavé.

A l'heure qu'il est, la peine de mort est déjà loin de Paris. Or, disons-le bien ici, sortir de Paris, c'est sortir de la civilisation.

Tous les symptômes sont pour nous. Il semble aussi qu'elle se rebute et qu'elle rechigne, cette hideuse machine, ou plutôt ce monstre fait de bois et de fer qui est à Guillotin ce que Galatée est à Pygmalion. Vues d'un certain côté, les effroyables exécutions que nous avons détaillées plus haut sont d'excellents signes. La guillotine hésite. Elle en est à manquer son coup. Tout le vieil échafaudage de la peine de mort se détraque.

L'infâme machine partira de France, nous y comptons, et, s'il plait à Dieu, elle partira en boitant, car nous tâcherons de lui porter de rudes coups.

Qu'elle aille demander l'hospitalité ailleurs, à quelque peuple barbare, non à la Turquie, qui se civilise, non aux sauvages, qui ne voudraient pas d'elle (1); mais qu'elle descende quelques échelons encore de l'échelle de la civilisation, qu'elle aille en Espagne ou en Russie.

L'édifice social du passé reposait sur trois colonnes : le prêtre, le roi, le bourreau. Il y a déjà longtemps qu'une voix a dit : *Les dieux s'en vont!* Dernièrement une autre voix s'est élevée et a crié : *Les rois s'en vont!* Il est temps maintenant qu'une troisième voix s'élève et dise : *Le bourreau s'en va!*

Ainsi l'ancienne société sera tombée pierre à pierre ; ainsi la Providence aura complété l'écroulement du passé.

A ceux qui ont regretté les dieux, on a pu dire : Dieu reste. A ceux qui regrettent les rois, on peut dire : La patrie reste. A ceux qui regretteraient le bourreau, on n'a rien à dire.

Et l'ordre ne disparaîtra pas avec le bourreau ; ne le croyez point. La voûte de la société future ne croulera pas pour n'avoir point cette clef hideuse. La civilisation n'est autre chose qu'une série de transformations successives. A quoi donc allez-vous assister? à la transformation de la pénalité. La douce loi du Christ pénétrera enfin le Code et rayonnera à travers. On regardera le crime comme une maladie, et cette maladie aura ses médecins qui remplace-

(1) Le « parlement » d'Otahiti vient d'abolir la peine de mort.

ront vos juges, ses hôpitaux qui remplaceront vos bagnes. La liberté et la santé se ressembleront. On versera le baume et l'huile où l'on appliquait le fer et le feu. On traitera par la charité ce mal qu'on traitait par la colère. Ce sera simple et sublime. La croix substituée au gibet. Voilà tout.

15 mars 1832.

UNE COMÉDIE

A PROPOS

D'UNE TRAGÉDIE

PERSONNAGES

MADAME DE BLINVAL.
LE CHEVALIER.
ERGASTE.
UN POÈTE ÉLÉGIAQUE.
UN PHILOSOPHE.
UN GROS MONSIEUR.
UN MONSIEUR MAIGRE.
DES FEMMES.
UN LAQUAIS.

UN SALON

UN POÈTE ÉLÉGIAQUE, *lisant*.

. . . .
. . . .
Le lendemain, des pas traversaient la forêt,
Un chien le long du fleuve en aboyant errait :
   Et, quand la bachelette en larmes
  Revint s'asseoir, le cœur rempli d'alarmes,
Sur la tant vieille tour de l'antique châtel,
Elle entendit les flots gémir, la triste Isaure :
   Mais plus n'entendit la mandore
    Du gentil ménestrel!

TOUT L'AUDITOIRE.

Bravo! charmant! ravissant!

On bat des mains.

MADAME DE BLINVAL.

Il y a dans cette fin un mystère indéfinissable qui tire les larmes des yeux.

LE POÈTE ÉLÉGIAQUE.

La catastrophe est voilée...

LE CHEVALIER, *hochant la tête*.

Mandore, ménestrel, c'est du romantique, ça!

LE POÈTE ÉLÉGIAQUE.

Oui, monsieur, mais du romantique raisonnable; du vrai romantique. Que voulez-vous? il faut bien faire quelques concessions.

LE CHEVALIER.

Des concessions! des concessions! c'est comme cela

qu'on perd le goût. Je donnerais tous les vers romantiques seulement pour ce quatrain :

> De par le Pinde et par Cythère,
> Gentil-Bernard est averti
> Que l'Art d'Aimer doit samedi
> Venir souper chez l'Art de Plaire.

Voilà la vraie poésie! L'*Art d'aimer qui soupe samedi chez l'Art de plaire!* à la bonne heure! Mais aujourd'hui c'est la *mandore*, le *ménestrel*. On ne fait plus de *poésies fugitives*. Si j'étais poète, je ferais des *poésies fugitives;* mais je ne suis pas poète, moi.

LE POÈTE ÉLÉGIAQUE.

Cependant, les élégies...

LE CHEVALIER.

Poésies fugitives, monsieur. (*Bas à madame de Blinval.*) Et puis, *châtel* n'est pas français, on dit *castel*.

QUELQU'UN, *au poète élégiaque.*

Une observation, monsieur. Vous dites l'*antique* châtel, pourquoi pas le *gothique?*

LE POÈTE ÉLÉGIAQUE.

Gothique ne se dit pas en vers.

LE QUELQU'UN.

Ah! c'est différent.

LE POÈTE ÉLÉGIAQUE, *poursuivant.*

Voyez-vous bien, monsieur, il faut se borner. Je ne suis pas de ceux qui veulent désorganiser le vers français, et nous ramener à l'époque des Ronsard et des Brébeuf. Je suis romantique, mais modéré. C'est comme pour les émotions. Je les veux douces, rêveuses, mélancoliques, mais jamais de sang, jamais d'horreurs. Voiler les catastrophes. Je sais qu'il y a des gens, des fous, des imaginations en délire qui... — Tenez, mesdames, avez-vous lu le nouveau roman?

LES DAMES.

Quel roman?

LE POÈTE ÉLÉGIAQUE.

Le *Dernier Jour*...

UN GROS MONSIEUR.

Assez, monsieur; je sais ce que vous voulez dire. Le titre seul me fait mal aux nerfs.

MADAME DE BLINVAL.

Et à moi aussi. C'est un livre affreux. Je l'ai là.

LES DAMES.

Voyons, voyons.

On se passe le livre de main en main.

QUELQU'UN, *lisant*.

Le *Dernier Jour d'un*...

LE GROS MONSIEUR.

Grâce, madame!

MADAME DE BLINVAL.

En effet, c'est un livre abominable, un livre qui donne le cauchemar, un livre qui rend malade.

UNE FEMME, *bas*.

Il faudra que je lise cela.

LE GROS MONSIEUR.

Il faut convenir que les mœurs vont se dépravant de jour en jour. Mon Dieu, l'horrible idée! développer, creuser, analyser, l'une après l'autre, et sans en passer une seule, toutes les souffrances physiques, toutes les tortures morales que doit éprouver un homme condamné à mort, le jour de l'exécution! Cela n'est-il pas atroce? Comprenez-vous, mesdames, qu'il se soit trouvé un écrivain pour cette idée, et un public pour cet écrivain?

LE CHEVALIER.

Voilà en effet qui est souverainement impertinent.

MADAME DE BLINVAL.

Qu'est-ce que c'est que l'auteur?

LE GROS MONSIEUR.
Il n'y avait pas de nom à la première édition.
LE POÈTE ÉLÉGIAQUE.
C'est le même qui a déjà fait deux autres romans. Ma foi, j'ai oublié les titres. Le premier commence à la Morgue et finit à la Grève. A chaque chapitre, il y a un ogre qui mange un enfant.
LE GROS MONSIEUR.
Vous avez lu cela, monsieur?
LE POÈTE ÉLÉGIAQUE.
Oui, monsieur; la scène se passe en Islande.
LE GROS MONSIEUR.
En Islande, c'est épouvantable!
LE POÈTE ÉLÉGIAQUE.
Il a fait en outre des odes, des ballades, je ne sais quoi, où il y a des monstres qui ont des *corps bleus*.
LE CHEVALIER, *riant*.
Corbleu! cela doit faire un furieux vers!
LE POÈTE ÉLÉGIAQUE.
Il a publié aussi un drame, — on appelle cela un drame, — où l'on trouve ce beau vers :

Demain vingt-cinq juin mil six cent cinquante-sept.

QUELQU'UN.
Ah! ce vers!
LE POÈTE ÉLÉGIAQUE.
Cela peut s'écrire en chiffres, voyez-vous, mesdames :
— *Demain, 25 juin* 1657.

Il rit. On rit.
LE CHEVALIER.
C'est une chose particulière que la poésie d'à présent.
LE GROS MONSIEUR.
Ah çà! il ne sait pas versifier, cet homme-là! Comment donc s'appelle-t-il, déjà?

LE POÈTE ÉLÉGIAQUE.

Il a un nom aussi difficile à retenir qu'à prononcer. Il y a du goth, du visigoth, de l'ostrogoth dedans.

Il rit.

MADAME DE BLINVAL.

C'est un vilain homme.

LE GROS MONSIEUR.

Un abominable homme.

UNE FEMME.

Quelqu'un qui le connaît m'a dit...

LE GROS MONSIEUR.

Vous connaissez quelqu'un qui le connaît?

LA JEUNE FEMME.

Oui, et qui dit que c'est un homme doux, simple, qui vit dans la retraite, et passe ses journées à jouer avec ses petits enfants.

LE POÈTE ÉLÉGIAQUE.

Et ses nuits à rêver des œuvres de ténèbres. — C'est singulier; voilà un vers que j'ai fait tout naturellement. Mais c'est qu'il y est, le vers :

Et ses nuits à rêver des œuvres de ténèbres.

Avec une bonne césure. Il n'y a plus que l'autre rime à trouver! pardieu! *funèbres.*

MADAME DE BLINVAL.

Quidquid tentabat dicere, versus erat.

LE GROS MONSIEUR.

Vous disiez donc que l'auteur en question a de petits enfants. Impossible, madame. Quand on a fait cet ouvrage-là! un roman atroce!

QUELQU'UN.

Mais, ce roman, dans quel but l'a-t-il fait?

LE POÈTE ÉLÉGIAQUE.

Est-ce que je sais, moi?

LE PHILOSOPHE.

A ce qu'il paraît, dans le but de concourir à l'abolition de la peine de mort.

LE GROS MONSIEUR.

Une horreur, vous dis-je!

LE CHEVALIER.

Ah çà! c'est donc un duel avec le bourreau?

LE POÈTE ÉLÉGIAQUE.

Il en veut terriblement à la guillotine.

UN MONSIEUR MAIGRE.

Je vois cela d'ici : des déclamations.

LE GROS MONSIEUR.

Point. Il y a à peine deux pages sur ce texte de la peine de mort. Tout le reste, ce sont des sensations.

LE PHILOSOPHE.

Voilà le tort. Le sujet méritait le raisonnement. Un drame, un roman, ne prouvent rien. Et puis, j'ai lu le livre, et il est mauvais.

LE POÈTE ÉLÉGIAQUE.

Détestable! Est-ce que c'est là de l'art? C'est passer les bornes, c'est casser les vitres. Encore, ce criminel, si je le connaissais? mais point. Qu'a-t-il fait? on n'en sait rien. C'est peut-être un fort mauvais drôle. On n'a pas le droit de m'intéresser à quelqu'un que je ne connais pas.

LE GROS MONSIEUR.

On n'a pas le droit de faire éprouver à son lecteur des souffrances physiques. Quand je vois des tragédies, on se tue; eh bien! cela ne me fait rien. Mais, ce roman, il vous fait dresser les cheveux sur la tête, il vous fait venir la chair de poule, il vous donne de mauvais rêves. J'ai été deux jours au lit pour l'avoir lu.

LE PHILOSOPHE.

Ajoutez à cela que c'est un livre froid et compassé.

LE POÈTE.

Un livre!... un livre!...

LE PHILOSOPHE.

Oui.—Et, comme vous disiez tout à l'heure, monsieur, ce n'est point là de véritable esthétique. Je ne m'intéresse pas à une abstraction, à une entité pure. Je ne vois point là une personnalité qui s'adéquate avec la mienne. Et puis le style n'est ni simple ni clair. Il sent l'archaïsme. C'est bien là ce que vous disiez, n'est-ce pas ?

LE POÈTE.

Sans doute, sans doute. Il ne faut pas de personnalités.

LE PHILOSOPHE.

Le condamné n'est pas intéressant.

LE POÈTE.

Comment intéresserait-il? il a un crime et pas de remords. J'eusse fait le contraire. J'eusse conté l'histoire de mon condamné. Né de parents honnêtes. Une bonne éducation. De l'amour. De la jalousie. Un crime qui n'en soit pas un. Et puis des remords, des remords, beaucoup de remords. Mais les lois humaines sont implacables. Il faut qu'il meure; et là j'aurais traité ma question sur la peine de mort. A la bonne heure!

MADAME DE BLINVAL.

Ah! ah!

LE PHILOSOPHE.

Pardon. Le livre, comme l'entend monsieur, ne prouverait rien. La particularité ne régit pas la généralité.

LE POÈTE.

Eh bien! mieux encore; pourquoi n'avoir pas choisi pour héros, par exemple... Malesherbes, le vertueux Malesherbes? son dernier jour, son supplice? Oh! alors, beau et noble spectacle! j'eusse pleuré, j'eusse frémi, j'eusse voulu monter sur l'échafaud avec lui.

LE PHILOSOPHE.

Pas moi.

LE CHEVALIER.

Ni moi. C'était un révolutionnaire, au fond, que votre monsieur de Malesherbes.

LE PHILOSOPHE.

L'échafaud de Malesherbes ne prouve rien contre la peine de mort en général.

LE GROS MONSIEUR.

La peine de mort! à quoi bon s'occuper de cela? qu'est-ce que cela vous fait, la peine de mort? Il faut que cet auteur soit bien mal né, de venir nous donner le cauchemar à ce sujet avec son livre!

MADAME DE BLINVAL.

Ah! oui, un bien mauvais cœur!

LE GROS MONSIEUR.

Il nous force à regarder dans les prisons, dans les bagnes, dans Bicêtre. C'est fort désagréable. On sait bien que ce sont des cloaques; mais qu'importe à la société?

MADAME DE BLINVAL.

Ceux qui ont fait les lois n'étaient pas des enfants.

LE PHILOSOPHE.

Ah! cependant, en présentant les choses avec vérité...

LE MONSIEUR MAIGRE.

Eh! c'est justement ce qui manque, la vérité. Que voulez-vous qu'un poëte sache sur de pareilles matières! Il faudrait être au moins procureur du roi. Tenez : j'ai lu, dans une citation qu'un journal fait de ce livre, que le condamné ne dit rien quand on lui lit son arrêt de mort; eh bien! moi, j'ai vu un condamné qui, dans ce moment-là, a poussé un grand cri. — Vous voyez.

LE PHILOSOPHE.

Permettez...

LE MONSIEUR MAIGRE.

Tenez, messieurs, la guillotine, la Grève, c'est de mauvais goût;... et la preuve, c'est qu'il paraît que c'est un livre qui corrompt le goût, et vous rend incapable d'émotions pures, fraîches, naïves. Quand donc se lèveront les défenseurs de la saine littérature? Je voudrais être, et mes réquisitoires m'en donneraient peut-être le droit, membre de l'Académie française... — Voilà justement monsieur Ergaste, qui en est. Que pense-t-il du *Dernier Jour d'un Condamné?*

ERGASTE.

Ma foi, monsieur, je ne l'ai lu ni le lirai. Je dinais hier chez madame de Sénange, et la marquise de Morival en a parlé au duc de Melcourt. On dit qu'il y a des personnalités contre la magistrature, et surtout contre le président d'Alimont. L'abbé de Floricour aussi était indigné. Il paraît qu'il y a un chapitre contre la religion, et un chapitre contre la monarchie. Si j'étais procureur du roi!...

LE CHEVALIER.

Ah bien oui! procureur du roi! et la Charte, et la liberté de la presse! Cependant un poète qui veut supprimer la peine de mort, vous conviendrez que c'est odieux. Ah! ah! dans l'ancien régime, quelqu'un qui se serait permis de publier un roman contre la torture!... — Mais depuis la prise de la Bastille on peut tout écrire... Les livres font un mal affreux.

LE GROS MONSIEUR.

Affreux. — On était tranquille, on ne pensait à rien. Il se coupait bien de temps en temps en France une tête par-ci par-là, deux tout au plus par semaine. Tout cela sans bruit, sans scandale. Ils ne disaient rien, personne n'y

MADAME DE BLINVAL.

Non, monsieur, il ne m'en souvient pas.

LE CHEVALIER.

Nous étions le peuple le plus doux, le plus gai, le plus spirituel. Toujours de belles fêtes, de jolis vers; c'était charmant. Y a-t-il rien de plus galant que le madrigal de monsieur de la Harpe sur le grand bal que madame la maréchale de Mailly donna en mil sept cent... l'année de l'exécution de Damiens.

LE GROS MONSIEUR, *soupirant*.

Heureux temps! Maintenant les mœurs sont horribles, et les livres aussi. C'est le beau vers de Boileau :

Et la chute des arts suit la *décadence* des mœurs.

LE PHILOSOPHE, *bas au poète*.

Soupe-t-on dans cette maison?

LE POÈTE ÉLÉGIAQUE.

Oui, tout à l'heure.

LE MONSIEUR MAIGRE.

Maintenant on veut abolir la peine de mort, et pour cela on fait des romans cruels, immoraux et de mauvais goût, le *Dernier Jour d'un Condamné*, que sais-je?

LE GROS MONSIEUR.

Tenez, mon cher, ne parlons plus de ce livre atroce; et, puisque je vous rencontre, dites-moi, que faites-vous de cet homme dont nous avons rejeté le pourvoi depuis trois semaines?

LE MONSIEUR MAIGRE.

Ah! un peu de patience! je suis en congé ici; laissez-moi respirer. A mon tour! Si cela tarde trop pourtant, j'écrirai à mon substitut...

UN LAQUAIS, *entrant*.

Madame est servie.

songeait... Pas du tout, voilà un livre... — Un livre qui vous donne un mal de tête horrible !

LE MONSIEUR MAIGRE.

Le moyen qu'un juré condamne après l'avoir lu !

ERGASTE.

Cela trouble les consciences.

MADAME DE BLINVAL.

Ah ! les livres ! les livres ! Qui eût dit cela d'un roman ?

LE POÈTE.

Il est certain que les livres sont bien souvent un poison subversif de l'ordre social.

LE MONSIEUR MAIGRE.

Sans compter la langue, que messieurs les romantiques révolutionnent aussi.

LE POÈTE.

Distinguons, monsieur, il y a romantiques et romantiques.

LE MONSIEUR MAIGRE.

Le mauvais goût, le mauvais goût.

ERGASTE.

Vous avez raison. Le mauvais goût.

LE MONSIEUR MAIGRE.

Il n'y a rien à répondre à cela.

LE PHILOSOPHE, *appuyé au fauteuil d'une dame.*

Ils disent là des choses qu'on ne dit même plus rue Mouffetard.

ERGASTE.

Ah ! l'abominable livre !

MADAME DE BLINVAL.

Eh ! ne le jetez pas au feu : il est à la loueuse.

LE CHEVALIER.

Parlez-moi de notre temps. Comme tout s'est dépravé depuis, le goût et les mœurs ! Vous souvient-il de notre temps, madame de Blinval ?

Nous avons cru devoir réimprimer ici l'espèce de préface en dialogue qu'on va lire, et qui accompagnait la quatrième édition du Dernier Jour d'un Condamné. Il faut se rappeler en la lisant au milieu de quelles objections politiques, morales et littéraires, les premières éditions de ce livre furent publiées.

Comptons ce qui me reste.

LE DERNIER JOUR
D'UN CONDAMNÉ

I

Bicêtre.

Condamné à mort !

Voilà cinq semaines que j'habite avec cette pensée, toujours seul avec elle, toujours glacé de sa présence, toujours courbé sous son poids !

Autrefois, car il me semble qu'il y a plutôt des années que des semaines, j'étais un homme comme un autre homme. Chaque jour, chaque heure, chaque minute, avait son idée. Mon esprit, jeune et riche, était plein de fantaisies. Il s'amusait à me les dérouler les unes après les autres, sans ordre et sans fin, brodant d'inépuisables arabesques cette rude et mince étoffe de la vie. C'étaient des jeunes filles, de splendides chapes d'évêques, des batailles gagnées, des théâtres pleins de bruit et de lumières, et puis encore des jeunes filles et de sombres promenades la nuit sous les larges bras des marronniers. C'était toujours fête dans mon imagination. Je pouvais penser à ce que je voulais, j'étais libre.

Maintenant je suis captif. Mon corps est aux fers dans un cachot, mon esprit est en prison dans une idée. Une horrible, une sanglante, une implacable idée ! Je n'ai plus qu'une pensée, qu'une conviction, qu'une certitude : — condamné à mort!

Quoi que je fasse, elle est toujours là, cette pensée infernale, comme un spectre de plomb à mes côtés, seule et jalouse, chassant toute distraction, face à face avec moi, misérable, et me secouant de ses deux mains de glace, quand je veux détourner la tête ou fermer les yeux. Elle se glisse sous toutes les formes où mon esprit voudrait la fuir, se mêle comme un refrain horrible à toutes les paroles qu'on m'adresse, se colle avec moi aux grilles hideuses de mon cachot, m'obsède éveillé, épie mon sommeil convulsif, et reparaît dans mes rêves sous la forme d'un couteau.

Je viens de m'éveiller en sursaut, poursuivi par elle en me disant : — Ah! ce n'est qu'un rêve! — Eh bien! avant même que mes yeux lourds aient eu le temps de s'entr'ouvrir assez pour voir cette fatale pensée écrite dans l'horrible réalité qui m'entoure, sur la dalle mouillée et suante de ma cellule, dans les rayons pâles de ma lampe de nuit, dans la trame grossière de la toile de mes vêtements, sur la sombre figure du soldat de garde dont la giberne reluit à travers la grille du cachot, il me semble que déjà une voix a murmuré à mon oreille : — Condamné à mort!

II

C'était par une belle matinée d'août.

Il y avait trois jours que mon procès était entamé ; trois jours que mon nom et mon crime ralliaient chaque matin une nuée de spectateurs, qui venaient s'abattre sur les bancs de la salle d'audience comme des corbeaux autour d'un cadavre; trois jours que toute cette fantasmagorie des juges, des témoins, des avocats, des procureurs du roi, passait et repassait devant moi, tantôt grotesque, tantôt sanglante, toujours sombre et fatale. Les deux premières nuits, d'inquiétude et de terreur, je n'en avais pu dormir; la troisième, j'en avais dormi d'ennui et de fatigue. A minuit, j'avais laissé les jurés délibérant. On m'avait ramené sur la paille de mon cachot, et j'étais tombé sur-le-champ dans un sommeil profond, dans un sommeil d'oubli. C'étaient les premières heures de repos depuis bien des jours.

J'étais encore au plus profond de ce profond sommeil lorsqu'on vint me réveiller. Cette fois il ne suffit point du pas lourd et des souliers ferrés du guichetier, du cliquetis de son nœud de clefs, du grincement rauque des verrous; il fallut pour me tirer de ma léthargie sa rude voix à mon oreille et sa main rude sur mon bras. — Levez-vous donc! — J'ouvris les yeux; je me dressai effaré sur mon séant. En ce moment, par l'étroite et haute fenêtre de ma cellule, je vis au plafond du corridor voisin, seul ciel qu'il me fût donné d'entrevoir, ce reflet jaune où des yeux habitués aux ténèbres d'une prison savent si bien reconnaître le soleil. J'aime le soleil.

— Il fait beau, dis-je au guichetier. — Il resta un moment sans me répondre, comme ne sachant si cela valait la peine de dépenser une parole; puis avec quelque effort il murmura brusquement : — C'est possible.

Je demeurais immobile, l'esprit à demi endormi, la bouche souriante, l'œil fixé sur cette douce réverbération dorée qui diaprait le plafond. — Voilà une belle journée, répétai-je. — Oui, me répondit l'homme, on vous attend.

Ce peu de mots, comme le fil qui rompt le vol de l'insecte, me rejeta violemment dans la réalité. Je revis soudain, comme dans la lumière d'un éclair, la sombre salle des assises, le fer à cheval des juges chargé de haillons ensanglantés, les trois rangs de témoins aux faces stupides, les deux gendarmes aux deux bouts de mon banc, et les robes noires s'agiter, et les têtes de la foule fourmiller au fond dans l'ombre, et s'arrêter sur moi le regard fixe de ces douze jurés, qui avaient veillé pendant que je dormais !

Je me levai ; mes dents claquaient, mes mains tremblaient et ne savaient où trouver mes vêtements, mes jambes étaient faibles. Au premier pas que je fis, je trébuchai comme un portefaix trop chargé. Cependant je suivis le geôlier.

Les deux gendarmes m'attendaient au seuil de la cellule. On me remit les menottes. Cela avait une petite serrure compliquée qu'ils fermèrent avec soin. Je laissai faire : c'était une machine sur une machine.

Nous traversâmes une cour intérieure. L'air vif du matin me ranima. Je levai la tête. Le ciel était bleu, et les rayons chauds du soleil, découpés par les longues cheminées, traçaient de grands angles de lumière au faîte des murs hauts et sombres de la prison. Il faisait beau en effet.

Nous montâmes un escalier tournant en vis ; nous passâmes un corridor, puis un autre, puis un troisième ; puis une porte basse s'ouvrit. Un air chaud, mêlé de bruit, vint me frapper au visage ; c'était le souffle de la foule dans la salle des assises. J'entrai.

Il y eut à mon apparition une rumeur d'armes et de voix. Les banquettes se déplacèrent bruyamment, les cloisons craquèrent ; et, pendant que je traversais la longue salle, entre deux masses de peuple murées de soldats, il me semblait que j'étais le centre auquel se rattachaient les fils qui faisaient mouvoir toutes ces faces béantes et penchées.

En cet instant je m'aperçus que j'étais sans fers ; mais je ne pus me rappeler où ni quand on me les avait ôtés.

Alors il se fit un grand silence. J'étais parvenu à ma place. Au moment où le tumulte cessa dans la foule, il cessa aussi dans mes idées. Je compris tout à coup clairement ce que je n'avais fait qu'entrevoir confusément jusqu'alors, que le moment décisif était venu, et que j'étais là pour entendre ma sentence.

L'explique qui pourra, de la manière dont cette idée me vint, elle ne me causa pas de terreur. Les fenêtres étaient ouvertes ; l'air et le bruit de la ville arrivaient librement du dehors : la salle était claire comme pour une noce ; les gais rayons du soleil traçaient çà et là la figure lumineuse des croisées, tantôt allongée sur le plancher, tantôt développée sur les tables, tantôt brisée à l'angle des murs ; et de ces losanges éclatantes aux fenêtres chaque rayon découpait dans l'air un grand prisme de poussière d'or.

Les juges, au fond de la salle, avaient l'air satisfait, probablement de la joie d'avoir bientôt fini. Le visage du président, doucement éclairé par le reflet d'une vitre, avait quelque chose de calme et de bon ; et un jeune assesseur causait presque gaiement, en chiffonnant son rabat, avec une jolie dame en chapeau rose, placée par faveur derrière lui.

Les jurés seuls paraissaient blêmes et abattus, mais c'était apparemment de fatigue d'avoir veillé toute la nuit. Quelques-uns bâillaient ; rien, dans leur contenance, n'annonçait des hommes qui viennent de porter une sentence de mort, et sur les figures de ces bons bourgeois je ne devinais qu'une grande envie de dormir.

En face de moi une fenêtre était toute grande ouverte. J'entendais rire sur le quai des marchandes de fleurs ; et, au bord de la croisée, une jolie petite plante jaune, toute pénétrée d'un rayon de soleil, jouait avec le vent dans une fente de la pierre.

Comment une idée sinistre aurait-elle pu poindre parmi

tant de gracieuses sensations? Inondé d'air et de soleil, il me fut impossible de penser à autre chose qu'à la liberté ; l'espérance vint rayonner en moi, comme le jour autour de moi, et, confiant, j'attendis ma sentence comme on attend la délivrance et la vie.

Cependant mon avocat arriva. On l'attendait. Il venait de déjeuner copieusement et de bon appétit. Parvenu à sa place, il se pencha vers moi avec un sourire. — J'espère, me dit-il. — N'est-ce pas? répondis-je, léger et souriant aussi. — Oui, reprit-il ; je ne sais rien encore de leur déclaration, mais ils auront sans doute écarté la préméditation, et alors ce ne sera que les travaux forcés à perpétuité. — Que me dites-vous là, monsieur? répliquai-je indigné ; plutôt cent fois la mort !

Oui, la mort! — Et d'ailleurs, me répétait je ne sais quelle voix intérieure, qu'est-ce que je risque à dire cela ? A-t-on jamais prononcé sentence de mort autrement qu'à minuit, aux flambeaux, dans une salle sombre et noire, et par une froide nuit de pluie et d'hiver? Mais au mois d'août, à huit heures du matin, un si beau jour, ces bons jurés, c'est impossible! Et mes yeux revenaient se fixer sur la jolie fleur jaune au soleil.

Tout à coup le président, qui n'attendait que l'avocat, m'invita à me lever. La troupe porta les armes ; comme par un mouvement électrique, toute l'assemblée fut debout au même instant. Une figure insignifiante et nulle, placée à une table au-dessous du tribunal, c'était, je pense, le greffier, prit la parole, et lut le verdict que les jurés avaient prononcé en mon absence. Une sueur froide sortit de tous mes membres ; je m'appuyai au mur pour ne pas tomber.

— Avocat, avez-vous quelque chose à dire sur l'application de la peine? demanda le président.

J'aurais eu, moi, tout à dire; mais rien ne me vint. Ma langue resta collée à mon palais.

Le défenseur se leva.

Je compris qu'il cherchait à atténuer la déclaration du jury, et à mettre dessous, au lieu de la peine qu'elle provoquait, l'autre peine, celle que j'avais été si blessé de lui voir espérer.

Il fallut que l'indignation fût bien forte pour se faire jour à travers les mille émotions qui se disputaient ma pensée. Je voulus répéter à haute voix ce que je lui avais déjà dit : *Plutôt cent fois la mort!* mais l'haleine me manqua, et je ne pus que l'arrêter rudement par le bras, en criant avec une force convulsive : — Non !

Le procureur général combattit l'avocat, et je l'écoutai avec une satisfaction stupide. Puis les juges sortirent, puis ils rentrèrent, et le président me lut mon arrêt.

— Condamné à mort! dit la foule. Et, tandis qu'on m'emmenait, tout ce peuple se rua sur mes pas avec le fracas d'un édifice qui se démolit. Moi, je marchais, ivre et stupéfait. Une révolution venait de se faire en moi. Jusqu'à l'arrêt de mort, je m'étais senti respirer, palpiter, vivre dans le même milieu que les autres hommes; maintenant je distinguais clairement comme une clôture entre le monde et moi. Rien ne m'apparaissait plus sous le même aspect qu'auparavant. Ces larges fenêtres lumineuses, ce beau soleil, ce ciel pur, cette jolie fleur, tout cela était blanc et pâle, de la couleur d'un linceul. Ces hommes, ces femmes, ces enfants qui se pressaient sur mon passage, je leur trouvais des airs de fantômes.

Au bas de l'escalier, une noire et sale voiture grillée m'attendait. Au moment d'y monter, je regardai au hasard dans la place.—Un condamné à mort! criaient les passants en courant vers la voiture. — A travers le nuage qui me semblait s'être interposé entre les choses et moi, je distinguai deux jeunes filles qui me suivaient avec des yeux avides. — Bon, dit la plus jeune en battant des mains, ce sera dans six semaines!

III

Condamné à mort!

Eh bien! pourquoi non? *Les hommes*, je me rappelle l'avoir lu dans je ne sais quel livre où il n'y avait que cela de bon, *les hommes sont tous condamnés à mort avec des sursis indéfinis.* Qu'y a-t-il donc de si changé à ma situation?

Depuis l'heure où mon arrêt m'a été prononcé, combien sont morts qui s'arrangeaient pour une longue vie! Combien m'ont devancé qui, jeunes, libres et sains, comptaient bien aller voir tel jour tomber ma tête en place de Grève! Combien d'ici là peut-être, qui marchent et respirent au grand air, entrent et sortent à leur gré, et qui me devanceront encore!

Et puis, qu'est-ce que la vie a donc de si regrettable pour moi? En vérité, le jour sombre et le pain noir du cachot, la portion de bouillon maigre puisée au baquet des galériens, être rudoyé, moi qui suis raffiné par l'éducation, être brutalisé des guichetiers et des gardes-chiourmes, ne pas voir un être humain qui me croie digne d'une parole et à qui je la rende, sans cesse tressaillir et de ce que j'ai fait et de ce qu'on me fera : voilà à peu près les seuls biens que puisse m'enlever le bourreau.

Ah! n'importe! c'est horrible!

IV

La voiture noire me transporta ici, dans ce hideux Bicêtre.

Vu de loin, cet édifice a quelque majesté. Il se déroule à l'horizon, au front d'une colline, et à distance garde quelque chose de son ancienne splendeur, un air de château de roi. Mais à mesure que vous approchez le palais devient masure. Les pignons dégradés blessent l'œil. Je ne sais quoi de honteux et d'appauvri salit ces royales façades : on dirait que les murs ont une lèpre. Plus de vitres, plus de glaces aux fenêtres ; mais de massifs barreaux de fer entre-croisés, auxquels se colle çà et là quelque hâve figure d'un galérien ou d'un fou.

C'est la vie vue de près.

V

A peine arrivé, des mains de fer s'emparèrent de moi. On multiplia les précautions : point de couteau, point de fourchette pour mes repas ; la *camisole de force*, une espèce de sac de toile à voilure, emprisonna mes bras ; on répondait de ma vie. Je m'étais pourvu en cassation. On pouvait avoir pour six ou sept semaines de cette affaire onéreuse, et il importait de me conserver sain et sauf à la place de Grève.

Les premiers jours on me traita avec une douceur qui m'était horrible. Les égards d'un guichetier sentent l'échafaud. Par bonheur, au bout de peu de jours, l'habitude reprit le dessus ; ils me confondirent avec les autres prisonniers dans une commune brutalité, et n'eurent plus de ces distinctions inaccoutumées de politesse qui me remettaient sans cesse le bourreau sous les yeux. Ce ne fut pas la seule amélioration. Ma jeunesse, ma docilité, les soins de l'aumônier de la prison, et surtout quelques mots en latin que j'adressai au concierge, qui ne les comprit pas, m'ouvrirent la promenade une fois par semaine avec les autres détenus, et firent disparaître la camisole où j'étais paralysé. Après bien des hésitations, on m'a aussi donné de l'encre, du papier, des plumes et une lampe de nuit.

Tous les dimanches, après la messe, on me lâche dans le préau, à l'heure de la récréation. Là, je cause avec les détenus ; il le faut bien. Ils sont bonnes gens, les misérables. Ils me content leurs tours, ce serait à faire horreur ; mais je sais qu'ils se vantent. Ils m'apprennent à parler argot, à *rouscailler bigorne*, comme ils disent. C'est toute une langue entée sur la langue générale comme une espèce d'excroissance hideuse, comme une verrue. Quelquefois une énergie singulière, un pittoresque effrayant : *il y a du résiné sur le trimar* (du sang sur le chemin), *épouser la veuve* (être pendu), comme si la corde du gibet était veuve de tous les pendus. La tête d'un voleur a deux noms : la *sorbonne*, quand elle médite, raisonne et conseille le crime ; la *tronche*, quand le bourreau la coupe. Quelquefois de l'esprit de vaudeville : un *cachemire d'osier* (une hotte de chiffonnier), la *menteuse* (la langue) ; et puis partout, à chaque instant, des mots bizarres, mystérieux, laids et sordides, venus on ne sait d'où : le *taule* (le bourreau), la *cône* (la mort), la *placarde* (la place des exécutions). On dirait des crapauds et des araignées. Quand on entend parler cette langue, cela fait l'effet de quelque chose de sale et de poudreux, d'une liasse de haillons que l'on secouerait devant vous.

Du moins ces hommes-là me plaignent, ils sont les seuls. Les geôliers, les guichetiers, les porte-clefs, — je ne leur en veux pas, — causent et rient, et parlent de moi, devant moi, comme d'une chose.

VI

Je me suis dit :

— Puisque j'ai le moyen d'écrire, pourquoi ne le ferais-je pas ? Mais quoi écrire ? Pris entre quatre murailles de pierre nue et froide, sans liberté pour mes pas, sans horizon pour mes yeux, pour unique distraction, machinalement occupé tout le jour à suivre la marche lente de ce carré blanchâtre que le judas de ma porte découpe vis-à-vis sur le mur sombre, et, comme je le disais tout à l'heure, seul à seul avec une idée, une idée de crime et de châtiment, de meurtre et de mort ! Est-ce que je puis avoir quelque chose à dire, moi qui n'ai plus rien à faire dans ce monde ? Et que trouverai-je dans ce cerveau flétri et vide qui vaille la peine d'être écrit ?

Pourquoi non ? Si tout, autour de moi, est monotone et décoloré, n'y a-t-il pas en moi une tempête, une lutte, une tragédie ? Cette idée fixe qui me possède ne se présente-t-elle pas à moi à chaque heure, à chaque instant, sous une nouvelle forme, toujours plus hideuse et plus ensanglantée à mesure que le terme approche ? Pourquoi n'essayerais-je pas de me dire à moi-même tout ce que j'éprouve de violent et d'inconnu dans la situation abandonnée où me voilà ? Certes, la matière est riche ; et, si abrégée que soit ma vie, il y aura bien encore dans les angoisses, dans les terreurs, dans les tortures qui la rempliront de cette heure à la dernière, de quoi user cette plume et tarir cet encrier.

— D'ailleurs ces angoisses, le seul moyen d'en moins souffrir, c'est de les observer, et les peindre m'en distraira.

Et puis, ce que j'écrirai ainsi ne sera peut-être pas inutile. Ce journal de mes souffrances, heure par heure, minute par minute, supplice par supplice, si j'ai la force de le mener jusqu'au moment où il me sera *physiquement* impossible de continuer ; cette histoire, nécessairement inachevée, mais aussi complète que possible, de mes sensations, ne portera-t-elle point avec elle un grand et profond enseignement ? N'y aurait-il pas dans ce procès-verbal de la pensée agonisante, dans cette progression toujours croissante de douleurs, dans cette espèce d'autopsie intellectuelle d'un condamné, plus d'une leçon pour ceux qui condamnent ! Peut-être cette lecture leur rendra-t-elle la main moins légère quand il s'agira quelque autre fois de jeter une tête qui pense, une tête d'homme, dans ce qu'ils appellent la balance de la justice ! Peut-être n'ont-ils jamais réfléchi, les malheureux, à cette lente succession de tortures que renferme la formule expéditive d'un arrêt de mort ! Se sont-ils jamais seulement arrêtés à cette idée poignante que dans l'homme qu'ils retranchent il y a une intelligence, une intelligence qui avait compté sur la vie, une âme qui ne s'est point disposée pour la mort ? Non. Ils ne voient dans tout cela que la chute verticale d'un couteau triangulaire, et pensent sans doute que pour le condamné il n'y a rien avant, rien après.

Ces feuilles les détromperont. Publiées peut-être un jour, elles arrêteront quelques moments leur esprit sur les souffrances de l'esprit ; car ce sont celles-là qu'ils ne soupçonnent pas. Ils sont triomphants de pouvoir tuer sans presque faire souffrir le corps. Eh ! c'est bien de cela qu'il s'agit ! qu'est-ce que la douleur physique près de la douleur morale ? Horreur et pitié, des lois faites ainsi ! Un jour viendra, et peut-être ces Mémoires, derniers confidents d'un misérable, y auront-ils contribué... —

A moins qu'après ma mort le vent ne joue dans le préau avec ces morceaux de papier souillés de boue, ou qu'ils n'aillent pourrir à la pluie, collés en étoiles à la vitre cassée d'un guichetier.

VII

Que ce que j'écris ici puisse être un jour utile à d'autres, que cela arrête le juge prêt à juger, que cela sauve des malheureux, innocents ou coupables, de l'agonie à laquelle je suis condamné, pourquoi? à quoi bon? qu'importe? Quand ma tête aura été coupée, qu'est-ce que cela me fait qu'on en coupe d'autres? Est-ce que vraiment j'ai pu penser ces folies? Jeter bas l'échafaud après que j'y aurai monté! je vous demande un peu ce qui m'en reviendra?

Quoi! le soleil, le printemps, les champs pleins de fleurs, les oiseaux qui s'éveillent le matin, les nuages, les arbres, la nature, la liberté, la vie, tout cela n'est plus à moi.

Ah! c'est moi qu'il faudrait sauver! — Est-il bien vrai que cela ne se peut, qu'il faudra mourir demain, aujourd'hui peut-être; que cela est ainsi? O Dieu! l'horrible idée à se briser la tête au mur de son cachot!

VIII

Comptons ce qui me reste :

Trois jours de délai après l'arrêt prononcé pour le pourvoi en cassation.

Huit jours d'oubli au parquet de la cour d'assises; après quoi les *pièces*, comme ils disent, sont envoyées au ministre.

Quinze jours d'attente chez le ministre, qui ne sait

seulement pas qu'elles existent, et qui cependant est supposé les transmettre, après examen, à la cour de cassation.

Là, classement, numérotage, enregistrement ; car la guillotine est encombrée, et chacun ne doit passer qu'à son tour.

Quinze jours pour veiller à ce qu'il ne vous soit pas fait de passe-droit.

Enfin, la cour s'assemble d'ordinaire un jeudi, rejette vingt pourvois en masse, et renvoie le tout au ministre, qui renvoie au procureur général, qui renvoie au bourreau. Trois jours.

Le matin du quatrième jour le substitut du procureur général se dit en mettant sa cravate : — Il faut pourtant que cette affaire finisse. Alors, si le substitut du greffier n'a pas quelque déjeuner d'amis qui l'en empêche, l'ordre d'exécution est minuté, rédigé, mis au net, expédié, et le lendemain dès l'aube on entend dans la place de Grève clouer une charpente, et dans les carrefours hurler à pleines voix des crieurs enroués.

En tout six semaines. La petite fille avait raison.

Or, voilà cinq semaines au moins, six peut-être, je n'ose compter, que je suis dans ce cabanon de Bicêtre, et il me semble qu'il y a trois jours, c'était jeudi.

IX

Je viens de faire mon testament.

A quoi bon ? Je suis condamné aux frais, et tout ce que j'ai y suffira à peine. La guillotine, c'est fort cher.

Je laisse une mère, je laisse une femme, je laisse un enfant.

Une petite fille de trois ans, douce, rose, frêle, avec de grands yeux noirs et de longs cheveux châtains.

Elle avait deux ans et un mois quand je l'ai vue pour la dernière fois.

Ainsi, après ma mort, trois femmes sans fils, sans mari, sans père; trois orphelines de différente espèce; trois veuves du fait de la loi.

J'admets que je sois justement puni, ces innocentes, qu'ont-elles fait? N'importe; on les déshonore, on les ruine; c'est la justice.

Ce n'est pas que ma pauvre vieille mère m'inquiète; elle a soixante-quatre ans, elle mourra du coup. Ou, si elle va quelques jours encore, pourvu que, jusqu'au dernier moment, elle ait un peu de cendre chaude dans sa chaufferette, elle ne dira rien.

Ma femme ne m'inquiète pas non plus, elle est déjà d'une mauvaise santé et d'un esprit faible, elle mourra aussi.

A moins qu'elle ne devienne folle. On dit que cela fait vivre; mais du moins l'intelligence ne souffre pas; elle dort; elle est comme morte.

Mais ma fille, mon enfant, ma pauvre petite Marie, qui rit, qui joue, qui chante à cette heure, et ne pense à rien, c'est celle-là qui me fait mal.

X

Voici ce que c'est que mon cachot :

Huit pieds carrés; quatre murailles de pierre de taille qui s'appuient à angle droit sur un pavé de dalles exhaussé d'un degré au-dessus du corridor extérieur.

A droite de la porte, en entrant, une espèce d'enfoncement qui fait la dérision d'une alcôve. On y jette une botte de paille où le prisonnier est censé reposer et dormir, vêtu d'un pantalon de toile et d'une veste de coutil, hiver comme été.

Au-dessus de ma tête, en guise de ciel, une noire voûte en *ogive* — c'est ainsi que cela s'appelle — à laquelle d'épaisses toiles d'araignées pendent comme des haillons.

Du reste, pas de fenêtres, pas même de soupirail; une porte où le fer cache le bois.

Je me trompe : au centre de la porte, vers le haut, une ouverture de neuf pouces carrés, coupée d'une grille en croix, et que le guichetier peut fermer la nuit.

Au dehors, un assez long corridor, éclairé, aéré au moyen de soupiraux étroits au haut du mur, et divisé en compartiments de maçonnerie qui communiquent entre eux par une série de portes cintrées et basses; chacun de ces compartiments sert en quelque sorte d'antichambre à un cachot pareil au mien. C'est dans ces cachots que l'on met les forçats condamnés par le directeur de la prison à des peines de discipline. Les trois premiers cabanons sont réservés aux condamnés à mort, parce qu'étant plus voisins de la geôle ils sont plus commodes pour le geôlier.

Ces cachots sont tout ce qui reste de l'ancien château de Bicêtre, tel qu'il fut bâti dans le quinzième siècle par le cardinal de Winchester, le même qui fit brûler Jeanne d'Arc. J'ai entendu dire cela à des *curieux* qui sont venus me voir l'autre jour dans ma loge, et qui me regardaient à distance comme une bête de la Ménagerie. Le guichetier a eu cent sous.

J'oubliais de dire qu'il y a nuit et jour un factionnaire de garde à la porte de mon cachot, et que mes yeux ne peuvent se lever vers la lucarne carrée sans rencontrer ses deux yeux fixes toujours ouverts.

Du reste, on suppose qu'il y a de l'air et du jour dans cette boîte de pierre.

XI

Puisque le jour ne paraît pas encore, que faire de la nuit? Il m'est venu une idée. Je me suis levé et j'ai promené ma lampe sur les quatre murs de ma cellule. Ils sont couverts d'écritures, de dessins, de figures bizarres, de noms qui se mêlent et s'effacent les uns les autres. Il semble que chaque condamné ait voulu laisser trace, ici du moins. C'est du crayon, de la craie, du charbon, des lettres noires, blanches, grises, souvent de profondes entailles dans la pierre, çà et là des caractères rouillés qu'on dirait écrits avec du sang. Certes, si j'avais l'esprit plus libre, je prendrais intérêt à ce livre étrange qui se développe page à page à mes yeux sur chaque pierre de ce cachot. J'aimerais à recomposer un tout de ces fragments de pensée épars sur la dalle; à retrouver chaque homme sous chaque nom; à rendre le sens et la vie à ces inscriptions mutilées, à ces phrases démembrées, à ces mots tronqués, corps sans tête, comme ceux qui les ont écrits.

A la hauteur de mon chevet, il y a deux cœurs enflammés, percés d'une flèche, et au-dessus : *Amour pour la vie.* Le malheureux ne prenait pas un long engagement.

A côté, une espèce de chapeau à trois cornes avec une petite figure grossièrement dessinée au-dessous, et ces mots : *Vive l'empereur !* 1824.

Encore des cœurs enflammés avec cette inscription caractéristique dans une prison : *J'aime et j'adore Mathieu Danvin.* JACQUES.

Sur le mur opposé on lit ce nom : *Papavoine.* Le P majuscule est brodé d'arabesques et enjolivé avec soin.

Un couplet d'une chanson obscène.

Un bonnet de liberté sculpté assez profondément dans

la pierre, avec ceci dessous : — *Bories.— La République.*
C'était un des quatre sous-officiers de la Rochelle. Pauvre
jeune homme ! Que leurs prétendues nécessités politiques
sont hideuses ! pour une idée, pour une rêverie, pour une
abstraction, cette horrible réalité qu'on appelle la guillotine ! — Et moi qui me plaignais, moi misérable qui ai
commis un véritable crime, qui ai versé du sang !

Je n'irai pas plus loin dans ma recherche. — Je viens
de voir, crayonnée en blanc au coin du mur, une image
épouvantable, la figure de cet échafaud qui, à l'heure qu'il
est, se dresse peut-être pour moi. — La lampe a failli me
tomber des mains.

XII

Je suis revenu m'asseoir précipitamment sur ma paille,
la tête dans les genoux. Puis mon effroi d'enfant s'est dissipé, et une étrange curiosité m'a repris de continuer la
lecture de mon mur.

A côté du nom de Papavoine, j'ai arraché une énorme
toile d'araignée, tout épaissie par la poussière et tendue à
l'angle de la muraille. Sous cette toile, il y avait quatre ou
cinq noms parfaitement lisibles, parmi d'autres dont il ne
reste rien qu'une tache sur le mur. — DAUTUN, 1815. —
POULAIN, 1818. — JEAN MARTIN, 1821. — CASTAING, 1823.
J'ai lu ces noms, et de lugubres souvenirs me sont venus.
Dautun, celui qui a coupé son frère en quartiers, et qui
allait la nuit dans Paris jetant la tête dans une fontaine
et le tronc dans un égout ; Poulain, celui qui a assassiné
sa femme ; Jean Martin, celui qui a tiré un coup de pistolet à son père au moment où le vieillard ouvrait une fenêtre ; Castaing, ce médecin qui a empoisonné son ami, et
qui, le soignant dans cette dernière maladie qu'il lui avait

faite, au lieu de remède lui redonnait du poison; et auprès de ceux-là Papavoine, l'horrible fou qui tuait les enfants à coups de couteau sur la tête!

Voilà, me disais-je, et un frisson de fièvre me montait dans les reins, voilà quels ont été avant moi les hôtes de cette cellule. C'est ici, sur la même dalle où je suis, qu'ils ont pensé leurs dernières pensées, ces hommes de meurtre et de sang! C'est autour de ce mur, dans ce carré étroit, que leurs derniers pas ont tourné comme ceux d'une bête fauve. Ils se sont succédé à de courts intervalles; il paraît que ce cachot ne désemplit pas. Ils ont laissé la place chaude, et c'est à moi qu'ils l'ont laissée. J'irai à mon tour les rejoindre au cimetière de Clamart, où l'herbe pousse si bien!

Je ne suis ni visionnaire ni superstitieux. Il est probable que ces idées me donnaient un accès de fièvre; mais, pendant que je rêvais ainsi, il m'a semblé tout à coup que ces noms fatals étaient écrits avec du feu sur le mur noir; un tintement de plus en plus précipité a éclaté dans mes oreilles; une lueur rousse a rempli mes yeux; et puis il m'a paru que le cachot était plein d'hommes, d'hommes étranges qui portaient leur tête dans leur main gauche, et la portaient par la bouche parce qu'il n'y avait pas de chevelure. Tous me montraient le poing, excepté le parricide.

J'ai fermé les yeux avec horreur, alors j'ai tout vu plus distinctement.

Rêve, vision ou réalité, je serais devenu fou si une impression brusque ne m'eût réveillé à temps. J'étais près de tomber à la renverse lorsque j'ai senti se traîner sur mon pied nu un ventre froid et des pattes velues. C'était l'araignée que j'avais dérangée et qui s'enfuyait.

Cela m'a dépossédé. — Oh! les épouvantables spectres! — Non, c'était une fumée, une imagination de mon cerveau vide et convulsif. Chimère à la Macbeth! les morts sont morts; ceux-là surtout. Ils sont bien cadenassés dans le sépulcre. Ce n'est pas là une prison dont on s'évade. Comment se fait-il donc que j'aie eu peur ainsi?

La porte du tombeau ne s'ouvre pas en dedans.

XIII

J'ai vu ces jours passés une chose hideuse.

Il était à peine jour, et la prison était pleine de bruit. On entendait ouvrir et fermer les lourdes portes, grincer les verrous et les cadenas de fer, carillonner les trousseaux de clefs entrechoqués à la ceinture des geôliers, trembler les escaliers du haut en bas sous des pas précipités, et des voix s'appeler et se répondre des deux bouts des longs corridors. Mes voisins de cachots, les forçats en punition, étaient plus gais qu'à l'ordinaire. Tout Bicêtre semblait rire, chanter, courir, danser.

Moi, seul muet dans ce vacarme, seul immobile dans ce tumulte, étonné et attentif, j'écoutais.

Un geôlier passa.

Je me hasardai à l'appeler et à lui demander si c'était fête dans la prison. — Fête si l'on veut! me répondit-il. C'est aujourd'hui qu'on ferre les forçats qui doivent partir demain pour Toulon. Voulez-vous voir? cela vous amusera. C'était en effet, pour un reclus solitaire, une bonne fortune qu'un spectacle, si odieux qu'il fût. J'acceptai l'amusement.

Le guichetier prit les précautions d'usage pour s'assurer de moi, puis me conduisit dans une petite cellule vide et absolument démeublée, qui avait une fenêtre grillée, mais une véritable fenêtre à hauteur d'appui, et à travers laquelle on apercevait réellement le ciel.

— Tenez, me dit-il, d'ici vous verrez et vous entendrez. Vous serez seul dans votre loge, comme le roi.

Puis il sortit et referma sur moi serrures, cadenas et verrous.

La fenêtre donnait sur une cour carrée assez vaste, et autour de laquelle s'élevait des quatre côtés, comme une muraille, un grand bâtiment de pierre de taille à six étages. Rien de plus dégradé, de plus nu, de plus misérable à l'œil que cette quadruple façade percée d'une multitude de fenêtres grillées, auxquelles se tenaient collés, du bas en haut, une foule de visages maigres et blêmes, pressés les uns au-dessus des autres, comme les pierres d'un mur, et tous pour ainsi dire encadrés dans les entre-croisements des barreaux de fer. C'étaient les prisonniers, spectateurs de la cérémonie en attendant leur jour d'être acteurs. On eût dit des âmes en peine aux soupiraux du purgatoire qui donnent sur l'enfer.

Tous regardaient en silence la cour vide encore. Ils attendaient. Parmi ces figures éteintes et mornes, çà et là brillaient quelques yeux perçants et vifs comme des points de feu.

Le carré de prisons qui enveloppe la cour ne se referme pas sur lui-même. Un des quatre pans de l'édifice (celui qui regarde le levant) est coupé vers son milieu, et ne se rattache au pan voisin que par une grille de fer. Cette grille s'ouvre sur une seconde cour, plus petite que la première, et, comme elle, est bloquée de murs et de pignons noirâtres.

Tout autour de la cour principale, des bancs de pierre s'adossent à la muraille. Au milieu se dresse une tige de fer courbée, destinée à porter une lanterne.

Midi sonna. Une grande porte cochère, cachée sous un enfoncement, s'ouvrit brusquement. Une charrette, escortée d'espèces de soldats sales et honteux, en uniformes bleus, à épaulettes rouges et à bandoulières jaunes, entra lourdement dans la cour avec un bruit de ferraille. C'était la chiourme et les chaînes.

Au même instant, comme si ce bruit réveillait tout le bruit de la prison, les spectateurs des fenêtres, jusqu'alors silencieux et immobiles, éclatèrent en cris de joie, en chansons, en menaces, en imprécations mêlées d'éclats de rire poignants à entendre. On eût cru voir des masques de démons. Sur chaque visage parut une grimace, tous les poings sortirent des barreaux, toutes les voix hurlèrent, tous les yeux flamboyèrent, et je fus épouvanté de voir tant d'étincelles reparaître dans cette cendre.

Cependant les argousins, parmi lesquels on distinguait, à leurs vêtements propres et à leur effroi, quelques curieux venus de Paris, les argousins se mirent tranquillement à leur besogne. L'un d'eux monta sur la charrette, et jeta à ses camarades les chaînes, les colliers de voyage, et les liasses de pantalons de toile. Alors ils se dépecèrent le travail ; les uns allèrent étendre dans un coin de la cour les longues chaînes qu'ils nommaient dans leur argot les *ficelles :* les autres déployèrent sur le pavé les *taffetas*, les chemises et les pantalons ; tandis que les plus sagaces examinaient un à un, sous l'œil de leur capitaine, petit vieillard trapu, les carcans de fer, qu'ils éprouvaient ensuite en les faisant étinceler sur le pavé. Le tout aux acclamations railleuses des prisonniers, dont la voix n'était dominée que par les rires bruyants des forçats pour qui cela se préparait, et qu'on voyait relégués aux croisées de la vieille prison qui donne sur la petite cour.

Quand ces apprêts furent terminés, un monsieur brodé en argent, qu'on appelait *monsieur l'inspecteur*, donna un ordre au *directeur* de la prison ; et un moment après voilà que deux ou trois portes basses vomirent presque en même temps, et comme par bouffées, dans la cour, des nuées d'hommes hideux, hurlants et déguenillés. C'étaient les forçats.

A leur entrée, redoublement de joie aux fenêtres. Quelques-uns d'entre eux, les grands noms du bagne, furent salués d'acclamations et d'applaudissements qu'ils recevaient avec une sorte de modestie fière. La plupart avaient des espèces de chapeaux tressés de leurs propres mains, avec la paille du cachot, et toujours d'une forme étrange, afin que, dans les villes où l'on passerait, le chapeau fît remarquer la tête. Ceux-là étaient plus applaudis encore. Un surtout excita des transports d'enthousiasme : un jeune homme de dix-sept ans, qui avait un visage de jeune fille. Il sortait du cachot, où il était au secret depuis huit jours ; de sa botte de paille il s'était fait un vêtement qui l'enveloppait de la tête aux pieds, et il entra dans la cour en faisant la roue sur lui-même avec l'agilité d'un serpent. C'était un baladin condamné pour vol. Il y eut une rage de battements de mains et de cris de joie. Les galériens y répondaient, et c'était une chose effrayante que cet échange de gaietés entre les forçats en titre et les forçats aspirants. La société avait beau être là, représentée par les geôliers et les curieux épouvantés, le crime la narguait en face, et de ce châtiment horrible faisait une fête de famille.

A mesure qu'ils arrivaient, on les poussait, entre deux haies de gardes-chiourmes, dans la petite cour grillée, où la visite des médecins les attendait. C'est là que tous tentaient un dernier effort pour éviter le voyage, alléguant quelque excuse de santé : les yeux malades, la jambe boiteuse, la main mutilée. Mais presque toujours on les trouvait bons pour le bagne ; et alors chacun se résignait avec insouciance, oubliant en peu de minutes sa prétendue infirmité de toute la vie.

La grille de la petite cour se rouvrit. Un gardien fit l'appel par ordre alphabétique ; et alors ils sortirent un à un, et chaque forçat s'alla ranger debout dans un coin de la grande cour, près d'un compagnon donné par le hasard de sa lettre initiale. Ainsi chacun se voit réduit à lui-même; chacun porte sa chaîne pour soi, côte à côte avec un inconnu; et si par hasard un forçat a un ami, la chaîne l'en sépare. Dernière des misères.

Quand il y en eut à peu près une trentaine de sortis, on referma la grille. Un argousin les aligna avec son bâton, jeta devant chacun d'eux une chemise, une veste et un pantalon de grosse toile, puis fit un signe, et tous commencèrent à se déshabiller. Un incident inattendu vint, comme à point nommé, changer cette humiliation en torture.

Jusqu'alors le temps avait été assez beau; et si la bise d'octobre refroidissait l'air, de temps en temps aussi elle ouvrait çà et là dans les brumes grises du ciel une crevasse par où tombait un rayon de soleil. Mais à peine les forçats se furent-ils dépouillés de leurs haillons de prison, au moment où ils s'offraient nus et debout à la visite soupçonneuse des gardiens et aux regards curieux des étrangers, qui tournaient autour d'eux pour examiner leurs épaules, le ciel devint noir, une froide averse d'automne éclata brusquement, et se déchargea à torrents dans la cour carrée, sur les têtes découvertes, sur les membres nus des galériens, sur leurs misérables sayons étalés sur le pavé.

En un clin d'œil le préau se vida de tout ce qui n'était pas argousin ou galérien. Les curieux de Paris allèrent s'abriter sous les auvents des portes.

Cependant la pluie tombait à flots. On ne voyait plus dans la cour que les forçats nus et ruisselants sur le pavé noyé. Un silence morne avait succédé à leurs bruyantes bravades. Ils grelottaient, leurs dents claquaient; leurs jambes maigries, leurs genoux noueux, s'entre-choquaient, et c'était pitié de les voir appliquer sur leurs membres bleus ces chemises trempées, ces vestes, ces pantalons dégouttants de pluie. La nudité eût été meilleure.

Un seul, un vieux, avait conservé quelque gaieté. Il s'écria, en s'essuyant avec sa chemise mouillée, que *cela n'était pas dans le programme*, puis se prit à rire en montrant le poing au ciel.

Quand ils eurent revêtu les habits de route, on les mena par bande de vingt ou trente à l'autre coin du préau, où les cordons allongés à terre les attendaient. Ces cordons sont de longues et fortes chaînes coupées transversalement de deux en deux pieds par d'autres chaînes plus courtes, à l'extrémité desquelles se rattache un carcan carré, qui s'ouvre au moyen d'une charnière pratiquée à l'un des angles, et se ferme à l'angle opposé par un boulon de fer, rivé pour tout le voyage sur le cou du galérien. Quand ces cordons sont développés à terre, ils figurent assez bien la grande arête d'un poisson.

On fit asseoir les galériens dans la boue, sur les pavés inondés; on leur essaya les colliers; puis deux forgerons de la chiourme, armés d'enclumes portatives, les leur rivèrent à froid à grands coups de masses de fer. C'est un moment affreux, où les plus hardis pâlissent. Chaque coup de marteau, asséné sur l'enclume appuyée à leur dos, fait rebondir le menton du patient; le moindre mouvement d'avant en arrière lui ferait sauter le crâne comme une coquille de noix.

Après cette opération, ils devinrent sombres. On n'entendait plus que le grelottement des chaînes, et par intervalles un cri et le bruit sourd du bâton des gardes-chiourmes sur les membres des récalcitrants. Il y en eut qui pleurèrent; les vieux frissonnaient et se mordaient les lèvres. Je regardais avec terreur tous ces profils sinistres dans leurs cadres de fer.

Ainsi, après la visite des médecins, la visite des geôliers;

après la visite des geôliers, le ferrage. Trois actes à ce spectacle.

Un rayon de soleil reparut. On eût dit qu'il mettait le feu à tous ces cerveaux. Les forçats se levèrent à la fois comme par un mouvement convulsif. Les cinq cordons se rattachèrent par les mains, et tout à coup se formèrent en ronde immense autour de la branche de la lanterne. Ils tournaient à fatiguer les yeux. Ils chantaient une chanson du bagne, une romance d'argot, sur un air tantôt plaintif, tantôt furieux et gai; on entendait par intervalles des cris grêles, des éclats de rire déchirés et haletants se mêler aux mystérieuses paroles; puis des acclamations furibondes, et les chaînes qui s'entre-choquaient en cadence servaient d'orchestre à ce chant plus rauque que leur bruit. Si je cherchais une image du sabbat, je ne la voudrais ni meilleure ni pire.

On apporta dans le préau un large baquet. Les garde-chiourmes rompirent la danse des forçats à coups de bâton, et les conduisirent à ce baquet, dans lequel on voyait nager je ne sais quelles herbes dans je ne sais quel liquide fumant et sale. Ils mangèrent.

Puis, ayant mangé, ils jetèrent sur le pavé ce qui restait de leur soupe et de leur pain bis, et se remirent à danser et à chanter. Il parait qu'on leur laisse cette liberté le jour du ferrage et la nuit qui le suit.

J'observais ce spectacle étrange avec une curiosité si avide, si palpitante, si attentive, que je m'étais oublié moi-même. Un profond sentiment de pitié me remuait jusqu'aux entrailles, et leurs rires me faisaient pleurer.

Tout à coup, à travers la rêverie profonde où j'étais tombé, je vis la ronde hurlante s'arrêter et se taire. Puis tous les yeux se tournèrent vers la fenêtre que j'occupais.
— Le condamné! le condamné! crièrent-ils tous en me montrant du doigt; et les explosions de joie redoublèrent.

Je restai pétrifié.

J'ignore d'où ils me connaissaient et comment ils m'avaient reconnu.

— Bonjour ! bonsoir ! me crièrent-ils avec leur ricanement atroce. Un des plus jeunes, condamné aux galères perpétuelles, face luisante et plombée, me regarda d'un air d'envie en disant : — Il est heureux ! il sera *rogné !* Adieu, camarade !

Je ne puis dire ce qui se passait en moi. J'étais leur camarade en effet. La Grève est sœur de Toulon. J'étais même placé plus bas qu'eux : ils me faisaient honneur. Je frissonnai.

Oui, leur camarade ! et, quelques jours plus tard, j'aurais pu aussi, moi, être un spectacle pour eux.

J'étais demeuré à la fenêtre, immobile, perclus, paralysé. Mais, quand je vis les cinq cordons s'avancer, se ruer vers moi avec des paroles d'une infernale cordialité; quand j'entendis le tumultueux fracas de leurs chaînes, de leurs clameurs, de leurs pas, au pied du mur, il me sembla que cette nuée de démons escaladait ma misérable cellule; je poussai un cri, je me jetai sur la porte d'une violence à la briser; mais pas moyen de fuir : les verrous étaient tirés en dehors. Je heurtai, j'appelai avec rage. Puis il me sembla entendre de plus près encore les effrayantes voix des forçats. Je crus voir leurs têtes hideuses paraître déjà au bord de ma fenêtre, je poussai un second cri d'angoisse et je tombai évanoui.

XIV

Quand je revins à moi il était nuit. J'étais couché dans un grabat ; une lanterne qui vacillait au plafond me fit voir d'autres grabats alignés des deux côtés du mien. Je compris qu'on m'avait transporté à l'infirmerie.

Je restai quelques instants éveillé, mais sans pensée et sans souvenir, tout entier au bonheur d'être dans un lit. Certes, en d'autres temps, ce lit d'hôpital et de prison m'eût fait reculer de dégoût et de pitié; mais je n'étais plus le même homme. Les draps étaient gris et rudes au toucher, la couverture maigre et trouée; on sentait la paillasse à travers le matelas; qu'importe! mes membres pouvaient se déroidir à l'aise entre ces draps grossiers; sous cette couverture, si mince qu'elle fût, je sentais se dissiper peu à peu cet horrible froid de la moelle des os, dont j'avais pris l'habitude. — Je me rendormis.

Un grand bruit me réveilla; il faisait petit jour. Ce bruit venait du dehors : mon lit était à côté de la fenêtre, je me levai sur mon séant pour voir ce que c'était.

La fenêtre donnait sur la grande cour de Bicêtre. Cette cour était pleine de monde; deux haies de vétérans avaient peine à maintenir libre, au milieu de cette foule, un étroit chemin qui traversait la cour. Entre ce double rang de soldats cheminaient lentement, cahotées à chaque pavé, cinq longues charrettes chargées d'hommes : c'étaient les forçats qui partaient.

Ces charrettes étaient découvertes. Chaque cordon en occupait une. Les forçats étaient assis de côté sur chacun des bords, adossés les uns aux autres, séparés par la chaîne commune, qui se développait dans la longueur du chariot, et sur l'extrémité de laquelle un argousin debout, fusil chargé, tenait le pied. On entendait bruire leurs fers, et, à chaque secousse de la voiture, on voyait sauter leurs têtes et ballotter leurs jambes pendantes.

Une pluie fine et pénétrante glaçait l'air et collait sur leurs genoux leurs pantalons de toile, de gris devenus noirs. Leurs longues barbes, leurs cheveux courts, ruisselaient;

leurs visages étaient violets; on les voyait grelotter, et
leurs dents grinçaient de rage et de froid. Du reste, pas
de mouvements possible. Une fois rivé à cette chaîne, on
n'est plus qu'une fraction de ce tout hideux qu'on appelle
le cordon, et qui se meut comme un seul homme. L'intelligence doit abdiquer; le carcan du bagne la condamne
à mort; et, quant à l'animal lui-même, il ne doit plus
avoir de besoins et d'appétits qu'à heures fixes. Ainsi, immobiles, la plupart demi-nus, têtes découvertes et pieds
pendants, ils commençaient leur voyage de vingt-cinq
jours, chargés sur les mêmes charrettes, vêtus des mêmes
vêtements pour le soleil à plomb de juillet et pour les
froides pluies de novembre. On dirait que les hommes
veulent mettre le ciel de moitié dans leur office de bourreaux.

Il s'était établi entre la foule et les charrettes je ne sais
quel horrible dialogue : injures d'un côté, bravades de
l'autre, imprécations des deux parts; mais, à un signe du
capitaine, je vis les coups de bâton pleuvoir au hasard
dans les charrettes, sur les épaules ou sur les têtes, et tout
rentra dans cette espèce de calme extérieur qu'on appelle
l'*ordre*. Mais les yeux étaient pleins de vengeance, et les
poings des misérables se crispaient sur leurs genoux.

Les cinq charrettes, escortées de gendarmes à cheval et
d'argousins à pied, disparurent successivement sous la
haute porte cintrée de Bicêtre; une sixième les suivit,
dans laquelle ballottaient pêle-mêle les chaudières, les
gamelles de cuivre et les chaînes de rechange. Quelques
gardes-chiourmes, qui s'étaient attardés à la cantine, sortirent en courant pour rejoindre leur escouade. La foule
s'écoula. Tout ce spectacle s'évanouit comme une fantasmagorie. On entendit s'affaiblir par degrés dans l'air le
bruit lourd des roues et des pieds de chevaux sur la route
pavée de Fontainebleau, le claquement des fouets, le cli-

quetis des chaînes, et les hurlements du peuple, qui souhaitait malheur au voyage des galériens.

Et c'est là pour eux le commencement!

— Que me disait-il donc, l'avocat? Les galères! Ah! oui, plutôt mille fois la mort, plutôt l'échafaud que le bagne, plutôt le néant que l'enfer; plutôt livrer mon cou au couteau de Guillotin qu'au carcan de la chiourme! Les galères, juste ciel!

XV

Malheureusement je n'étais pas malade. Le lendemain il fallut sortir de l'infirmerie. Le cachot me reprit.

Pas malade! en effet, je suis jeune, sain et fort. Le sang coule librement dans mes veines; tous mes membres obéissent à tous mes caprices; je suis robuste de corps et d'esprit, constitué pour une longue vie; oui, tout cela est vrai, et cependant j'ai une maladie, une maladie mortelle, une maladie faite de la main des hommes.

Depuis que je suis sorti de l'infirmerie, il m'est venu une idée poignante, une idée à me rendre fou, c'est que j'aurais peut-être pu m'évader si on m'y avait laissé. Ces médecins, ces sœurs de charité, semblaient prendre intérêt à moi. Mourir si jeune et d'une telle mort! On eût dit qu'ils me plaignaient, tant ils étaient empressés autour de mon chevet. Bah! curiosité! Et puis ces gens qui guérissent vous guérissent bien d'une fièvre, mais non d'une sentence de mort. Et pourtant cela leur serait si facile! une porte ouverte! Qu'est-ce que cela leur ferait?

Plus de chances maintenant! mon pourvoi sera rejeté, parce que tout est en règle; les témoins ont bien témoigné, les plaideurs ont bien plaidé, les juges ont bien jugé. Je n'y compte pas, à moins que... Non, folie! plus d'espérance ! Le pourvoi, c'est une corde qui vous tient suspendu au-dessus de l'abîme, et qu'on entend craquer à chaque instant, jusqu'à ce qu'elle se casse. C'est comme si le couteau de la guillotine mettait six semaines à tomber.

Si j'avais ma grâce ? — Avoir ma grâce ! Et par qui ? et pour quoi ? et comment ? Il est impossible qu'on me fasse grâce. L'exemple ! comme ils disent.

Je n'ai plus que trois pas à faire : Bicêtre, la Conciergerie, la Grève.

XVI

Pendant le peu d'heures que j'ai passées à l'infirmerie, je m'étais assis près d'une fenêtre, au soleil — il avait reparu — , ou du moins recevant du soleil tout ce que les grilles de la croisée m'en laissaient.

J'étais là, ma tête pesante et embrasée dans mes deux mains, qui en avaient plus qu'elles n'en pouvaient porter, mes coudes sur mes genoux, les pieds sur les barreaux de ma chaise ; car l'abattement fait que je me courbe et me replie sur moi-même comme si je n'avais plus ni os dans les membres ni muscles dans la chair.

L'odeur étouffée de la prison me suffoquait plus que jamais, j'avais encore dans l'oreille tout ce bruit de chaînes des galériens, j'éprouvais une grande lassitude de Bicêtre. Il me semblait que le bon Dieu devrait bien avoir pitié de moi et m'envoyer au moins un petit oiseau pour chanter là, en face, au bord du toit.

Je ne sais si ce fut le bon Dieu ou le démon qui m'exauça ; mais presque au même moment j'entendis s'élever sous ma fenêtre une voix, non celle d'un oiseau, mais bien mieux : la voix pure, fraîche, veloutée, d'une jeune fille de quinze ans. Je levai la tête comme en sursaut, j'écoutai avidement la chanson qu'elle chantait. C'était un air lent et langoureux, une espèce de roucoulement triste et lamentable ; voici les paroles :

> C'est dans la rue du Mail
> Où j'ai été colligé
>   Maluré,
> Par trois coquins de railles,
>   Lirlonfa malurette,
> Sur mes sique' ont foncé,
>   Lirlonfa maluré.

Je ne saurais dire combien fut amer mon désappointement. La voix continua :

> Sur mes sique' ont foncé,
>   Maluré.
> Ils m'ont mis la tartouve,
>   Lirlonfa malurette,
> Grand Meudon est aboulé,
>   Lirlonfa maluré.
> Dans mon trimin rencontre,
>   Lirlonfa malurette,
> Un peigre du quartier,
>   Lirlonfa maluré.

> Un peigre du quartier,
>   Maluré.
> Va-t'en dire à ma largue,
>   Lirlonfa malurette,
> Que je suis enfourraillé,
>   Lirlonfa maluré.
> Ma largue tout en colère,
>   Lirlonfa malurette,
> M' dit : Qu'as-tu donc morfillé ?
>   Lirlonfa maluré.

> M' dit : Qu'as-tu donc morfillé ?
>   Maluré.

J'ai fait suer un chêne,
  Lirlonfa malurette,
Son auberg j'ai enganté,
  Lirlonfa maluré.
Son auberg et sa toquante,
  Lirlonfa malurette,
Et ses attach's de cés,
  Lirlonfa maluré.

Et ses attach's de cés,
  Maluré.
Ma largu' part pour Versailles,
  Lirlonfa malurette,
Aux pieds d' Sa Majesté,
  Lirlonfa maluré.
Elle lui fonce un babillard,
  Lirlonfa malurette,
Pour m' fair' défourrailler,
  Lirlonfa maluré.

Pour m' fair' défourrailler,
  Maluré.
Ah! si j'en défourraille,
  Lirlonfa malurette,
Ma largue j'entiferai,
  Lirlonfa maluré.
J' li ferai porter fontange,
  Lirlonfa malurette,
Et souliers galuchés,
  Lirlonfa maluré.

Et souliers galuchés,
  Maluré.
Mais grand dabe qui s' fâche,
  Lirlonfa malurette,
Dit : Par mon caloquet !
  Lirlonfa maluré,
J' li ferai danser une danse,
  Lirlonfa malurette,
Où n'y a pas de plancher,
  Lirlonfa maluré.

Je n'en ai pas entendu et n'aurais pu en entendre davantage. Le sens à demi compris et à demi caché de cette horrible complainte, cette lutte du brigand avec le guet, ce voleur qu'il rencontre et qu'il dépêche à sa femme, cet épouvantable message : J'ai assassiné un homme et je suis arrêté, *j'ai fait suer un chêne, et je suis enfourraillé;* cette femme qui court à Versailles avec un placet, et cette *Majesté* qui s'indigne et menace le coupable de lui faire danser *la danse où il n'y a pas de plancher;* et tout cela chanté sur l'air le plus doux et par la plus douce voix qui ait jamais endormi l'oreille humaine!... J'en suis resté navré, glacé, anéanti. C'était une chose repoussante que toutes ces monstrueuses paroles sortant de cette bouche vermeille et fraîche. On eût dit la bave d'une limace sur une rose.

Je ne saurais rendre ce que j'éprouvais; j'étais à la fois blessé et caressé. Le patois de la caverne et du bagne, cette langue ensanglantée et grotesque, ce hideux argot, marié à une voix de jeune fille, gracieuse transition de la voix d'enfant à la voix de femme! tous ces mots difformes et mal faits, chantés, cadencés, perlés!

Ah! qu'une prison est quelque chose d'infâme! Il y a un venin qui y salit tout. Tout s'y flétrit, même la chanson d'une fille de quinze ans! Vous y trouvez un oiseau, il a de la boue sur son aile: vous y cueillez une jolie fleur, vous la respirez, elle pue.

XVII

Oh! si je m'évadais, comme je courrais à travers champs!

Non, il ne faudrait pas courir. Cela fait regarder et soupçonner. Au contraire, marcher lentement, tête levée, en chantant. Tâcher d'avoir quelque vieux sarrau bleu à dessins rouges, cela déguise bien. Tous les maraîchers des environs en portent.

Je sais auprès d'Arcueil un fourré d'arbres à côté d'un marais, où, étant au collége, je venais avec mes camarades pêcher des grenouilles tous les jeudis. C'est là que je me cacherais jusqu'au soir.

La nuit tombée, je reprendrais ma course. J'irais à Vincennes. Non, la rivière m'empêcherait. J'irais à Arpajon. — Il aurait mieux valu prendre du côté de Saint-Germain, et aller au Havre, et m'embarquer pour l'Angleterre. — N'importe! j'arrive à Longjumeau, un gendarme passe; il me demande mon passe-port... je suis perdu.

— Ah! malheureux rêveur, brise donc d'abord le mur épais de trois pieds qui t'emprisonne! la mort! la mort!

Quand je pense que je suis venu tout enfant ici à Bicêtre, voir le grand puits et les fous!

XVIII

Pendant que j'écrivais tout ceci, ma lampe a pâli, le jour est venu, l'horloge de la chapelle a sonné six heures. — Qu'est-ce que cela veut dire? le guichetier de garde vient d'entrer dans mon cachot; il a ôté sa casquette, m'a salué, s'est excusé de me déranger, et m'a demandé, en adoucissant de son mieux sa rude voix, ce que je désirais à déjeuner.

Il m'a pris un frisson. — Est-ce que ce serait pour aujourd'hui?

XIX

C'est pour aujourd'hui !

Le directeur de la prison lui-même vient de me rendre visite. Il m'a demandé en quoi il pourrait m'être agréable ou utile, a exprimé le désir que je n'eusse pas à me plaindre de lui ou de ses subordonnés, s'est informé avec intérêt de ma santé et de la façon dont j'avais passé la nuit ; en me quittant, il m'a appelé *monsieur*.

XX

Il ne croit pas, ce geôlier, que j'ai à me plaindre de lui et de ses sous-geôliers. Il a raison, ce serait mal à moi de me plaindre ; ils ont fait leur métier, ils m'ont bien gardé ; et puis ils ont été polis à l'arrivée et au départ. Ne dois-je pas être content ?

Ce bon geôlier, avec son sourire bénin, ses paroles caressantes, son œil qui flatte et qui espionne, ses grosses et larges mains, c'est la prison incarnée, c'est Bicêtre qui s'est fait homme.

Tout est prison autour de moi ; je retrouve la prison sous toutes les formes, sous la forme humaine comme sous la forme de grille ou de verrou.

Ce mur, c'est de la prison en pierre ; cette porte, c'est de la prison en bois ; ces guichetiers, c'est de la prison en chair et en os.

La prison est une espèce d'être horrible, complet, indivisible, moitié maison, moitié homme. Je suis sa proie ; elle me couve, elle m'enlace de tous ses replis ; elle m'enferme dans ses murailles de granit, me cadenasse sous ses serrures de fer, et me surveille avec ses yeux de geôlier.

Ah! misérable, que vais-je devenir? qu'est-ce qu'ils vont faire de moi?

XXI

Je suis calme maintenant, tout est fini, bien fini. Je suis sorti de l'horrible anxiété où m'avait jeté la visite du directeur.

Car, je l'avoue, j'espérais encore... Maintenant, Dieu merci, je n'espère plus!

Voici ce qui vient de se passer :

Au moment où six heures et demie sonnaient, — non, c'était l'avant-quart, — la porte de mon cachot s'est rouverte. Un vieillard à tête blanche, vêtu d'une redingote brune, est entré. Il a entr'ouvert sa redingote, j'ai vu une soutane, un rabat. C'était un prêtre.

Ce prêtre n'était pas l'aumônier de la prison, cela était sinistre.

Il s'est assis en face de moi avec un sourire bienveillant, puis a secoué la tête et levé les yeux au ciel, c'est-à-dire à la voûte du cachot. Je l'ai compris. — Mon fils, m'a-t-il dit, êtes-vous préparé?

Je lui ai répondu d'une voix faible : — Je ne suis pas préparé, mais je suis prêt.

Cependant ma vue s'est troublée, une sueur glacée est sortie à la fois de tous mes membres, j'ai senti mes tempes se gonfler, et j'avais les oreilles pleines de bourdonnements.

Pendant que je vacillais sur ma chaise comme endormi, le bon vieillard parlait. C'est du moins ce qu'il m'a semblé, et je crois me souvenir que j'ai vu ses lèvres remuer, ses mains s'agiter, ses yeux reluire.

La porte s'est rouverte une seconde fois. Le bruit des verrous nous a arrachés, moi à ma stupeur, lui à son discours. Une espèce de monsieur, en habit noir, accompagné du directeur de la prison, s'est présenté, et m'a salué profondément. Cet homme avait sur le visage quelque chose de la tristesse officielle des employés des pompes funèbres. Il tenait un rouleau de papier à la main.

— Monsieur, m'a-t-il dit avec un sourire de courtoisie, je suis huissier près la cour royale de Paris. J'ai l'honneur de vous apporter un message de la part de monsieur le procureur général.

La première secousse était passée. Toute ma présence d'esprit m'était revenue.

— C'est monsieur le procureur général, lui ai-je répondu, qui a demandé si instamment ma tête? Bien de l'honneur pour moi qu'il m'écrive. J'espère que ma mort lui va faire grand plaisir; car il me serait dur de penser qu'il l'a sollicitée avec tant d'ardeur, et qu'elle lui était indifférente.

J'ai dit tout cela, et j'ai repris d'une voix ferme : — Lisez, monsieur!

Il s'est mis à me lire un long texte, en chantant à la fin de chaque ligne, et en hésitant au milieu de chaque mot. C'était le rejet de mon pourvoi.

— L'arrêt sera exécuté aujourd'hui en place de Grève, a-t-il ajouté quand il a eu terminé, sans lever les yeux de dessus son papier timbré. Nous partons à sept heures et demie précises pour la Conciergerie. Mon cher monsieur, aurez-vous l'extrême bonté de me suivre?

Depuis quelques instants je ne l'écoutais plus. Le directeur causait avec le prêtre; lui avait l'œil fixé sur son papier; je regardais la porte, qui était restée entr'ouverte...
— Ah! misérable! quatre fusiliers dans le corridor!

L'huissier a répété sa question en me regardant cette

J'ai l'honneur de vous apporter un message de la part de monsieur le procureur général.

fois. — Quand vous voudrez, lui ai-je répondu. A votre aise !

Il a salué en disant : — J'aurai l'honneur de venir vous chercher dans une demi-heure.

Alors ils m'ont laissé seul.

— Un moyen de fuir, mon Dieu ! un moyen quelconque ! Il faut que je m'évade ! il le faut ! sur-le-champ ! par les portes, par les fenêtres, par la charpente du toit ! quand même je devrais laisser de ma chair après les poutres !

O rage ! démons ! malédiction ! Il faudrait des mois pour percer ce mur avec de bons outils, et je n'ai ni un clou ni une heure !

XXII

De la Conciergerie.

Me voici *transféré*, comme dit le procès-verbal. Mais le voyage vaut la peine d'être conté.

Sept heures et demie sonnaient lorsque l'huissier s'est présenté de nouveau au seuil de mon cachot. — Monsieur, m'a-t-il dit, je vous attends. — Hélas ! lui et d'autres !

Je me suis levé, j'ai fait un pas ; il m'a semblé que je n'en pourrais faire un second, tant ma tête était lourde et mes jambes faibles. Cependant je me suis remis et j'ai continué d'une allure assez ferme. Avant de sortir du cabanon, j'y ai promené un dernier coup d'œil. — Je l'aimais, mon cachot. — Et puis, je l'ai laissé vide et ouvert : ce qui donne à un cachot un air singulier.

Au reste, il ne le sera pas longtemps. Ce soir on y attend quelqu'un, disaient les porte-clefs, un condamné que la cour d'assises est en train de faire à l'heure qu'il est.

Au détour du corridor, l'aumônier nous a rejoints. Il venait de déjeuner.

Au sortir de la geôle, le directeur m'a pris affectueusement la main, et a renforcé mon escorte de quatre vétérans.

Devant la porte de l'infirmerie, un vieillard moribond m'a crié : Au revoir !

Nous sommes arrivés dans la cour. J'ai respiré : cela m'a fait du bien.

Nous n'avons pas marché longtemps à l'air. Une voiture attelée de chevaux de poste stationnait dans la première cour : c'est la même voiture qui m'avait amené ; une espèce de cabriolet oblong, divisé en deux sections par une grille transversale de fil de fer si épaisse qu'on la dirait tricotée. Les deux sections ont chacune une porte, l'une devant, l'autre derrière la carriole. Le tout si sale, si noir, si poudreux, que le corbillard des pauvres est un carrosse du sacre en comparaison.

Avant de m'ensevelir dans cette tombe à deux roues, j'ai jeté un regard dans la cour, un de ces regards désespérés devant lesquels il semble que les murs devraient crouler. La cour, espèce de petite place plantée d'arbres, était plus encombrée encore de spectateurs que pour les galériens. Déjà la foule.

Comme le jour du départ de la chaîne, il tombait une pluie de la saison, une pluie fine et glacée qui tombe encore à l'heure où j'écris, qui tombera sans doute toute la journée, qui durera plus que moi.

Les chemins étaient effondrés, la cour pleine de fange et d'eau. J'ai eu du plaisir à voir cette foule dans cette boue.

Nous avons monté, l'huissier et un gendarme dans le compartiment de devant ; le prêtre, moi et un gendarme dans l'autre. Quatre gendarmes à cheval autour de la voiture. Ainsi, sans le postillon, huit hommes pour un homme.

Pendant que je montais, il y avait une vieille aux yeux

gris qui disait : « J'aime encore mieux cela que la chaîne. »

Je conçois. C'est un spectacle qu'on embrasse plus aisément d'un coup d'œil ; c'est plus tôt vu. C'est tout aussi beau et plus commode. Rien ne vous distrait. Il n'y a qu'un homme, et sur cet homme seul autant de misère que sur tous les forçats à la fois. Seulement cela est moins éparpillé : c'est une liqueur concentrée, bien plus savoureuse.

La voiture s'est ébranlée. Elle a fait un bruit sourd en passant sous la voûte de la grande porte, puis a débouché dans l'avenue ; et les lourds battants de Bicêtre se sont refermés derrière elle. Je me sentais emporter avec stupeur, comme un homme tombé en léthargie, qui ne peut ni remuer, ni crier, et qui entend qu'on l'enterre. J'écoutais vaguement les paquets de sonnettes pendus au cou des chevaux de poste sonner en cadence et comme par hoquets, les roues ferrées bruire sur le pavé ou cogner la caisse en changeant d'ornières, le galop sonore des gendarmes autour de la carriole, le fouet claquant du postillon. Tout cela me semblait comme un tourbillon qui m'emportait.

A travers le grillage d'un judas percé en face de moi, mes yeux s'étaient fixés machinalement sur l'inscription gravée en grosses lettres au-dessus de la grande porte de Bicêtre : Hospice de la Vieillesse.

— Tiens, me disais-je, il paraît qu'il y a des gens qui vieillissent là.

Et, comme on fait entre la veille et le sommeil, je retournais cette idée en tout sens dans mon esprit engourdi de douleur. Tout à coup la carriole, en passant de l'avenue dans la grande route, a changé le point de vue de la lucarne. Les tours de Notre-Dame sont venues s'y encadrer, bleues et à demi effacées dans la brume de Paris. Sur-le-champ le point de vue de mon esprit a changé aussi ; j'étais devenu machine comme la voiture. A l'idée de Bicêtre a succédé l'idée des tours de Notre-Dame.—Ceux qui seront sur la tour où est le drapeau verront bien, me suis-je dit en souriant stupidement.

Je crois que c'est à ce moment-là que le prêtre s'est remis à me parler; je l'ai laissé dire patiemment. J'avais déjà dans l'oreille le bruit des roues, le galop des chevaux, le fouet du postillon. C'était un bruit de plus.

J'écoutais en silence cette chute de paroles monotones qui assoupissaient ma pensée comme le murmure d'une fontaine, et qui passaient devant moi, toujours diverses et toujours les mêmes, comme les ormeaux tortus de la grande route, lorsque la voix brève et saccadée de l'huissier, placé sur le devant, est venue subitement me secouer. — Eh bien ! monsieur l'abbé, disait-il avec un accent presque gai, qu'est-ce que vous savez de nouveau?

C'est vers le prêtre qu'il se retournait en parlant ainsi.

L'aumônier, qui me parlait sans relâche, et que la voiture assourdissait, n'a pas répondu.

— Hé ! hé ! a repris l'huissier en haussant la voix pour avoir le dessus sur le bruit des roues : infernale voiture!

Infernale ! en effet.

Il a continué :

—Sans doute, c'est le cahot; on ne s'entend pas. Qu'est-ce que je voulais dire? Faites-moi le plaisir de m'apprendre ce que je voulais dire, monsieur l'abbé? — Ah ! savez-vous la grande nouvelle de Paris, aujourd'hui?

J'ai tressailli, comme s'il parlait de moi.

— Non, a dit le prêtre, qui avait enfin entendu, je n'ai pas eu le temps de lire les journaux ce matin ; je verrai cela ce soir. Quand je suis occupé comme cela toute la journée, je recommande au portier de me garder mes journaux, et je les lis en rentrant.

—Bah ! a repris l'huissier, il est impossible que vous ne

sachiez pas cela! la nouvelle de Paris! la nouvelle de ce matin!

J'ai pris la parole : — Je crois la savoir.

L'huissier m'a regardé : — Vous! vraiment! — En ce cas, qu'en dites-vous ?

— Vous êtes curieux! lui ai-je dit.

— Pourquoi, monsieur ? a répliqué l'huissier. Chacun a son opinion politique. Je vous estime trop pour croire que vous n'avez pas la vôtre. Quant à moi, je suis tout à fait d'avis du rétablissement de la garde nationale. J'étais sergent de ma compagnie, et, ma foi, c'était fort agréable.

Je l'ai interrompu. — Je ne croyais pas que ce fût de cela qu'il s'agissait.

— Et de quoi donc? vous disiez savoir la nouvelle...

— Je parlais d'une autre, dont Paris s'occupe aussi aujourd'hui.

L'imbécile n'a pas compris; sa curiosité s'est éveillée.

— Une autre nouvelle? Où diable avez-vous pu apprendre des nouvelles? laquelle, de grâce, mon cher monsieur? Savez-vous ce que c'est, monsieur l'abbé? êtes-vous plus au courant que moi? Mettez-moi au fait, je vous prie. De quoi s'agit-il? Voyez-vous, j'aime les nouvelles; je les conte à monsieur le président, et cela l'amuse.

Et mille billevesées! Il se tournait tour à tour vers le prêtre et vers moi, et je ne répondais qu'en haussant les épaules.

— Eh bien! m'a-t-il dit, à quoi pensez-vous donc ?

— Je pense, ai-je répondu, que je ne penserai plus ce soir.

— Ah! c'est cela ? a-t-il répliqué. Allons, vous êtes trop triste. Monsieur Castaing causait.

Puis, après un silence : — J'ai conduit monsieur Papavoine; il avait sa casquette de loutre et fumait son cigare.

Quant aux jeunes gens de la Rochelle, ils ne parlaient qu'entre eux, mais ils parlaient.

Il a fait encore une pause, et a poursuivi :

— Des fous, des enthousiastes! ils avaient l'air de mépriser tout le monde. Pour ce qui est de vous, je vous trouve vraiment bien pensif, jeune homme.

— Jeune homme, lui ai-je dit, je suis plus vieux que vous; chaque quart d'heure qui s'écoule me vieillit d'une année.

Il s'est retourné, m'a regardé quelques minutes avec un étonnement inepte, puis s'est mis à ricaner lourdement.

— Allons, vous voulez rire, plus vieux que moi! je serais votre grand-père.

— Je ne veux pas rire, lui ai-je répondu gravement.

Il a ouvert sa tabatière.

— Tenez, cher monsieur, ne vous fâchez pas; une prise de tabac, et ne me gardez pas rancune.

— N'ayez pas peur; je n'aurai pas longtemps à vous la garder.

En ce moment sa tabatière, qu'il me tendait, a rencontré le grillage qui nous séparait. Un cahot a fait qu'elle l'a heurté assez violemment, et est tombée tout ouverte sous les pieds du gendarme.

— Maudit grillage! s'est écrié l'huissier.

Il s'est tourné vers moi.

— Eh bien! ne suis-je pas malheureux? tout mon tabac est perdu!

— Je perds plus que vous, ai-je répondu en souriant.

Il a essayé de ramasser son tabac, en grommelant entre ses dents : — Plus que moi! cela est facile à dire. Pas de tabac jusqu'à Paris! c'est terrible!

L'aumônier alors lui a adressé quelques paroles de consolation, et je ne sais si j'étais préoccupé, mais il m'a semblé que c'était la suite de l'exhortation dont j'avais eu le commencement. Peu à peu la conversation s'est engagée entre le prêtre et l'huissier; je les ai laissés parler de leur côté, et je me suis mis à penser du mien.

En abordant la barrière j'étais toujours préoccupé sans doute, mais Paris m'a paru faire un plus grand bruit qu'à l'ordinaire.

La voiture s'est arrêtée un moment devant l'octroi. Les douaniers de ville l'ont inspectée. Si c'eût été un mouton ou un bœuf qu'on eût mené à la boucherie, il aurait fallu leur jeter une bourse d'argent; mais une tête humaine ne paye pas de droit. Nous avons passé.

Le boulevard franchi, la carriole s'est enfoncée au grand trot dans ces vieilles rues tortueuses du faubourg Saint-Marceau et de la Cité, qui serpentent et s'entre-coupent comme les mille chemins d'une fourmilière. Sur le pavé de ces rues étroites, le roulement de la voiture est devenu si bruyant et si rapide, que je n'entendais plus rien du bruit extérieur. Quand je jetais les yeux par la petite lucarne carrée, il me semblait que le flot des passants s'arrêtait pour regarder la voiture, et que des bandes d'enfants couraient sur sa trace. Il m'a semblé aussi voir de temps en temps dans les carrefours çà et là un homme ou une vieille en haillons, quelquefois les deux ensemble, tenant en main une liasse de feuilles imprimées que les passants se disputaient, en ouvrant la bouche comme pour un grand cri.

Huit heures et demie sonnaient à l'horloge du Palais au moment où nous sommes arrivés dans la cour de la Conciergerie. La vue de ce grand escalier, de cette noire chapelle, de ces guichets sinistres, m'a glacé. Quand la voiture s'est arrêtée, j'ai cru que les battements de mon cœur allaient s'arrêter aussi.

J'ai recueilli mes forces; la porte s'est ouverte avec la rapidité de l'éclair; je suis sauté à bas du cachot roulant,

et je me suis enfoncé à grands pas sous la voûte entre deux
haies de soldats. Il s'était déjà formé une foule sur mon
passage!

XXIII

Tant que j'ai marché dans les galeries publiques du Palais de Justice, je me suis senti presque libre et à l'aise;
mais toute ma résolution m'a abandonné quand on a ouvert devant moi des portes basses, des escaliers secrets, des
couloirs intérieurs, de longs corridors étouffés et sourds,
où il n'entre que ceux qui condamnent ou ceux qui sont
condamnés.

L'huissier m'accompagnait toujours. Le prêtre m'avait
quitté pour revenir dans deux heures : il avait ses affaires.

On m'a conduit au cabinet du directeur, entre les mains
duquel l'huissier m'a remis. C'était un échange. Le directeur l'a prié d'attendre un instant, lui annonçant qu'il allait avoir du *gibier* à lui remettre, afin qu'il le conduisît
sur-le-champ à Bicêtre par le retour de la carriole. Sans
doute le condamné d'aujourd'hui, celui qui doit coucher ce
soir sur la botte de paille que je n'ai pas eu le temps d'user. — C'est bon, a dit l'huissier au directeur, je vais attendre un moment; nous ferons les deux procès-verbaux à la
fois, cela s'arrange bien.

En attendant, on m'a déposé dans un petit cabinet attenant à celui du directeur. Là on m'a laissé seul, bien verrouillé.

Je ne sais à quoi je pensais, ni depuis combien de temps
j'étais là, quand un brusque et violent éclat de rire à mon
oreille m'a réveillé de ma rêverie.

J'ai levé les yeux en tressaillant. Je n'étais plus seul dans
la cellule : un homme s'y trouvait avec moi, un homme

d'environ cinquante-cinq ans, de moyenne taille; ridé, voûté, grisonnant, à membres trapus; avec un regard louche dans des yeux gris; un rire amer sur le visage; sale, en guenilles, demi-nu, repoussant à voir.

Il paraît que la porte s'était ouverte, l'avait vomi, puis s'était refermée sans que je m'en fusse aperçu. Si la mort pouvait venir ainsi!

Nous nous sommes regardés quelques secondes fixement, l'homme et moi : lui, prolongeant son rire, qui ressemblait à un râle; moi, demi-étonné, demi-effrayé.

— Qui êtes-vous? lui ai-je dit enfin.

— Drôle de demande! a-t-il répondu. Un friauche.

— Un friauche? Qu'est-ce que cela veut dire?

Cette question a redoublé sa gaieté.

— Cela veut dire, s'est-il écrié au milieu d'un éclat de rire, que le taule jouera au panier avec ma sorbonne dans six semaines, comme il va faire avec ta tronche dans six heures. Ah! ah! il paraît que tu comprends maintenant.

En effet, j'étais pâle, et mes cheveux se dressaient : c'était l'autre condamné, le condamné du jour, celui qu'on attendait à Bicêtre, mon héritier.

Il a continué :

— Que veux-tu? voilà mon histoire, à moi : je suis fils d'un bon peigre; c'est dommage que Charlot (1) ait pris la peine un jour de lui attacher sa cravate. C'était quand régnait la potence, par la grâce de Dieu. A six ans, je n'avais plus ni père ni mère; l'été, je faisais la roue dans la poussière au bord des routes, pour qu'on me jetât un sou par la portière des chaises de poste; l'hiver, j'allais pieds nus dans la boue en soufflant dans mes doigts tout rouges; on voyait mes cuisses à travers mon pantalon. A neuf ans, j'ai commencé à me servir de mes louches (2) : de temps

(1) Le bourreau.
(2) Mes mains.

en temps je vidais une fouillouse (1), je filais une pelure (2); à dix ans, j'étais un marlou (3). Puis j'ai fait des connaissances; à dix-sept ans, j'étais un grinche (4). Je forçais une boutanche, je faussais une tournante (5). On m'a pris. J'avais l'âge; on m'a envoyé ramer dans la petite marine (6). Le bagne, c'est dur : coucher sur une planche, boire de l'eau claire, manger du pain noir, trainer un imbécile de boulet qui ne sert à rien; des coups de bâton et des coups de soleil. Avec cela on est tondu, et moi qui avais de beaux cheveux châtains!... N'importe! j'ai fait mon temps; quinze ans, cela s'arrache! J'avais trente-deux ans; un beau matin on me donna une feuille de route et soixante-six francs que je m'étais amassés dans mes quinze ans de galères, en travaillant seize heures par jour, trente jours par mois, et douze mois par année. C'est égal, je voulais être honnête homme avec mes soixante-six francs, et j'avais de plus beaux sentiments sous mes guenilles qu'il n'y en a sous une serpillière de ratichon (7). Mais que les diables soient avec le passe-port! il était jaune, et on avait écrit dessus : *forçat libéré :* il fallait montrer cela partout où je passais et le présenter tous les huit jours au maire du village où l'on me forçait de tapiquer (8). La belle recommandation! un galérien! Je faisais peur, et les petits enfants se sauvaient, et l'on fermait les portes. Personne ne voulait me donner d'ouvrage. Je mangeai mes soixante-six francs; et puis il fallut vivre. Je montrai mes bras bons au travail, on ferma les portes. J'offris ma journée pour quinze

(1) Une poche.
(2) Je volais un manteau.
(3) Un filou.
(4) Un voleur.
(5) Je forçais une boutique. Je faussais une clef.
(6) Aux galères.
(7) Une soutane d'abbé.
(8) Habiter.

sous, pour dix sous, pour cinq sous. Point. Que faire? Un jour, j'avais faim, je donnai un coup de coude dans le carreau d'un boulanger; j'empoignai un pain, et le boulanger m'empoigna : je ne mangeai pas le pain, et j'eus les galères à perpétuité, avec trois lettres de feu sur l'épaule; — je te montrerai, si tu veux. — On appelle cette justice-là la *récidive*. Me voilà donc cheval de retour (1). On me remit à Toulon; cette fois avec les bonnets verts (2). Il fallait m'évader. Pour cela je n'avais que trois murs à percer, deux chaines à couper, et j'avais un clou. Je m'évadai. On tira le canon d'alerte; car, nous autres, nous sommes, comme les cardinaux de Rome, habillés de rouge, et on tire le canon quand nous partons. Leur poudre alla aux moineaux. Cette fois pas de passe-port jaune, mais pas d'argent non plus. Je rencontrai des camarades qui avaient aussi fait leur temps ou cassé leur ficelle. Leur coire (3) me proposa d'être des leurs; on faisait la grande soulasse sur le trimar (4). J'acceptai, et je me mis à tuer pour vivre. C'était tantôt une diligence, tantôt une chaise de poste, tantôt un marchand de bœufs à cheval. On prenait l'argent; on laissait aller au hasard la bête ou la voiture, et l'on enterrait l'homme sous un arbre, en ayant soin que les pieds ne sortissent pas; et puis on dansait sur la fosse, pour que la terre ne parût pas fraichement remuée. J'ai vieilli comme cela, gitant dans les broussailles, dormant aux belles étoiles, traqué de bois en bois, mais du moins libre et à moi. Tout a une fin, et autant celle-là qu'une autre. Les marchands de lacets (5), une belle nuit, nous ont pris au collet. Mes fanandels (6) se sont sauvés; mais moi, le plus vieux, je

(1) Ramené au bagne.
(2) Les condamnés à perpétuité.
(3) Leur chef.
(4) On assassinait sur les grands chemins.
(5) Les gendarmes.
(6) Camarades.

suis resté sous la griffe de ces chats à chapeaux galonnés. On m'a amené ici. J'avais déjà passé par tous les échelons de l'échelle, excepté un. Avoir volé un mouchoir ou tué un homme, c'était tout un pour moi désormais : il y avait encore une récidive à m'appliquer; je n'avais plus qu'à passer par le faucheur (1). Mon affaire a été courte. Ma foi, je commençais à vieillir et à n'être plus bon à rien. Mon père a épousé la veuve (2), moi je me retire à l'abbaye de Mont'-à-Regret (3). — Voilà, camarade.

J'étais resté stupide en l'écoutant. Il s'est remis à rire plus haut encore qu'en commençant, et a voulu me prendre la main. J'ai reculé avec horreur.

— L'ami, m'a-t-il dit, tu n'as pas l'air brave. Ne va pas faire le sinvre devant la carline (4) : vois-tu? il y a un mauvais moment à passer sur la placarde (5); mais cela est sitôt fait! Je voudrais être là pour te montrer la culbute. Mille dieux! j'ai envie de ne pas me pourvoir, si l'on veut me faucher aujourd'hui avec toi. Le même prêtre nous servira à tous deux; ça m'est égal d'avoir tes restes. Tu vois que je suis un bon garçon. Hein? dis, veux-tu? d'amitié!

Il a encore fait un pas pour s'approcher de moi.

— Monsieur, lui ai-je répondu en le repoussant, je vous remercie.

Nouveaux éclats de rire à ma réponse.

— Ah! ah! monsieur, vousailles (6) êtes un marquis! c'est un marquis!

Je l'ai interrompu : — Mon ami, j'ai besoin de me recueillir, laissez-moi.

(1) Le bourreau.
(2) A été pendu.
(3) La guillotine.
(4) Le poltron devant la mort.
(5) La place de Grève.
(6) Vous.

La gravité de ma parole l'a rendu pensif tout à coup. Il a remué sa tête grise et presque chauve; puis, creusant avec ses ongles sa poitrine velue, qui s'offrait nue sous sa chemise ouverte : — Je comprends, a-t-il murmuré entre ses dents; au fait, le sanglier (1)!...

Puis, après quelques minutes de silence :

— Tenez, m'a-t-il dit presque timidement, vous êtes un marquis, c'est fort bien; mais vous avez là une belle redingote qui ne vous servira plus à grand'chose! le taule la prendra. Donnez-la-moi, je la vendrai pour avoir du tabac.

J'ai ôté ma redingote et je la lui ai donnée. Il s'est mis à battre des mains avec une joie d'enfant. Puis, voyant que j'étais en chemise et que je grelottais : — Vous avez froid, monsieur, mettez ceci; il pleut, et vous seriez mouillé; et puis il faut être décemment sur la charrette.

En parlant ainsi, il ôtait sa grosse veste de laine grise et la passait dans mes bras; je le laissais faire.

Alors j'ai été m'appuyer contre le mur, et je ne saurais dire quel effet me faisait cet homme. Il s'était mis à examiner la redingote que je lui avais donnée, et poussait à chaque instant des cris de joie. — Les poches sont toutes neuves!... le collet n'est pas usé!... j'en aurai au moins quinze francs. Quel bonheur! du tabac pour mes six semaines!

La porte s'est rouverte. On venait nous chercher tous deux, moi, pour me conduire à la chambre où les condamnés attendent l'heure; lui, pour le mener à Bicêtre. Il s'est placé en riant au milieu du piquet qui devait l'emmener, et il disait aux gendarmes : — Ah çà! ne vous trompez pas! nous avons changé de pelure, monsieur et moi; mais ne me prenez pas à sa place. Diable! cela ne m'arrangerait pas, maintenant que j'ai de quoi avoir du tabac.

(1) Le prêtre.

XXIV

Ce vieux scélérat, il m'a pris ma redingote, car je ne la lui ai pas donnée, et puis il m'a laissé cette guenille, sa veste infâme. De qui vais-je avoir l'air?

Je ne lui ai pas laissé prendre ma redingote par insouciance ou par charité. Non; mais parce qu'il était plus fort que moi. Si j'avais refusé, il m'aurait battu avec ses gros poings.

Ah bien oui, charité! j'étais plein de mauvais sentiments. J'aurais voulu pouvoir l'étrangler de mes mains, le vieux voleur! pouvoir le piler sous mes pieds.

Je me sens le cœur plein de rage et d'amertume. Je crois que la poche au fiel a crevé. La mort rend méchant.

XXV

Ils m'ont amené dans une cellule où il n'y a que les quatre murs, avec beaucoup de barreaux à la fenêtre et beaucoup de verrous à la porte; cela va sans dire.

J'ai demandé une table, une chaise, et ce qu'il faut pour écrire. On m'a apporté tout cela.

Puis j'ai demandé un lit. Le guichetier m'a regardé de ce regard étonné qui semble dire: — A quoi bon?

Cependant ils ont dressé un lit de sangle dans le coin. Mais en même temps un gendarme est venu s'installer dans ce qu'ils appellent *ma chambre*. Est-ce qu'ils ont peur que je ne m'étrangle avec le matelas?

XXVI

Il est dix heures.

O ma pauvre petite fille! encore six heures, et je serai mort! je serai quelque chose d'immonde qui traînera sur la table froide des amphithéâtres; une tête qu'on moulera d'un côté, un tronc qu'on disséquera de l'autre; puis de ce qui restera on en mettra plein une bière, et le tout ira à Clamart!

Voilà ce qu'ils vont faire de ton père, ces hommes dont aucun ne me hait, qui tous me plaignent et tous pourraient me sauver. Ils vont me tuer. Comprends-tu cela, Marie? me tuer de sang-froid, en cérémonie, pour le bien de la chose! Ah! grand Dieu!

Pauvre petite! ton père qui t'aimait tant, ton père qui baisait ton petit cou blanc et parfumé, qui passait la main sans cesse dans les boucles de tes cheveux comme sur de la soie, qui prenait ton joli visage rond dans sa main, qui te faisait sauter sur ses genoux, et le soir joignait tes deux petites mains pour prier Dieu!

Qui est-ce qui te fera tout cela maintenant? Qui est-ce qui t'aimera? Tous les enfants de ton âge auront des pères, excepté toi. Comment te déshabitueras-tu, mon enfant, du jour de l'An, des étrennes, des beaux joujoux, des bonbons et des baisers? — Comment te déshabitueras-tu, malheureuse orpheline, de boire et de manger?

Oh! si ces jurés l'avaient vue, au moins, ma jolie petite Marie, ils auraient compris qu'il ne faut pas tuer le père d'un enfant de trois ans.

Et quand elle sera grande, si elle va jusque-là, que deviendra-t-elle? Son père sera un des souvenirs du peuple de Paris. Elle rougira de moi et de mon nom; elle sera méprisée, repoussée, vile, à cause de moi, de moi qui l'aime de toutes les tendresses de mon cœur. O ma petite Marie bien-aimée ! est-il bien vrai que tu auras honte et horreur de moi ?

Misérable ! quel crime j'ai commis et quel crime je fais commettre à la société !

Oh ! est-il bien vrai que je vais mourir avant la fin du jour ? Est-il bien vrai que c'est moi ? ce bruit sourd de cris que j'entends au dehors, ce flot de peuple joyeux qui déjà se hâte sur les quais, ces gendarmes qui s'apprêtent dans leurs casernes, ce prêtre en robe noire, cet autre homme aux mains rouges, c'est pour moi ! c'est moi qui vais mourir ! moi, le même qui est ici, qui vit, qui se meut, qui respire, qui est assis à cette table, laquelle ressemble à une autre table, et pourrait bien être ailleurs ; moi, enfin, ce moi que je touche et que je sens, et dont le vêtement fait les plis que voilà !

XXVII

Encore si je savais comment cela est fait, et de quelle façon on meurt là-dessus ; mais c'est horrible, je ne le sais pas.

Le nom de la chose est effroyable, et je ne comprends point comment j'ai pu jusqu'à présent l'écrire et le prononcer.

La combinaison de ces dix lettres, leur aspect, leur physionomie est bien faite pour réveiller une idée épouvantable, et le médecin de malheur qui a inventé la chose avait un nom prédestiné.

L'image que j'y attache, à ce mot hideux, est vague, indéterminée, et d'autant plus sinistre. Chaque syllabe est comme une pièce de la machine. J'en construis et j'en démolis sans cesse dans mon esprit la monstrueuse charpente.

Je n'ose faire une question là-dessus, mais il est affreux de ne savoir ce que c'est, ni comment s'y prendre. Il paraît qu'il y a une bascule et qu'on vous couche sur le ventre... — Ah! mes cheveux blanchiront avant que ma tête ne tombe!

XXVIII

Je l'ai cependant entrevue une fois.

Je passais sur la place de Grève, en voiture, un jour, vers onze heures du matin. Tout à coup la voiture s'arrêta.

Il y avait foule sur la place. Je mis la tête à la portière. Une populace encombrait la Grève et le quai, et des femmes, des hommes, des enfants, étaient debout sur le parapet. Au-dessus des têtes, on voyait une espèce d'estrade en bois rouge que trois hommes échafaudaient.

Un condamné devait être exécuté le jour même, et l'on bâtissait la machine.

Je détournai la tête avant d'avoir vu. A côté de la voiture, il y avait une femme qui disait à un enfant : — Tiens, regarde! le couteau coule mal, ils vont graisser la rainure avec un bout de chandelle.

C'est probablement là qu'ils sont aujourd'hui. Onze heures viennent de sonner. Ils graissent sans doute la rainure.

Ah! cette fois, malheureux, je ne détournerai pas la tête.

XXIX

Oh! ma grâce! ma grâce! on me fera peut-être grâce. Le roi ne m'en veut pas. Qu'on aille chercher mon avocat! vite l'avocat! je veux bien des galères. Cinq ans de galères, et que tout soit dit, — ou vingt ans, — ou à perpétuité avec le fer rouge. Mais grâce de la vie!

Un forçat, cela marche encore, cela va et vient, cela voit le soleil.

XXX

Le prêtre est revenu.

Il a des cheveux blancs, l'air très-doux, une bonne et respectable figure : c'est en effet un homme excellent et charitable. Ce matin, je l'ai vu vider sa bourse dans les mains des prisonniers. D'où vient que sa voix n'a rien qui émeuve et qui soit ému? D'où vient qu'il ne m'a rien dit encore qui m'ait pris par l'intelligence ou par le cœur?

Ce matin, j'étais égaré. J'ai à peine entendu ce qu'il m'a dit. Cependant ses paroles m'ont semblé inutiles, et je suis resté indifférent : elles ont glissé comme cette pluie froide sur cette vitre glacée.

Cependant, quand il est rentré tout à l'heure près de moi, sa vue m'a fait du bien. C'est parmi tous ces hommes le seul qui soit encore homme pour moi, me suis-je dit. Et il m'a pris une ardente soif de bonnes et consolantes paroles.

Nous-nous sommes assis, lui sur la chaise, moi sur le lit. Il m'a dit : Mon fils... — Ce mot m'a ouvert le cœur. Il a continué :

— Mon fils, croyez-vous en Dieu?

— Oui, mon père, lui ai-je répondu.

— Croyez-vous en la sainte Église catholique, apostolique et romaine?

— Volontiers, lui ai-je dit.

— Mon fils, a-t-il repris, vous avez l'air de douter. Alors il s'est mis à parler. Il a parlé longtemps; il a dit beaucoup de paroles; puis, quand il a cru avoir fini, il s'est levé et m'a regardé pour la première fois depuis le commencement de son discours, en m'interrogeant : — Eh bien ?

Je proteste que je l'avais écouté avec avidité d'abord, puis avec dévouement.

Je me suis levé aussi. — Monsieur, lui ai-je répondu, laissez-moi seul, je vous prie.

Il m'a demandé : — Quand reviendrai-je?

— Je vous le ferai savoir.

Alors il est sorti sans rien dire, mais en hochant la tête, comme se disant à lui-même : Un impie!

Non, si bas que je sois tombé, je ne suis pas un impie; et Dieu m'est témoin que je crois en lui. Mais que m'a-t-il dit, ce vieillard? rien de senti, rien d'attendri, rien de pleuré, rien d'arraché de l'âme, rien qui vînt de son cœur pour aller au mien, rien qui fût de lui à moi. Au contraire, je ne sais quoi de vague, d'inaccentué, d'applicable à tout et à tous; emphatique où il eût été besoin de profondeur, plat où il eût fallu être simple: une espèce de sermon sentimental et d'élégie théologique. Çà et là, une citation latine en latin. Saint Augustin, saint Grégoire, que sais-je? Et puis, il avait l'air de réciter une leçon déjà vingt fois récitée, de repasser un thème oblitéré dans sa mémoire à force d'être su. Pas un regard dans l'œil, pas un accent dans la voix, pas un geste dans les mains.

Et comment en serait-il autrement? Ce prêtre est l'au-

mônier en titre de la prison. Son état est de consoler et
d'exhorter, et il vit de cela. Les forçats, les patients, sont
du ressort de son éloquence. Il les confesse et les assiste,
parce qu'il a sa place à faire. Il a vieilli à mener des hommes mourir. Depuis longtemps il est habitué à ce qui fait
frissonner les autres; ses cheveux, bien poudrés à blanc,
ne se dressent plus; le bagne et l'échafaud sont de tous les
jours pour lui. Il est blasé. Probablement il a son cahier:
telle page les galériens; telle page les condamnés à mort.
On l'avertit la veille qu'il y aura quelqu'un à consoler le
lendemain à telle heure; il demande ce que c'est, galérien
ou supplicié, et relit la page; et puis il vient. De cette façon, il advient que ceux qui vont à Toulon et ceux qui vont
à la Grève sont un lieu commun pour lui, et qu'il est un
lieu commun pour eux.

Oh! qu'on m'aille donc, au lieu de cela, chercher quelque jeune vicaire, quelque vieux curé, au hasard, dans
la première paroisse venue; qu'on le prenne au coin de son
feu, lisant son livre et ne s'attendant à rien, et qu'on lui
dise: — Il y a un homme qui va mourir, et il faut que ce
soit vous qui le consoliez. Il faut que vous soyez là quand
on lui liera les mains, là quand on lui coupera les cheveux;
que vous montiez dans sa charrette avec votre crucifix
pour lui cacher le bourreau; que vous soyez cahoté avec
lui par le pavé jusqu'à la Grève, que vous traversiez avec
lui l'horrible foule buveuse de sang; que vous l'embrassiez
au pied de l'échafaud, et que vous restiez jusqu'à ce que la
tête soit ici et le corps là. — Alors qu'on me l'amène, tout
palpitant, tout frissonnant de la tête aux pieds; qu'on me
jette entre ses bras, à ses genoux, et il pleurera, et nous
pleurerons, et il sera éloquent, et je serai consolé, et mon
cœur se dégonflera dans le sien, et il prendra mon âme, et
je prendrai son Dieu.

Mais, ce bon vieillard, qu'est-il pour moi? que suis-je

pour lui? un individu de l'espèce malheureuse, une ombre comme il en a déjà tant vu, une unité à ajouter au chiffre des exécutions.

J'ai peut-être tort de le repousser ainsi; c'est lui qui est bon et moi qui suis mauvais. Hélas! ce n'est pas ma faute. C'est mon souffle de condamné qui gâte et flétrit tout.

On vient de m'apporter de la nourriture; ils ont cru que je devais avoir besoin. Une table délicate et recherchée, un poulet, il me semble, et autre chose encore. Eh bien! j'ai essayé de manger; mais, à la première bouchée, tout est tombé de ma bouche, tant cela m'a paru amer et fétide!

XXXI

Il vient d'entrer un monsieur, le chapeau sur la tête, qui m'a à peine regardé, puis a ouvert un pied de roi et s'est mis à mesurer de bas en haut les pierres du mur, parlant d'une voix très-haute pour dire tantôt : *C'est cela;* tantôt : *Ce n'est pas cela.*

J'ai demandé au gendarme qui c'était. Il paraît que c'est une espèce de sous-architecte employé à la prison.

De son côté, sa curiosité s'est éveillée sur mon compte. Il a échangé quelques demi-mots avec le porte-clefs qui l'accompagnait; puis a fixé un instant les yeux sur moi, a secoué la tête d'un air insouciant, et s'est remis à parler à haute voix et à prendre des mesures.

Sa besogne finie, il s'est approché de moi en me disant avec sa voix éclatante : — Mon bon ami, dans six mois cette prison sera beaucoup mieux.

Et son geste semblait ajouter : — Vous n'en jouirez pas, c'est dommage.

Il souriait presque. J'ai cru voir le moment où il allait me railler doucement, comme on plaisante une jeune mariée le soir de ses noces.

Mon gendarme, vieux soldat à chevrons, s'est chargé de la réponse. — Monsieur, lui a-t-il dit, on ne parle pas si haut dans la chambre d'un mort.

L'architecte s'en est allé. — Moi, j'étais là, comme une des pierres qu'il mesurait.

XXXII

Et puis, il m'est arrivé une chose ridicule !

On est venu relever mon bon vieux gendarme, auquel, ingrat égoïste que je suis, je n'ai seulement pas serré la main. Un autre l'a remplacé : homme à front déprimé, des yeux de bœuf, une figure inepte.

Au reste, je n'y avais fait aucune attention. Je tournais le dos à la porte, assis devant la table; je tâchais de rafraîchir mon front avec ma main, et mes pensées troublaient mon esprit.

Un léger coup, frappé sur mon épaule, m'a fait tourner la tête. C'était le nouveau gendarme, avec qui j'étais seul.

Voici à peu près de quelle façon il m'a adressé la parole :

— Criminel, avez-vous bon cœur?
— Non, lui ai-je dit.

La brusquerie de ma réponse a paru le déconcerter. Cependant il a repris en hésitant :

— On n'est pas méchant pour le plaisir de l'être.
— Pourquoi non? ai-je répliqué. Si vous n'avez que cela à me dire, laissez-moi. Où voulez-vous en venir ?

— Pardon, mon criminel, a-t-il répondu. Deux mots seulement. Voici : si vous pouviez faire le bonheur d'un pauvre homme, et que cela ne vous coûtât rien, est-ce que vous ne le feriez pas?

J'ai haussé les épaules. — Est-ce que vous arrivez de Charenton? Vous choisissez un singulier vase pour y puiser du bonheur. Moi, faire le bonheur de quelqu'un?

Il a baissé la voix et pris un air mystérieux, qui n'allait pas à sa figure idiote.

— Oui, criminel, oui, bonheur! oui, fortune! Tout cela me sera venu de vous. Voici : je suis un pauvre gendarme. Le service est lourd, la paye est légère; mon cheval est à moi et me ruine. Or, je mets à la loterie pour contre-balancer. Il faut bien avoir une industrie. Jusqu'ici il ne m'a manqué pour gagner que d'avoir de bons numéros. J'en cherche partout de sûrs; je tombe toujours à côté. Je mets le 76; il sort le 77. J'ai beau les nourrir, ils ne viennent pas... — Un peu de patience, s'il vous plaît ; je suis à la fin. — Or, voici une belle occasion pour moi. Il paraît, pardon, criminel, que vous passez aujourd'hui. Il est certain que les morts qu'on fait périr comme cela voient la loterie d'avance. Promettez-moi de venir demain soir, qu'est-ce que cela vous fait? me donner trois numéros, trois bons. Hein? — Je n'ai pas peur des revenants, soyez tranquille. — Voici mon adresse : Caserne Popincourt; escalier A, n. 26, au fond du corridor. Vous me reconnaîtrez bien, n'est-ce pas? — Venez même ce soir, si cela vous est plus commode.

J'aurais dédaigné de lui répondre, à cet imbécile, si une espérance folle ne m'avait traversé l'esprit. Dans la position désespérée où je suis, on croit par moments qu'on briserait une chaîne avec un cheveu.

— Écoute, lui ai-je dit en faisant le comédien autant que le peut faire celui qui va mourir, je puis en effet te rendre plus riche que le roi, te faire gagner des millions, à une condition.

Il ouvrit des yeux stupides.

— Laquelle? laquelle? tout pour vous plaire, mon criminel.

— Au lieu de trois numéros, je t'en promets quatre. Change d'habits avec moi.

— Si ce n'est que cela! s'est-il écrié en défaisant les premières agrafes de son uniforme.

Je m'étais levé de ma chaise. J'observais tous ses mouvements, mon cœur palpitait; je voyais déjà les portes s'ouvrir devant l'uniforme de gendarme, et la place, et la rue, et le Palais de Justice derrière moi!

Mais il s'est retourné d'un air indécis : — Ah çà! ce n'est pas pour sortir d'ici?

J'ai compris que tout était perdu. Cependant j'ai tenté un dernier effort, bien inutile et bien insensé!

— Si fait, lui ai-je dit! mais ta fortune est faite...

Il m'a interrompu.

— Ah bien non! tiens! et mes numéros! pour qu'ils soient bons il faut que vous soyez mort.

Je me suis rassis, muet et plus désespéré de toute l'espérance que j'avais eue.

XXXIII

J'ai fermé les yeux, et j'ai mis les mains dessus, et j'ai tâché d'oublier le présent dans le passé. Tandis que je rêve, les souvenirs de mon enfance et de ma jeunesse me reviennent un à un, doux, calmes, riants, comme des îles de fleurs sur ce gouffre de pensées noires et confuses qui tourbillonnent dans mon cerveau.

Je me revois enfant, écolier rieur et frais, jouant, courant, criant avec mes frères dans la grande allée verte de ce jardin sauvage où ont coulé mes premières années, ancien enclos de religieuses que domine de sa tête de plomb le sombre dôme du Val-de-Grâce.

Et puis, quatre ans plus tard, m'y voilà encore, toujours enfant, mais déjà rêveur et passionné. Il y a une jeune fille dans le solitaire jardin.

La petite Espagnole, avec ses grands yeux et ses grands cheveux, sa peau brune et dorée, ses lèvres rouges et ses joues roses, l'Andalouse de quatorze ans, Pepa.

Nos mères nous ont dit d'aller courir ensemble : nous sommes venus nous promener.

On nous a dit de jouer et nous causons, enfants du même âge, non du même sexe.

Pourtant, il n'y a encore qu'un an, nous courions, nous luttions ensemble. Je disputais à Pepita la plus belle pomme du pommier; je la frappais pour un nid d'oiseau. Elle pleurait; je disais : C'est bien fait! et nous allions tous deux nous plaindre ensemble l'un de l'autre à nos mères, qui nous donnaient tort tout haut et raison tout bas.

Maintenant elle s'appuie sur mon bras, et je suis tout fier et tout ému. Nous marchons lentement, nous parlons bas. Elle laisse tomber son mouchoir; je le lui ramasse. Nos mains tremblent en se touchant. Elle me parle des petits oiseaux, de l'étoile qu'on voit là-bas, du couchant vermeil derrière les arbres, ou bien de ses amies de pension, de sa robe et de ses rubans. Nous disons des choses innocentes, et nous rougissons tous deux. La petite fille est devenue jeune fille.

Ce soir-là, c'était un soir d'été. Nous étions sous les marronniers, au fond du jardin. Après un de ces longs silences qui remplissaient nos promenades, elle quitta tout à coup mon bras et me dit : Courons!

Je la vois encore; elle était tout en noir, en deuil de sa grand'mère. Il lui passa par la tête une idée d'enfant; Pepa redevint Pepita, elle me dit : Courons!

Et elle se mit à courir devant moi avec sa taille fine comme le corset d'une abeille, et ses petits pieds qui relevaient sa robe jusqu'à mi-jambe. Je la poursuivis, elle fuyait; le vent de sa course soulevait par moments sa pèlerine noire, et me laissait voir son dos brun et frais.

J'étais hors de moi. Je l'atteignis près du vieux puisard en ruine; je la pris par la ceinture, du droit de victoire, et je la fis asseoir sur un banc de gazon; elle ne résista pas. Elle était essoufflée et riait. Moi, j'étais sérieux, et je regardais ses prunelles noires à travers ses cils noirs.

— Asseyez-vous là, me dit-elle. Il fait encore grand jour, lisons quelque chose. Avez-vous un livre?

J'avais sur moi le tome second des Voyages de Spallanzani. J'ouvris au hasard, je me rapprochai d'elle, elle appuya son épaule à mon épaule, et nous nous mîmes à lire chacun de notre côté, tout bas, la même page. Avant de tourner le feuillet, elle était toujours obligée de m'attendre. Mon esprit allait moins vite que le sien. — Avez-vous fini? me disait-elle, que j'avais à peine commencé.

Cependant nos têtes se touchaient, nos cheveux se mêlaient; nos haleines peu à peu se rapprochèrent, et nos bouches tout à coup.

Quand nous voulûmes continuer notre lecture, le ciel était étoilé.

— Oh! maman, maman, dit-elle en rentrant, si tu savais comme nous avons couru!

Moi, je gardais le silence. — Tu ne dis rien, me dit ma mère, tu as l'air triste. J'avais le paradis dans le cœur.

C'est une soirée que je me rappellerai toute ma vie.

Toute ma vie!

XXXIV

Une heure vient de sonner, je ne sais laquelle : j'entends mal le marteau de l'horloge. Il me semble que j'ai un bruit d'orgue dans les oreilles ; ce sont mes dernières pensées qui bourdonnent.

A ce moment suprême où je me recueille dans mes souvenirs, j'y retrouve mon crime avec horreur ; mais je voudrais me repentir davantage encore. J'avais plus de remords avant ma condamnation ; depuis, il semble qu'il n'y ait plus de place que pour les pensées de mort. Pourtant, je voudrais bien me repentir beaucoup.

Quand j'ai rêvé une minute à ce qu'il y a de passé dans ma vie, et que j'en reviens au coup de hache qui doit la terminer tout à l'heure, je frissonne comme d'une chose nouvelle. Ma belle enfance ! ma belle jeunesse ! étoffe dorée, dont l'extrémité est sanglante. Entre alors et à présent il y a une rivière de sang : le sang de l'autre et le mien.

Si on lit un jour mon histoire, après tant d'années d'innocence et de bonheur, on ne voudra pas croire à cette année exécrable, qui s'ouvre par un crime et se clôt par un supplice : elle aura l'air dépareillée.

Et pourtant, misérables lois et misérables hommes, je n'étais pas un méchant !

Oh ! mourir dans quelques heures, et penser qu'il y a un an, à pareil jour, j'étais libre et pur, que je faisais mes promenades d'automne, que j'errais sous les arbres, et que je marchais dans les feuilles !

XXXV

En ce moment même, il y a tout auprès de moi, dans ces maisons qui font cercle autour du Palais et de la Grève, et partout dans Paris, des hommes qui vont et viennent, causent et rient, lisent le journal, pensent à leurs affaires; des marchands qui vendent; des jeunes filles qui préparent leurs robes de bal pour ce soir; des mères qui jouent avec leurs enfants!

XXXVI

Je me souviens qu'un jour, étant enfant, j'allai voir le bourdon de Notre-Dame.

J'étais déjà étourdi d'avoir monté le sombre escalier en colimaçon, d'avoir parcouru la frêle galerie qui lie les deux tours, d'avoir eu Paris sous les pieds, quand j'entrai dans la cage de pierre et de charpente où pend le bourdon avec son battant, qui pèse un millier.

J'avançai en tremblant sur les planches mal jointes, regardant à distance cette cloche si fameuse parmi les enfants et le peuple de Paris, et ne remarquant pas sans effroi que les auvents couverts d'ardoises qui entourent le clocher de leurs plans inclinés étaient au niveau de mes pieds. Dans les intervalles, je voyais, en quelque sorte à vol d'oiseau, la place du Parvis Notre-Dame, et les passants comme des fourmis.

Tout à coup l'énorme cloche tinta; une vibration profonde remua l'air, fit osciller la lourde tour. Le plancher sautait sur les poutres. Le bruit faillit me renverser; je chancelai, prêt à tomber, prêt à glisser sur ces auvents d'ardoises en pente. De terreur, je me couchai sur les planches, les serrant étroitement de mes deux bras, sans parole, sans haleine, avec ce formidable tintement dans les oreilles, et sous les yeux ce précipice, cette place profonde, où se croisaient tant de passants paisibles et enviés.

Eh bien! il me semble que je suis encore dans la tour du bourdon. C'est tout ensemble un étourdissement et un éblouissement. Il y a comme un bruit de cloche qui ébranle les cavités de mon cerveau, et autour de moi je n'aperçois plus cette vie plane et tranquille que j'ai quittée, et où les autres hommes cheminent encore, que de loin et à travers les crevasses d'un abime.

XXXVII

L'Hôtel de Ville est un édifice sinistre.

Avec son toit aigu et roide, son clocheton bizarre, son grand cadran blanc, ses étages à petites colonnes, ses mille croisées, ses escaliers usés par les pas, ses deux arches à droite et à gauche, il est là de plain-pied avec la Grève, sombre, lugubre, la face toute rongée de vieillesse, et si noir, qu'il est noir au soleil.

Les jours d'exécution, il vomit des gendarmes de toutes ses portes et regarde le condamné avec toutes ses fenêtres.

Et le soir, son cadran, qui a marqué l'heure, reste lumineux sur sa façade ténébreuse.

XXXVIII

Il est une heure et quart.

Voici ce que j'éprouve maintenant :

Une violente douleur de tête, les reins froids, le front brûlant. Chaque fois que je me lève ou que je me penche, il me semble qu'il y a un liquide qui flotte dans mon cerveau, et qui fait battre ma cervelle contre les parois du crâne.

J'ai des tressaillements convulsifs, et de temps en temps la plume tombe de mes mains comme par une secousse galvanique.

Les yeux me cuisent comme si j'étais dans la fumée.

J'ai mal dans mes coudes.

Encore deux heures et quarante-cinq minutes, et je serai guéri.

XXXIX

Ils disent que ce n'est rien, qu'on ne souffre pas, que c'est une fin douce, que la mort de cette façon est bien simplifiée.

Eh ! qu'est-ce donc que cette agonie de six semaines et ce râle de tout un jour? Qu'est-ce que les angoisses de cette journée irréparable, qui s'écoule si lentement et si vite? Qu'est-ce que cette échelle de tortures qui aboutit à l'échafaud?

Apparemment ce n'est pas là souffrir.

Ne sont-ce pas les mêmes convulsions, que le sang s'épuise goutte à goutte, ou que l'intelligence s'éteigne pensée à pensée?

Et puis, on ne souffre pas, en sont-ils sûrs? Qui le leur a dit? Conte-t-on que jamais une tête coupée se soit dressée sanglante au bord du panier, et qu'elle ait crié au peuple : Cela ne fait pas de mal!

Y a-t-il des morts de leur façon qui soient venus les remercier et leur dire : C'est bien inventé. Tenez-vous-en là. La mécanique est bonne.

Non, rien! Moins qu'une minute, moins qu'une seconde, et la chose est faite. — Se sont-ils jamais mis, seulement en pensée, à la place de celui qui est là, au moment où le lourd tranchant qui tombe mord la chair, rompt les nerfs, brise les vertèbres... Mais quoi! une demi-seconde! la douleur est escamotée... Horreur!

XL

Il est singulier que je pense sans cesse au roi. J'ai beau faire, beau secouer la tête, j'ai une voix dans l'oreille qui me dit toujours :

— Il y a dans cette même ville, à cette même heure, et pas bien loin d'ici, dans un autre palais, un homme qui a aussi des gardes à toutes ses portes, un homme unique comme toi dans le peuple, avec cette différence qu'il est aussi haut que tu es bas. Sa vie entière, minute par minute, n'est que gloire, grandeur, délices, enivrement. Tout est autour de lui amour, respect, vénération. Les voix les plus hautes deviennent basses en lui parlant, et les fronts les plus fiers ploient. Il n'a que de la soie et de l'or sous les yeux. A cette heure, il tient quelque conseil de ministres où tous sont de son avis; ou bien songe à la chasse de demain, au bal de ce soir, sûr que la fête viendra à l'heure, et laissant à d'autres le travail de ses plaisirs. Eh bien! cet homme est de chair et d'os comme toi! — Et pour qu'à l'instant même l'horrible échafaud s'écroulât, pour que tout te fût rendu, vie, liberté, fortune, famille, il suffirait qu'il écrivît avec cette plume les sept lettres de son nom au bas d'un morceau de papier, ou même que son carrosse rencontrât ta charrette! — Et il est bon, et il ne demanderait pas mieux peut-être, et il n'en sera rien!

XLI

Eh bien donc! ayons courage avec la mort, prenons cette horrible idée à deux mains, et considérons-la en face. Demandons-lui compte de ce qu'elle est, sachons ce qu'elle nous veut, retournons-la en tous sens, épelons l'énigme, et regardons d'avance dans le tombeau.

Il me semble que, dès que mes yeux seront fermés, je verrai une grande clarté et des abimes de lumière où mon esprit roulera sans fin. Il me semble que le ciel sera lumineux de sa propre essence, que les astres y feront des taches obscures, et qu'au lieu d'être, comme pour les yeux vivants, des paillettes d'or sur du velours noir, ils sembleront des points noirs sur du drap d'or.

Ou bien, misérable que je suis, ce sera peut-être un gouffre hideux, profond, dont les parois seront tapissées de ténèbres, et où je tomberai sans cesse en voyant des formes remuer dans l'ombre.

Ou bien, en m'éveillant après le coup, je me trouverai peut-être sur quelque surface plane et humide, rampant dans l'obscurité et tournant sur soi-même comme une tête qui roule. Il me semble qu'il y aura un grand vent qui me poussera, et que je serai heurté çà et là par d'autres têtes roulantes. Il y aura par places des mares et des ruisseaux d'un liquide inconnu et tiède; tout sera noir. Quand mes yeux, dans leur rotation, seront tournés en haut, ils ne verront qu'un ciel d'ombre, dont les couches épaisses pèseront sur eux, et au loin dans le fond de grandes arches de fumée plus noires que les ténèbres. Ils verront aussi voltiger dans la nuit de petites étincelles rouges, qui, en s'approchant, deviendront des oiseaux de feu; — et ce sera ainsi toute l'éternité.

Il se peut bien aussi qu'à certaines dates les morts de la Grève se rassemblent par de noires nuits d'hiver sur la place qui est à eux. Ce sera une foule pâle et sanglante, et je n'y manquerai pas. Il n'y aura pas de lune, et l'on parlera à voix basse. L'Hôtel de Ville sera là, avec sa façade vermoulue, son toit déchiqueté, et son cadran qui aura été sans pitié pour tous. Il y aura sur la place une guillotine de l'enfer, où un démon exécutera un bourreau : ce sera à quatre heures du matin. A notre tour nous ferons foule autour.

Il est probable que cela est ainsi. Mais, si ces morts-là reviennent, sous quelle forme reviennent-ils? Que gardent-ils de leur corps incomplet et mutilé? Que choisissent-ils? Est-ce la tête ou le tronc qui est spectre?

Hélas! qu'est-ce que la mort fait avec notre âme? quelle nature lui laisse-t-elle? qu'a-t-elle à lui prendre ou à lui donner? où la met-elle? lui prête-t-elle quelquefois des yeux de chair pour regarder sur la terre et pleurer?

Ah! un prêtre! un prêtre qui sache cela! Je veux un prêtre et un crucifix à baiser!

Mon Dieu, toujours le même!

XLII

Je l'ai prié de me laisser dormir, et je me suis jeté sur le lit.

En effet, j'avais un flot de sang dans la tête, qui m'a fait dormir. C'est mon dernier sommeil, de cette espèce.

J'ai fait un rêve.

J'ai rêvé que c'était la nuit. Il me semblait que j'étais dans mon cabinet avec deux ou trois de mes amis, je ne sais plus lesquels.

Ma femme était couchée dans la chambre à coucher, à côté, et dormait avec son enfant.

Nous parlions à voix basse, mes amis et moi, et ce que nous disions nous effrayait.

Tout à coup il me sembla entendre un bruit quelque part dans les autres pièces de l'appartement : un bruit faible, étrange, indéterminé.

Mes amis avaient entendu comme moi. Nous écoutâmes : c'était comme une serrure qu'on ouvre sourdement, comme un verrou qu'on scie à petit bruit.

Il y avait quelque chose qui nous glaçait : nous avions peur. Nous pensâmes que peut-être c'étaient des voleurs qui s'étaient introduits chez moi, à cette heure si avancée de la nuit.

Nous résolûmes d'aller voir. Je me levai, je pris la bougie ; mes amis me suivaient un à un.

Nous traversâmes la chambre à coucher, à côté ; ma femme dormait avec son enfant.

Puis nous arrivâmes dans le salon. Rien. Les portraits étaient immobiles dans leur cadre d'or sur la tenture rouge. Il me sembla que la porte du salon à la salle à manger n'était point à sa place ordinaire.

Nous entrâmes dans la salle à manger ; nous en fîmes le tour. Je marchais le premier. La porte sur l'escalier était bien fermée, les fenêtres aussi. Arrivé près du poêle, je vis que l'armoire au linge était ouverte, et que la porte de cette armoire était tirée sur l'angle du mur, comme pour le cacher.

Cela me surprit. Nous pensâmes qu'il y avait quelqu'un derrière la porte.

Je portai la main à cette porte pour refermer l'armoire, elle résista. Etonné, je tirai plus fort, elle céda brusquement, et nous découvrit une petite vieille, les mains pendantes, les yeux fermés, immobile, debout, et comme collée dans l'angle du mur.

Cela avait quelque chose de hideux, et mes cheveux se dressent d'y penser.

Je demandai à la vieille : — Que faites-vous là?

Elle ne répondit pas.

Je lui demandai : — Qui êtes-vous?

Elle ne répondit pas, ne bougea pas et resta les yeux fermés.

Mes amis dirent : — C'est sans doute la complice de ceux qui sont entrés avec de mauvaises pensées; ils se sont échappés en nous entendant venir; elle n'aura pu fuir, et s'est cachée là.

Je l'ai interrogée de nouveau; elle est demeurée sans voix, sans mouvement, sans regard.

Un de nous l'a poussée à terre, elle est tombée.

Elle est tombée tout d'une pièce, comme un morceau de bois, comme une chose morte.

Nous l'avons remuée du pied, puis deux de nous l'ont relevée et de nouveau appuyée au mur. Elle n'a donné aucun signe de vie. On lui a crié dans l'oreille, et elle est restée muette comme si elle était sourde.

Cependant, nous perdions patience, et il y avait de la colère dans notre terreur. Un de nous m'a dit : — Mettez-lui la bougie sous le menton. — Je lui ai mis la mèche enflammée sous le menton. Alors elle a ouvert un œil à demi, un œil vide, terne, affreux, et qui ne regardait pas.

J'ai ôté la flamme et j'ai dit : — Ah! enfin! répondras-tu, vieille sorcière? Qui es-tu?

26

L'œil s'est refermé comme de lui-même.

— Pour le coup, c'est trop fort! ont dit les autres. Encore la bougie ! encore ! il faudra bien qu'elle parle.

J'ai replacé la lumière sous le menton de la vieille.

Alors, elle a ouvert ses deux yeux lentement, nous a regardés tous les uns après les autres, puis, se baissant brusquement, a soufflé la bougie avec un souffle glacé. Au même moment j'ai senti trois dents aiguës s'imprimer sur ma main, dans les ténèbres.

Je me suis réveillé, frissonnant et baigné d'une sueur froide.

Le bon aumônier était assis au pied de mon lit, et lisait des prières.

— Ai-je dormi longtemps? lui ai-je demandé.

— Mon fils, m'a-t-il dit, vous avez dormi une heure. On vous a amené votre enfant ; elle est là dans la pièce voisine qui vous attend. Je n'ai pas voulu qu'on vous éveillât.

— Oh! ai-je crié. Ma fille! qu'on m'amène ma fille!

XLIII

Elle est fraîche, elle est rose, elle a de grands yeux, elle est belle!

On lui a mis une petite robe qui lui va bien.

Je l'ai prise, je l'ai enlevée dans mes bras, je l'ai assise sur mes genoux, je l'ai baisée sur ses cheveux.

Pourquoi pas avec sa mère? — Sa mère est malade, sa grand'mère aussi. C'est bien.

Elle me regardait d'un air étonné. Caressée, embrassée, dévorée de baisers et se laissant faire, mais jetant de temps en temps un coup d'œil inquiet sur sa bonne, qui pleurait dans un coin.

Enfin j'ai pu parler.

— Marie! ai-je dit, ma petite Marie!

Je la serrais violemment contre ma poitrine enflée de sanglots. Elle a poussé un petit cri.

— Oh! vous me faites du mal, monsieur, m'a-t-elle dit.

Monsieur! Il y a bientôt un an qu'elle ne m'a vu, la pauvre enfant! Elle m'a oublié, visage, parole, accent; et puis, qui me reconnaîtrait avec cette barbe, ces habits et cette pâleur? Quoi! déjà effacé de cette mémoire, la seule où j'eusse voulu vivre! Quoi! déjà plus père! être condamné à ne plus entendre ce mot, ce mot de la langue des enfants, si doux qu'il ne peut rester dans celle des hommes : *papa!*

Et pourtant l'entendre de cette bouche, encore une fois, une seule fois, voilà tout ce que j'eusse demandé pour les quarante ans de vie qu'on me prend.

— Ecoute, Marie, lui ai-je dit en joignant ses deux petites mains dans les miennes, est-ce que tu ne me connais point?

Elle m'a regardé avec ses beaux yeux, et a répondu : — Ah bien non!

— Regarde bien, ai-je répété. Comment, tu ne sais pas qui je suis?

— Si, a-t-elle dit. Un monsieur.

Hélas! n'aimer ardemment qu'un seul être au monde, l'aimer avec tout son amour, et l'avoir devant soi, qui vous voit et vous regarde, vous parle et vous répond, et ne vous connaît pas! Ne vouloir de consolation que de lui, et qu'il soit le seul qui ne sache pas qu'il vous en faut parce que vous allez mourir.

— Marie, ai-je repris, as-tu un papa?

— Oui, monsieur, a dit l'enfant.

— Eh bien! où est-il?

Elle a levé ses grands yeux étonnés : — Ah! vous ne savez donc pas? il est mort.

Puis elle a crié : j'avais failli la laisser tomber.

— Mort! disais-je. Marie, sais-tu ce que c'est qu'être mort?

— Oui, monsieur, a-t-elle répondu. Il est dans la terre et dans le ciel.

Elle a continué d'elle-même.

— Je prie le bon Dieu pour lui matin et soir sur les genoux de maman.

Je l'ai baisée au front. — Marie, dis-moi ta prière.

— Je ne peux pas, monsieur. Une prière, cela ne se dit pas dans le jour. Venez ce soir dans ma maison; je la dirai.

C'était assez de cela. Je l'ai interrompue :

— Marie, c'est moi qui suis ton papa.

— Ah! m'a-t-elle dit.

J'ai ajouté : — Veux-tu que je sois ton papa?

L'enfant s'est détournée. — Non, mon papa était bien plus beau.

Je l'ai couverte de baisers et de larmes. Elle a cherché à se dégager de mes bras en criant : — Vous me faites mal avec votre barbe.

Alors je l'ai replacée sur mes genoux, en la couvant des yeux, et puis je l'ai questionnée :

— Marie, sais-tu lire?

— Oui, a-t-elle répondu. Je sais bien lire. Maman me fait lire mes lettres.

— Voyons, lis un peu, lui ai-je dit en lui montrant un papier qu'elle tenait chiffonné dans une de ses petites mains.

Elle a hoché sa jolie tête. — Ah bien! je ne sais lire que des fables.

— Essaye toujours. Voyons, lis.

Elle a déployé le papier, et s'est mise à épeler avec son doigt : — A, R, *ar*, R, E, T, *rêt*, ARRÊT...

Je lui ai arraché cela des mains. C'est ma sentence de mort qu'elle me lisait. Sa bonne avait eu le papier pour un sou. Il me coûtait plus cher, à moi.

Il n'y a pas de parole pour ce que j'éprouvais. Ma violence l'avait effrayée; elle pleurait presque.

Tout à coup elle m'a dit : — Rendez-moi donc mon papier; tiens! c'est pour jouer.

Je l'ai remise à sa bonne. — Emportez-la.

Et je suis retombé sur ma chaise, sombre, désert, désespéré. A présent ils devraient venir; je ne tiens plus à rien; la dernière fibre de mon cœur est brisée. Je suis bon pour ce qu'ils vont faire.

XLIV

Le prêtre est bon, le geôlier aussi. Je crois qu'ils ont versé une larme quand j'ai dit qu'on m'emportât mon enfant.

C'est fait. Maintenant il faut que je me roidisse en moi-même, et que je pense fermement au bourreau, à la charrette, aux gendarmes, à la foule sur le pont, à la foule sur le quai, à la foule aux fenêtres, et à ce qu'il y aura exprès pour moi sur cette lugubre place de Grève, qui pourrait être pavée des têtes qu'elle a vues tomber.

Je crois que j'ai encore une heure pour m'habituer à tout cela.

XLV

Tout ce peuple rira, battra des mains, applaudira, et parmi tous les hommes libres et inconnus des geôliers, qui courent plein de joie à une exécution, dans cette foule de têtes qui couvrira la place, il y aura plus d'une tête prédestinée qui suivra la mienne tôt ou tard dans le panier rouge.

Plus d'un qui y vient pour moi y viendra pour soi.

Pour ces êtres fatals il y a sur un certain point de la place de Grève un lieu fatal, un centre d'attraction, un piége. Ils tournent autour jusqu'à ce qu'ils y soient.

XLVI

Ma petite Marie ! — On l'a remmenée jouer : elle regarde la foule par la portière du fiacre, et ne pense déjà plus à ce *monsieur*.

Peut-être aurai-je encore le temps d'écrire quelques pages pour elle, afin qu'elle les lise un jour, et qu'elle pleure dans quinze ans pour aujourd'hui.

Oui, il faut qu'elle sache par moi mon histoire, et pourquoi le nom que je lui laisse est sanglant.

XLVII

MON HISTOIRE.

Note de l'Éditeur. — On n'a pu encore retrouver les feuillets qui se rattachaient à celui-ci. Peut-être, comme ceux qui suivent semblent l'indiquer, le condamné n'a-t-il pas eu le temps de les écrire. Il était tard quand cette pensée lui est venue.

C'était lui.

XLVIII

D'une chambre de l'Hôtel de Ville.

De l'Hôtel de Ville !..... — Ainsi j'y suis. Le trajet exécrable est fait. La place est là, et au-dessous de la fenêtre l'horrible peuple qui aboie, et m'attend, et rit.

J'ai eu beau me roidir, beau me crisper, le cœur m'a failli. Quand j'ai vu au-dessus des têtes ces deux bras rouges avec leur triangle noir au bout, dressés entre les deux lanternes du quai, le cœur m'a failli. J'ai demandé à faire une dernière déclaration. On m'a déposé ici, et l'on est allé chercher quelque procureur du roi. Je l'attends, c'est toujours cela de gagné.

Voici :

Trois heures sonnaient, on est venu m'avertir qu'il était temps. J'ai tremblé, comme si j'eusse pensé à autre chose depuis six heures, depuis six semaines, depuis six mois. Cela m'a fait l'effet de quelque chose d'inattendu.

Ils m'ont fait traverser leurs corridors et descendre leurs escaliers. Ils m'ont poussé entre deux guichets de rez-de-chaussée, salle sombre, étroite, voûtée, à peine éclairée d'un jour de pluie et de brouillard. Une chaise était au milieu. Ils m'ont dit de m'asseoir ; je me suis assis.

Il y avait près de la porte et le long des murs quelques personnes debout, outre le prêtre et les gendarmes, et il y avait aussi trois hommes.

Le premier, le plus grand, le plus vieux, était gras et avait la face rouge. Il portait une redingote et un chapeau à trois cornes déformé. C'était lui.

C'était le bourreau, le valet de la guillotine. Les deux autres étaient ses valets, à lui.

A peine assis, les deux autres se sont approchés de moi, par derrière, comme des chats; puis tout à coup j'ai senti un froid d'acier dans mes cheveux, et les ciseaux ont grincé à mes oreilles.

Mes cheveux, coupés au hasard, tombaient par mèches sur mes épaules, et l'homme en chapeau à trois cornes les époussetait doucement avec sa grosse main.

Autour, on parlait à voix basse.

Il y avait un grand bruit au dehors, comme un frémissement qui ondulait dans l'air. J'ai cru d'abord que c'était la rivière, mais, à des rires qui éclataient, j'ai reconnu que c'était la foule.

Un jeune homme, près de la fenêtre, qui écrivait, avec un crayon, sur un portefeuille, a demandé à un des guichetiers comment s'appelait ce qu'on faisait là. — La toilette du condamné, a répondu l'autre.

J'ai compris que cela serait demain dans le journal.

Tout à coup l'un des valets m'a enlevé ma veste, et l'autre a pris mes deux mains qui pendaient, les a ramenées derrière mon dos, et j'ai senti les nœuds d'une corde se rouler lentement autour de mes poignets rapprochés. En même temps, l'autre détachait ma cravate. Ma chemise de batiste, seul lambeau qui me restât d'autrefois, l'a fait en quelque sorte hésiter un moment, puis il s'est mis à en couper le col.

A cette précaution horrible, au saisissement de l'acier qui touchait mon cou, mes coudes ont tressailli, et j'ai laissé échapper un rugissement étouffé; la main de l'exécuteur a tremblé. — Monsieur, m'a-t-il dit, pardon! Est-ce que je vous ai fait mal? — Ces bourreaux sont des hommes très-doux.

La foule hurlait plus haut au dehors.

Le gros homme au visage bourgeonné m'a offert à respirer un mouchoir imbibé de vinaigre. — Merci, lui ai-je dit de la voix la plus forte que j'ai pu, c'est inutile; je me trouve bien.

Alors l'un d'eux s'est baissé et m'a lié les deux pieds, au moyen d'une corde fine et lâche, qui ne me laissait à faire que de petits pas. Cette corde est venue se rattacher à celle de mes mains.

Puis le gros homme a jeté la veste sur mon dos, et a noué les manches ensemble sous mon menton. Ce qu'il y avait à faire là était fait.

Alors le prêtre s'est approché avec son crucifix. — Allons, mon fils! m'a-t-il dit.

Les valets m'ont pris sous les aisselles; je me suis levé, j'ai marché; mes pas étaient mous et fléchissaient comme si j'avais eu deux genoux à chaque jambe.

En ce moment la porte extérieure s'est ouverte à deux battants. Une clameur furieuse, et l'air froid, et la lumière blanche, ont fait irruption jusqu'à moi dans l'ombre. Du fond du sombre guichet, j'ai vu brusquement tout à la fois, à travers la pluie, les mille têtes hurlantes du peuple entassées pêle-mêle sur la rampe du grand escalier du Palais; à droite, de plain-pied avec le seuil, un rang de chevaux de gendarmes, dont la porte basse ne me découvrait que les pieds de devant et les poitrails; en face, un détachement de soldats en bataille; à gauche, l'arrière d'une charrette, auquel s'appuyait une roide échelle. Tableau hideux, bien encadré dans une porte de prison.

C'est pour ce moment redouté que j'avais gardé mon courage. J'ai fait trois pas, et j'ai paru sur le seuil du guichet.

— Le voilà! le voilà! a crié la foule. Il sort, enfin! Et les plus près de moi battaient des mains. Si fort qu'on aime un roi, ce serait moins de fête.

C'était une charrette ordinaire, avec un cheval étique, et

un charretier en sarrau bleu à dessins rouges, comme ceux des maraîchers des environs de Bicêtre.

Le gros homme en chapeau à trois cornes est monté le premier. — Bonjour, monsieur Samson! criaient les enfants pendus à des grilles. Un valet l'a suivi. — Bravo, Mardi! ont crié de nouveau les enfants. Ils se sont assis tous deux sur la banquette de devant.

C'était mon tour : j'ai monté d'une allure assez ferme. — Il va bien, a dit une femme à côté des gendarmes. Cet atroce éloge m'a donné du courage. Le prêtre est venu se placer auprès de moi. On m'avait assis sur la banquette de derrière, le dos tourné au cheval. J'ai frémi de cette dernière attention.

Ils mettent de l'humanité là-dedans.

J'ai voulu regarder autour de moi : gendarmes devant, gendarmes derrière; puis de la foule, de la foule et de la foule : une mer de têtes sur la place.

Un piquet de gendarmerie à cheval m'attendait à la porte de la grille du Palais.

L'officier a donné l'ordre. La charrette et son cortége se sont mis en mouvement, comme poussés en avant par un hurlement de la populace.

On a franchi la grille. Au moment où la charrette a tourné vers le pont au Change, la place a éclaté en bruits, du pavé aux toits, et les ponts et les quais ont répondu à faire un tremblement de terre.

C'est là que le piquet qui attendait s'est rallié à l'escorte.

— Chapeaux bas! chapeaux bas! criaient mille bouches ensemble. — Comme pour le roi.

Alors j'ai ri horriblement aussi, moi, et j'ai dit au prêtre : — Eux les chapeaux, moi la tête.

On allait au pas.

Le quai aux Fleurs embaumait; c'est jour de marché. Les marchandes ont quitté leurs bouquets pour moi.

Vis-à-vis, un peu avant la tour carrée qui fait le coin du Palais, il y a des cabarets dont les entresols étaient pleins de spectateurs heureux de leurs belles places, surtout des femmes. La journée doit être bonne pour les cabaretiers.

On louait des tables, des chaises, des échafaudages, des charrettes. Tout pliait de spectateurs. Des marchands de sang humain criaient à tue-tête : — Qui veut des places? Une rage m'a pris contre ce peuple. J'ai eu envie de leur crier : Qui veut la mienne?

Cependant la charrette avançait. A chaque pas qu'elle faisait, la foule se démolissait derrière elle, et je la voyais de mes yeux égarés qui s'allait reformer plus loin sur d'autres points de mon passage.

En entrant sur le pont au Change, j'ai par hasard jeté les yeux à ma droite en arrière. Mon regard s'est arrêté sur l'autre quai, au-dessus des maisons, à une tour noire, isolée, hérissée de sculptures, au sommet de laquelle je voyais deux monstres de pierre assis de profil. Je ne sais pourquoi j'ai demandé au prêtre ce que c'était que cette tour.—Saint-Jacques-la-Boucherie, a répondu le bourreau.

J'ignore comment cela se faisait, dans la brume et malgré la pluie fine et blanche qui rayait l'air comme un réseau de fils d'araignée, rien de ce qui se passait autour de moi ne m'a échappé. Chacun de ces détails m'apportait sa torture. Les mots manquent aux émotions.

Vers le milieu de ce pont au Change, si large et si encombré que nous cheminions à grand'peine, l'horreur m'a pris violemment. J'ai craint de défaillir : dernière vanité! Alors je me suis étourdi moi-même pour être aveugle et pour être sourd à tout, excepté au prêtre, dont j'entendais à peine les paroles, entrecoupées de rumeurs.

J'ai pris le crucifix et je l'ai baisé. — Ayez pitié de moi, ai-je dit, ô mon Dieu! et j'ai tâché de m'abîmer dans cette pensée.

Mais chaque cahot de la dure charrette me secouait. Puis tout à coup je me suis senti un grand froid. La pluie avait traversé mes vêtements, et mouillait la peau de ma tête à travers mes cheveux coupés et courts. — Vous tremblez de froid, mon fils? m'a demandé le prêtre. — Oui, ai-je répondu. Hélas! pas seulement de froid.

Au détour du pont, des femmes m'ont plaint d'être si jeune.

Nous avons pris le fatal quai. Je commençais à ne plus voir, à ne plus entendre. Toutes ces voix, toutes ces têtes aux fenêtres, aux portes, aux grilles des boutiques, aux branches des lanternes, ces spectateurs avides et cruels; cette foule où tous me connaissent et où je ne connais personne; cette route pavée et murée de visages humains... J'étais ivre, stupide, insensé. C'est une chose insupportable que le poids de tant de regards appuyés sur vous.

Je vacillais donc sur le banc, ne prêtant même plus d'attention au prêtre et au crucifix.

Dans le tumulte qui m'enveloppait, je ne distinguais plus les cris de pitié des cris de joie, les rires des plaintes, les voix du bruit; tout cela était une rumeur qui résonnait dans ma tête comme dans un écho de cuivre.

Mes yeux lisaient machinalement les enseignes des boutiques.

Une fois l'étrange curiosité me prit de tourner la tête et de regarder vers quoi j'avançais. C'était une dernière bravade de l'intelligence; mais le corps ne voulut pas, ma nuque resta paralysée, et d'avance comme morte.

J'entrevis seulement de côté, à ma gauche, au delà de la rivière, la tour de Notre-Dame, qui, vue de là, cache l'autre. C'est celle où est le drapeau. Il y avait beaucoup de monde, et qui devait bien voir.

Et la charrette allait, allait, et les boutiques passaient, et les enseignes se succédaient, écrites, peintes, dorées, et la populace riait et trépignait dans la boue, et je me laissais aller, comme à leurs rêves ceux qui sont endormis.

Tout à coup la série des boutiques qui occupait mes yeux s'est coupée à l'angle d'une place; la voix de la foule est devenue plus vaste, plus glapissante, plus joyeuse encore; la charrette s'est arrêtée subitement, et j'ai failli tomber la face sur les planches. Le prêtre m'a soutenu. — Courage! a-t-il murmuré. Alors on a apporté une échelle à l'arrière de la charrette; il m'a donné le bras, je suis descendu, puis j'ai fait un pas, puis je me suis retourné pour en faire un autre, et je n'ai pu. Entre les deux lanternes du quai j'avais vu une chose sinistre.

Oh! c'était la réalité!

Je me suis arrêté, comme chancelant déjà d'un coup.

— J'ai une dernière déclaration à faire! ai-je crié faiblement.

On m'a monté ici.

J'ai demandé qu'on me laissât écrire mes dernières volontés. Ils m'ont délié les mains, mais la corde est ici toute prête, et le reste est en bas.

XLIX

Un juge, un commissaire, un magistrat, je ne sais de quelle espèce, vient de venir. Je lui ai demandé ma grâce en joignant les deux mains et en me traînant sur les deux genoux. Il m'a répondu, en souriant fatalement, si c'est là tout ce que j'avais à lui dire.

— Ma grâce! ma grâce! ai-je répété, ou, par pitié, cinq minutes encore!

Qui sait? elle viendra peut-être! cela est si horrible à mon âge, de mourir ainsi! Des grâces qui arrivent au dernier moment, on l'a vu souvent. Et à qui fera-t-on grâce, monsieur, si ce n'est à moi?

Cet exécrable bourreau! il s'est approché du juge pour lui dire que l'exécution devait être faite à une certaine heure, que cette heure approchait, qu'il était responsable; que d'ailleurs il pleut, et que cela risque de se rouiller.

— Eh! par pitié! une minute pour attendre ma grâce! ou je me défends, je mords!

Le juge et le bourreau sont sortis. Je suis seul. — Seul avec deux gendarmes.

Oh! l'horrible peuple avec ses cris d'hyène!

— Qui sait si je ne lui échapperai pas? si je ne serai pas sauvé? si ma grâce... Il est impossible qu'on ne me fasse pas grâce.

Ah! les misérables! il me semble qu'on monte l'escalier...

QUATRE HEURES.

FIN DU DERNIER JOUR D'UN CONDAMNÉ.

LITTÉRATURE
ET
PHILOSOPHIE MÊLÉES

Richelieu.

BUT DE CETTE PUBLICATION

Mars 1834.

Il y a dans la vie de tout écrivain consciencieux un moment où il sent le besoin de compter avec le passé, de classer en ordre et de dater les diverses empreintes qu'il a prises de la forme de son esprit à différentes époques, de coordonner, tout en les mettant franchement en lumière, les contradictions plutôt superficielles que radicales de sa vie, et de montrer, s'il y a lieu, par quels rapports mystérieux et intimes les idées divergentes en apparence de sa première jeunesse se rattachent à la pensée unique et centrale qui s'est peu à peu dégagée du milieu d'elles et qui a fini par les résorber toutes.

D'ordinaire, ces sortes d'examens de conscience, quand ils sont faits avec bonne foi et candeur, produisent des livres du genre de celui-ci.

Ces deux volumes, en effet, ne sont autre chose que la collection de toutes les notes que l'auteur, dans la route littéraire et politique qu'il a déjà parcourue, a écrites çà et là, chemin faisant, depuis quinze ans qu'il marche. Ce livre, qui ne peut offrir d'ailleurs quelque intérêt qu'aux personnes qui aimeraient à voir de quelle façon et à quel point un esprit loyal peut se transformer par la critique de lui-même, dans nos temps de révolution sociale et intellectuelle, ce livre est le complément nécessaire et naturel de la série des œuvres de l'auteur. Chacune des sections qu'il renferme correspond à l'un des termes de cette série; chacun de ces morceaux a été écrit en même temps que quelqu'un des ouvrages qui la composent, et représente, pour qui sait bien voir, le même groupe d'idées. Ainsi le *Journal d'un jacobite* de 1819 est du temps de *Han d'Islande*, le *Journal d'un révolutionnaire* de 1830 est du temps de *Notre-Dame de Paris*. En consultant les dates qu'on a eu soin de placer en tête de tous ces fragments, ceux des lecteurs qui se plaisent à ces sortes de comparaisons, même lorsqu'il s'agit d'ouvrages aussi peu importants que celui-ci, pourront voir aisément à quelle œuvre de l'auteur, à quel moment de sa manière, à quelle phase de sa pensée sur la société et sur l'art se rattache chacune des divisions de ce livre. Ces deux volumes côtoient tous les autres en les reflétant. On y retrouve, de 1819 à 1834, sur une échelle plus rapide mais qui n'a pas moins d'échelons, tous les changements successifs de style et de pensée, toutes les modifications d'opinion et de forme, tous les élargissements d'horizon politique et littéraire que les personnes qui veulent bien suivre le développement de son esprit ont pu remarquer en gravissant la série totale de ses œuvres.

Ces changements, ces modifications, ces élargissements, est-ce décadence, comme on l'a dit? est-ce progrès, comme il le croit? il pose la question. Le lecteur la décidera.

Ce qui n'est une question pour personne, il l'espère du moins, c'est le complet désintéressement qui a présidé aux diverses modifications de ses opinions. Les Guèbres ne s'agenouillaient que devant le soleil; lui, il ne s'agenouille que devant le vérité.

Il livre ce recueil au public en toute franchise et en toute confiance. Dans des temps comme les nôtres, où les événements font si rapidement changer d'aspect aux doctrines et aux hommes, il a pensé que ce ne serait peut-être pas un spectacle sans enseignement que le développement d'un esprit sérieux et droit qui n'a encore été directement mêlé à aucune chose politique et qui a silencieusement accompli toutes ses révolutions sur lui-même, sans autre but que la satisfaction de sa conscience. Ceci est donc avant tout une œuvre de probité. Le premier de ces deux volumes ne contient que deux divisions; l'une a pour titre : *Journal des idées, des opinions et des lectures d'un jeune jacobite de* 1819; l'autre : *Journal des idées et des opinions d'un révolutionnaire de* 1830. Comment et par quelle série d'expériences successives le jacobite de 1819 est-il devenu le révolutionnaire de 1830, c'est ce que l'auteur écrira peut-être un jour; et cette toute modeste *Histoire des révolutions intérieures d'une opinion politique honnête* ne sera peut-être pas un appendice inutile à la grande histoire des révolutions générales de notre temps. Pourquoi, en effet, ne pas confronter plus souvent qu'on ne le fait les révolutions de l'individu avec les révolutions de la société? Qui sait ? la petite chose éclaire quelquefois la grande. En attendant qu'il essaye ce travail tout à la fois psychologique et historique, individuel et universel, il croit devoir publier comme documents, et absolument tels qu'ils ont été écrits chacun dans leur temps, ces deux *journaux d'idées,* l'un de 1819, l'autre de 1830, faits tous deux par le même homme, et si différents.

Ce ne sont pas des faits qu'il faut chercher dans ces journaux. Il n'y en a pas. Nous le répétons, ce sont des idées. Des idées à l'état de germe dans le premier, à l'état d'épanouissement dans le second.

Le plus ancien de ces deux journaux surtout, celui qui occupe les deux cents premières pages de ce volume, a besoin d'être lu avec une extrême indulgence, et sans que le lecteur en perde un seul instant la date de vue, 1819. L'auteur l'offre ici, non comme œuvre littéraire, mais comme sujet d'étude et d'observation pour les esprits attentifs et bienveillants qui ne dédaignent pas de chercher dans ce qu'un enfant balbutie les rudiments de la pensée d'un homme. Aussi, pour que cette partie du livre ait du moins le mérite de présenter une base sincère aux études de ce genre, a-t-on eu soin de l'imprimer, sans y rien changer, absolument telle qu'on l'a recueillie, soit dans les publications du temps aujourd'hui oubliées, soit dans des dossiers de notes restées manuscrites. Ce recueil représente durant deux années, de l'âge de seize ans à l'âge de dix-huit ans, l'état de l'esprit de l'auteur, et, par assimilation, autant qu'un échantillon aussi incomplet peut permettre d'en juger, l'état de l'esprit d'une fraction assez notable de la génération d'alors. Ce n'est même que parce qu'en le généralisant ainsi il peut offrir, jusqu'à un certain point, cette sorte d'intérêt, qu'on a cru qu'il n'était peut-être pas tout à fait inutile de le présenter au public. En se plaçant à ce point de vue, tout ce que renferme ce *Journal des idées* d'un royaliste adolescent d'il y a quinze ans acquiert, à défaut de la valeur biographique qu'un nom plus considérable en tête de ce livre pourrait seul lui donner, cette sorte de valeur historique qui s'attache à tous les documents honnêtes où se retrouve la physionomie d'une époque, de quelque part qu'ils viennent. Il y a de tout dans ce journal. C'est le profil à demi effacé de tout ce que nous nous figurions en 1819. C'est, comme dans nos cerveaux alors, le dialogue de tous les contraires. Il y a des recherches historiques et des rêveries, des élégies et des feuilletons, de la critique et de la poésie ; pauvre critique ! pauvre poésie, surtout ! Il y a de petits vers badins et de grands vers pleureurs ; d'honorables et furieuses déclamations contre les tueurs de rois ; des épîtres où les hommes de 1793 sont égratignés avec des épigrammes de 1754, espèces de petites satires sans poésie qui caractérisent assez bien le royalisme voltairien de 1818, nuance perdue aujourd'hui. Il y a des rêves de réforme pour le théâtre et des vœux d'immobilité pour l'Etat ; tous les styles qui s'essayent à la fois, depuis le sarcasme de pamphlet jusqu'à l'ampoule oratoire ; toutes sortes d'instincts classiques mis au service d'une pensée d'innovation littéraire ; des plans de tragédies faits au collége ; des plans de gouvernement faits à l'école. Tout cela va, vient, avance, recule, se mêle, se coudoie, se heurte, se contredit, se querelle, croit, doute, tâtonne, nie, affirme, sans but visible, sans ordre extérieur, sans loi apparente ; et cependant au fond de toutes ces choses, nous le croyons du moins, il y a une loi, un ordre, un but. Au fond comme à la surface, il y a ce qui sera peut-être pardonner à l'auteur l'insuffisance du talent et la faillibilité de l'esprit, droiture, honneur, conviction, désintéressement ; et au milieu de toutes les idées contradictoires qui bruissent à la fois dans ce chaos d'illusions généreuses et de préjugés loyaux, sous le flot le plus obscur, sous l'entassement le plus désordonné, on sent poindre et se mouvoir un élément qui s'assimilera un jour tous les autres, l'esprit de liberté, que les instincts de l'auteur appliqueront d'abord à l'art, puis, par un irrésistible entrainement de logique, à la société ; de façon que chez lui, dans un temps donné, aidées, il est vrai, par l'expérience et la récolte de faits de chaque jour, les idées littéraires corrigeront les idées politiques.

Tel qu'il est donc, ce *Journal d'un jeune jacobite de 1819* ne nous paraît pas complétement dépourvu de signification, ne fût-ce qu'à cause de l'espèce de jour douteux qui flotte sur toutes ces idées ébauchées, sorte de lumière indécise faite de deux rayons opposés qui viennent l'un du couchant, l'autre de l'orient, crépuscule de monarchisme politique qui finit, aube de la révolution littéraire qui commence.

Immédiatement après ce *Journal des idées d'un royaliste de* 1819, l'auteur a cru devoir placer ce qu'il a intitulé : *Journal des idées d'un révolutionnaire de* 1830. A onze ans d'intervalle, voilà le même esprit, transformé. L'auteur pense que tous ceux de nos contemporains qui feront de bonne foi le même repli sur eux-mêmes ne trouveront pas des modifications moins profondes dans leur pensée, s'ils ont eu la sagesse et le désintéressement de lui laisser son libre développement en présence des faits et des résultats.

Quant à ce dernier journal en lui-même, voici de quelle manière il s'est formé. Après la Révolution de juillet, pendant les derniers mois de 1830 et les premiers mois de 1831, l'auteur reçut, de l'ébranlement que les événements donnaient alors à toute chose, des impressions telles, qu'il lui fut impossible de ne pas en laisser trace quelque part. Il voulut constater, en s'en rendant compte sur-le-champ, de quelle façon et jusqu'à quelle profondeur chacun des faits plus ou moins inattendus qui se succédaient troublait la masse d'idées politiques qu'il avait amassée goutte à goutte depuis dix ans. A mesure qu'un fait nouveau dégageait en lui une idée nouvelle, il enregistrait, non le fait, mais l'idée. De là ce journal.

On a cru devoir donner ce titre, *Journal*, aux deux divisions qui composent le premier volume de ce livre, parce qu'il a semblé que, de tous les titres possibles, c'était encore celui qui convenait le mieux. Cependant, afin qu'on ne cherche pas dans ce livre autre chose que ce qu'il renferme, et qu'on ne s'attende pas à trouver dans ces deux journaux une peinture historique, ou biographique, ou anecdotique, avec curiosités, particularités et noms propres, de l'année 1819 et de l'année 1830, nous insistons sur ce point, que ces deux journaux contiennent, non les faits, mais seulement le retentissement des faits.

La formation du second volume de cette collection n'a besoin que de quelques mots pour s'expliquer d'elle-même. C'est une série de fragments écrits à diverses époques, et publiés pour la plupart dans les recueils du temps où ils ont été écrits. Ces fragments sont disposés par ordre chronologique; et ceux des lecteurs qui, en lisant chaque morceau, voudront ne point oublier la date qu'il porte, pourront remarquer de quelle façon l'idée de l'auteur mûrit d'année en année et dans la forme et dans le fond, depuis l'étude sur Voltaire, qui est de 1823, jusqu'à l'étude sur Mirabeau, qui est de 1834. C'est d'ailleurs peut-être la seule chose frappante de ce volume, à la composition duquel n'a été mêlé aucun arrangement artificiel, qu'il commence par le nom de Voltaire et finisse par le nom de Mirabeau. Cela montrerait, s'il n'en existait pas d'ailleurs beaucoup d'autres exemples à côté desquels celui-ci ne vaut pas la peine d'être compté, à quel point le dix-huitième siècle préoccupe le dix-neuvième. Voltaire, en effet, c'est le dix-huitième siècle système ; Mirabeau, c'est le dix-huitième siècle action.

Le premier de ces deux volumes enserre onze années de la vie intellectuelle de l'auteur, de 1819 à 1830. Le second contient également onze années, de 1823 à 1834. Mais, comme une partie de ce second volume rentre dans l'intervalle de 1819 à 1830, les deux volumes réunis n'offrent le mouvement en bien ou en mal de la pensée de celui qui les a écrits que sur une échelle de quinze années, de 1819 à 1834.

Nous ne ferons aucune observation sur les dépouillements de style et de manière que la critique y pourra noter de saison en saison. L'esprit de tout écrivain progressif doit être comme le platane dont l'écorce se renouvelle à mesure que le tronc grossit.

Pour finir ce que nous avons à dire de ce livre, si l'on nous demandait de le caractériser d'un mot, nous dirions que ce n'est autre chose qu'une sorte d'herbier où la pensée de l'auteur a déposé, sous étiquette, un échantillon tel quel de ses diverses floraisons successives.

Que le lecteur de bonne foi compare et juge si la loi selon laquelle s'est développée cette pensée est bonne ou mauvaise.

Maintenant il se rencontrera peut-être des esprits bienveillants et sérieux qui demanderont à l'auteur quelle est la formule actuelle de ses opinions sur la société et sur l'art.

L'espace lui manque ici pour répondre à la première de ces deux questions. Ce serait un livre tout entier à faire; il le fera quelque jour. Des matières si graves veulent être traitées à fond et ne sauraient être utilement abordées dans un avant-propos. Le peu de pages qui nous reste morcellerait la pensée de l'auteur sans profit, car il serait impossible de détacher, pour des proportions si exiguës, rien de fini, d'organisé et de complet d'un bloc d'idées où tout se tient et fait ensemble. De quelque façon que nous nous y prissions, il y aurait toujours des afférences latérales sur lesquelles il faudrait s'expliquer, des choses purement affirmées faute de marge pour les démontrer, des préliminaires supposés admis, des conséquences tronquées, d'autres qui se ramifieraient trop à l'étroit; en un mot, des tangentes et des sécantes dont les extrémités dépasseraient les limites de cette préface.

En attendant qu'il puisse se dérouler complétement et à l'aise dans un écrit spécial, l'auteur croit pouvoir dire dès à présent que, quoique le *Journal d'un révolutionnaire de* 1830 renferme beaucoup de choses radicalement vraies selon lui, sa pensée politique actuelle est cependant plutôt représentée par les dernières pages du second de ces deux volumes que par les dernières pages du premier. Si jamais, dans ce grand concile des intelligences où se débattent de la presse à la tribune tous les intérêts généraux de la civilisation du dix-neuvième siècle, il avait la parole, lui si petit en présence de choses si grandes, il la prendrait sur l'ordre du jour seulement, et il ne demanderait qu'une chose pour commencer : la substitution des questions sociales aux questions politiques.

Une fois son intention politique ainsi esquissée, il croit pouvoir répondre avec plus de détail aux personnes qui le questionneraient sur son intention littéraire. Ici il peut être plus aisément et plus vite compris; tout ce qu'il a écrit jusqu'à ce jour sert de commentaire à ses paroles. Qu'on lui permette donc quelques développements sur un sujet plus important qu'on ne le pense communément. Quand on creuse l'art, au premier coup de pioche on entame les questions littéraires ; au second, les questions sociales.

L'art est aujourd'hui à un bon point. Les querelles de mots ont fait place à l'examen des choses. Les noms de guerre, les sobriquets de parti, n'ont plus de signification pour personne. Ces appellations de *classiques* et de *romantiques*, que celui qui écrit ces lignes s'est toujours refusé à prononcer sérieusement, ont disparu de toute conversation sensée aussi complétement que les ubiquitaires et les antipædobaptistes. Or c'est déjà un grand progrès dans une discussion quand les mots de parti sont hors de combat. Tant qu'on en est à la bataille des mots, il n'y a pas moyen de s'entendre; c'est une mêlée furieuse, acharnée et aveugle. Cette bataille, qui a si longtemps assourdi notre littérature dans les dernières années de la Restauration, est finie aujourd'hui. Le public commence à distinguer nettement le contour des questions réelles trop longtemps cachées aux yeux par la poussière que la polémique faisait autour d'elles. Le pugilat des théories a cessé. Le terrain de l'art maintenant n'est plus une arène, c'est un champ. On ne se bat plus, on laboure.

A notre avis, la victoire est aux générations nouvelles. Elles ont pris grandement position dans tous les arts. Nous essayerons peut-être un jour de caractériser le point précis où elles en sont sous les diverses formes, poésie, peinture, sculpture, musique et architecture, et nous tâcherons d'indiquer par quels progrès et selon quelle loi il nous semble que doit s'opérer la fusion entre les nuances différentes des jeunes écoles, soit qu'elles cherchent plus spécialement le *caractère*, comme les gothiques, ou le *style*, comme les Grecs.

En attendant, l'impulsion est donnée, la marée monte. Les doctrines de la liberté littéraire ont ensemencé l'art tout entier. L'avenir moissonnera.

Ce n'est pas que nous, plus que d'autres, nous croyions l'art perfectible. Nous savons qu'on ne dépassera ni Phidias, ni Raphaël. Mais nous ne déclarons pas, en secouant tristement la tête, qu'il est à jamais impossible de les égaler. Nous ne sommes pas ainsi dans les secrets de Dieu. Celui qui a créé ceux-là ne peut-il pas en créer d'autres? Pourquoi vouloir arrêter l'esprit humain? Toutes les époques lui conviennent, tous les climats lui sont bons. L'antiquité a Homère, mais le moyen âge a Dante. Shakspeare et les cathédrales au Nord; la Bible et les pyramides à l'Orient.

Et quelle époque que celle-ci! nous l'avons déjà dit ailleurs et plus d'une fois, le corollaire rigoureux d'une révolution politique, c'est une révolution littéraire. Que voulez-vous que nous y fassions? Il y a quelque chose de fatal dans ce perpétuel parallélisme de la littérature et de la société. L'esprit humain ne marche pas d'un seul pied. Les mœurs et les lois s'ébranlent d'abord; l'art suit. Pourquoi lui clore l'avenir? Les magnifiques ambitions font faire les grandes choses. Est-ce que le siècle qui a été assez grand pour avoir son Charlemagne serait trop petit pour avoir son Shakspeare?

Nous croyons donc fermement à l'avenir. On voit bien flotter encore çà et là sur la surface de l'art quelques tronçons des vieilles poétiques démâtées, lesquelles faisaient déjà eau de toutes parts il y a dix ans. On voit bien aussi quelques obstinés qui se cramponnent à cela. *Rari nantes.* Nous les plaignons. Mais nous avons les yeux ailleurs. S'il nous était permis à nous qui sommes bien loin de nous compter parmi les hommes prédestinés qui résoudront ces grandes questions par de grandes œuvres, s'il nous était permis de hasarder une conjecture sur ce qui doit advenir de l'art, nous dirions qu'à notre avis, d'ici à peu d'années, l'art, sans renoncer à toutes ses autres formes, se résumera plus spécialement sous la forme essentielle et culminante du drame. Nous avons expliqué pourquoi dans la préface d'un livre qui ne vaut pas la peine d'être rappelé ici.

Aussi les quelques mots que nous allons dire du drame s'appliquent dans notre pensée, sauf de légères variantes de rédaction, à la poésie tout entière, et ce qui s'applique à la poésie s'applique à l'art tout entier.

Selon nous donc, le drame de l'avenir, pour réaliser l'idée auguste que nous nous en faisons, pour tenir dignement sa place entre la presse et la tribune, pour jouer comme il convient son rôle dans les choses civilisantes, doit être grand et sévère par la forme, grand et sévère par le fond.

Les questions de forme ont été toutes abordées depuis plusieurs années. La forme importe dans les arts. La forme est chose beaucoup plus absolue qu'on ne pense. C'est une erreur de croire, par exemple, qu'une même pensée peut s'écrire de plusieurs manières, qu'une même idée peut avoir plusieurs formes. Une idée n'a jamais qu'une forme, qui lui est propre, qui est sa forme excellente, sa forme complète, sa forme rigoureuse, sa forme essentielle, sa forme préférée par elle, et qui jaillit toujours en bloc avec elle du cerveau de l'homme de génie. Ainsi, chez les grands poëtes, rien de plus inséparable, rien de plus adhérent, rien de plus consubstantiel, que l'idée et l'expression de l'idée. Tuez la forme, presque toujours vous tuez l'idée. Otez sa forme à Homère, vous avez Bitaubé.

Aussi tout art qui veut vivre doit-il commencer par bien se poser à lui-même les questions de forme, de langage et de style.

Sous ce rapport, le progrès est sensible en France depuis dix ans. La langue a subi un remaniement profond.

Et, pour que notre pensée soit claire, qu'on nous permette d'indiquer ici en quelques mots les diverses formations de notre langue, qui valent la peine d'être étudiées, à partir du seizième siècle surtout, époque où la langue française a commencé à devenir la langue la plus littéraire de l'Europe.

On peut dire de la langue française au seizième siècle que c'est tout à fait une *langue de la Renaissance*. Au seizième siècle, l'esprit de la Renaissance est partout, dans la langue comme dans tous les arts. Le goût romain-byzantin, que le grand événement de 1454 a fait refluer sur l'Occident, et qui avait par degrés envahi l'Italie dès la seconde moitié du quinzième siècle, n'arriva guère en France qu'au commencement du seizième; mais à l'instant même il s'empare de tout, il fait irruption partout, il inonde tout. Rien ne résiste au flot. Architecture, poésie, musique, tous les arts, toutes les études, toutes les idées, jusqu'aux ameublements et aux costumes, jusqu'à la législation, jusqu'à la théologie, jusqu'à la médecine, jusqu'au blason, tout suit pêle-mêle et s'en va à vau-l'eau sur le torrent de la Renaissance. La langue est une des premières choses atteintes; en un moment elle se remplit de mots latins et grecs; elle déborde de néologismes; son vieux sol gaulois disparaît presque entièrement sous un chaos sonore de vocables homériques et virgiliens. A cette époque d'enivrement et d'enthousiasme pour l'antiquité lettrée, la langue française parle grec et latin comme l'architecture, avec un désordre, un embarras et un charme infinis; c'est un bégayement classique adorable. Moment curieux! c'est une langue qui n'est pas faite, une langue sur laquelle on voit le mot grec et le mot latin à nu, comme les veines et les nerfs sur l'écorché. Et pourtant, cette langue qui n'est pas faite est une langue souvent bien belle; elle est riche, ornée, amusante, copieuse, inépuisable en forme, haute en couleur; elle est barbare à force d'aimer la Grèce et Rome; elle est pédante et naïve. Observons en passant qu'elle semble parfois chargée, bourbeuse et obscure. Ce n'est pas sans troubler profondément la limpidité de notre vieil idiome gaulois que ces deux langues mortes, la latine et la grecque, y ont si brusquement vidé leurs vocabulaires. Chose remarquable et qui s'explique par tout ce que nous venons de dire, pour ceux qui ne comprennent que la langue courante, le français du seizième siècle est moins intelligible que le français du quinzième. Pour cette classe de lecteurs, Brantôme est moins clair que Jean de Troyes.

Au commencement du dix-septième siècle, cette langue trouble et vaseuse subit une première filtration. Opération mystérieuse faite tout à la fois par les années et par les hommes, par la foule et par les lettrés, par les événements et par les livres, par les mœurs et par les idées, qui nous donne pour résultat l'admirable langue de P. Mathieu et de Mathurin Régnier, qui sera plus tard celle de Molière et de la Fontaine, et plus tard encore celle de Saint-Simon. Si les langues se fixaient, ce qu'à Dieu ne plaise, la langue française aurait dû en rester là. C'était une belle langue que cette poésie de Régnier, que cette prose de Mathieu! c'était une langue déjà mûre, et cependant toute jeune, une langue qui avait toutes les qualités les plus contraires, selon le besoin du poëte; tantôt ferme, adroite, svelte, vive, serrée, étroitement ajustée sur l'intention de l'écrivain, sobre, austère, précise, elle allait à pied et sans images et droit au but; tantôt majestueuse, lente et tout empanachée de métaphores, elle tournait largement autour de la pensée, comme les carrosses à huit chevaux dans un carrousel. C'était une langue élastique et souple, facile à nouer et à dénouer au gré de toutes les fantaisies de la période, une langue toute moirée de figures et d'accidents pittoresques; une langue neuve, sans aucun mauvais pli, qui prenait merveilleusement la forme de l'idée, et qui, par moments, flottait quelque peu à l'entour, autant qu'il le fallait pour la grâce du style. C'était une langue pleine de fières allures, de propriétés élégantes, de caprices amusants; commode et naturelle à écrire, donnant parfois aux écrivains les plus vulgaires toutes sortes de bonheurs d'expression qui faisaient partie de son fonds naturel. C'était une langue forte et savoureuse, tout à la fois claire et colorée, pleine d'esprit, excellente au goût, ayant bien la senteur de ces origines, très-française et pourtant laissant voir distinctement sous chaque mot sa racine hellénique, romaine ou castillane; une langue calme et transparente, au fond de laquelle on distinguait nettement toutes ces magnifiques étymologies grecques, latines ou espagnoles, comme les perles et les coraux sous l'eau d'une mer limpide.

Cependant, dans la seconde moitié du dix-septième siècle, il s'éleva une mémorable école de lettrés qui soumit à un nouveau débat toutes les questions de poésie et de grammaire dont avait été remplie la première moitié du même siècle, et qui décida, à tort selon nous, pour Malherbe contre Régnier. La langue de Régnier, qui semblait encore très-bonne à Molière, parut trop verte et trop peu faite à ces sévères et discrets écrivains. Racine la clarifia une seconde fois. Cette seconde distillation, beaucoup plus artificielle que la première, beaucoup plus littéraire et beaucoup moins populaire, n'ajoute à la pureté et à la limpidité de l'idiome qu'en le dépouillant de presque toutes ses propriétés savoureuses et colorantes, et en le rendant plus propre désormais à l'abstraction qu'à l'image; mais il est impossible de s'en plaindre quand on songe qu'il en est résulté *Britannicus, Esther* et *Athalie*, œuvres belles et graves, dont le style sera toujours religieusement admiré de quiconque acceptera avec bonne foi les conditions sous lesquelles il s'est formé.

Toute chose va à sa fin. Le dix-huitième siècle filtra et tamisa la langue une troisième fois. La langue de Rabelais, d'abord épurée par Régnier, puis distillée par Racine, acheva de déposer dans l'alambic de Voltaire les dernières molécules de la vase natale du treizième siècle. De là cette langue du dix-huitième siècle, parfaitement claire, sèche, dure, neutre, incolore et insipide, langue admirablement propre à ce qu'elle avait à faire, langue du raisonnement et non du sentiment, langue incapable de colorer le style, langue encore souvent charmante dans la prose, et en même temps très-haïssable dans le vers; langue de philosophes en un mot, et non de poëtes. Car la philosophie du dix-huitième siècle, qui est l'esprit d'analyse arrivé à sa plus complète expression, n'est pas moins hostile à la poésie qu'à la religion ; parce que la poésie comme la religion n'est qu'une grande synthèse. Voltaire ne se hérisse pas moins devant Homère que devant Jésus.

Au dix-neuvième siècle, un changement s'est fait dans les idées à la suite du changement qui s'était fait dans les choses. Les esprits ont déserté cet aride sol voltairien, sur lequel le soc de l'art s'ébréchait depuis si longtemps pour de maigres moissons. Au vent philosophique a succédé un souffle religieux, à l'esprit d'analyse l'esprit de synthèse, au démon démolisseur le génie de la reconstruction, comme à la Convention avait succédé l'Empire, à Robespierre Napoléon. Il est apparu des hommes doués de la faculté de créer, et ayant tous les instincts mystérieux qui tracent son itinéraire au génie. Ces hommes, que nous pouvons d'autant plus louer que nous sommes personnellement bien éloigné de prétendre à l'honneur de figurer parmi eux, ces hommes se sont mis à l'œuvre. L'art, qui, depuis cent ans, n'était plus en France qu'une littérature, est redevenu une poésie.

Au dix-huitième siècle il avait fallu une langue philosophique, au dix-neuvième il fallait une langue poétique.

C'est en présence de ce besoin que, par instinct et presque à leur insu, les poëtes de nos jours, aidés d'une sorte de sympathie et de concours populaire, ont soumis la langue à cette élaboration radicale qui était si mal comprise il y a quelques années, qui a été prise d'abord pour une levée en masse de tous les solécismes et de tous les barbarismes possibles, et qui a si longtemps fait taxer d'ignorance et d'incorrection tel pauvre jeune écrivain consciencieux, honnête et courageux, philologue comme

Dante en même temps que poëte, nourri des meilleures études classiques, lequel avait peut-être passé sa jeunesse à ne remporter dans les colléges que des prix de grammaire.

Les poëtes ont fait ce travail, comme les abeilles leur miel, ne songeant à autre chose, sans calcul, sans préméditation, sans système, mais avec la rare et naturelle intelligence des abeilles et des poëtes. Il fallait d'abord colorer la langue, il fallait lui faire reprendre du corps et de la saveur; il a donc été bon de la mélanger selon certaines doses avec la fange féconde des vieux mots du seizième siècle. Les contraires se corrigent souvent l'un par l'autre. Nous ne pensons pas qu'on ait eu tort de faire infuser Ronsard dans cet idiome affadi par Dorat.

L'opération d'ailleurs s'est accomplie, on le voit bien maintenant, selon les lois grammaticales les plus rigoureuses. La langue a été retrempée à ses origines. Voilà tout. Seulement, et encore avec une réserve extrême, on a remis en circulation un certain nombre d'anciens mots nécessaires ou utiles. Nous ne sachons pas qu'on ait fait des mots nouveaux. Or, ce sont les mots nouveaux, les mots inventés, les mots faits artificiellement, qui détruisent le tissu d'une langue. On s'en est gardé. Quelques mots frustes ont été refrappés au coin de leurs étymologies. D'autres, tombés en banalité et détournés de leur vraie signification, ont été ramassés sur le pavé et soigneusement replacés dans leur sens propre.

De toute cette élaboration, dont nous n'indiquons ici que quelques détails pris au hasard, et surtout du travail simultané de toutes les idées particulières à ce siècle (car ce sont les idées qui sont les vraies et souveraines faiseuses de langues), il est sorti une langue qui, certes, aura aussi ses grands écrivains, nous n'en doutons pas; une langue forgée pour tous les accidents possibles de la pensée, langue qui, selon le besoin de celui qui s'en sert, a la grâce et la naïveté des allures comme au seizième siècle, la fierté des tournures et la phrase à grands plis comme au dix-septième siècle, le calme, l'équilibre et la clarté comme au dix-huitième ; langue propre à ce siècle qui résume trois formes excellentes de notre idiome, sous une forme plus développée et plus complète, et avec laquelle aujourd'hui l'écrivain qui en aurait le génie pourrait sentir comme Rousseau, penser comme Corneille, et peindre comme Mathieu.

Cette langue est aujourd'hui à peu près faite. Comme prose, ceux qui l'étudient dans les nobles écrivains qu'elle possède déjà, et que nous pourrions nommer, savent qu'elle a mille lois à elle, mille secrets, mille propriétés, mille ressources, nées tant de son fonds personnel que de la mise en commun du fonds des trois langues qui l'ont précédée et qu'elle multiplie les unes par les autres. Elle a aussi sa prosodie particulière et toutes sortes de petites règles intérieures connues seulement de ceux qui pratiquent, et sans lesquelles il n'y a pas plus de prose que de vers. Comme poésie, elle est aussi bien construite pour la rêverie que pour la pensée, pour l'ode que pour le drame. Elle a été remaniée dans le vers par le mètre, dans la strophe par le rhythme. De là, une harmonie toute neuve, plus riche que l'ancienne, plus compliquée, plus profonde, et qui gagne tous les jours de nouvelles octaves.

Telle est, avec tous les développements que nous ne pouvons donner ici à notre pensée, la langue que l'art du dix-neuvième siècle s'est faite, et avec laquelle, en particulier, il va parler aux masses du haut de la scène. Sans doute la scène, qui a ses lois d'optique et de concentration, modifiera cette langue d'une certaine façon, mais sans y rien altérer d'essentiel. Il faudra, par exemple, à la scène une prose aussi en saillie que possible, très-fermement sculptée, très-nettement ciselée, ne jetant aucune ombre douteuse sur la pensée, et presque en ronde-bosse ; il faudra à la scène un vers où les charnières soient assez multipliées pour qu'on puisse le plier et le superposer à toutes les formes les plus brusques et les plus saccadées du dialogue et de la passion. La prose en relief, c'est un besoin du théâtre ; le vers brisé, c'est un besoin du drame.

Ceci une fois posé et admis, nous croyons que désormais tous les progrès de forme sérieux qui seront dans le sens grammatical de la langue doivent être étudiés, applaudis et adoptés. Et qu'on ne se méprenne pas sur notre pensée, appeler les progrès ce n'est pas encourager les modes. Les modes dans les arts font autant de mal que les révolutions font de bien. Les modes substituent le chic, le poncif et le procédé d'atelier à l'étude austère de chaque chose et aux originalités individuelles. Les modes mettent à la disposition de tout le monde une manière vernissée et chatoyante, peu solide sans doute, mais qui a quelquefois un éclat de surface plus vif et plus amusant à l'œil que le rayonnement tranquille du talent. Les modes défigurent tout, font la grimace de tout profil et la parodie de toute œuvre. Gardons-nous des modes dans le style; espérons cette réserve de la sagesse des jeunes et brillants écrivains qui mènent au progrès les générations de leur âge. Il serait fâcheux qu'on en vînt un jour à posséder des recettes courantes pour faire un style original comme les chimistes de cabaret font du vin de Champagne en mêlant, selon certaines doses, à n'importe quel vin blanc convenablement édulcoré, de l'acide tartrique et du bicarbonate de soude.

Ce style et ce vin moussent, la grosse foule s'en grise, mais le connaisseur n'en boit pas. Nous n'en viendrons pas là. Il y a un esprit de mesure et de critique en même temps qu'un grand souffle d'enthousiasme dans les nouvelles générations. La langue a été amenée à un point excellent depuis quinze années. Ce qui a été fait par les idées ne sera pas détruit par les fantaisies. Réformons, ne déformons pas.

Si le nom qui signe ces lignes était un nom illustre, si la voix qui parle ici était une voix puissante, nous supplierions les jeunes et grands talents sur qui repose le sort futur de notre littérature, si magnifique depuis trois siècles, de songer combien c'est une mission imposante que la leur, et de conserver dans leur manière d'écrire les habitudes les plus dignes et les plus sévères. L'avenir, qu'on y pense bien, n'appartient qu'aux hommes de style. Sans parler ici des admirables livres de l'antiquité, et pour nous renfermer dans nos lettres nationales, essayez d'ôter à la pensée de nos grands écrivains l'expression qui lui est propre ; ôtez à Molière son vers si vif, si chaud, si franc, si amusant, si bien fait, si bien tourné, si bien peint ; ôtez a la Fontaine la perfection naïve et gauloise du détail ; ôtez à la phrase de Corneille ces muscles vigoureux, ces larges attaches, ces belles formes de vigueur exagérée qui feraient du vieux poëte demi-romain, demi espagnol, le Michel-Ange de notre tragédie, s'il entrait dans la composition de son génie autant d'imagination que de pensée ; ôtez à Racine la ligne qu'il a dans le style comme Raphaël, ligne chaste, harmonieuse et discrète comme celle de Raphaël, quoique d'un goût inférieur, aussi pure, mais moins grande, aussi parfaite, quoique moins sublime ; ôtez à Fénelon, l'homme de son siècle qui a le mieux senti la beauté antique, cette prose aussi mélodieuse et aussi sereine que le vers de Racine, dont elle est sœur ; ôtez à Bossuet le magnifique port de tête de sa période ; ôtez à Boileau sa manière sobre et grave, admirablement colorée quand il le faut ; ôtez à Pascal ce style inventé et mathématique qui a tant de propriété dans le mot, tant de logique dans la métaphore ; ôtez à Voltaire cette prose claire, solide, indestructible, cette prose de cristal de *Candide* et du *Diction-*

naire philosophique; ôtez à tous ces grands hommes cette simple et petite chose, le style; et de Voltaire, de Pascal, de Boileau, de Bossuet, de Fénelon, de Racine, de Corneille, de la Fontaine, de Molière, de ces maîtres, que vous restera-t-il? Nous l'avons dit plus haut, ce qui reste d'Homère après qu'il a passé par Bitaubé.

C'est le style qui fait la durée de l'œuvre et l'immortalité du poëte. La belle expression embellit la belle pensée et la conserve; c'est tout à la fois une parure et une armure. Le style sur l'idée, c'est l'émail sur la dent.

Dans tout grand écrivain il doit y avoir un grand grammairien, comme un grand algébriste dans tout grand astronome. Pascal contient Vaugelas; Lagrange contient Bezout.

Aussi l'étude de la langue est elle aujourd'hui, autant que jamais, la première condition pour tout artiste qui veut que son œuvre naisse viable. Cela est admirablement compris maintenant par les nouvelles générations littéraires. Nous voyons avec joie que les jeunes écoles de peinture et de sculpture, si haut placées à cette heure, comprennent de leur côté combien est importante pour elle aussi la science de leur langue, qui est le dessin. Le dessin! le dessin! c'est la loi première de tout art. Et ne croyez pas que cette loi retranche rien à la liberté, à la fantaisie, à la nature. Le dessin n'est ennemi ni de la chair, ni de la couleur. Quoi qu'en disent les exclusifs et les incomplets, le dessin ne fait obstacle ni à Puget, ni à Rubens. Aujourd'hui donc, dans toutes les directions de l'activité intellectuelle, sculpture, peinture et poésie, que tous ceux qui ne savent pas dessiner l'apprennent. Le style est la clef de l'avenir. Sans le style et sans le dessin, vous pourrez avoir le succès du moment, l'applaudissement, le bruit, la fanfare, les couronnes, l'acclamation enivrée des multitudes; vous n'aurez pas le vrai triomphe, la vraie gloire, la vraie conquête, le vrai laurier. Comme lit Cicéron, *insignia victoriæ, non victoriam.*

Sévérité donc et grandeur dans la forme ; et, pour que l'œuvre soit complète, grandeur et sévérité dans le fond. Telle est la loi actuelle de l'art ; sinon il aura peut-être le présent, mais il n'aura pas l'avenir.

Dans le drame surtout, le fond importe, non moins certes que la forme. Et ici, s'il nous était permis de nous citer nous-même, nous transcririons ce que nous disions il y a un an dans la préface d'une pièce récemment jouée : « L'au-
« teur de ce drame sait combien c'est une grande et sérieuse
« chose que le théâtre ; il sait que le drame, sans sortir des
« limites impartiales de l'art, a une mission nationale, une
« mission sociale, une mission humaine. Quand il voit cha-
« que soir ce peuple si intelligent et si avancé, qui a fait
« de Paris la cité centrale du progrès, s'entasser en foule
« devant un rideau que sa pensée, à lui chétif poëte, va
« soulever le moment d'après, il sent combien il est peu
« de chose, lui, devant tant d'attente et de curiosité ; il
« sent que, si son talent n'est rien, il faut que sa probité
« soit tout ; il s'interroge avec sévérité et recueillement
« sur la portée philosophique de son œuvre ; car il se sait
« respectable, et il ne veut pas que cette foule puisse lui
« demander compte un jour de ce qu'il lui aura enseigné.
« Le poëte aussi a charge d'âmes. Il ne faut pas que la mul-
« titude sorte du théâtre sans emporter avec elle quelque
« moralité austère et profonde. Aussi espère-t-il bien, Dieu
« aidant, ne développer jamais sur la scène (du moins tant
« que dureront les temps sérieux où nous sommes) que des
« choses pleines de leçons et de conseils. Il fera toujours
« apparaître volontiers le cercueil dans la salle du banquet,
« la prière des morts à travers les refrains de l'orgie, la
« cagoule à côté du masque. Il laissera quelquefois le car-
« naval débraillé chanter à tue-tête sur l'avant-scène ;
« mais il lui criera du fond du théâtre : *Memento quia pul-*
« *vis es !* Il sait bien que l'art seul, l'art pur, l'art propre-

« ment dit, n'exige pas tout cela du poëte ; mais il pense
« qu'au théâtre surtout il ne suffit pas de remplir seulement
« les conditions de l'art. »

Le théâtre, nous le répétons, est une chose qui enseigne et qui civilise. Dans nos temps de doute et de curiosité, le théâtre est devenu pour les multitudes ce qu'était l'église au moyen âge, le lieu attrayant et central. Tant que ceci durera, la fonction du poëte dramatique sera plus qu'une magistrature et presque un sacerdoce. Il pourra faillir comme homme ; comme poëte, il devra être pur, digne et sérieux.

Désormais, à notre avis, au point de maturité où cette époque est venue, l'art, quoi qu'il fasse, dans ses fantaisies les plus flottantes et les plus échevelées, dans ses calques les plus sévères de la nature, dans ses créations les plus échafaudées sur des rêves hors du possible et du réel, dans ses plus délicates explorations de la métaphysique du cœur, dans ses plus larges peintures de la passion, de la passion chaude, vivante et irréfléchie ; l'art, et en particulier le drame, qui est aujourd'hui son expression la plus puissante et la plus saisissable à tous, doit avoir sans cesse présente, comme un témoin austère de ses travaux, la pensée du temps où nous vivons, la responsabilité qu'il encourt, la règle que la foule demande et attend de partout, la pente des idées et des événements sur laquelle notre époque est lancée, la perturbation fatale qu'un pouvoir spirituel mal dirigé pourrait causer au milieu de cet ensemble de forces qui élaborent en commun, les unes au grand jour, les autres dans l'ombre, notre civilisation future. L'art d'à présent ne doit plus chercher seulement le beau, mais encore le bien.

Ce n'est pas d'ailleurs que nous soyons le moins du monde partisan de l'*utilité directe* de l'art, théorie puérile émise dans ces derniers temps par des sectes philosophiques qui n'avaient pas étudié le fond de la question.

Le drame, œuvre d'avenir et de durée, ne peut que tout perdre à se faire le prédicateur immédiat des trois ou quatre vérités d'occasion que la polémique des partis met à la mode tous les cinq ans. Les partis ont besoin d'enlever une position politique. Ils prennent les deux ou trois idées qui leur sont nécessaires pour cela, et avec ces idées ils creusent le sol nuit et jour autour du pouvoir. C'est un siége en règle. La tranchée, les épaulements, la sape et la mine. Un beau jour les partis donnent l'assaut comme en juillet 1789, ou le pouvoir fait une sortie comme en juillet 1830, et la position est prise. Une fois la forteresse enlevée, les travaux du siége sont abandonnés, bien entendu ; rien ne paraît plus inutile, plus déraisonnable et plus absurde que les travaux d'un siége quand la ville est prise ; on comble les tranchées, la charrue passe sur les sapes, et les fameuses vérités politiques qui avaient servi à bouleverser toute cette plaine, vieux outils, sont jetées là et oubliées à terre jusqu'à ce qu'un historien chercheur ait la bonté de les ramasser et de les classer dans sa collection des erreurs et des illusions de l'humanité. Si quelque œuvre d'art a eu le malheur de faire cause commune avec les *vérités politiques*, et de se mêler à elles dans le combat, tant pis pour l'œuvre d'art ; après la victoire elle sera hors de service, rejetée comme le reste, et ira se rouiller dans le tas. Disons-le donc bien haut, toutes les larges et éternelles vérités qui constituent chez tous les peuples et dans tous les temps le fond même des sentiments humains, voilà la matière première de l'art, de l'art immortel et divin ; mais il n'y a pas de matériaux pour lui dans ces constructions expédientes que la stratégie des partis multiplie, selon ses besoins, sur le terrain de la petite guerre politique. Les idées utiles ou vraies un jour ou deux, avec lesquelles les partis enlèvent une position, ne constituent pas plus un système coordonné de vérités sociales ou philosophiques, que les zigzags et les parallèles qui ont servi à forcer une citadelle ne sont des rues et des chemins.

Le produit le plus notable de *l'art utile*, de l'art enrôlé, discipliné et assaillant, de l'art prenant fait et cause dans le détail des querelles politiques, c'est le drame-pamphlet du dix-huitième siècle, la *tragédie philosophique*, poëme bizarre où la tirade obstrue le dialogue, où la maxime remplace la pensée ; œuvre de dérision et de colère qui s'évertue étourdiment à battre en brèche une société dont les ruines l'enterreront. Certes, bien de l'esprit, bien du talent, bien du génie a été dépensé dans ces drames faits exprès qui ont démoli la Bastille ; mais la postérité ne s'en inquiétera pas. C'est une pauvre besogne à ses yeux que d'avoir mis en tragédie la préface de l'*Encyclopédie*. La postérité s'occupera moins encore de la tragédie politique de la restauration, qu'a engendrée la tragédie philosophique du dix-huitième siècle comme la maxime a engendré l'allusion. Tout cela a été fort applaudi de son temps, et est fort oublié du nôtre. Il faut, après tout, que l'art soit son propre but à lui-même, et qu'il enseigne, qu'il moralise, qu'il civilise et qu'il édifie chemin faisant, mais sans se détourner, et tout en allant devant lui. Plus il sera impartial et calme, plus il dédaignera le passager des questions politiques quotidiennes, plus il s'adaptera grandement à l'homme de tous les temps et de tous les lieux ; plus il aura la forme de l'avenir. Ce n'est pas en se passionnant petitement pour ou contre tel pouvoir ou tel parti qui a deux jours à vivre que le créateur dramatique agira puissamment sur son siècle et sur ses contemporains. C'est par des peintures vraies de la nature éternelle que chacun porte en soi ; c'est en nous prenant, vous, moi, nous, eux tous, par nos irrésistibles sentiments de père, de fils, de mère, de frère et de sœur, d'ami

et d'ennemi, d'amant et de maitresse, d'homme et de femme; c'est en mêlant la loi de la Providence au jeu de nos passions; c'est en nous montrant d'où viennent le bien et le mal moral, et où ils mènent ; c'est en nous faisant rire et pleurer sur des choses qui nous ressemblent, quoique souvent plus grandes, plus choisies et plus idéales que nous; c'est en sondant avec le *speculum* du génie notre conscience, nos opinions, nos illusions, nos préjugés ; c'est en remuant tout ce qui est dans l'ombre au fond de nos entrailles; en un mot, c'est en jetant, tantôt par des rayons, tantôt par des éclairs, de larges jours sur le cœur humain, ce chaos d'où le *fiat lux* du poëte tire un monde !
— C'est ainsi, et pas autrement. — Et, nous le répétons, plus le créateur dramatique sera profond, désintéressé, général et universel dans son œuvre, mieux il accomplira sa mission et près des contemporains et près de la postérité. Plus le point de vue du poëte ira s'élargissant, plus le poëte sera grand et vraiment utile à l'humanité. Nous comprenons l'enseignement du poëte dramatique plutôt comme Molière que comme Voltaire, plutôt comme Shakspeare que comme Molière. Nous préférons Tartufe à Mahomet; nous préférons Iago à Tartufe. A mesure que vous passez d'un de ces trois poëtes à l'autre, voyez comme l'horizon s'agrandit. Voltaire parle à un parti, Molière parle à la société, Shakspeare parle à l'homme.

Poëtes dramatiques, c'est un homme bien convaincu qui vous conseille ici; que ceux d'entre vous qui sentent en eux quelque chose de puissant, de généreux et de fort se mettent au-dessus des haines de parti, au-dessus même de leurs propres petites haines personnelles, s'ils en ont. Ne soyez ni de l'opposition ni du pouvoir, soyez de la société, comme Molière, et de l'humanité, comme Shakspeare. Ne prenez part aux révolutions matérielles que par les révolutions intellectuelles. N'ameutez pas des passions d'un jour autour de votre œuvre immortelle. Puisez profondément vos tragédies dans l'histoire, dans l'invention, dans le passé, dans le présent, dans votre cœur, dans le cœur des autres, et laissez à de moins dignes le drame de libelle, de personnalité et de scandale, comme vous laissez aux fabricants de littérature le drame de pacotille, le drame-marchandise, le drame-prétexte-à-décorations. Que votre œuvre soit haute et grande, et vivante, et féconde, et aille toujours au fond des âmes. La belle gloire de courtiser des opinions qui se laissent faire, bien entendu, et qui vous donnent un applaudissement pour une caresse ! Inspirez-vous donc plutôt, si vous voulez la vraie renommée et la vraie puissance, des passions purement humaines, qui sont éternelles, que des passions politiques, qui sont passagères. Soyez plus fiers d'un vers proverbe que d'un vers cocarde.

Attirer la foule à un drame comme l'oiseau à un miroir ; passionner la multitude autour de la glorieuse fantaisie du poëte, et faire oublier au peuple le gouvernement qu'il a pour l'instant ; faire pleurer les femmes sur une femme, les mères sur une mère, les hommes sur un homme ; montrer, quand l'occasion s'en présente, le beau moral sous la difformité physique ; pénétrer sous toutes les surfaces pour extraire l'essence de tout ; donner aux grands le respect des petits et aux petits la mesure des grands ; enseigner qu'il y a souvent un peu de mal dans les meilleurs et presque toujours un peu de bien dans les pires, et, par là, inspirer aux mauvais l'espérance et l'indulgence aux bons ; tout ramener, dans les événements de la vie possible, à ces grandes lignes providentielles ou fatales entre lesquelles se meut la liberté humaine ; profiter de l'attention des masses pour leur enseigner à leur insu, à travers le plaisir que vous leur donnez, les sept ou huit grandes vérités sociales, morales ou philosophiques, sans lesquelles elles n'auraient pas l'intelligence de leur temps : voilà, à notre avis, pour le poëte, la vraie utilité, la vraie influence, la vraie collaboration dans l'œuvre civilisatrice. C'est par cette voie magnifique et large, et non par la tracasserie politique, qu'un art devient un pouvoir.

Afin d'atteindre à ce but, il importe que le théâtre conserve des proportions grandes et pures. Il ne faut pas que le drame du siècle de Napoléon ait une configuration moins auguste que la tragédie de Louis XIV. Son influence sur les masses d'ailleurs sera toujours en raison directe de sa propre élévation et de sa propre dignité. Plus le drame sera placé haut, plus il sera vu de loin. C'est pourquoi, disons-le ici en passant, il est à souhaiter que les hommes de talent n'oublient pas l'excellence du grandiose et de l'idéal dans tout art qui s'adresse aux masses. Les masses ont l'instinct de l'idéal. Sans doute c'est un des principaux besoins du poëte contemporain de peindre la société contemporaine, et ce besoin a déjà produit de notables ouvrages; mais il faut se garder de faire prévaloir sur le haut drame universel la prosaïque tragédie de boutique et de salon, pédestre, laide, maniérée, épileptique, sentimentale et pleureuse. Le bourgeois n'est pas le populaire. Ne dégringolons pas de Shakspeare à Kotzebue.

L'art est grand. Quel que soit le sujet qu'il traite, qu'il s'adresse au passé ou au contemporain, lors même qu'il mêle le rire et l'ironie au groupe sévère des vices, des vertus, des crimes et des passions, l'art doit être grave, candide, moral et religieux. Au théâtre surtout, il n'y a que deux choses auxquelles l'art puisse dignement aboutir : Dieu et le peuple. Dieu d'où tout vient, le peuple où tout va; Dieu qui est le principe, le peuple qui est la fin. Dieu manifesté au peuple, la Providence expliquée à l'homme, voilà le fond un et simple de toute tragédie, depuis *Œdipe roi* jusqu'à *Macbeth*. La Providence est le centre des drames comme des choses. Dieu est le grand milieu. *Deus centrum et locus rerum*, dit Filesac.

En se conformant aux diverses lois que nous venons d'énumérer, avec le regret de ne pouvoir, faute de temps, développer davantage nos idées, on comprendra que la mission du théâtre peut être grande dans l'époque où nous vivons. C'est une belle tâche de ramener toute une société des passions artificielles aux passions naturelles. Le drame, tel que nous le concevons, tel que les générations nouvelles nous le donneront, suivra une série de progrès et d'avenir si irrésistible qu'il prendra peu de souci des chutes et des succès, accidents momentanés qui n'importent qu'au bonheur temporel du poëte et qui ne décident jamais le fond des questions. Loin de là, il grandira souvent plus par un revers que par une victoire. Le drame que veut notre temps sera bien placé vis-à-vis du peuple, bien placé vis-à-vis du pouvoir. Il ne se laissera ôter sa liberté ni par la foule, que la mode entraîne quelquefois, ni par les gouvernements, qu'un égoïsme mesquin conseille trop souvent. Sûr de sa conscience, fort de sa dignité, il saura dans l'occasion dire son fait au pouvoir, si le pouvoir était assez gauche et assez maladroit pour se laisser reprendre en flagrant délit de censure, comme cela lui est arrivé il y a dix-huit mois, à l'époque de la chute d'une pièce intitulée le *Roi s'amuse*.

Ainsi, pour résumer ce que nous avons dit, grandeur et sévérité dans l'intention, grandeur et sévérité dans l'exécution, voilà les conditions selon lesquelles doit se développer, s'il veut vivre et régner, le drame contemporain. Moral par le fond. Littéraire par la forme. Populaire par la forme et par le fond.

Et puisqu'il résulte de tout ce que nous venons d'écrire que l'art et le théâtre doivent être populaires, qu'on nous permette, pour terminer, d'expliquer en deux mots notre pensée, tout en déclarant que par cette explication nous ne prétendons infirmer ni restreindre rien de ce que nous avons dit plus haut. Sans doute la popularité est le complément magnifique des conditions d'un art bien rempli; mais, en ceci comme en tout, qui n'a que la popularité n'a rien. Et puis, entre popularité et popularité il faut distinguer. Il y a une popularité misérable qui n'est dévolue qu'au banal, au trivial, au commun. Rien de plus populaire en ce sens que la chanson *Au clair de la lune* et *Ah! qu'on est fier d'être Français!* Cette popularité n'est que de la vulgarité. L'art la dédaigne. L'art ne recherche l'influence populaire sur les contemporains qu'autant qu'il peut l'obtenir en restant dans ses conditions d'art. Et si par hasard cette influence lui est refusée, ce qui est rare en tout temps et en particulier impossible dans le nôtre, il y a pour lui une autre popularité qui se forme du suffrage successif du petit nombre d'hommes d'élite de chaque génération : à force de siècles, cela fait une foule aussi ; c'est là, il faut bien le dire, le vrai peuple du génie. En fait de masses, le génie s'adresse encore plus aux siècles qu'aux multitudes, aux agglomérations d'années qu'aux agglomérations d'hommes. Cette lente consécration des temps fait ces grands noms, souvent moqués des contemporains, cela est vrai, mais que la foule, un jour venu, accepte, subit et ne discute plus. Peu d'hommes dans chaque génération lisent avec intelligence Homère, Dante, Shakspeare; tous s'inclinent devant ces colosses. Les grands hommes sont de hautes montagnes dont la cime reste inhabitée, mais domine toujours l'horizon. Villes, collines, plaines, charrues, cabanes, sont au bas. Depuis cinquante ans, douze hommes seulement ont gravi au haut du Mont-Blanc. Combien peu d'esprits sont montés sur le sommet de Dante et de Shakspeare ! Combien peu de regards ont pu contempler l'immense mappemonde qui se découvre de ces hauteurs! Qu'importe! tous les yeux n'en sont pas moins éternellement fixés à ces points culminants du monde intellectuel, montagnes dont la cime est si haute que le dernier rayon des siècles depuis longtemps couchés derrière l'horizon y resplendit encore!

JOURNAL DES IDÉES,
DES OPINIONS ET DES LECTURES
D'UN JEUNE JACOBITE DE 1819

HISTOIRE

Chez les anciens, l'occupation d'écrire l'histoire était le délassement des grands hommes historiques; c'était Xénophon, chef des Dix Mille; c'était Tacite, prince du sénat. Chez les modernes, comme les grands hommes historiques ne savaient pas lire, il fallut que l'histoire se laissât écrire par des lettrés et des savants, gens qui n'étaient savants et lettrés que parce qu'ils étaient restés toute leur vie étrangers aux intérêts de ce bas monde, c'est-à-dire à l'histoire.

De là, dans l'histoire, telle que les modernes l'ont écrite, quelque chose de petit et de peu intelligent.

Il est à remarquer que les premiers historiens anciens écrivirent d'après des traditions, et les premiers historiens modernes d'après des chroniques.

Les anciens, écrivant d'après des traditions, suivirent cette grande idée morale qu'il ne suffisait pas qu'un homme eût vécu ou même qu'un siècle eût existé pour qu'il fût de l'histoire, mais qu'il fallait encore qu'il eût légué de grands exemples à la mémoire des hommes. Voilà pourquoi l'histoire ancienne ne languit jamais. Elle est ce qu'elle doit être, le tableau raisonné des grands hommes et des grandes choses, et non pas, comme on l'a voulu faire de notre temps, le registre de la vie de quelques hommes, ou le procès-verbal de quelques siècles.

Les historiens modernes, écrivant d'après des chroniques, ne virent dans les livres que ce qui y était : des faits contradictoires à rétablir et des dates à concilier. Ils écrivirent en savants, s'occupant beaucoup des faits et rarement des conséquences, ne s'étendant pas sur les événements d'après l'intérêt moral qu'ils étaient susceptibles de présenter, mais d'après l'intérêt de curiosité qui leur restait encore, eu égard aux événements de leur siècle. Voilà pourquoi la plupart de nos histoires commencent par des abrégés chronologiques et se terminent par des gazettes.

On a calculé qu'il faudrait huit cents ans à un homme qui lirait quatorze heures par jour pour lire seulement les ouvrages écrits sur l'histoire, qui se trouvent à la Bibliothèque royale ; et parmi ces ouvrages il faut en compter plus de vingt mille, la plupart en plusieurs volumes, sur la seule histoire de France, depuis MM. Royou, Fantin-Désodoards et Anquetil, qui ont donné des histoires complètes, jusqu'à ces braves chroniqueurs Froissard, Comines et Jean de Troyes, par lesquels nous savons que *ung tel jour le roi estoit malade*, et que *ung tel autre jour ung homme se noya dans la Seine*.

Parmi ces ouvrages, il en est quatre généralement connus sous le nom des quatre grandes histoires de France : celle de Dupleix, qu'on ne lit plus ; celle de Mezeray, qu'on lira toujours, non parce qu'il est aussi exact et aussi vrai que Boileau l'a dit pour la rime, mais parce qu'il est original et satirique, ce qui vaut encore mieux pour des lecteurs français ; celle du père Daniel, jésuite, fameux par ses descriptions de batailles, qui a fait en vingt ans une histoire où il n'y a d'autre mérite que l'érudition, et dans laquelle le comte de Boulainvilliers ne trouvait guère que dix mille erreurs ; et enfin celle de Vély, continuée par Villaret et par Garnier.

« Il y a des morceaux bien faits dans Vély, dit Vol-

« taire (dont les jugements sont précieux), on lui doit des
« éloges et de la reconnaissance; mais il faudrait avoir le
« style de son sujet, et pour faire une bonne histoire de
« France il ne suffit pas d'avoir du discernement et du
« goût. »

Villaret, qui avait été comédien, écrit d'un style prétentieux et ampoulé, il fatigue par une affectation continuelle de sensibilité et d'énergie; Il est souvent inexact et rarement impartial. Garnier, plus raisonnable, plus instruit, n'est guère meilleur écrivain; sa manière est terne, son style est lâche et prolixe. il n'y a entre Garnier et Villaret que la différence du médiocre au pire; et, si la première condition de vie pour un ouvrage doit être de se faire lire, le travail de ces deux auteurs peut être, à juste titre, regardé comme non avenu.

Au reste, écrire l'histoire d'une seule nation, c'est œuvre incomplète, sans tenants et sans aboutissants, et par conséquent manquée et difforme. Il ne peut y avoir de bonnes histoires locales que dans les compartiments bien proportionnés d'une histoire générale. Il n'y a que deux tâches dignes d'un historien dans ce monde : la chronique, le journal, ou l'histoire universelle. Tacite ou Bossuet.

Sous un point de vue restreint, Comines a écrit une assez bonne histoire de France en six lignes : « Dieu n'a
« créé aucune chose en ce monde, ny hommes, ny bes-
« tes, à qui il n'ait fait quelque chose son contraire, pour
« la tenir en crainte et en humilité. C'est pourquoi il a
« fait France et Angleterre voisines. »

La France, l'Angleterre et la Russie sont de nos jours les trois géants de l'Europe. Depuis nos récentes commotions politiques, ces colosses ont chacun une attitude par-

.iculière : l'Angleterre se soutient, la France se relève, la Russie se lève. Ce dernier empire, jeune encore au milieu du vieux continent, grandit depuis un siècle avec une rapidité singulière. Son avenir est d'un poids immense dans nos destinées. Il n'est pas impossible que sa *barbarie* vienne un jour retremper notre civilisation, et le sol russe semble tenir en réserve des populations sauvages pour nos régions policées.

Cet avenir de la Russie, si important aujourd'hui pour l'Europe, donne une haute importance à son passé. Pour bien deviner ce que sera ce peuple, on doit étudier soigneusement ce qu'il a été. Mais rien de plus difficile qu'une pareille étude. Il faut marcher comme perdu au milieu d'un chaos de traditions confuses, de récits incomplets, de contes, de contradictions, de chroniques tronquées. Le passé de cette nation est aussi ténébreux que son ciel, et il y a des déserts dans ses annales comme dans son territoire.

Ce n'est donc pas une chose aisée à faire qu'une bonne histoire de Russie. Ce n'est pas une médiocre entreprise que de traverser cette nuit des temps, pour aller, parmi tant de faits et de récits qui se croisent et se heurtent, à la découverte de la vérité. Il faut que l'écrivain saisisse hardiment le fil de ce dédale; qu'il en débrouille les ténèbres; que son érudition laborieuse jette de vives lumières sur toutes les sommités de cette histoire. Sa critique consciencieuse et savante aura soin de rétablir les causes en combinant les résultats. Son style fixera les physionomies, encore indécises, des personnages et des époques. Certes, ce n'est point une tâche facile de remettre à flot et de faire repasser sous nos yeux tous ces événements depuis si longtemps disparus du cours des siècles.

L'historien devra, ce nous semble, pour être complet, donner un peu plus d'attention qu'on ne l'a fait jusqu'ici à l'époque qui précède l'invasion des Tartares et consacrer tout un volume peut-être à l'histoire de ces tribus vagabondes qui reconnaissent la souveraineté de la Russie. Ce travail jetterait sans doute un grand jour sur l'ancienne civilisation qui a probablement existé dans le Nord, et l'historien pourrait s'y aider des savantes recherches de M. Klaproth.

Lévesque a déjà raconté, il est vrai, en deux volumes ajoutés à son long ouvrage, l'histoire de ces peuplades tributaires; mais cette matière attend encore un véritable historien. Il faudrait aussi traiter avec plus de développement que Lévesque, et surtout avec plus de sincérité, certaines époques d'un grand intérêt, comme le règne fameux de Catherine. L'historien digne de ce nom flétrirait avec le fer chaud de Tacite et la verge de Juvénal cette courtisane couronnée, à laquelle les altiers sophistes du dernier siècle avaient voué un culte qu'ils refusaient à leur Dieu et à leur roi; cette reine régicide, qui avait choisi pour ses tableaux de boudoir un massacre (1) et un incendie (2).

Sans nul doute, une bonne *Histoire de Russie* éveillerait vivement l'attention. Les destins futurs de la Russie sont aujourd'hui le champ ouvert à toutes les méditations. Ces terres du septentrion ont déjà plusieurs fois jeté le torrent de leurs peuples à travers l'Europe. Les Français de ce temps ont vu, entre autres merveilles, paître dans les gazons des Tuileries des chevaux qui avaient coutume de brouter l'herbe au pied de la grande muraille de la Chine; et des vicissitudes inouïes dans le cours des choses ont réduit de nos jours les nations méridionales à adresser

(1) Le massacre des Polonais dans le faubourg de Praga.
(2) L'incendie de la flotte ottomane dans la baie de Tchesmé. Ces deux peintures étaient les seules qui décorassent le boudoir de Catherine.

à un autre Alexandre le vœu de Diogène : *Retire-toi de notre soleil.*

Il y aurait un livre curieux à faire sur la condition des juifs au moyen âge. Ils étaient bien haïs, mais ils étaient bien odieux ; ils étaient bien méprisés, mais ils étaient bien vils. Le peuple déicide était aussi un peuple voleur. Malgré les avis du rabbin Beccaï (1), ils ne se faisaient aucun scrupule de piller les *Nazaréens*, ainsi qu'ils nommaient les chrétiens ; aussi étaient-ils souvent les victimes de leur propre cupidité. Dans la première expédition de Pierre l'Ermite, des croisés, emportés par le zèle, firent le vœu d'égorger tous les juifs qui se trouveraient sur leur route, et ils le remplirent. Cette exécution était une représaille sanglante des bibliques massacres commis par les juifs. Suarez observe seulement que *les Hébreux avaient souvent égorgé leurs voisins par une piété bien entendue*, et que *les croisés massacraient les Hébreux par* UNE PIÉTÉ MAL ENTENDUE.

Voilà un échantillon de haine ; voici un échantillon de mépris.

En 1262, une mémorable conférence eut lieu devant le roi et la reine d'Aragon, entre le savant rabbin Zéchiel et le frère Paul Ciriaque, dominicain très-érudit. Quand le docteur juif eut cité le Toldos Jeschut, le Targum, les archives du Sanhédrin, le Nissachon Vetus, le Talmud, etc.,

---

(1) Ce sage docteur voulait empêcher les juifs d'être subjugués par les chrétiens. Voici ses paroles, qu'on ne sera peut être pas fâché de retrouver : *Les sages défendent de prêter de l'argent à un chrétien, de peur que le créancier ne soit corrompu par le débiteur ; mais un juif peut emprunter d'un chrétien sans crainte d'être séduit par lui, car le débiteur évite toujours son créancier.* Juif complet, qui met l'expérience de l'usurier au service de la doctrine du rabbin

la reine finit la dispute en lui demandant *pourquoi les juifs puaient*. Il est vrai que cette haine et ce mépris s'affaiblirent avec le temps. En 1687, on imprima les controverses de l'israélite Orobio et de l'Arménien Philippe Limborch, dans lesquelles le rabbin présente des objections au très-illustre et très-savant chrétien, et où le chétien réfute les assertions du très-savant et très-illustre juif. On vit, dans le même dix-septième siècle, le professeur Rittangel, de Kœnigsberg, et Antoine, ministre chrétien à Genève, embrasser la loi mosaïque ; ce qui prouve que la prévention contre les juifs n'était plus aussi forte à cette époque. Aujourd'hui, il y a fort peu de juifs qui soient juifs, fort peu de chrétiens qui soient chrétiens. On ne méprise plus, on ne hait plus, parce qu'on ne croit plus. Immense malheur ! Jérusalem et Salomon, choses mortes ; Rome et Grégoire VII, choses mortes. Il y a Paris et Voltaire.

———

L'homme masqué, qui se fit si longtemps passer pour Dieu dans la province de Khorassan, avait d'abord été greffier de la chancellerie d'Abou Moslem, gouverneur de Khorassan, sous le khalife Almanzor. D'après l'auteur du *Lobbtarikh*, il se nommait Hakem Ben Haschem. Sous le règne du khalife Mahadi, troisième Abasside — vers l'an 160 de l'hégire — il se fit soldat, puis devint capitaine et chef de secte. La cicatrice d'un fer de flèche ayant rendu son visage hideux, il prit un voile et fut surnommé *Burcâi* — voilé. — Ses adorateurs étaient convaincus que ce voile ne servait qu'à leur cacher la splendeur foudroyante de son visage. Khondemir, qui s'accorde avec Ben Schanah pour le nommer Hakem Ben Atha, lui donne le titre de Mocannâ — *masqué* en arabe, — et prétend qu'il portait un masque d'or. Observons, en passant, qu'un poëte irlandais contemporain a changé le masque d'or en un voile d'argent. Abou Giafar al Thabari donne un exposé de sa doctrine. Cependant, la rébellion de cet imposteur devenant de plus en plus inquiétante, Mahadi envoya à sa rencontre l'émir Abusâid, qui défit le Prophète-Voilé, le chassa de Mérou et le força à se renfermer dans Nekhscheb, où il était né et où il devait mourir. L'imposteur, assiégé, ranima le courage de son armée fanatique par des miracles qui semblent encore incroyables. Il faisait sortir toutes les nuits du fond d'un puits un globe lumineux qui, suivant Khondemir, jetait sa clarté à plusieurs milles à la ronde ; ce qui le fit surnommer Sazendéh Mah, *le faiseur de lunes*. Enfin, réduit au désespoir, il empoisonna le reste de ses séides dans un banquet, et, afin qu'on le crût remonté au ciel, il s'engloutit lui-même dans une cuve remplie de matières corrosives. Ben Schahnah assure que ses cheveux surnagèrent et ne furent pas consumés. Il ajoute qu'une de ses concubines, qui s'était cachée pour se dérober au poison, survécut à cette destruction générale, et ouvrit les portes de Nekhscheb à Abusâid. Le Prophète-Masqué, que d'ignorants chroniqueurs ont confondu avec le Vieux de la Montagne, avait choisi pour ses drapeaux la couleur blanche, en haine des Abassides, dont l'étendard était noir. Sa secte subsista longtemps après lui, et, par un capricieux hasard, il y eut parmi les Turcomans une distinction de Blancs et de Noirs à la même époque où les Bianchi et les Neri divisaient l'Italie en deux grandes factions.

Voltaire, comme historien, est souvent admirable ; il laisse crier les faits. L'histoire n'est pour lui qu'une longue galerie de médailles à double empreinte Il la réduit presque toujours à cette phrase de son *Essai sur les mœurs:* « Il y eut des choses horribles, il y en eut de ridicules. » En effet, toute l'histoire des hommes tient là. Puis il ajoute : « L'échanson Montecuculli fut écartelé ; voilà l'horrible. Charles-Quint fut déclaré rebelle par le parlement de Paris ; voilà le ridicule. » Cependant, s'il eût écrit soixante ans plus tard, ces deux expressions ne lui auraient pas suffi. Lorsqu'il aurait eu dit : « Le roi de France et trois cent mille citoyens furent égorgés, fusillés, noyés... La Convention nationale décréta Pitt et Cobourg ennemis du genre humain, » quels mots aurait-il mis au-dessous de pareilles choses ?

Un spectacle curieux, ce serait celui-ci : Voltaire jugeant Marat, la cause jugeant l'effet.

———

Il y aurait pourtant quelque injustice à ne trouver dans les annales du monde qu'horreur et rire. Démocrite et Héraclite étaient deux fous, et leurs deux folies réunies dans le même homme n'en feraient point un sage. Voltaire mérite donc un reproche grave ; ce beau génie écrivit l'histoire des hommes pour lancer un long sarcasme contre l'humanité. Peut-être n'eût-il point eu ce tort s'il se fût borné à la France. Le sentiment national eût émoussé la pointe amère de son esprit. Pourquoi ne pas se faire cette illusion ? Il est à remarquer que Hume, Tite-Live, et en général les narrateurs nationaux, sont les plus bénins des historiens. Cette bienveillance, quoique parfois mal fondée, attache à la lecture de leurs ouvrages. Pour moi, bien que l'historien cosmopolite soit plus grand et plus à mon gré, je ne hais pas l'historien patriote. Le premier est plus selon l'humanité, le second est plus selon la cité. Le conteur domestique d'une nation me charme souvent, même dans sa partialité étroite, et je trouve quelque chose de fier qui me plait dans ce mot d'un Arabe à Hagyage : Je ne sais que des histoires de mon pays.

Voltaire a toujours l'ironie à sa gauche et sous sa main, comme les marquis de son temps ont toujours l'épée au côté. C'est fin, brillant, luisant, poli, joli ; c'est monté en or, c'est garni en diamants, mais cela tue.

Il est des convenances de langage qui ne sont révélées à l'écrivain que par l'esprit de nation. Le mot *barbares*, qui sied à un Romain parlant des Gaulois, sonnerait mal dans la bouche d'un Français. Un historien étranger ne trouverait jamais certaines expressions qui sentent l'homme du pays. Nous disons que Henri IV gouverna son peuple avec une bonté paternelle ; une inscription chinoise, traduite par les jésuites, parle d'un empereur qui régna avec une bonté *maternelle*. Nuance toute chinoise et toute charmante.

A UN HISTORIEN.

Vos descriptions de batailles sont bien supérieures aux tableaux poudreux et confus, sans perspective, sans dessin et sans couleur, que nous a laissés Mézeray, et aux interminables bulletins du père Daniel ; toutefois, vous nous permettrez une observation dont nous croyons que vous pourrez profiter dans la suite de votre ouvrage.

Si vous vous êtes rapproché de la manière des anciens, vous ne vous êtes pas encore assez dégagé de la routine des historiens modernes ; vous vous arrêtez trop aux détails, et vous ne vous attachez pas assez à peindre les masses. Que nous importe en effet que Brissac ait exécuté une charge contre d'Andelot, que Lanoue ait été renversé de cheval et que Montpensier ait passé le ruisseau ? la plupart de ces

noms, qui apparaissent là pour la première fois dans le
cours de l'ouvrage, jettent de la confusion dans un endroit où
l'auteur ne saurait être trop clair, et lorsqu'il devrait entraîner l'esprit par une succession rapide de tableaux. Le
lecteur s'arrête à chercher à quel parti tels ou tels noms
appartiennent, pour pouvoir suivre le fil de l'action. Ce
n'est point ainsi qu'en usait Polybe, et après lui Tacite,
les deux premiers peintres de batailles de l'antiquité. Ces
grands historiens commencent par nous donner une idée
exacte de la position des deux armées par quelque image
sensible tirée de l'ordre physique ; l'armée était rangée en
demi-cercle, elle avait la forme d'un aigle aux ailes éten-
dues ; ensuite viennent les détails. Les Espagnols formaient
la première ligne, les Africains la seconde, les Numides
étaient jetés aux deux ailes, les éléphants marchaient en
tête, etc. Mais, nous vous le demandons à vous-même, si
nous lisions dans Tacite : Vibulenus exécute une charge contre Rusticus, Lentulus est renversé de cheval, Civilis passe le
ruisseau, il serait très-possible que ce petit bulletin eût
paru très-clair et très-intéressant aux contemporains ; mais
nous doutons fort qu'il eût trouvé le même degré de faveur
auprès de la postérité. Et c'est une erreur dans laquelle
sont tombés la plupart des historiens modernes : l'habitude de lire les chroniques leur rend familiers les personnages inférieurs de l'histoire, qui ne doivent point y paraître ; le désir de tout dire, lorsqu'ils ne devraient dire que
ce qui est intéressant, les leur fait employer comme acteurs dans les occasions les plus importantes. De là vient
qu'ils nous donnent des descriptions qu'ils comprennent
fort bien, eux et les érudits, parce qu'ils connaissent les
masques, mais dans lesquelles la plupart des lecteurs, qui
ne sont pas obligés d'avoir lu les chroniques pour pouvoir
lire l'histoire, ne voient guère autre chose que des noms
et de l'ennui. En général, il ne faut dire à la postérité que

ce qui peut l'intéresser. Et, pour intéresser la postérité, il ne suffit pas d'avoir bien exécuté une charge ou d'avoir été renversé de cheval, il faut avoir combattu de la main et des dents comme Cynégire, être mort comme d'Assas, ou avoir embrassé les piques comme Vinkelried.

EXTRAIT DU *COURRIER FRANÇAIS*
DU JEUDI 14 SEPTEMBRE 1792, — IV DE LA LIBERTÉ, — N° 257.

La municipalité d'Herespian, département de l'Hérault, a signifié à M. François, son pasteur, qu'elle entendait à l'avenir avoir un curé qui ne fût pas célibataire. Le curé François a répondu d'une manière qui a surpassé les espérances de ses paroissiens. Il entend, lui, avoir cinq enfants, le premier s'appellera *J.-J. Rousseau*; le second, *Mirabeau*; le troisième, *Pétion*; le quatrième, *Brissot*; le cinquième, *Club-des-Jacobins*. Le bon curé léguera son patriotisme à ses enfants, et il les remettra aux soins de la patrie qui veille sur tous les citoyens vertueux.

APRÈS UNE LECTURE DU *MONITEUR*

Proëthès et Cyestris, vieux philosophes dont on ne parle plus que je sache, soutinrent jadis contradictoirement une thèse à peu près oubliée de nos jours. Il s'agissait de savoir s'il était possible à l'homme de rire à gorge déployée et de pleurer à chaudes larmes tout à la fois. Cette querelle resta sans décision, et ne fit que rendre un peu plus irréconciliables les disciples d'Héraclite et les sectateurs de Démocrite. Depuis 1789, la question est résolue affirmativement; je connais un in-folio qui opère ce phénomène, et il est convenable que la solution d'une dispute philosophique se trouve dans un in-folio. Cet in-folio est le *Moniteur*. Vous qui voulez rire, ouvrez le *Moniteur*; vous qui voulez pleurer, ouvrez le *Moniteur*; vous qui voulez rire et pleurer tout ensemble, ouvrez encore le *Moniteur*.

Quelque bonne volonté que l'on apporte à juger l'époque de notre régénération, on ne peut s'empêcher de trouver singulière la façon dont cet âge de raison préparait notre âge de lumière. Les académies, colléges des lettres, étaient détruites; les universités, séminaires des sciences, étaient dissoutes; les inégalités de génie et de talent étaient punies de mort, comme les inégalités de rang et de fortune. Cependant il se trouvait encore, pour célébrer la ruine des arts, des orateurs éclos dans les tavernes, des poëtes vomis des échoppes. Sur nos théâtres, d'où étaient bannis les chefs-d'œuvre, on hurlait d'atroces rapsodies de circonstance, ou de dégoûtants éloges des vertus dites civiques. Je viens de tomber, en ouvrant le *Moniteur* au hasard, sur les spectacles du 4 octobre 1793; cette affiche justifie de reste les réflexions qu'elle m'a suggérées :

« THÉÂTRE DE L'OPÉRA-COMIQUE NATIONAL. La première re-
« présentation de : la *Fête civique*, comédie en cinq actes.

« THÉÂTRE NATIONAL. La *Journée de Marathon* ou le
« *Triomphe de la Liberté*, pièce héroïque en quatre actes.

« THÉÂTRE DU VAUDEVILLE. La *Matinée et la Veillée villa-*
« *geoise;* le *Divorce;* l'*Union villageoise*.

« THÉÂTRE DU LYCÉE DES ARTS. Le *Retour de la flotte*
« *nationale*.

« THÉÂTRE DE LA RÉPUBLIQUE. Le *Divorce tartare*, comé-
« die en cinq actes.

« THÉÂTRE-FRANÇAIS, COMIQUE ET LYRIQUE. *Buzot, roi du*
« *Calvados*. »

En ces dix lignes littéraires la révolution est caractérisée. Des lois immorales dignement vantées dans d'immorales parades; des opéras-comiques sur les morts. Cependant je n'aurais point dû prostituer le noble nom de poëtes aux auteurs de ces farces lugubres : la guillotine, et non le théâtre, était alors pour les poëtes.

Après l'odieux vient le risible. Tournez la page. Vous êtes à une séance des Jacobins. En voici le début : « La « section de la Croix-Rouge, craignant que cette déno- « mination ne perpétue le poison du fanatisme, déclare « au conseil qu'elle y substituera celle de la section du « Bonnet-Rouge... » Je proteste que la citation est exacte.

Veut-on à la fois de l'atroce et du ridicule? Qu'on lise une lettre du représentant Dumont à la Convention, en date du 1ᵉʳ octobre 1793 : « Citoyens collègues, je vous « marquais, il y a deux jours, la cruelle situation dans « laquelle se trouvaient les sans-culottes de Boulogne et « la criminelle gestion des administrateurs et officiers mu- « nicipaux. Je vous en dis autant de Montreuil, et j'ai « usé en cette dernière ville de mon excellent remède — « la guillotine. — Après avoir ainsi agi au gré de tous « les patriotes, j'ai eu le doux avantage d'entendre, « comme à Montreuil, les cris répétés de *vive la Monta-* « *gne!* Quarante-quatre charrettes ont emmené devant moi « les personnes... »

Le *Moniteur*, livre si fécond en méditations, est à peu près le seul avantage que nous ayons retiré de trente ans de malheurs. Notre révolution de boue et de sang a laissé un monument unique et indélébile, un monument d'encre et de papier.

———

L'hermine de premier président du parlement de Paris fut plus d'une fois ensanglantée par des meurtres populaires ou juridiques ; et l'histoire recueillera ce fait singulier, que le premier titulaire de cette charge, Simon de Bucy, pour qui elle fut instituée en 1440, et le dernier qui en fut revêtu, Bochard de Saron, furent tous deux victimes des troubles révolutionnaires. Fatalité digne de méditation !

Tout historien qui se laisse faire par l'histoire et qui n'en domine pas l'ensemble est infailliblement submergé sous les détails. Sindbad le marin, ou je ne sais quel autre personnage des *Mille et une Nuits*, trouva un jour, au bord d'un torrent, un vieillard exténué qui ne pouvait passer. Sindbad lui prêta le secours de ses épaules, et le bonhomme, s'y cramponnant alors avec une vigueur diabolique, devint tout à coup le plus impérieux des maîtres et le plus opiniâtre des écuyers. Voilà, à mon sens, le cas de tout homme aventureux qui s'avise de prendre le temps passé sur son dos pour lui faire traverser le Léthé, c'est-à-dire d'écrire l'histoire. Le quinteux vieillard lui trace, avec une capricieuse minutie, une route tortueuse et difficile ; si l'esclave obéit à tous ses écarts et n'a pas la force de se faire un chemin plus droit et plus court, il le noie malicieusement dans le fleuve.

FRAGMENTS DE CRITIQUE

A PROPOS D'UN LIVRE POLITIQUE ÉCRIT PAR UNE FEMME

Décembre 1819.

I

Le Bailé Molino demandant un jour au fameux Ahmed-pacha pourquoi Mahomet défendait le vin à ses disciples : Pourquoi il nous le défend? s'écria le vainqueur de Candie ; c'est pour que nous trouvions plus de plaisir à le boire. Et en effet la défense assaisonne. C'est ce qui donne la pointe à la sauce, dit Montaigne ; et depuis Martial, qui chantait à sa maitresse *Galla, nega, satiatur amor*, jusqu'à ce grand Caton qui regretta sa femme quand elle ne fut plus à lui, il n'est aucun point sur lequel les hommes de tous les temps et de tous les lieux se soient montrés aussi souvent les vrais et dignes enfants de la bonne Ève.

Je ne voudrais donc pas qu'on défendît aux femmes d'écrire ; ce serait en effet le vrai moyen de leur faire prendre la plume à toutes. Bien au contraire, je voudrais qu'on le leur ordonnât expressément, comme à ces savants des universités d'Allemagne, qui remplissaient l'Europe de leurs doctes commentaires, et dont on n'entend plus parler depuis qu'il leur est enjoint de faire un livre au moins par an.

Et, en effet, c'est une chose bien remarquable et bien peu remarquée, que la progression effrayante suivant laquelle l'esprit féminin s'est depuis quelque temps développé. Sous Louis XIV, on avait des amants et l'on traduisait Homère ; sous Louis XV, on n'avait plus que des amis, et l'on commentait Newton ; sous Louis XVI, une femme s'est rencontrée qui corrigeait Montesquieu à un âge où l'on ne sait encore que faire des robes à une poupée. Je le demande, où en sommes-nous ? où allons-nous ? que nous annoncent ces prodiges ? quelles sont ces nouvelles révolutions qui se préparent ?

Il y a une idée qui me tourmente, une idée qui nous a souvent occupés, mes vieux amis et moi ; idée si simple, si naturelle, que si une chose m'étonne, c'est qu'on ne s'en soit pas encore avisé, dans un siècle où il semble que l'on s'avise de tout, et où les récureurs de peuples en sont aux expédients. Je songeais, dis-je, en voyant cette émancipation graduelle du sexe féminin, à ce qu'il pourrait arriver s'il prenait tout à coup fantaisie à quelque forte tête de jeter dans la balance politique cette moitié du genre humain qui jusqu'ici s'est contentée de régner au coin du feu et ailleurs. Et puis les femmes ne peuvent-elles pas se lasser de suivre sans cesse la destinée des hommes ? Gouvernons-nous assez bien pour leur ôter l'espérance de gouverner mieux. Aiment-elles assez peu la domination pour que nous puissions raisonnablement espérer qu'elles n'en aient jamais l'envie ? En vérité, plus je médite et plus je vois que nous sommes sur un abîme. Il est vrai que nous avons pour nous les canons et les baïonnettes, et que les femmes nous semblent sans grands moyens de révolte. Cela vous rassure, et moi, c'est ce qui m'épouvante.

On connaît cette inscription terrible placée par Fonseca sur la route de Torre del Greco : *Posteri, posteri, vestra res agitur!* Torre del Greco n'est plus ; la pierre prophétique est encore debout.

C'est ainsi que je trace ces lignes, dans l'espoir qu'elles

seront lues, sinon de mon siècle, du moins de la postérité. Il est bon que, lorsque les malheurs que je prévois seront arrivés, nos neveux sachent du moins que, dans cette Troie nouvelle, il existait une Cassandre cachée dans un grenier, rue Mézières, n° 10. Et s'il fallait, après tout, que je dusse voir de mes yeux les hommes devenus esclaves et l'univers tombé en quenouille, je pourrai du moins me faire honneur de ma sagacité, et qui sait? je ne serai peut-être pas le premier honnête homme qui se sera consolé d'un malheur public en songeant qu'il l'avait prédit.

II

La politique, disait Charles XII, c'est mon épée. C'est l'art de tromper, pensait Machiavel. Selon madame de M***, ce serait le moyen de gouverner les hommes par la prudence et la vertu. La première définition est d'un fou, la seconde d'un méchant, celle de madame de M*** est la seule qui soit d'un honnête homme. C'est dommage qu'elle soit si vieille et que l'application en ait été si rare.

Après avoir établi cette définition, madame de M*** expose l'origine des sociétés. Jean-Jacques les fait commencer par un planteur de pieux, et Vitruve par un grand vent, probablement parce que le système de la famille était trop simple. Avec ce bon sens de la femme supérieure au génie des philosophes, madame de M*** se contente d'en chercher le principe dans la nature de l'homme, dans ses affections, dans sa faiblesse, dans ses besoins. Tout le passage dénote dans l'auteur beaucoup d'érudition et de sagacité. Il est curieux de voir une femme citer tour à tour Locke et Sénèque, l'*Esprit des lois* et le *Contrat social;* mais, ce qui est encore plus remarquable, c'est l'accent de bonne foi et de raison auquel nous n'étions plus accoutumés, et qui contraste si étrangement avec le ton rogue et sauvage qu'ont adopté depuis quelque temps les précepteurs du genre humain.

L'auteur, suivant la marche des idées, s'occupe ensuite des chefs des sociétés. On a beaucoup écrit sur les devoirs des rois, beaucoup plus que sur les devoirs des peuples. Il en a été des portraits d'un bon souverain comme de ces pyramides placées sur le bord des routes du Mexique, où chaque voyageur se faisait un devoir d'apporter sa pierre. Il n'y a si mince grimaud qui n'ait voulu charbonner à son tour le maître des nations. On dirait que les philosophes eux-mêmes se sont étudiés à inventer de nouvelles vertus pour les imposer aux princes, probablement parce que les princes sont exposés à plus de faiblesses que les autres hommes, et comme si leur présenter un modèle inimitable, ce n'était pas par cela seul les dispenser d'y atteindre. Madame de M*** ne donne pas dans ce travers. Elle convient qu'un monarque peut être bon sans posséder pour cela des qualités surhumaines. Elle ne se sert point non plus de l'idéal d'une royauté parfaite pour décrier les royautés vivantes, et ensuite des royautés vivantes pour décrier la royauté en elle-même, grande pétition de principes sur laquelle a roulé toute la philosophie du dix-huitième siècle. L'auteur cite, comme renfermant toutes les obligations d'un souverain, l'instruction que Gustave-Adolphe reçut de son père. L'histoire fait mention de plusieurs instructions pareilles laissées par des rois à leurs successeurs; mais celle-ci a cela de remarquable, qu'elle est peut-être la seule à laquelle le successeur se soit conformé. En voici quelques passages :

« Qu'il emploie toutes ses finesses et son industrie à
« n'être ni trompé ni trompeur.

« Qu'il sache que le sang de l'innocent répandu et le
« sang du méchant conservé crient également vengeance.

« Qu'il ne paraisse jamais inquiet ni chagrin, si ce n'est

« lorsqu'un de ses bons serviteurs sera mort ou tombé
« dans quelque faute.

« Enfin, qu'en toutes ses actions il se conduise de telle
« sorte, qu'il soit avoué de Dieu. »

Charles IX, dans cette instruction, glisse légèrement
sur le danger des flatteurs. Peut-être les rois en sentent-
ils moins les inconvénients que leurs sujets. Peut-être
aussi serait-ce pour Montesquieu une occasion de glisser
sa théorie de climat, espèce de fausse clef qui lui sert à
crocheter la serrure de tous les problèmes de l'histoire.
C'est en se rapprochant du Midi, dirait-il, que les exemples du favoritisme deviennent plus fréquents ; sous le ciel
énervant de l'Asie et de l'Afrique, les princes régnent rarement par eux-mêmes ; au contraire, chez les peuples du
Nord, le climat est tonique, nous voyons beaucoup plus
de tyrans que de favoris. Mais peut-être l'observation tom-
berait-elle si nous étions mieux instruits dans leur histoire. Nous sommes si disposés à faire science de tout,
même de notre ignorance !

Il y a dans un de nos vieux manuscrits du treizième siècle, attribué à Philippe de Mayzières, un passage qui peut
servir de complément à l'instruction du monarque sué-
dois. C'est ainsi que la reine-Vérité parle à Charles VI
dans le *Songe du vieil pèlerin s'adressant au blanc faucon,
à bec et piés dorés.*

« Guarde-toi, beau fils, de ces chevaliers qui ont cou-
« tume de bien plumer les rois par leurs subtiles prati-
« ques, qui s'en vont récitant souvent le proverbe du ma-
« réchal Bouciquault, disant : Il n'est peschier que en la
« mer, et ainsi n'est don que de roi ; et te feront vaillant
« et large comme Alexandre, attrayant de toy tant d'eau
« à leur moulin, qu'il suffiroit à trente-sept moulins, qui
« les deux parts du jour sont oiseulx, » etc.

Je cite ce passage, 1° parce qu'il montre que dans ces

temps gothiques on ne parlait pas aux rois avec autant de servilité qu'on voudrait bien nous le faire croire ; 2° parce qu'il donne l'origine d'un proverbe, ce qui peut être utile aux antiquaires ; 3° parce qu'il peut servir à résoudre une question d'hydraulique en prouvant que les moulins à eau existaient en 1389, ce qui est toujours bon à savoir pour ceux qui ne savent pas que les moulins à eau existent depuis un temps immémorial.

III

Après s'être occupée des sociétés en général, madame de M*** consacre un chapitre à la guerre, c'est-à-dire au rapport le plus ordinaire des sociétés humaines entre elles.

Ce chapitre devait présenter bien des difficultés à une femme. Madame de M***, comme dans le reste de son ouvrage, y fait preuve de connaissances peu communes ; elle établit, avec beaucoup de bonheur, la distinction entre les guerres permises et les guerres injustes ; elle range, avec raison, parmi ces dernières, toutes les entreprises de conquête.

« Il y a cette différence entre les conquérants et les vo« leurs de grand chemin, a dit un auteur remarquable « que cite madame de M***, que le conquérant est un vo« leur illustre, et l'autre un voleur obscur : l'un reçoit « les lauriers et de l'encens pour le prix de ses violences, « et l'autre la corde. » Il fallait être bien philosophe pour écrire ce passage de la même main qui signa la prise de possession de la Silésie.

Arrivée à ce fameux axiome que « l'argent c'est le nerf de la guerre, » axiome que madame de M*** attribue à Quinte-Curce, mais qu'elle trouvera également dans Végèce, dans Montecuculli, dans Santa-Cruz, et dans tous les auteurs qui ont écrit sur la guerre, madame de M*** s'arrête : — Ce n'est pas l'argent, dit-elle, c'est le fer. D'accord, ce n'est pas avec des écus que l'on se bat, c'est avec des soldats; toute la question se réduit à savoir s'il est plus facile d'avoir des soldats sans argent que d'en avoir avec de l'argent. Le premier moyen sera plus économique. Il ne paraît pas cependant qu'il fût du goût de Sully.

Je lisais dernièrement dans Grotius la définition de la guerre : « La guerre est l'état de ceux qui tâchent de vider leurs différends par la voie de la force. » Il est évident que cette définition est la même que celle du duel.

Mais, a-t-on dit aux duellistes, vous allez à la mort en riant, vous vous battez par partie de plaisir. Il en a été absolument de même de la guerre. Avant la révolution on ne s'égorgeait plus que le chapeau à la main. Le grand Condé fait donner l'assaut à Lérida avec trente-six violons en tête des colonnes; et dans les champs d'Ettingen et de Clostersevern on vit les jeunes officiers marcher aux batteries comme à un bal, en bas de soie et en perruque poudrée à blanc.

Il prit un jour fantaisie à Rousseau, le Don Quichotte du paradoxe, de soutenir une vérité. C'était pour lui chose nouvelle. Il s'y prit comme pour une mauvaise cause, il alla chercher des autorités comme les gens qui ne trouvent pas de bonnes raisons. C'est ainsi qu'à propos du duel il a cité les anciens. Il est probable que Rousseau n'avait pas lu Quinte-Curce. Il y aurait vu qu'il n'y avait guère de festin chez Alexandre où il n'y eût quelques combats singuliers entre les convives. Qu'était-ce d'ailleurs que le combat d'Étéocle et de Polynice? Et dans l'*Iliade*, est-il probable que si Minerve n'était pas venue prendre Achille par les oreilles, Agamemnon aurait laissé son épée dans le fourreau?

Mais, ont dit les philosophes, les Grecs! Ah! les Grecs!

Il est bien vrai que les Grecs ne se battaient pas comme nos aïeux, avec juges et parrains, ainsi que nous le voyons dans la Colombière; mais voulez-vous savoir ce que faisaient sur ce point ces Grecs dont on nous cite si souvent l'exemple? Les Grecs faisaient mieux, ils assassinaient. Voyez, par exemple, Plutarque, dans la vie de Cléomène. On tuait son homme en trahison, cela ne tirait point à conséquence. Il lui tendit des embûches, disait tranquillement l'historien, à peu près comme nous dirions aujourd'hui : il lui avait fait un serment.

De cela que veut-on conclure? Que je plaide pour le duel? Bien au contraire; c'est seulement une des mille et une inconséquences humaines que je m'amuse à relever : occupation philosophique. On s'étonne que nos lois ne défendent pas le duel; ce qui m'étonne, c'est qu'elles ne l'aient pas encore autorisé. Pourquoi, en effet, nos sottises n'obtiendraient-elles pas, comme nos vices, droit de vivre en payant patente, et n'est-ce pas une injustice véritable que d'interdire aux duellistes ce qui est permis à tant d'honnêtes gens, d'échapper au Code en se réfugiant dans le budget?

IV

S'il n'y a point de société sans guerre, il est difficile qu'il y ait des guerres sans armées. Ainsi madame de M*** est pleinement justifiée de se livrer dans le chapitre suivant aux détails d'un camp. Madame de M*** est, je crois, le premier auteur de son sexe qui se soit occupé de cette matière après la chevalière d'Éon; non que je veuille établir la comparaison entre madame de M*** et l'amazone du siècle dernier; c'est purement un rapprochement bibliographique, et ma remarque subsiste.

Madame de M***, comme tous les auteurs militaires, se

montre grand partisan de l'obéissance absolue; c'est une question qui a été souvent agitée par les philosophes, mais qui est tous les jours parfaitement résolue à la plaine de Grenelle.

Il y a sur cette question une opinion de Hobbes que madame de M*** aurait pu citer, et qui ne laisse pas d'être assez singulière : « Si notre maître, dit-il, nous ordonne « une action coupable, nous devons l'exécuter, à moins « que cette action ne puisse être réputée nôtre. » C'est-à-dire que Hobbes, pour règle des actions humaines, n'admettrait plus que l'égoïsme.

Madame de M*** rapporte, d'après Folard, quelques-unes des qualités que doit posséder un vrai capitaine. Quant à moi, je me défie de ces définitions si parfaites par lesquelles il n'y aurait plus que des exceptions dans la nature. C'est une chose épouvantable à voir que la nomenclature des études préparatoires auxquelles doit se livrer un apprenti général; mais combien y a-t-il eu d'excellents généraux qui ne savaient pas lire? Il semblerait que la première condition, la condition *sine quâ non* de tout homme qui se destine à la guerre, serait d'avoir de bons yeux, ou tout au moins d'être robuste et dispos. Eh bien, une foule de grands guerriers ont été borgnes ou boiteux. Philippe était borgne, boiteux et de plus manchot! Agésilas était boiteux et contrefait; Annibal était borgne; Bajazet et Tamerlan, les deux foudres de guerre de leur temps, étaient l'un borgne et l'autre boiteux; Luxembourg était bossu. Il semble même que la nature, pour dérouter toutes nos idées, ait voulu nous montrer le phénomène d'un général totalement aveugle, guidant une armée, rangeant ses troupes en bataille et remportant des victoires. Tel fut Ziska, chef des Hussites.

V

Historiens! historiens! faiseurs d'emphase, mes amis, n'y croyez pas.

Le sénat marche au-devant de Varron, qui s'est sauvé de la bataille, et le remercie de n'avoir pas désespéré de la république... — Qu'est-ce que cela prouve? Que la faction qui avait fait nommer Varron général, pour ôter le commandement à Fabius, fut encore assez puissante pour empêcher qu'il fût puni. Elle voulait même qu'il fût renommé dictateur, afin que Fabius, le seul homme qui pût sauver la république, ne fût pas appelé à la tête des affaires. Il n'y a malheureusement là rien que de très-naturel, s'il n'y a rien d'héroïque. Croit-on, par exemple, qu'après la déroute de Moscou, si Buonaparte l'avait voulu, tout son sénat n'aurait pas marché en corps au-devant de lui?

Le sénat déclare qu'il ne rachétera point les prisonniers. Qu'est-ce que cela prouve? Que le sénat n'avait pas d'argent. Il fit comme tant d'honnêtes gens qui ne sont pas des Romains; il fut dur, ne voulant pas paraître pauvre. Pouvait-il en effet accuser de lâcheté des soldats qui s'étaient battus depuis le lever du soleil jusqu'à la nuit, et qui n'avaient laissé que soixante-dix mille morts sur le champ de bataille? Voilà les faits, et en histoire des faits valent au moins des phrases. —Voyez tout ce passage dans Folard.

On objectera le témoignage de Montesquieu. Montesquieu a fait un fort beau livre sur les causes de la grandeur et de la décadence des Romains; mais il en a oublié une, c'est que la cavalerie d'Annibal ait eu les jambes lassées le jour qu'il vint camper à quatre milles de Rome. Il est toujours curieux de voir un Français trouver chez les Romains des choses dont ni Salluste, ni Cicéron, ni Tacite, ni Tite-Live ne s'étaient jamais doutés; et pourtant les Romains étaient un peu comme nous; en fait de louanges et de bonne opinion d'eux-mêmes, ils ne laissaient guère à dire aux autres.

Les historiens qui n'écrivent que pour briller veulent voir partout des crimes et du génie; il leur faut des géants, mais leurs géants sont comme les girafes, grands par devant et petits par derrière. En général, c'est une occupation amusante de rechercher les véritables causes des événements; on est tout étonné en voyant la source du fleuve; je me souviens encore de la joie que j'éprouvai, dans mon enfance, en enjambant le Rhône. Il semble que la Providence elle-même se plaise à ce contraste entre les causes et les effets. La peste fut une fois apportée en Italie par une corneille, et c'est en disséquant une souris qu'on découvrit le galvanisme.

Ce qui me dégoûte, disait une femme, c'est que ce que je vois sera un jour de l'histoire. Eh bien, ce qui dégoûtait cette femme est aujourd'hui de l'histoire, et cette histoire-là en vaut bien une autre. Qu'en conclure? Que les objets grandissent dans les imaginations des hommes comme les rochers dans les brouillards, à mesure qu'ils s'éloignent.

Mars 1820 (1).

M. le duc de Berry vient d'être assassiné. Il y a six semaines à peine. La pierre de Saint-Denis n'est pas encore

(1) Nous avons cru devoir réimprimer textuellement tout ce morceau, enfoui sans signature dans un recueil oublié, d'où rien ne nous forçait à le tirer. Mais il nous a semblé qu'il y avait quelque chose d'instructif pour les passions politiques d'une épo-

rescellée, et voici déjà que les oraisons funèbres et les
apologies pleuvent sur cette tombe. Le tout tronqué, incorrect, mal pensé, mal écrit ; des adulations plates ou
sonores ; pas de conviction, pas d'accent, pas de vrai regret. Le sujet était beau cependant. Quand donc interdira-t-on les grands sujets aux petits talents? Il y avait
dans les temples de l'antiquité certains vases sacrés qui
ne pouvaient être portés par des mains profanes.

Et, en effet, quoi de plus vaste pour le poëte et de plus
fécond que cette vie pieuse et guerrière, qui embrasse
tant de déplorables événements ; que cette mort héroïque
et chrétienne, qui entraîne tant de fatales conséquences?
Un noble triomphe est réservé au grand écrivain qui nous
retracera et la trop courte carrière et le caractère chevaleresque de celui qui sera peut-être le dernier descendant
de Louis XIV. Ce prince, repoussé dès l'adolescence du sol
de la patrie, fit avant l'âge le rude apprentissage du casque et de l'épée. Les premières et longtemps les seules
prérogatives qu'il dut à son rang auguste furent l'exil et
la proscription. Passant d'un palais dans un camp, tantôt
accueilli sous les tentes de l'Autriche, tantôt errant sur
les flottes de l'Angleterre, il fut, durant bien des années,
avec toute son illustre famille, un éclatant exemple de
l'inconstance de la fortune et de l'ingratitude des hommes. Longtemps mêlé à des chefs étrangers, il eut à
combattre des soldats qui étaient nés pour servir sous
lui ; mais du moins sa constance et sa bravoure ne démen-

que dans le spectacle des passions politiques d'une autre époque.
Dans le morceau qu'on va lire, la douleur va jusqu'à la rage,
l'éloge jusqu'à l'apothéose, l'exagération dans tous les sens jusqu'à
la folie. Tel était en 1820 l'état de l'esprit d'un *jeune jacobite*
de dix-sept ans, bien désintéressé, certes, et bien convaincu.
Leçon, nous le répétons, pour tous les fanatismes politiques. Il y
a encore beaucoup de passages dans ce volume auxquels nous
prions le lecteur d'appliquer cette note.

tirent jamais le sang et le nom de ses aïeux. Il fut le digne élève de l'héritier des Condé, exilé comme lui, le digne capitaine de la vieille troupe des gentilshommes proscrits avec leurs rois. Dans ces temps de guerres, le pain des soldats valait à ses yeux le festin des princes, et, à défaut de couche royale, il savait conquérir le jour le canon sur lequel il devait reposer la nuit. Revenu enfin parmi les peuples que gouvernaient ses pères, il n'était pas réservé à jouir paisiblement de ce bonheur qu'une auguste union semblait devoir rendre durable pour lui, et éternel pour notre postérité. Hélas! après quatre ans d'une vie simple et bienfaisante, le plus jeune des derniers Bourbons, entouré de l'amour et des espérances de la nation, est tombé sous le poignard d'un Français, poignard que n'a pu rencontrer sur son passage, durant les onze années de son ombrageuse tyrannie, un Corse gardé par un mameluck!

Ce loyal enfant du Béarnais, destiné sans doute à commander notre brave et fidèle armée, promis peut-être aux héroïques plaines de la Vendée, est mort à la fleur et dans la force de l'âge, sans avoir même eu la consolation d'expirer comme Épaminondas, étendu sur son bouclier.

Et quand l'historien d'une si noble vie aura rappelé le dernier pardon et les derniers adieux, il sera de son devoir de remonter, ou plutôt de descendre aux causes et aux auteurs de cet abominable forfait. Qu'il écoute alors, pour dévoiler des trames ténébreuses, qu'il écoute la France désespérée; elle criera, comme l'impératrice romaine : *Je reconnais les coups!*

Nous ne nous livrerons pas ici à une discussion qui outrepasserait nos forces; mais nous pensons qu'il est des questions graves et importantes que doit résoudre l'historien du duc de Berry assassiné, au sujet du misérable auteur de cet attentat. Louvel est-il un fanatique? de

quelle espèce est son fanatisme? appartient-il à la classe des assassins exaltés et désintéressés, comme les Sand, les Ravaillac et les Clément? N'est-il pas plutôt de ces gens à qui l'on paye leur fanatisme, en ajoutant à la récompense convenue des assurances de protection et de salut?..
Nous nous arrêtons à ces mots. On n'a plus droit aujourd'hui de s'étonner des choses les plus inouïes. Nous voyons d'exécrables scélérats étaler aux yeux de l'Europe leur impunité, plus monstrueuse peut-être que leurs crimes, et leur audace, plus effrayante encore que leur impunité.

Il faudra de plus que, pour remplir entièrement son objet, celui de nos écrivains célèbres qui écrira l'histoire de M. le duc de Berry se charge d'un autre devoir, humiliant sans doute, mais néanmoins indispensable ; je veux dire qu'il aura à défendre l'héroïque mémoire du prince contre les insinuations perfides et les calomnies atroces dont la faction ennemie des trônes légitimes s'efforce déjà de la noircir. En d'autres temps, un pareil soin eût été injurieux pour le royal défunt, dont la bonté, la bravoure et la franchise ne sont comparables qu'aux vertus du grand Henri. Mais aujourd'hui qu'une faction régicide encense les plus abominables idoles, ne sommes-nous pas forcés chaque jour, nous autres, les vrais libéraux et les vrais royalistes, de défendre contre ses impudentes déclamations les plus nobles gloires, les réputations les plus pures, les plus irréprochables renommées? N'avons-nous pas chaque jour à venger de nouvelles insultes les Pichegru ou les Cathelineau, les Moreau ou les Larochejaquelein? et, à chaque nouvelle attaque portée à ces hommes illustres, nous recommençons notre pénible plaidoyer, sans même espérer qu'une voix pleine d'une indignation généreuse nous interrompe en criant comme cet homme de l'ancienne Grèce : Qui donc ose outrager Alcide?

Avril 1820.

Il a paru ces jours-ci un recueil de *Lettres de madame de Grafigny* sur Voltaire et sur Ferney. Cet ouvrage tient beaucoup moins que ne promet son titre. Le nom de Voltaire, placé en tête d'un livre quelconque, inspire une curiosité vive et tellement étendue dans ses désirs, qu'il est bien difficile de la satisfaire. Il semble que la vie privée de Voltaire devrait offrir au lecteur une foule de détails pleins d'agrément et d'intérêt, si le caractère de cet écrivain extraordinaire était reproduit par une peinture fidèle avec toute sa mobilité originale et ses brusques inégalités. Il semble encore que le pinceau fin et délicat d'une femme serait plus que tout autre capable de saisir cette foule de nuances variées dont se compose la physionomie morale de l'homme universel, surtout dans sa liaison avec l'impérieuse marquise du Châtelet. Il aurait été piquant et peut-être plus facile à une femme qu'à un homme de débrouiller les causes de cet attachement bizarre qui rendit un homme de génie esclave d'une femme d'esprit, et résista si longtemps aux tracasseries fatigantes, aux violentes querelles que faisaient naître inopinément, et à toute heure, l'irascibilité de l'un et l'orgueil de l'autre. Si la collection des lettres de Voltaire à sa *respectable Émilie* n'avait été détruite, nous pourrions espérer encore d'obtenir le mot de cette énigme; car les lettres de madame de Grafigny ne nous présentent sous ce rapport aucun aperçu satisfaisant. Il faut le dire et le croire pour son honneur, l'auteur des *Lettres péruviennes* n'avait sans doute pas écrit ces lettres sur Cirey avec l'idée qu'elles seraient imprimées un jour. On ne doit pas savoir beaucoup de gré à l'éditeur d'avoir extrait ce manuscrit du portefeuille de M. de Boufflers. Madame de Grafigny n'a pas le talent d'observer, et surtout d'observer les grands hommes. Son style, au moins insipide, gâte l'intérêt de son sujet. Madame de Grafigny, arrivée à Cirey en 1738, adresse à son ami M. Devaux, lecteur du roi Stanislas de Pologne, ses réflexions sur les habitants de ce château. M. Devaux, qu'elle appelle, dans l'intimité de sa correspondance, Pampan et quelquefois Pampichon par un redoublement de tendresse, reçoit ses confidences sur Voltaire et sa marquise, qu'elle désigne par plusieurs sobriquets, tous plus fades les uns que les autres : Atys, ton idole, Dorothée, etc. Elle lui transmet en style niais et précieux un journal détaillé de toutes ses occupations. A-t-elle vu le lever du jour? elle a assisté à la *toilette du soleil*. Je suis, dit-elle à M. Devaux, *bien jolie de t'écrire*, etc., etc. On aurait cependant tort de rejeter tout à fait ce livre; parmi beaucoup de redites et de détails pleins de mauvais goût, les *Lettres de madame de Grafigny* renferment des faits curieux et ignorés; et les morceaux inédits de Voltaire, qui complètent le volume, suffiraient pour mériter l'attention. Plusieurs de ces cinquante épitres présentent un haut intérêt; elles sont adressées presque toutes à des personnages éminents du dernier siècle, tels que les duchesses du Maine et d'Aiguillon, les ducs de Richelieu et de Praslin, le chancelier d'Aguesseau, le président Hénault, etc. Les lettres à la duchesse du Maine en particulier forment une correspondance entièrement inédite et vraiment charmante et curieuse. Il y a encore dans cette collection une épitre au pape Benoît XIV, écrite en italien, et signée *il devotissimo Voltaire*. Cela veut dire le *très-dévot* ou le *très-dévoué*, peut-être l'un et l'autre, et à coup sûr ni l'un ni l'autre. Puisque vous voulez des citations, voici un billet assez joli de forme et de tournure, adressé au comte de Choiseul, alors ministre. Vous reconnaîtrez dans ce peu de mots la touche de cet homme toujours plein d'idées neuves et piquantes; il était difficile d'échapper d'une manière plus originale aux formules banales et cérémonieuses des recommandations de cour.

« Permettez que je vous informe de ce qui vient de
« m'arriver avec M. Makartney, gentilhomme anglais
« très-jeune, et pourtant très-sage ; très-instruit, mais
« modeste; fort riche et fort simple, et qui criera bien-
« tôt au parlement mieux qu'un autre. Il m'a nié que
« vous eussiez des bontés pour moi. Je me suis échauffé,
« je me suis vanté de votre protection ; il m'a répondu
« que, si je disais vrai, je prendrais la liberté de vous
« écrire; j'ai les passions vives. Pardonnez, monseigneur,
« au zèle, à l'attachement et au profond respect du vieux
« montagnard. »

Le *vieux Suisse libre* est bon courtisan, comme on voit. Vous retrouverez dans la plupart des autres lettres la gaieté communicative, la vivacité et souvent la témérité de jugement, la flatterie adroite, la raillerie tantôt douce et tantôt mordante, auxquelles on reconnaît la touche inimitable de Voltaire prosateur. Parmi le petit nombre de pièces de vers mêlées aux morceaux de prose, la suivante, adressée à la fameuse mademoiselle Raucourt, n'a jamais été imprimée :

> Raucourt, tes talents enchanteurs
> Chaque jour te font des conquêtes ;
> Tu fais soupirer tous les cœurs,
> Tu fais tourner toutes les têtes.
> Tu joins au prestige de l'art
> Le charme heureux de la nature,
> Et la victoire toujours sûre
> Se range sous ton étendard.
> Es-tu Didon? es-tu Monime?

Avec toi nous versons des pleurs ;
Nous gémissons de tes malheurs,
Et du sort cruel qui t'opprime.
L'art d'attendrir et de charmer
A paré ta brillante aurore ;
Mais ton cœur est fait pour aimer,
Et ton cœur ne dit rien encore.
Défends ce cœur du vain désir
De richesse et de renommée ;
L'amour seul donne le plaisir,
Et le plaisir est d'être aimée.
Déjà l'amour brille en tes yeux,
Il naîtra bientôt dans ton âme ;
Bientôt un mortel amoureux
Te fera partager sa flamme.
Heureux ! trop heureux cet amant
Pour qui ton cœur deviendra tendre,
Si tu goûtes le sentiment
Comme tu sais si bien le rendre !

De *jolis vers* sans doute. J'avoue pourtant que j'ai peu de sympathie pour cette espèce de poésie. J'aime mieux Homère.

———

SUR UN POÈTE APPARU EN 1820.

Mai 1820.

I

Vous en rirez, gens du monde, vous hausserez les épaules, hommes de lettres, mes contemporains, car, je vous le dis entre nous, il n'en est peut-être pas un de vous qui comprenne ce que c'est qu'un poëte. Le rencontrera-t-on dans vos palais ? Le trouvera-t-on dans vos retraites ? Et d'abord, pour ce qui regarde l'âme du poëte, la première condition n'est-elle pas, comme l'a dit une bouche éloquente, de *n'avoir jamais calculé le prix d'une bassesse ou le salaire d'un mensonge ?* Poëtes de mon siècle, cet homme-là se voit-il parmi vous ? Est-il dans vos rangs l'homme qui possède l'*os magna sonaturum*, la bouche capable de dire de grandes choses, le *ferrea vox*, la voix de fer ? l'homme qui ne fléchira pas devant les caprices d'un tyran ou les fureurs d'une faction ? N'avez-vous pas été tous, au contraire, semblables aux cordes de la lyre dont le son varie quand le temps change ?

II

Franchement, on trouvera parmi vous des affranchis, prêts à invoquer la licence après avoir déifié le despotisme ; des transfuges, prêts à flatter le pouvoir après avoir chanté l'anarchie ; et des insensés qui ont baisé hier des fers illégitimes, et, comme le serpent de la fable, veulent aujourd'hui briser leurs dents sur le frein des lois ; mais on n'y découvrira pas un poëte. Car, pour ceux qui ne prostituent pas les titres, sans un esprit droit, sans un cœur pur, sans une âme noble et élevée, il n'est point de véritable poëte. Tenez-vous cela pour dit, non pas en mon nom, car je ne suis rien, mais au nom de tous les gens qui raisonnent et qui pensent, — je veux bien ne choisir mon exemple que dans l'antiquité — que ces mots : *Dulce et decorum est pro patriâ mori*, sonnent mal dans la bouche d'un fuyard. Je l'avouerai donc, j'ai cherché jusqu'ici autour de moi un poëte, et je n'en ai pas rencontré ; de là, il s'est formé dans mon imagination un modèle idéal que je voudrais dépeindre ; et, comme Milton aveugle, je suis tenté quelquefois de chanter ce soleil que je ne vois pas.

III

L'autre jour j'ouvris un livre qui venait de paraître, sans nom d'auteur, avec ce simple titre : *Méditations poétiques*. C'était des vers.

Je trouvai dans ces vers quelque chose d'André de Chénier. Continuant à les feuilleter, j'établis involontairement un parallèle entre l'auteur de ce livre et le malheureux poëte de la *Jeune Captive*. Dans tous les deux, même originalité, même fraîcheur d'idées, même luxe d'images neuves et vraies, seulement l'un est plus grave et même plus mystique dans ses peintures ; l'autre a plus d'enjouement, plus de grâce, avec beaucoup moins de goût et de correction. Tous deux sont inspirés par l'amour. Mais dans Chénier ce sentiment est toujours profane ; dans l'auteur que je lui compare, la passion terrestre est presque toujours épurée par l'amour divin. Le premier s'est étudié à donner à sa muse les formes simples et sévères de la muse antique ; le second, qui a souvent adopté le style des Pères et des prophètes, ne dédaigne pas de suivre quelquefois la muse rêveuse d'Ossian et les déesses fantastiques de Klopstok et de Schiller. Enfin, si je comprends bien des distinctions, du reste assez insignifiantes, le premier est romantique parmi les classiques, le second est classique parmi les romantiques.

IV

Voici donc enfin des poëmes d'un poëte, des poésies qui sont de la poésie !

Je lus en entier ce livre singulier ; je le relus encore, et, malgré les négligences, le néologisme, les répétitions et l'obscurité que je pus quelquefois y remarquer,

je fus tenté de dire à l'auteur : « Courage, jeune homme!
« vous êtes de ceux que Platon voulait combler d'honneurs
« et bannir de sa république. Vous devez vous attendre
« aussi à vous voir bannir de notre terre d'anarchie et
« d'ignorance, et il manquera à votre exil le triomphe
« que Platon accordait du moins au poëte, les palmes, les
« fanfares et la couronne de fleurs. »

THÉATRE

I

On nomme *action* au théâtre la lutte de deux forces opposées. Plus ces forces se contre-balancent, plus la lutte est incertaine; plus il y a alternative de crainte ou d'espérance, plus il y a d'intérêt. Il ne faut pas confondre cet intérêt qui naît de l'action avec une autre sorte d'intérêt que doit inspirer le héros de toute tragédie, et qui n'est qu'un sentiment de terreur, d'admiration ou de pitié. Ainsi, il se pourrait très-bien que le principal personnage d'une pièce excitât de l'intérêt, parce que son caractère est noble et sa situation touchante, et que la pièce manquât d'intérêt, parce qu'il n'y aurait point d'alternative de crainte et d'espérance. Si cela n'était pas, plus une situation terrible serait prolongée, plus elle serait belle, et le sublime de la tragédie serait le comte Ugolin enfermé dans une tour avec ses fils pour y mourir de faim; scène de terreur monotone, qui n'a pu réussir même en Allemagne, pays de penseurs profonds, attentifs et fixes.

II

Dans une œuvre dramatique, quand l'incertitude des événements ne naît plus que de l'incertitude des caractères, ce n'est plus la tragédie par force, mais la tragédie par faiblesse. C'est, si l'on veut, le spectacle de la vie humaine; les grands effets par les petites causes; ce sont des hommes, mais au théâtre il faut des anges ou des géants.

III

Il y a des poëtes qui inventent des ressorts dramatiques, et ne savent pas ou ne peuvent pas les faire jouer, semblables à cet artisan grec qui n'eut pas la force de tendre l'arc qu'il avait forgé.

IV

L'amour au théâtre doit toujours marcher en première ligne, au-dessus de toutes les vaines considérations qui modifient d'ordinaire les volontés et les passions des hommes. Il est la plus petite chose de la terre, s'il n'en est la plus grande. On objectera que, dans cette hypothèse, le Cid ne devrait point se battre avec don Gormas. Eh! point du tout. Le Cid connaît Chimène; il aime mieux encourir sa colère que son mépris, parce que le mépris tue l'amour. L'amour, dans les grandes âmes, c'est une estime céleste.

V

Il est à remarquer que le dénoûment de *Mahomet* est plus manqué qu'on ne le croit généralement. Il suffit, pour s'en convaincre, de le comparer avec celui de *Britannicus*. La situation est semblable. Dans les deux tragédies, c'est un tyran qui perd sa maîtresse au moment où il croit s'en être assuré la possession. La pièce de Racine laisse dans l'âme une impression triste, mais qui n'est pas sans quelque consolation, parce que l'on sent que Britannicus est vengé, et que Néron n'est pas moins malheureux que ses victimes. Il semble qu'il devrait en être de même dans Voltaire; cependant le cœur, qui ne se trompe pas, reste abattu, et en effet Mahomet n'est nullement puni. Son amour pour Palmire n'est qu'une petitesse dans son caractère et qu'un moyen dérisoire dans l'action. Lorsque le spectateur voit cet homme songer à sa grandeur au moment où sa maîtresse se poignarde sous ses yeux, il sent bien qu'il ne l'a jamais aimée, et qu'avant deux heures il se sera consolé de sa perte.

Le sujet de Racine est mieux choisi que celui de Voltaire. Pour le poëte tragique, il y a une profonde et radicale différence entre l'empereur romain et le chamelier-prophète. Néron peut être amoureux, Mahomet non. Néron, c'est un phallus; Mahomet, c'est un cerveau.

VI

Le propre des sujets bien choisis est de porter leur auteur. *Bérénice* n'a pu faire tomber Racine; Lamotte n'a pu faire tomber *Inès*.

VII

La différence qui existe entre la tragédie allemande et la tragédie française provient de ce que les auteurs allemands voulurent créer tout d'abord, tandis que les Français se contentèrent de corriger les anciens. La plupart de nos chefs-d'œuvre ne sont parvenus au point où nous les voyons qu'après avoir passé par les mains des premiers hommes de plusieurs siècles. Voilà pourquoi il est si injuste de s'en faire un titre pour écraser les productions originales.

La tragédie allemande n'est autre chose que la tragédie des Grecs, avec les modifications qu'a dû y apporter la différence des époques. Les Grecs aussi avaient voulu faire concourir le faste de la scène aux jeux du théâtre, de là ces masques, ces chœurs, ces cothurnes; mais, comme chez eux les arts qui tiennent des sciences étaient dans le premier état d'enfance, ils furent bientôt ramenés à cette simplicité que nous admirons. Voyez dans Servius ce qu'il fallait faire pour changer une décoration sur le théâtre des anciens.

Au contraire, les auteurs allemands, arrivant au milieu de toutes les inventions modernes, se servirent des moyens qui étaient à leur portée pour couvrir les défauts de leurs tragédies. Lorsqu'ils ne pouvaient parler au cœur, ils parlèrent aux yeux. Heureux s'ils avaient su se renfermer dans de justes bornes! Voilà pourquoi la plupart des pièces allemandes ou anglaises qu'on transporte sur notre scène produisent moins d'effet que dans l'original; on leur laisse les défauts qui tiennent aux plans et aux caractères, et on leur ôte cette pompe théâtrale qui en est la compensation.

Madame de Staël attribue encore à une autre raison la prééminence des auteurs français sur les auteurs allemands, et elle a observé juste. Les grands hommes français étaient réunis dans le même foyer de lumières; et les grands hommes allemands étaient disséminés comme dans des patries différentes. Il en est de deux hommes de génie comme des deux fluides sur la batterie; il faut les mettre en contact pour qu'ils vous donnent la foudre.

VIII

On peut observer qu'il y a deux sortes de tragédies : l'une qui est faite avec des sentiments, l'autre qui est faite avec des événements. La première considère les hommes sous le point de vue des rapports établis entre eux par la nature; la seconde, sous le point de vue des rapports établis entre eux par la société. Dans l'une, l'intérêt naît du développement d'une des grandes affections auxquelles l'homme est soumis par cela même qu'il est homme, telles que l'amour, l'amitié, l'amour filial et paternel; dans l'autre, il s'agit toujours d'une volonté politique appliquée à la défense ou au renversement des institutions établies. Dans le premier cas, le personnage est évidemment passif, c'est-à-dire qu'il ne peut se soustraire à l'influence des objets extérieurs; un jaloux ne peut s'empêcher d'être jaloux, un père ne peut s'empêcher de craindre pour son fils; et peu importe comment ces impressions sont amenées, pourvu qu'elles soient intéressantes; le spectateur appartient toujours à ce qu'il craint ou à ce qu'il désire. Dans le second cas, au contraire, le personnage est essentiellement actif, parce qu'il n'a qu'une volonté immuable, et que la volonté ne peut se manifester que par des actions. On peut comparer ces deux tragédies, l'une à une statue que l'on taille dans le bloc, l'autre à une statue que l'on jette en fonte. Dans le premier cas, le bloc existe; il lui suffit pour devenir la statue d'être soumis à une influence extérieure; dans le second, il faut que le métal ait en lui-même la faculté de parcourir le moule qu'il doit remplir. A mesure que toutes les tragédies se rapprochent plus ou moins de ces deux types, elles participent plus ou moins de l'un ou de l'autre; il faut une forte constitution aux tragédies de tête pour se soutenir; les tragédies

de cœur ont à peine besoin de s'astreindre à un plan.
Voyez *Mahomet* et le *Cid*.

IX

E. vient d'écrire ceci aujourd'hui 27 avril 1819 :

« En général, une chose nous a frappés dans les com-
« positions de cette jeunesse qui se presse maintenant sur
« nos théâtres : ils en sont encore à se contenter facile-
« ment d'eux-mêmes. Ils perdent à ramasser des couron-
« nes un temps qu'ils devraient consacrer à de courageuses
« méditations. Ils réussissent, mais leurs rivaux sortent
« joyeux de leurs triomphes. Veillez! veillez! jeunes gens,
« recueillez vos forces, vous en aurez besoin le jour de la
« bataille. Les faibles oiseaux prennent leur vol tout d'un
« trait; les aigles rampent avant de s'élever sur leurs
« ailes. »

FANTAISIE

Février 1819.

Ce que je veux, c'est ce que tout le monde veut, ce que tout le monde demande, c'est-à-dire du pouvoir pour le roi et des garanties pour le peuple.

Et, en cela, je suis bien différent de certains honnêtes gens de ma connaissance qui professent hautement la même maxime, et qui, lorsqu'on en vient aux applications, se trouvent n'en vouloir réellement, les uns qu'une moitié, les autres qu'une autre, c'est-à-dire les uns qu'un peu de despotisme et les autres que beaucoup de licence, à peu près comme feu mon grand-oncle qui avait sans cesse à la bouche le fameux précepte de l'école de Salerne : *Manger peu, mais souvent;* mais qui n'en admettait que la première partie pour l'usage de la maison.

Février 1819.

L'autre jour, je trouvai dans Cicéron ce passage : « Et « il faut que l'orateur, en toutes circonstances, sache prou- « ver le pour et le contre, » *in omni causâ duas contrarias orationes explicari;* et, dis-je, c'est justement ce qu'il faut dans un siècle où l'on a découvert deux sortes de consciences, celle du cœur et celle de l'estomac.

Voilà pour la conscience de l'orateur selon Cicéron, *vir probus dicendi peritus.* Pour ce qui est de ses mœurs, — ce que j'en écris ici n'est que pour l'instruction de la jeunesse de nos colléges, — on connaît la simplicité des mœurs antiques. Nous n'avons aucune raison de croire que les orateurs fissent autrement que les guerriers. Après qu'Achille et Patrocle ont tant pleuré Briséis, Achille, dit madame Dacier, conduit vers sa tente la belle Dioméde, fille du sage Phorbas, et Patrocle s'abandonne au doux sommeil entre les bras de la jeune Iphis, amenée captive de Scyros. C'est comme Pétrarque qui, après avoir perdu Laure, mourut de douleur à soixante-dix ans, en laissant un fils et une fille.

Et à Athènes, où les pères envoyaient leurs fils à l'école

chez Aspasie, à Athènes, cette ville de la politesse et de l'éloquence : — Qu'as-tu fait des cent écus que t'a valu le soufflet que tu reçus l'autre jour de Midias en plein théâtre? criait Eschine à Démosthènes. — Eh quoi! Athéniens, vous voulez couronner le front qui s'écorche lui-même à dessein d'intenter des accusations lucratives aux citoyens? En vérité, ce n'est pas une tête que porte cet homme sur ses épaules, c'est une ferme.

Que dirai-je du barreau romain? des honnêtetés que se faisaient mutuellement les Scaurus et les Catulus en présence de toute la canaille de Rome assemblée? — On ne m'écoute pas, je suis Cassandre, criait Sextius. Je ne suis pas assez sûr de n'être jamais lu que par des hommes pour rapporter la sanglante réplique de Marc-Antoine. Et au triomphe de César, qui était aussi un orateur : Citoyens, cachez vos femmes! chantaient ses propres soldats. *Urbani, claudite uxores, mœchum calvum adducimus.*

Je saisis cette occasion pour déclarer que je me repens bien sincèrement de n'être pas né dans les siècles antiques; je compte même écrire contre mon siècle un gros livre dont mon libraire vous prie, en passant, monsieur, de vouloir bien lui prendre quelques petites souscriptions.

Et, en effet, ce devait être un bien beau temps que celui où, quand le peuple avait faim, on l'apaisait avec une fable longue et plate, qui pis est! *O tempora! o mores!* vont à leur tour s'écrier nos ministres.

Et où, monsieur, pourvu que l'on ne fût ni borgne, ni bossu, ni boiteux, ni bancal, ni aveugle;

Pourvu, d'ailleurs, que l'on ne fût ni trop faible, ni trop puissant, ni trop méchant homme, ni trop homme de bien;

Et surtout, ce qui était de rigueur, pourvu que l'on eût la précaution de ne point bâtir sa maison sur une butte;

Alors, dis-je, en tant que l'on ne fût point emporté par

la lèpre ou par la peste, on pouvait raisonnablement espérer de mourir tranquillement dans son lit ; ce qui, à la vérité, n'est guère héroïque ;

Et où, monsieur, pour peu que l'on se sentît tant soit peu grand homme, — comme vous et moi, monsieur, — c'est-à-dire que l'on eût le noble désir d'être utile à la patrie par quelque action vaillante ou quelque invention merveilleuse, — désir qui, comme on sait, n'engage à rien, — alors, monsieur, il n'y avait rien aussi à quoi un honnête citoyen ne pût raisonnablement prétendre, qui sait, peut-être même à être pendu comme Phocion, ou comme Duilius, l'accrocheur de vaisseaux, à être conduit par la ville avec une flûte et deux lanternes, à peu près comme de nos jours l'âne savant.

Avril 1819

Il pourrait, à mon sens, jaillir des réflexions utiles de la comparaison entre les romans de Lesage et ceux de Walter Scott, tous deux supérieurs dans leur genre. Lesage, ce me semble, est plus spirituel ; Walter Scott est plus original ; l'un excelle à raconter les aventures d'un homme, l'autre mêle à l'histoire d'un individu la peinture de tout un peuple, de tout un siècle ; le premier se rit de toute vérité de lieux, de mœurs, d'histoire ; le second, scrupuleusement fidèle à cette vérité même, lui doit l'éclat magique de ses tableaux. Dans tous les deux, les caractères sont tracés avec art ; mais, dans Walter Scott, ils paraissent mieux soutenus, parce qu'ils sont plus saillants, d'une nature plus fraîche et moins polie. Lesage sacrifie souvent la conscience de ses héros au comique d'une intrigue ; Walter Scott donne à ses héros des âmes plus sévères ;

leurs principes, leurs préjugés même, ont quelque chose de noble, en ce qu'ils ne savent point plier devant les événements. On s'étonne, après avoir lu un roman de Lesage, de la prodigieuse variété du plan, on s'étonne encore plus, en achevant un roman de Scott, de la simplicité du canevas ; c'est que le premier met son imagination dans les faits, et le second dans les détails. L'un peint la vie, l'autre peint le cœur. Enfin, la lecture des ouvrages de Lesage donne, en quelque sorte, l'expérience du sort ; la lecture de ceux de Walter Scott donne l'expérience des hommes.

« C'était un homme merveilleux et aussi grotesque qu'il
« y en ait jamais eu dans le peuple latin. Il mettait ses
« collections dans ses chaussons, et, quand, dans l'ardeur
« de la dispute, nous lui contestions quelque chose, il ap-
« pelait son valet : — Hem, hem, hem, Dave, apporte-moi
« le chausson de la tempérance, le chausson de la justice,
« ou le chausson de Platon, ou celui d'Aristote, selon les
« matières qui étaient mises sur le tapis. Cent choses de
« cette sorte me faisaient rire de tout mon cœur, et j'en
« ris encore à présent comme si j'étais à même. » Les savants chaussons de Giraldo Giraldi méritaient, certes, d'être aussi célèbres que la perruque de Kant, laquelle s'est vendue 30,000 florins à la mort du philosophe, et n'a plus été payée que 1,200 écus à la dernière foire de Leipzig ; ce qui prouverait, à mon sens, que l'enthousiasme pour Kant et son idéologie diminue en Allemagne. Cette perruque, dans les variations de son prix, pourrait être considérée comme le thermomètre des progrès du système de Kant

Avril 1820.

L'année littéraire s'annonce médiocrement. Aucun livre important, aucune parole forte; rien qui enseigne, rien qui émeuve. Il serait temps cependant que quelqu'un sortît de la foule et dît : Me voilà. Il serait temps qu'il parût un livre ou une doctrine, un Homère ou un Aristote. Les oisifs pourraient du moins se disputer, cela les dérouillerait. Mais que faire de la littérature de 1820, encore plus plate que celle de 1810, et plus impardonnable, puisqu'il n'y a plus là de Napoléon pour résorber tous les génies et en faire des généraux ! Qui sait? Ney, Murat et Davoust auraient peut-être été de grands poètes. Ils se battaient comme on voudrait écrire.

Pauvre temps que le nôtre! Force vers, point de poésie; force vaudevilles, point de Théâtre. Talma, voilà tout.

J'aimerais mieux Molière.

On nous promet le *Monastère*, nouveau roman de Walter Scott. Tant mieux, qu'il se hâte, car tous nos faiseurs semblent possédés de la rage des mauvais romans. J'en ai là une pile que je n'ouvrirai jamais, car je ne serais pas sûr d'y trouver seulement ce que le chien dont parle Rabelais demandait en rongeant son os : *rien qu'ung peu de mouëlle.*

L'année littéraire est médiocre, l'année politique est lugubre. M. le duc de Berry poignardé à l'Opéra, des révolutions partout. M. le duc de Berry, c'est la tragédie. Voilà la parodie maintenant.

Une grande querelle politique vient de s'émouvoir ces jours-ci à propos de M. Decazes. M. Donnadieu contre M. Decazes. M. d'Argout contre M. Donnadieu. M. Clausel de Coussergues contre M. d'Argout.

M. de Cazes s'en mêlera-t-il enfin lui-même? Toutes ces

batailles nous rappellent les anciens temps où de preux
chevaliers allaient provoquer dans son fort quelque géant
félon. Au bruit du cor un nain paraissait. Nous avons déjà
vu plusieurs nains apparaître ; nous n'attendons plus que
le géant.

Le fait politique de l'année 1820, c'est l'assassinat de
M. le duc de Berry ; le fait littéraire, c'est je ne sais quel
vaudeville. Il y a trop de disproportion. Quand donc ce
siècle aura-t-il une littérature au niveau de son mouvement social, des poëtes aussi grands que ses événements ?

———

C'est sans doute par une conviction intime de mon ignorance que je tremble à l'approche d'une tête savante et
que je recule à l'aspect d'un livre érudit. Quand le talent
de critique se trouva dans mon cerveau, je savais tout juste
assez de latin pour entendre ce que signifiait *genus irritabile*, et j'avais tout juste assez d'esprit et d'expérience pour
comprendre que cette qualification s'applique au moins
aussi bien aux savants qu'aux poëtes. Me voyant donc forcé
d'exercer mon talent de critique sur l'une ou l'autre de ces
deux classes constituantes du *genus irritabile*, je me promis bien de n'établir jamais ma juridiction que sur la dernière, parce qu'elle est réellement la seule qui ne puisse
démontrer l'ineptie ou l'ignorance d'un critique. Vous dites
à un poëte tout ce qui vous passe par la tête, vous lui dic-
tez des arrêts, vous lui inventez des défauts. S'il se fâche, vous
citez Aristote, Quintilien, Longin, Horace, Boileau. S'il
n'est pas étourdi de tous ces grands noms, vous invoquez
le *goût* ; qu'a-t-il à répondre ? Le goût est semblable à ces
anciennes divinités païennes qu'on respectait d'autant plus
qu'on ne savait où les trouver, ni sous quelle forme les
adorer. Il n'en est pas de même avec les savants. *Ce sont*

gens, comme disait Laclos, *qui ne se battent qu'à coups de faits;* et il est fort désagréable pour un grave journaliste, lequel n'a ordinairement d'un érudit que le pédantisme, de se voir rendre, par quelque savant irrité, les coups de férule qu'il lui avait administrés étourdiment. Joignez à cela qu'il n'y a rien de terrible comme la colère d'un savant, attaqué sur son terrain favori. Cette espèce d'hommes-là ne sait dire d'injures que par in-folio ; il semble que la langue ne leur fournisse point de termes assez forts pour exprimer leur indignation. Visdelou, cet amant platonique de la lexicologie, raconte, dans son *Supplément à la bibliothèque orientale*, que l'impératrice chinoise Uu-Heu commit plusieurs *crimes*, tels que d'assassiner son mari, son frère, ses fils ; mais un surtout, qu'il appelle *un attentat inouï*, c'est d'avoir ordonné, au mépris de toutes les lois de la grammaire, qu'on l'appelât *empereur* et non *impératrice*.

Tout le monde a entendu parler de Jean Alary, l'inventeur de la *Pierre philosophale des sciences :* voici quelques détails sur cet homme célèbre pour le peintre qui se proposera de faire son portrait : « Alary portait au milieu
« de la cour même une longue et épaisse barbe, un chapeau
« d'une forme haute et carrée qui n'était pas celle du
« temps, et un long manteau doublé de longue peluche
« qui lui descendait plus bas que les talons, et qu'il por-
« tait même souvent pendant les grandes chaleurs de l'été,
« ce qui le distinguait des autres hommes, et le faisait con-
« naître du peuple, qui l'appelait hautement le *philosophe*
« *crotté*, de quoi, dit Colletet, sa modestie ne s'offensait
« jamais. »

Colletet appelait Alary le *philosophe crotté*, Boileau appelait Colletet le *poëte crotté*. C'est qu'alors l'esprit et le savoir, ces deux démons si redoutés aujourd'hui, étaient de fort pauvres diables. Aujourd'hui ce qui salit le poëte et le philosophe, ce n'est pas la pauvreté, c'est la vénalité; ce n'est pas la crotte, c'est la boue.

On considère maintenant en France, et avec raison, comme le complément nécessaire d'une éducation élégante, une certaine facilité à manier ce qu'on est convenu d'appeler le style épistolaire. En effet, le genre auquel on donne ce nom — s'il est vrai que ce soit un genre — est dans la littérature comme ces champs du domaine public que tout le monde est en droit de cultiver. Cela vient de ce que le genre épistolaire tient plus de la nature que de l'art. Les productions de cette sorte sont, en quelque façon, comme les fleurs qui croissent d'elles-mêmes, tandis que toutes les autres compositions de l'esprit humain ressemblent, pour ainsi dire, à des édifices qui, depuis leurs fondements jusqu'à leur faîte, doivent être laborieusement bâtis d'après les lois générales et des combinaisons particulières. La plupart des auteurs épistolaires ont ignoré qu'ils fussent auteurs; ils ont fait des ouvrages comme ce M. Jourdain, tant de fois cité, faisait de la prose, sans le savoir. Ils n'écrivaient point pour écrire, mais parce qu'ils avaient des parents et des amis, des affaires et des affections. Ils n'étaient nullement préoccupés, dans leurs correspondances, du souci de l'immortalité, mais tout bourgeoisement des soins matériels de la vie. Leur style est simple comme l'intimité, et cette simplicité en fait le charme. C'est parce qu'ils n'ont envoyé leurs lettres qu'à leurs familles qu'elles sont parvenues à la postérité. Nous croyons qu'il est impossible de dire quels sont les éléments du style épistolaire; les autres genres ont des règles, celui-là n'a que des secrets.

SATIRIQUES ET MORALISTES.

Celui qui, tourmenté du généreux démon de la satire, prétend dire des vérités dures à son siècle doit, pour mieux terrasser le vice, attaquer en face l'homme vicieux; pour le flétrir, il doit le nommer; mais il ne peut acquérir ce droit qu'en se nommant lui-même. De cette manière, il s'assure en quelque sorte la victoire; car, plus son ennemi est puissant, plus il se montre courageux, lui, et la puissance recule toujours devant le courage. D'ailleurs, la vérité veut être dite à haute voix, et une médisance anonyme est peut-être plus honteuse qu'une calomnie signée. Il n'en est pas de même du moraliste paisible qui ne se mêle dans la société que pour en observer en silence les ridicules et les travers, le tout à l'avantage de l'humanité. S'il examine les individus en particulier, il ne critique que l'espèce en général. L'étude à laquelle il se livre est donc absolument innocente, puisqu'il cherche à guérir tout le monde sans blesser personne. Cependant, pour remplir avec fruit son utile fonction, sa première précaution doit être de garder l'incognito. Quelque bonne opinion que nous ayons de nous-mêmes, il y a toujours en nous une certaine conscience qui nous fait considérer comme hostile la démarche de tout homme qui vient scruter notre caractère. Cette conscience est celle de

L'endroit que l'on sent faible et qu'on veut se cacher.

Aussi, si nous sommes forcés de vivre avec celui que nous

regardons comme un importun surveillant, nous envelopperons nos actions d'un voile de dissimulation, et il perdra toutes ses peines. Si, au contraire, nous pouvons l'éviter, nous le ferons fuir de tout le monde en le dénonçant comme un fâcheux. Le philosophe observateur, à la manière des acteurs anciens, ne peut remplir son rôle s'il ne porte un masque. Nous recevrons fort mal le maladroit qui nous dira : Je viens compter vos défauts et étudier vos vices. Il faut, comme dit Horace, qu'il mette du foin à ses cornes, autrement nous crierions tous haro! Et celui qui se charge d'exploiter le domaine du ridicule, toujours si vaste en France, doit se glisser plutôt que se présenter dans la société, remarquer tout sans se faire remarquer lui-même et ne jamais oublier ce vers de Mahomet :

Mon empire est détruit si l'homme est reconnu.

Il ne faut pas juger Voltaire sur ses comédies, Boileau sur ses odes pindariques, ou Rousseau sur ses *allégories* marotiques. La critique ne doit pas s'emparer méchamment des faiblesses que présentent souvent les plus beaux talents, de même que l'histoire ne doit point abuser des petitesses qui se rencontrent dans presque tous les grands caractères. Louis XIV se serait cru déshonoré si son valet de chambre l'eût vu sans perruque; Turenne, seul dans l'obscurité, tremblait comme un enfant; et l'on sait que César avait peur de verser en montant sur son char de triomphe.

En 1676, Corneille, l'homme que les siècles n'oublieront pas, était oublié de ses contemporains, lorsque Louis XIV fit représenter à Versailles plusieurs de ses tragédies. Ce souvenir du roi excita la reconnaissance du grand homme : *la veine* de Corneille se ranima, et le dernier cri de joie du vieillard fut peut-être un des plus beaux chants du poëte :

> Est-il vrai, grand monarque, et puis-je me vanter
> Que tu prennes plaisir à me ressusciter?
> Qu'au bout de quarante ans Cinna, Pompée, Horace,
> Reviennent à la mode et retrouvent leur place,
> Et que l'heureux brillant de mes jeunes rivaux
> N'ôte point leur vieux lustre à mes premiers travaux?
> . . . .
> Tel Sophocle à cent ans charmait encore Athènes,
> Tel bouillonnait encor son vieux sang dans ses veines,
> Diraient-ils à l'envi, lorsqu'Œdipe aux abois
> De ses juges pour lui gagnait toutes les voix.
> Je n'irai pas si loin, et si mes quinze lustres
> Font encor quelque peine aux modernes illustres,
> S'il en est de fâcheux jusqu'à s'en chagriner,
> Je n'aurai pas longtemps à les importuner.
> Quoi que je m'en promette, ils n'en ont rien à craindre.
> C'est le dernier éclat d'un feu prêt à s'éteindre;
> Au moment d'expirer il tâche d'éblouir,
> Et ne frappe les yeux que pour s'évanouir.

Ces vers m'ont toujours profondément ému. Corneille, aigri par l'envie, rebuté par l'indifférence, y laisse entrevoir toute la fière mélancolie de sa grande âme. Il sentait sa force, et il n'en était que plus amer pour lui de se voir méconnu. Ce mâle génie avait reçu à un haut degré de la nature la conscience de lui-même. Qu'on juge cependant à quel point les attaques réitérées de ses Zoïles durent influer sur ses idées pour l'amener à dire avec une sorte de conviction :

> Sed neque Godæis accedat musa tropæis,
>   Nec Capellanum fas mihi velle sequi.

De pareils vers, écrits sérieusement par Corneille, sont une bien sanglante épigramme contre son siècle.

SUR ANDRÉ DE CHÉNIER.

1819.

Un livre de poésie vient de paraître. Et quoique l'auteur soit mort, les critiques pleuvent. Peu d'ouvrages ont été plus rudement traités par les *connaisseurs* que ce livre. Il ne s'agit pas cependant de torturer un vivant, de décourager un jeune homme, d'éteindre un talent naissant, de tuer un avenir, de ternir une aurore. Non, cette fois la critique, chose étrange! s'acharne sur un cercueil ; pourquoi? en voici la raison en deux mots : c'est que c'est bien un poëte mort, il est vrai, mais c'est aussi une poésie nouvelle qui vient de naître. Le tombeau du poëte n'obtient pas grâce pour le berceau de sa muse.

Pour nous, nous laisserons à d'autres le triste courage de triompher de ce jeune lion arrêté au milieu de ses forces. Qu'on invective ce style incorrect et parfois barbare, ces idées vagues et incohérentes, cette effervescence d'imagination, rêves tumultueux du talent qui s'éveille; cette manie de mutiler la phrase, et, pour ainsi dire, de la tailler à la grecque; les mots dérivés des langues anciennes employés dans toute l'étendue de leur acception maternelle; des coupes bizarres, etc. Chacun de ces défauts du poëte est peut-être le germe d'un perfectionnement pour la poésie. En tout cas, ces défauts ne sont point dangereux, il s'agit de rendre justice à un homme qui n'a point joui de sa gloire. Qui osera lui reprocher ses imperfections lorsque la hache révolutionnaire repose encore toute sanglante au milieu de ses travaux inachevés?

Si d'ailleurs l'on vient à considérer quel fut celui dont nous recueillons aujourd'hui l'héritage, nous ne pensons pas que le sourire effleure facilement les lèvres. On verra ce jeune homme, d'un caractère noble et modeste, enclin à toutes les douces affections de l'âme, ami de l'étude, enthousiaste de la nature. En ce même temps, la révolution est imminente, la renaissance des siècles antiques est proclamée. Chénier devait être trompé, il le fut. Jeunes gens, qui de nous n'aurait point voulu l'être? Il suit le fantôme, il se mêle à tout ce peuple qui marche avec une ivresse délirante par le chemin des abîmes. Plus tard on ouvrit les yeux, les hommes égarés tournèrent la tête, il n'était plus temps pour revenir en arrière, il était encore temps pour mourir avec honneur. Plus heureux que son frère, Chénier vint désavouer son siècle sur l'échafaud.

Il s'était présenté pour défendre Louis XVI, et, quand le martyr fut envoyé au ciel, il rédigea cette lettre par laquelle la dernière ressource de l'appel au peuple fut en vain offerte à la conscience des bourreaux.

Cet homme si digne de sympathie n'eut pas le temps de devenir un poëte parfait; mais, en parcourant les fragments qu'il nous a laissés, on rencontre des détails qui font oublier tout ce qui lui manque. Nous allons en signaler quelques-uns. Voyons d'abord le tableau de Thésée tuant un centaure :

> Il va fendre sa tête;
> Soudain le fils d'Égée, invincible, sanglant,
> L'aperçoit, à l'autel prend un chêne brûlant,
> Sur sa croupe indomptée, avec un cri terrible,
> S'élance, va saisir sa chevelure horrible,
> L'entraîne, et quand sa bouche, ouverte avec effort,
> Crie, il y plonge ensemble et la flamme et la mort.

Ce morceau présente ce qui constitue l'originalité des

poëtes anciens, la trivialité dans la grandeur; d'ailleurs l'action est vive, toutes les circonstances sont bien saisies et les épithètes sont pittoresques. Que lui manque-t-il? Une coupe *élégante?* nous préférons cependant une pareille « barbarie » à ces vers, qui n'ont d'autre mérite qu'une irréprochable médiocrité.

Il y a dans Ovide :

> Nec dicere Rhœtus
> Plura sinit, rutilasque ferox per aperta loquentis
> Condidit ora viri, perque os in pectore flammas.

C'est ainsi que Chénier imite. En maitre. Il avait dit des serviles imitateurs :

> La nuit vient, le corps reste et son ombre s'enfuit.

Voyez encore ces vers de l'apothéose d'Hercule :

> Il monte, sous ses pieds
> Etend du vieux lion la dépouille héroïque,
> Et, l'œil au ciel, la main sur la massue antique,
> Attend sa récompense et l'heure d'être un dieu.
> Le vent souffle et mugit, le bûcher tout en feu
> Brille autour du héros, et la flamme rapide
> Porte aux palais divins l'âme du grand Alcide.

Nous préférons cette image à celle d'Ovide, qui peint Hercule étendu sur son bûcher, avec un visage aussi calme que s'il était couché sur le lit des festins. Remarquons seulement que l'image d'Ovide est païenne, celle d'Andre de Chénier est chrétienne.

Veut-on maintenant des vers bien faits? des vers où brille le mérite de la difficulté vaincue? tournons la page, car, pour citer, on n'a guère que l'embarras du choix :

> Toujours ce souvenir m'attendrit et me touche,
> Quand lui-même, appliquant la flûte sur ma bouche,
> Riant et m'asseyant près de lui, sur son cœur.

la appelait son rival et déjà son vainqueur ;
Il façonnait ma lèvre inhabile et peu sûre
A souffler une haleine harmonieuse et pure,
Et ses savantes mains, prenant mes jeunes doigts,
Les levaient, les baissaient, recommençaient vingt fois,
Leur enseignant ainsi, quoique faibles encore,
A fermer tour à tour les trous du buis sonore.

Veut-on des images gracieuses ?

J'étais un faible enfant qu'elle était grande et belle.
Elle me souriait et m'appelait près d'elle ;
Debout sur ses genoux, mon innocente main
Parcourait ses cheveux, son visage, son sein ;
Et sa main quelquefois, aimable et caressante,
Feignait de châtier mon enfance imprudente.
C'est devant ses amants, auprès d'elle confus,
Que la fière beauté me caressait le plus.
Que de fois (mais, hélas ! que sent-on à cet âge?),
Que de fois ses baisers ont pressé mon visage !
Et les bergers disaient, me voyant triomphant :
O que de biens perdus ! O trop heureux enfant !

Les idylles de Chénier sont la partie la moins travaillée de ses ouvrages, et cependant nous connaissons peu de poëmes dans la langue française dont la lecture soit plus attachante ; cela tient à cette vérité de détails, à cette abondance d'images qui caractérisent la poésie antique. On a observé que telle églogue de Virgile pourrait fournir des sujets à toute une galerie de tableaux.

Mais c'est surtout dans l'élégie qu'éclate le talent d'André de Chénier. C'est là qu'il est original, c'est là qu'il laisse tous ses rivaux en arrière. Peut-être l'habitude de l'antiquité nous égare, peut-être avons-nous lu avec trop de complaisance les premiers essais d'un poëte malheureux ; cependant nous osons croire, et nous ne craignons pas de le dire, que, malgré tous ses défauts, André de Chénier sera regardé parmi nous comme le père et le modèle de la véritable élégie. C'est ici qu'on est saisi d'un profond regret, en voyant combien ce jeune talent marchait déjà de lui-même vers un perfectionnement rapide. En effet, élevé au milieu des muses antiques, il ne lui manquait que la familiarité de sa langue; d'ailleurs il n'était dépourvu ni de sens ni de lecture, et encore moins de ce goût qui n'est que l'instinct du vrai beau. Aussi voit-on ses défauts faire rapidement place à des beautés hardies, et, s'il se débarrasse encore quelquefois des entraves grammaticales, ce n'est plus guère qu'à la manière de la Fontaine, pour donner à son style plus de mouvement, de grâce et d'énergie. Nous citerons ces vers :

> Et c'est Glycère, amis, chez qui la table est prête!
> Et la belle Amélie est aussi de la fête?
> Et Rose qui jamais ne lasse les désirs,
> Et dont la danse molle aiguillonne aux plaisirs!
> . . . .
> J'y consens, avec vous je suis prêt à m'y rendre;
> Allons. Mais si Camille, ô dieux, vient à l'apprendre!
> Quel orage suivra ce banquet tant vanté,
> S'il faut qu'à son oreille un mot en soit porté!
> Oh! vous ne savez pas jusqu'où va son empire.
> Si j'ai loué des yeux, une bouche, un sourire;
> Ou si, près d'une belle assis en un repas,
> Nos lèvres en riant ont murmuré tout bas,
> Elle a tout vu. Bientôt cris, reproches, injures :
> Un mot, un geste, un rien, tout était un parjure.
> « Chacun pour cette belle avait vu mes égards;
> « Je lui parlais des yeux, je cherchais ses regards. »
> Et puis des pleurs, des pleurs... que Memnon sur sa cendre
> A sa mère immortelle en a moins fait répandre.
> Que dis-je? sa colère ose en venir aux coups...

Et ceux-ci, où éclatent, à un égal degré, la variété des coupes et la vivacité des tournures :

> Une amante moins belle aime mieux, et du moins,
> Humble et timide, à plaire elle est pleine de soins;
> Elle est tendre, elle a peur de pleurer votre absence;
> Fidèle, peu d'amants attaquent sa constance;

Et son égale humeur, sa facile gaîté,
L'habitude, à son front tiennent lieu de beauté.
Mais celle qui partout fait conquête nouvelle,
Celle qu'on ne voit point sans dire : Qu'elle est belle!
Insulte en son triomphe aux soupirs de l'amour.
Souveraine au milieu d'une tremblante cour,
Dans son léger caprice inégale et soudaine,
Tendre et bonne aujourd'hui, demain froide et hautaine,
Si quelqu'un se dérobe à ses enchantements.
Qu'est-ce enfin qu'un de moins dans un peuple d'amants?
On brigue ses regards, elle s'aime et s'admire,
Et ne connaît d'amour que celui qu'elle inspire.

En général, quelle que soit l'inégalité du style de Chénier, il est peu de pages dans lesquelles on ne rencontre des images pareilles à celle-ci :

Oh! si tu la voyais, cette belle coupable,
Rougir, et s'accuser, et se justifier,
Sans implorer sa grâce et sans s'humilier!
Pourtant de l'obtenir doucement inquiète,
Et les cheveux épars, immobile, muette,
Les bras, la gorge nue, en un mol abandon,
Tourner sur toi des yeux qui demandent pardon,
Crois qu'abjurant soudain le reproche farouche,
Tes baisers porteraient le pardon sur sa bouche!

Voici encore un morceau d'un genre différent, aussi énergique que celui-là est gracieux. On croirait lire des vers de quelqu'un de nos vieux poëtes :

Souvent, las d'être esclave et de boire la lie,
De ce calice amer que l'on nomme la vie,
Las du mépris des sots qui suit la pauvreté,
Je regarde la tombe, asile souhaité!
Je souris à la mort volontaire et prochaine.
Je me prie en pleurant d'oser rompre ma chaîne.
Le fer libérateur qui percerait mon sein
Déjà frappe mes yeux et frémit sous ma main;
Et puis mon cœur s'écoute et s'ouvre à la faiblesse;
Mes parents, mes amis, l'avenir, ma jeunesse;

Mes écrits imparfaits : car, à ses propres yeux,
L'homme sait se cacher d'un voile spécieux..
A quelque noir destin qu'elle soit asservie,
D'une étreinte invincible il embrasse la vie,
Et va chercher bien loin, plutôt que de mourir,
Quelque prétexte ami de vivre et de souffrir.
Il a souffert, il souffre, aveugle d'espérance,
Il se traîne au tombeau de souffrance en souffrance,
Et la mort, de nos maux ce remède si doux,
Lui semble un nouveau mal, le plus cruel de tous !

Il est hors de doute que si Chénier avait vécu il se serait placé un jour au rang des premiers poëtes lyriques. Jusque dans ses essais informes on trouve déjà tout le mérite du genre, la verve, l'entraînement, et cette fierté d'idées d'un homme qui pense par lui-même; d'ailleurs partout la même flexibilité de style; là, des images gracieuses; ici, des détails rendus avec la plus énergique trivialité. Ses odes, à la manière antique, écrites en latin, seraient citées comme des modèles d'élévation et d'énergie; encore, toutes latines qu'elles sont, il n'est point rare d'y trouver des strophes dont aucun poëte français ne désavouerait la teinte ferme et originale :

  Vain espoir ! inutile soin !
Ramper est des humains l'ambition commune;
  C'est leur plaisir, c'est leur besoin !
Voir fatigue leurs yeux, juger les importune.
  Ils laissent juger la fortune
Qui fait juste celui qu'elle fait tout-puissant.
Ce n'est point la vertu, c'est la seule victoire
  Qui donne et l'honneur et la gloire.
Teint du sang des vaincus, tout glaive est innocent.

Et plus loin :

C'est bien. Fais-toi justice, ô peuple souverain !
  Dit cette cour lâche et hardie.
Ils avaient dit : C'est bien, quand, la lyre à la main,
L'incestueux chanteur, ivre de sang romain,
  Applaudissait à l'incendie.

Il n'y aura point d'opinion mixte sur André de Chénier. Il faut jeter le livre ou se résoudre à le relire souvent; ses vers ne veulent pas être jugés, mais sentis. Ils survivront à bien d'autres qui aujourd'hui paraissent meilleurs. Peut-être, comme le disait naïvement la Harpe, peut-être parce qu'ils renferment en effet quelque chose. En général, en lisant Chénier, substituez aux termes qui vous choquent leurs équivalents latins, il sera rare que vous ne rencontriez pas de beaux vers. D'ailleurs, vous trouverez dans Chénier la manière franche et large des anciens; rarement de vaines antithèses, plus souvent des pensées nouvelles, des peintures vivantes, partout l'empreinte de cette sensibilité profonde sans laquelle il n'est point de génie, et qui est peut-être le génie elle-même. Qu'est-ce, en effet, qu'un poëte? Un homme qui sent fortement, exprimant ses sensations dans une langue plus expressive. La poésie, ce n'est presque que sentiment.

Il y a déjà dans la nouvelle génération née avec ce siècle des commencements de grands poëtes.

Attendez quelques années encore.

Les fils des dents du Dragon n'avaient pas besoin d'être entièrement sortis de la terre pour qu'on reconnût en eux des guerriers; et lorsque vous aviez vu seulement les gantelets d'Erix, vous pouviez juger les forces de l'athlète.

A UN TRADUCTEUR D'HOMÈRE.

Les grands poëtes sont comme les grandes montagnes : ils ont beaucoup d'échos. Leurs chants sont répétés dans toutes les langues, parce que leurs noms se trouvent dans toutes les bouches. Homère a dû, plus que tout autre, à

son immense renommée le privilége ou le malheur d'une
foule d'interprètes. Chez tous les peuples, d'impuissants
copistes et d'insipides traducteurs ont défiguré ses poëmes; et, depuis Accius Labeo, qui s'écriait :

> Crudum manduces Priamum Priamique puellos,
>
> Mange tout crus Priam et ses enfants,

jusqu'à ce brave contemporain de Marot, qui faisait dire
au chantre d'Achille :

> Lors, face à face, on vit ces deux grands ducs,
> Piteusement sur la terre étendus;

depuis le siècle du grammairien Zoïle jusqu'à nos jours, il
est impossible de calculer le nombre des pygmées qui ont
tour à tour essayé de soulever la massue d'Hercule.

Croyez-moi, ne vous mêlez pas à ces nains. Votre traduction est encore en portefeuille; vous êtes bien heureux
d'être à temps pour la brûler.

Une traduction d'Homère, en vers français, c'est monstrueux et insoutenable, monsieur. Je vous affirme, en toute
conscience, que je suis indigné de votre traduction.

Je ne la lirai certes pas. Je veux en être quitte pour la
peur. Je déclare qu'une traduction en vers, de n'importe
qui, par n'importe qui, me semble chose absurde, impossible et chimérique. Et j'en sais quelque chose, moi qui ai
rimé en français (ce que j'ai caché soigneusement jusqu'à
ce jour) quatre ou cinq mille vers d'Horace, de Lucain et
de Virgile; moi qui sais tout ce qui se perd d'un hexamètre
qu'on transvase dans un alexandrin.

Mais Homère ! monsieur ! traduire Homère !

Savez-vous bien que la seule simplicité d'Homère a, de
tout temps, été l'écueil des traducteurs? Madame Dacier l'a
changée en platitude; Lamotte-Houdard, en sécheresse;
Bitaubé en fadaise. François Porto dit qu'il faudrait être un

second Homère pour louer dignement le premier. Qui faudrait-il donc être pour le traduire ?

EN VOYANT DES ENFANTS SORTIR DE L'ÉCOLE.

Juin 1820.

Je ris quand chaque soir de l'école voisine
Sort et s'échappe en foule une troupe enfantine,
Quand j'entends sur le seuil le sévère mentor
Dont les derniers avis les poursuivent encor :
— Hâtez-vous, il est tard, vos mères vous attendent !...
Inutiles clameurs que les vents seuls entendent !
Il rentre. Alors la bande, avec des cris aigus,
Se sépare, oubliant les ordres de l'argus.
Les uns courent sans peur pendant qu'il fait un somme,
Simuler des assauts sur le foin du bonhomme ;
D'autres jusqu'en leurs nids surprennent les oiseaux
Qui le soir le charmaient, errant sous ses berceaux ;
Ou, se glissant sans bruit, vont voir avec mystère
S'ils ont laissé des noix au clos du presbytère.
Sans doute vous blâmez tous ces jeux dont je ris ;
Mais Montaigne, en songeant qu'il naquit dans Paris,
Vantait son air impur, la fange de ses rues ;
Montaigne *aimait Paris jusque dans ses verrues.*
J'ai passé par l'enfance, et cet âge chéri
Plaît, même en ses écarts, à mon cœur attendri.
Je ne sais, mais pour moi sa naïve ignorance
Couvre encor ses défauts d'un voile d'innocence.
Le lierre des rochers déguise le contour,
Et tout paraît charmant aux premiers feux du jour.

Age serein où l'âme, étrangère à l'envie,
Se prépare en riant aux douleurs de la vie,
Prend son penchant pour guide, et, simple en ses transports,
Fait le bien sans orgueil et le mal sans remords !

A DE PETITS ENFANTS EN CLASSE.

Juin 1820.

Vous qui, les yeux fixés sur un gros caractère,
L'imitez vainement sur l'arène légère,
Et voyez chaque fois, malgré vos soins nouveaux,
Le cylindre fatal effacer vos travaux,
Ce triste passe-temps, mes enfants, c'est la vie.
Un jour, vers le bonheur tournant un œil d'envie,
Vous ferez comme moi, sur ce modèle heureux,
Bien des projets charmants, bien des plans généreux ;
Et puis viendra le sort, dont la main inquiète
Détruira dans un jour votre ébauche imparfaite.

Êtres purs et joyeux, meilleurs que nous ne sommes,
Enfants, pourquoi faut-il que vous deveniez hommes ?
Pourquoi faut-il qu'un jour vous soyez comme nous
Esclaves ou tyrans, enviés ou jaloux !

Il n'y a plus rien d'original aujourd'hui à pécher contre la grammaire, beaucoup d'écrivains nous ont lassés de cette originalité-là. Il faut aussi éviter de tirer parti des petits détails, genre qui montre de la recherche et de l'affectation. Il faut laisser ces puérils moyens d'amuser à ces gens qui mettent des intentions dans une virgule et des réflexions dans un trait suspensif, font de l'esprit sur tout et de l'érudition sur rien ; et qui, dernièrement encore, à propos de ces piqueurs qui ont alarmé tout Paris, remirent sur la scène les hommes de tous les siècles et de tous les pays, depuis Caligula qui piquait les mouches jusqu'à Don Quichotte qui piquait les moines.

Campistron, comme Lagrange-Chancel, avait montré de bonne heure des dispositions pour la poésie, et cependant ils ne se sont jamais élevés tous les deux au-dessus du médiocre. Il est rare, en effet, que des talents si précoces parviennent jamais à la maturité du génie. C'est une vérité dont nous pouvons tous les jours nous convaincre davantage. Nous voyons des jeunes gens faire à dix neuf ans ce que Racine n'aurait pas fait à vingt-cinq ; mais à vingt-cinq ils sont arrivés à l'apogée de leur talent, et à vingt-huit ans ils ont déjà défait la moitié de leur gloire. On nous objectera que Voltaire aussi avait fait des vers dès son enfance, mais il est à remarquer que, dès quinze ans, Campistron et Lagrange-Chancel étaient connus dans les salons et considérés comme de petits grands hommes ; tandis qu'au même âge Voltaire était déjà en fuite de chez son père ; et, en général, ce n'est pas dans des cages, fussent-elles dorées, qu'il faut élever les aigles.

Quand un écrivain a pour qualité principale l'originalité, il perd souvent quelque chose à être cité. Ses peintures et ses réflexions, dictées par un esprit organisé d'une façon particulière, veulent être vues à la place où l'auteur les a disposées, précédées de ce qui les amène, suivies de ce qu'elles entrainent. Liées à l'ouvrage, la couleur bien appareillée des parties concourt à l'harmonie de l'ensemble ; détachées du tout, cette même couleur devient disparate et forme une dissonance avec tout ce dont on l'entoure. Le style du critique, qui doit être simple et coulant, et qui est maintes fois plat et commun, présente un contraste choquant avec le style large, hardi et souvent brusque de l'auteur original. Une citation de tel grand poëte ou de tel grand écrivain, encadrée dans la prose luisante, récurée et bourgeoise de tel critique, c'est un effet pareil à celui que ferait une figure de Michel-Ange au milieu des casseroles trompe-l'œil de M. Drolling.

Il est difficile de ne point avoir de prévention contre cette manie, aujourd'hui si commune à nos auteurs, de réunir des imaginations toujours diverses et souvent contraires pour concourir au même ouvrage. Cowley, pressé par le marquis de Twickenham de s'adjoindre dans ses travaux je ne sais quel poëte obscur, répondit à sa seigneurie qu'un âne et un cheval traîneraient mal un chariot. Deux auteurs perdent souvent, en le mettant en commun, tout le talent qu'ils pourraient avoir chacun séparément. Il est impossible que deux têtes humaines conçoivent le même sujet absolument de la même manière ; et l'absolue unité de la conception est la première qualité d'un ouvrage. Autrement, les idées des divers collaborateurs se heurtent sans se lier ; et il résulte de l'ensemble une discordance inévitable qui choque sans qu'on s'en rende raison. Les auteurs excellents, anciens et modernes, ont toujours travaillé seuls, et voilà pourquoi ils sont excellents.

UN FEUILLETON.

Décembre 1820.

THÉATRE-FRANÇAIS. — *Jean de Bourgogne.*
Tragédie en cinq actes.

C'est un inconvénient des sujets historiques d'embarrasser l'intelligence de notre savant parterre. Il arrive devant la toile, sans rien connaître des événements qui vont se passer sous ses yeux, et auxquels ne l'initie qu'assez superficiellement une exposition toujours mal écoutée ou mal entendue. C'est dans le journal du lendemain que les spectateurs iront le plus souvent chercher de quelle race sortait le héros, à quelle famille appartenait l'héroïne, sur quel pays régnait le tyran ; désappointés si le critique n'éclaire pas leur ignorance, et ne leur dit pas, comme au valet Hector, de quel pays était le *galant homme Sénèque.*

Nous nous dispenserons toutefois d'obéir à l'usage ; d'abord parce que, longtemps avant que nous nous mêlassions de régenter les théâtres, les petits précis historiques des feuilletons nous avaient toujours paru fort ennuyeux ; ensuite parce que nous ne pouvons décemment nous flatter de réussir mieux au métier d'historien que tant de critiques plus habiles que nous, nos devanciers ; et, sur ce, fort de l'avis de Barnes, qu'il suffit, pour gagner une cause, de trouver *deux raisons, bonnes ou mauvaises,* nous passons à *Jean de Bourgogne.*

Dès les premières scènes de cette pièce, nous voyons se dessiner trois principaux caractères ; ce qui nous donne deux actions distinctes, ou, si l'on veut, deux faits en question différents, savoir : la question entre le dauphin et le duc de Bourgogne, ou la France sera-t-elle sauvée ? et la question entre le duc de Bourgogne et Valentine de Milan, ou la mort du duc d'Orléans sera-t-elle vengée ? A cette inadvertance de diviser ainsi l'attention du spectateur en présentant deux héros à son affection, l'auteur a joint le tort beaucoup plus grand de ne pas réunir les deux affections qui en résultent en un seul et même intérêt. En effet, s'il nous montre le dauphin prêt à tout sacrifier pour sauver la France, il nous montre en même temps la duchesse prête à tout sacrifier, même la France, pour sauver son mari ; il suit de là que le spectateur qui s'intéresse à l'une des deux actions ne s'intéresse pas à l'autre, et réciproquement, de telle sorte que la moitié de la pièce est frappée de mort. Cette combinaison est d'autant plus malheureuse, qu'elle ne paraissait nullement nécessaire. Dès que l'auteur voulait commencer sa pièce par rappeler les crimes de Jean de Bourgogne, idée juste et tragique, il n'avait pas besoin de l'intervention personnelle de la duchesse d'Orléans ; une lettre eût suffi, et le spectateur se serait trouvé transporté tout de suite au milieu des scènes animées du second acte, seul point véritable de la pièce où commence l'action.

Lorsque nous disons que l'action commence, nous sentons avec peine que nous nous servons d'une expression impropre, c'est *paraît devoir commencer* que nous devrions dire. En effet, la tragédie nouvelle, estimable sous d'autres rapports, n'est encore, quant au plan, qu'une pièce comme tant d'autres, une tragédie sans action, une sorte de lanterne magique, où tous les personnages courent les uns après les autres sans pouvoir jamais s'atteindre.

Ainsi, lorsque le dauphin est à délibérer dans son conseil sur l'accusation portée contre le duc de Bourgogne, tout à coup celui-ci se présente, et, loin de se justifier, déclare la guerre à son souverain. Voilà une situation, mais que produit-elle? Rien. Les deux partis se séparent avec des menaces réciproques. Cependant Tannegui-Duchâtel est là qui doit assassiner le prince un jour, et qui devrait, ce semble, profiter de l'occasion. Et de deux choses l'une : ou le duc de Bourgogne a les moyens de s'emparer de la personne de son maître, et alors pourquoi ne le fait-il pas? ou il n'en a pas le pouvoir, et alors pourquoi vient-il s'exposer, par une bravade inutile, aux suites d'un premier mouvement, incalculables dans tout autre personnage qu'un héros aussi patient que le dauphin?

Et, plus loin encore, nous retrouvons la même situation, mais dégagée de tout ce qui peut la rendre décisive. O vient annoncer au dauphin que le duc de Bourgogne est maître de Paris et qu'il marche sur le palais. Voilà le dauphin en péril, comment fera-t-il pour en sortir ? Rien de plus simple : il sort par une porte, et le duc de Bourgogne entre par l'autre. Mais, dira l'auteur, le dauphin se laisse entraîner. Et voilà justement le malheur, les grands caractères doivent toujours agir par eux-mêmes, autrement était-ce la peine de nous annoncer des géants, si auparavant vous aviez pris soin de leur attacher les jambes ?

Cependant le duc de Bourgogne, resté seul, se garde bien de poursuivre le dauphin, ce qui le mettrait dans la nécessité d'être vainqueur ou d'être vaincu. Il s'amuse à composer avec les Armagnacs, à rabattre les prétentions des Anglais, et même à offrir des places au chancelier. Puis il part pour Montereau. Tout à coup on apprend qu'il y a accepté une entrevue avec le dauphin, et qu'il y a été assassiné. Il est évident que, si le commencement de la pièce nous a fait voir de grands événements ne produisant que de petits résultats, la balance se rétablit bien au dernier acte, et qu'il est difficile de voir un événement plus important produit par une cause plus légère et plus inattendue. Nous venons d'exposer en peu de mots le plan de *Jean de Bourgogne*, dégagé de toutes les scènes épisodiques ; il nous reste à examiner comment un auteur, qui est loin de manquer de talent, a pu être conduit à travailler sur un canevas aussi imparfait.

Le malheur de l'auteur vient d'avoir confondu les deux espèces de tragédies : la tragédie de sentiments et la tragédie d'événements. Il suffit, pour s'en convaincre, d'établir entre ces deux héros quelques-uns des rapports naturels de frère à frère ou de père à fils ; nous allons voir disparaître toutes les difformités de son action. Par exemple, qu'un fils accusé d'un crime déclare la guerre à son père, doit-on être étonné que les deux personnages, eussent-ils la faculté de s'exterminer mutuellement, se séparent avec de simples menaces? Y a-t-il rien de honteux dans la fuite d'un père devant un fils rebelle? Et, si ce fils périt assassiné, malgré les ordres du père, la situation de celui-ci en sera-t-elle moins noble et moins touchante? Nous venons, sans nous en apercevoir, de retracer l'aventure de David et d'Absalon, l'une des plus tragiques qui soient dans les livres saints.

Dans le cas actuel, dès que l'auteur voulait nous représenter la mort du duc de Bourgogne, il fallait choisir entre les deux hypothèses d'un meurtre fortuit ou d'un assassinat prémédité. La première était impraticable, puisqu'une tragédie doit avoir un commencement, une fin et un milieu. En admettant la seconde, il fallait, dès les premières scènes, poser la question tragique : le duc sera-t-il assassiné, ou ne le sera-t-il pas? et faire naître l'intérêt de la lutte des circonstances qui le détournent de sa perte ou qui l'y entraînent. Mais dans la tragédie, telle qu'elle est faite, le spectateur, conduit d'incidents en incidents vers la catastrophe, sans que rien lie la catastrophe aux incidents, aperçoit à peine çà et là quelques intentions dramatiques, quelques combinaisons théâtrales qui font naufrage au milieu du flux et du reflux des épisodes.

———

Walter Scott cache son nom sous le nom de Jedediah Cleishbotham. Je ne vois pas pourquoi on l'en blâme.

Si un sot parvient à la célébrité, il ne lâche plus deux pages de son écriture sans les protéger de son nom, espérant que sa réputation fera celle de son livre, tandis que souvent celle de son livre défait la sienne. L'homme de mérite, dès qu'il est arrivé à la gloire, évite quelquefois de décorer de son nom les nouveaux écrits qu'il livre au public. Il a assez d'orgueil pour savoir que son nom influerait sur l'opinion, et assez de modestie pour ne le pas vouloir. Il aime à redevenir ignoré, pour se ménager, en quelque sorte, une nouvelle gloire. Il y a quelque chose du fanfaron dans ces guerriers d'Homère qui préludaient au combat en déclinant leurs noms et leurs généalogies, ce sont des héros plus vrais, ces chevaliers français qui combattaient la visière baissée, et ne découvraient le visage qu'après que le bras avait été reconnu.

LES *VOUS* ET LES *TU*

D'APRÈS LA RÉVOLUTION.

ARISTIDE A BRUTUS.

> Quien haga eplicabiones
> Con su pan se lo coma.
> YRIARTE.

Brutus, te souvient-il, dis-moi,
Du temps où, las de ta livrée,
Tu vins en veste déchirée
Te joindre à ce bon peuple-roi,
Fier de sa majesté sacrée
Et formé de gueux comme toi!
Dans ce beau temps de république,
Boire et jurer fut ton emploi;
Ton bonnet, ton jargon cynique,
Ton air sombre, inspiraient l'effroi;
Et, plein d'un feu patriotique,
Pour gagner le laurier civique,
Tous nos hameaux t'ont vu, je croi,
Fraterniser à coups de pique
Et piller au nom de la loi.

Las! l'autre jour, monsieur le prince,
Pour vous parler des intérêts
D'un vieil ami de ma province,

J'entrai dans votre beau palais.
D'abord, je fis, de mon air mince,
Rire un régiment de valets ;
Puis, relégué dans l'antichambre,
Tout mouillé des pleurs de décembre,
J'attendis près du feu cloué,
Et comme un sage du Pirée,
Opposant, de tous bafoué,
Au sot orgueil de la livrée
La fierté du manteau troué.
On m'appelle enfin : je m'élance,
Et l'huissier de Votre Grandeur
Me fait traverser en silence
Quatre salons « dont l'élégance
« Egalait seule la splendeur. »
Bientôt, monseigneur, plein de joie,
Je vois sur des carreaux de soie
Votre Altesse en son cabinet,
Portant sur son sein, avec gloire,
Un beau cordon, brillant de moire,
De la couleur de ton bonnet.

Quoi ! c'était donc un prince en herbe
Que mon cher Brutus d'autrefois !
On vous admire, je le vois ;
Votre savoir passe en proverbe ;
Vos festins sont dignes des rois,
Vos cadeaux sont d'un goût superbe ;
Homme d'Etat, votre talent
Eclate en vos moindres saillies ;
Et si vous dites des folies,
Vous les dites d'un ton galant.
Quant à moi, je ris en silence ;
Car, puisqu'aujourd'hui l'opulence
Donne tout, grâce, esprit, vertus,
Les bons mots de Votre Excellence
Etaient les jurons de Brutus.

Adieu, monseigneur, sans rancune.
Briguez les sourires des rois
Et les faveurs de la fortune.
Pour moi, je n'en attends aucune.

Ma bourse, vide tous les mois,
Me force à changer de retraites;
Vous, dans un poste hasardeux,
Tâchez de rester où vous êtes,
Et puissions-nous vivre tous deux,
Vous sans remords, et moi sans dettes !
Excusez si, parfois encor,
J'ose rire de la bassesse
De ces courtisans brillants d'or
Dont la foule à grands flots vous presse,
Lorsqu'entrant d'un air de noblesse
Dans les salons éblouissants
Du pouvoir et de la richesse,
L'illustre pied de Votre Altesse
Vient salir ces parquets glissants
Que tu frottais dans ta jeunesse.

Combien de malheureux, qui auraient pu mieux faire, se sont mis en tête d'écrire, parce qu'en fermant un beau livre ils s'étaient dit : J'en pourrais faire autant ! et cette réflexion-là ne prouvait rien, sinon que l'ouvrage était inimitable. En littérature comme en morale, plus une chose est belle, plus elle semble facile. Il y a quelque chose dans le cœur de l'homme qui lui fait prendre quelquefois le désir pour le pouvoir. C'est ainsi qu'il croit aisé de mourir comme d'Assas ou d'écrire comme Voltaire.

Sir Walter Scott est Ecossais, ses romans suffiraient pour nous l'apprendre. Son amour exclusif pour les sujets écossais prouve son amour pour l'Ecosse; passionné pour les vieilles coutumes de sa patrie, il se dédommage, en les peignant fidèlement, de ne pouvoir plus les suivre avec religion, et son admiration pieuse pour le caractère national éclate jusque dans sa complaisance à en détailler les défauts. Une Irlandaise, lady Morgan, s'est offerte, pour ainsi dire, comme la rivale naturelle de Walter Scott, en s'obstinant, comme lui, à ne traiter que des sujets nationaux (1); mais il y a dans ses écrits beaucoup plus d'amour pour la célébrité que d'attachement pour son pays, et beaucoup moins d'orgueil national que de vanité personnelle. Lady Morgan paraît peindre avec plaisir les Irlandais; mais il est une Irlandaise qu'elle peint surtout et partout avec enthousiasme, et cette Irlandaise, c'est elle. Miss O'Hallogan, dans *O'Donnell*, et lady Clannare, dans *Florence Mac-Carthy*, ne sont autre que lady Morgan, flattée par elle-même.

Il faut le dire, auprès des tableaux pleins de vie et de chaleur de Scott, les croquis de lady Morgan ne sont que de pâles et froides esquisses. Les romans historiques de cette dame se laissent lire; les histoires romanesques de l'Ecossais se font admirer. La raison en est simple : lady Morgan a assez de tact pour observer ce qu'elle voit, assez de mémoire pour retenir ce qu'elle observe, et assez de finesse pour rapporter à propos ce qu'elle a retenu; sa science ne va pas plus loin. Voilà pourquoi ses caractères, bien tracés quelquefois, ne sont pas soutenus; à côté d'un trait dont la vérité vous frappe, parce qu'elle l'a copié sur la nature, vous en trouvez un autre choquant de fausseté, parce qu'elle l'invente. Walter Scott, au contraire, conçoit un caractère après n'en avoir souvent observé qu'un trait; il le voit dans un mot, et le peint de même. Son excellent jugement fait qu'il ne s'égare point, et ce qu'il crée est presque toujours aussi vrai que ce qu'il observe. Quand le talent est poussé à ce point, il est plus que du talent; aussi peut-on réduire le parallèle en deux mots:

---

(1) Il faut en excepter toutefois son roman sur la France.

lady Morgan est une femme d'esprit; Walter Scott est un homme de génie.

LA SAINT-CHARLES DE 1820.

Je disais l'an passé : — Voici le jour de fête,
Charles m'attend; je veux, ceignant de fleurs ma tête,
M'offrir avec ma fille à son premier coup d'œil;
Quand ce jour reviendra, ramené par l'année,
Si je lui porte un fils, fruit de mon hyménée,
    Mon bonheur sera de l'orgueil.

    L'année a fui : voici le jour de fête!
    Est-ce une fête, hélas! que l'on apprête?
    Qu'est devenu ce jour jadis si doux?
    De pleurs amers j'ai salué l'aurore :
    Pourtant un Charle à mes vœux reste encore,
    J'embrasse un fils, mais je n'ai plus d'époux.

Veuve, deux orphelins m'attachent à la terre,
Mon bien-aimé près d'eux ne viendra pas s'asseoir;
Ils ne dormiront pas sous les yeux de leur père,
Et j'irai sur leurs fronts, plaintive et solitaire,
    Déposer le baiser du soir.

    O vain regret! félicité passée!
    Voici le jour où, sur son sein pressée,
    A mon époux je redisais ma foi,
    Et je gémis sur une urne glacée,
    Près de ce cœur qui ne bat plus pour moi! —

      Ainsi la veuve désolée,
      Digne du martyr au cercueil,
      D'un doux souvenir accablée,
      Pleurait, auprès du mausolée,
      Son court bonheur et son long deuil.

Nous voyions cependant, échappés aux naufrages,
Briller l'arc du salut au milieu des orages;
Le ciel ne s'armait plus de présages d'effroi,

De l'héroïque mère exauçant l'espérance,
Le Dieu qui fut enfant avait à notre France
Donné l'enfant qui sera roi.

———

Défiez-vous de ces gens armés d'un lorgnon, qui s'en vont partout criant : J'observe mon siècle ! Tantôt leurs lunettes grossissent les objets, et alors des chats leur semblent des tigres; tantôt elles les rapetissent, et alors des tigres leur paraissent des chats. Il faut observer avec ses yeux. Le moraliste, en effet, ne doit jamais parler que d'après son expérience immédiate, s'il veut jouir du bonheur ineffable, vanté par Addison, de trouver un jour dans la bibliothèque d'un inconnu son livre relié en maroquin, doré sur tranche, et plié en plusieurs endroits.

Il est encore pour le moraliste une condition dont nous avons déjà parlé ailleurs, celle de rester inconnu des individus qu'il étudie; il faut qu'il entre chez eux, disait encore le même Addison, aussi librement qu'un chien, un chat, ou tout autre animal domestique. Là-dessus nous pensons comme le *Spectateur*. L'observateur qui se vante de son rôle ressemble à Argus changé en paon, orgueilleux de ses cent yeux qui ne peuvent plus voir.

———

Quand une langue a déjà eu, comme la nôtre, plusieurs siècles de littérature, qu'elle a été créée et perfectionnée, maniée et torturée, qu'elle est faite à presque tous les styles, pliée à presque tous les genres, qu'elle a passé, non seulement par toutes les formes matérielles du rhythme, mais encore par je ne sais combien de cerveaux comiques, tragiques et lyriques, il s'échappe, comme une écume, de l'ensemble des ouvrages qui composent sa richesse littéraire, une certaine quantité, ou, pour ainsi dire, une certaine masse flottante de phrases convenues, d'hémistiches plus ou moins insignifiants,

Qui sont à tout le monde et ne sont à personne.

C'est alors que l'homme le moins inventif pourra, avec un peu de mémoire, s'amasser, en puisant dans ce réservoir public, une tragédie, un poëme, une ode, qui seront en vers de douze, ou huit, ou six syllabes, lesquels auront de bonnes rimes et d'excellentes césures, et ne manqueront même pas, si l'on veut, d'une élégance, d'une harmonie, d'une facilité quelconque. Là-dessus notre homme publiera son œuvre, en un bon gros volume vide, et se croira poëte lyrique, épique ou tragique, à la façon de ce fou qui se croyait propriétaire de son hôpital. Cependant l'envie, protectrice de la médiocrité, sourira à son ouvrage ; d'altiers critiques, qui voudront faire comme Dieu et créer quelque chose de rien, s'amuseront à lui bâtir une réputation ; des connaisseurs, qui ne s'obstineront pas ridiculement à vouloir que des mots expriment des idées, vanteront, d'après le journal du matin, la clarté, la sagesse, le goût du nouveau poëte ; les salons, échos des journaux, s'extasieront, et la publication dudit ouvrage n'aura d'autre inconvénient que d'user les bords du chapeau de Piron.

Ceux qui ne savent pas admirer par eux-mêmes se lassent bien vite d'admirer. Il y a au fond de presque tous les hommes je ne sais quel sentiment d'envie qui veille incessamment sur leur cœur pour y comprimer l'expression de la louange méritée, ou y enchaîner l'élan du juste enthousiasme. L'homme le plus vulgaire n'accordera à l'ouvrage le plus supérieur qu'un éloge assez restreint pour qu'on ne puisse le croire capable d'en faire autant.

Il pensera presque que louer un autre c'est prescrire son propre droit à la louange, et ne consentira au génie de tel poëte qu'autant qu'il ne paraîtra pas abdiquer le sien ; et je parle ici non de ceux qui écrivent, mais de ceux qui lisent, de ceux qui, la plupart, n'écriront jamais. D'ailleurs il est de mauvais ton d'applaudir, l'admiration donne à la physionomie une expression ridicule, et un transport d'enthousiasme peut déranger le pli d'une cravate.

Voilà, certes, de hautes raisons pour que des hommes immortels qui honorent leur siècle parmi les siècles traînent des vies d'amertume et de dégoûts, pour que le génie s'éteigne découragé sur un chef-d'œuvre, pour qu'un Camoëns mendie, pour qu'un Milton languisse dans la misère, pour que d'autres que nous ignorons, plus infortunés et plus grands peut-être, meurent sans même avoir pu révéler leurs noms et leurs talents, comme ces lampes qui s'allument et s'éteignent dans un tombeau !

Ajoutez à cela que, tandis que les illustrations les plus méritées sont refusées au génie, il voit s'élever sur lui une foule de réputations inexplicables et de renommées usurpées ; il voit le petit nombre d'écrivains plus ou moins médiocres, qui dirigent pour le moment l'opinion, exalter les médiocrités qu'ils ne craignent pas, en déprimant sa supériorité qu'ils redoutent. Qu'importe toute cette sollicitude du néant pour le néant ! on réussira, à la vérité, à user l'âme, à empoisonner l'existence du grand homme ; mais le temps et la mort viendront et feront justice. Les réputations dans l'opinion publique sont comme des liquides de différents poids dans un même vase. Qu'on agite le vase, on parviendra aisément à mêler les liqueurs ; qu'on le laisse reposer, elles reprendront toutes, lentement et d'elles-mêmes, l'ordre que leurs pesanteurs et la nature leur assignent.

Des réflexions amères viennent à l'esprit quand on songe à l'extinction, aujourd'hui inévitable, de cette illustre race de Condé, qui, sans jamais s'asseoir sur le trône, avait toujours été remarquable entre toutes les races royales de l'Europe, et avait fondé dans la maison de France une sorte de dynastie militaire, accoutumée à régner au milieu des camps et des champs de bataille. Si, dans quelques années, de nouvelles convulsions politiques amenaient (ce qu'à Dieu ne plaise) de nouvelles guerres civiles, nous tous qui servons aujourd'hui la cause monarchique, nous serions bien alors des exilés, des bannis, des proscrits; mais nous ne serions plus, comme les vainqueurs de Berstheim et de Biberach, des Condéens. Car, du moins, pour ces fidèles guerriers, sans foyers et sans asile, le nom de leur chef sexagénaire, ce grand nom de Condé, était devenu comme une patrie.

La peinture des passions, variables comme le cœur humain, est une source inépuisable d'expressions et d'idées neuves : il n'en est pas de même de la volupté. Là, tout est matériel; et quand vous avez épuisé l'albâtre, la rose et la neige, tout est dit.

Ceux qui observent avec un curieux plaisir les divers changements que le temps et les temps amènent dans l'esprit d'une nation considérée comme grand individu peuvent remarquer en ce moment un singulier phénomène littéraire, né d'un autre phénomène politique, la Révolution française. Il y a aujourd'hui en France combat entre une opinion littéraire encore trop puissante et le génie de ce siècle. Cette opinion, aride héritage légué à notre époque par le siècle de Voltaire, ne veut marcher qu'escortée de toutes les gloires de Louis XIV. C'est elle qui ne voit de poésie que sous la forme étroite du vers; qui, semblable aux juges de Galilée, ne veut pas que la terre tourne et que le talent crée ; il ordonne aux aigles de ne voler qu'avec des ailes de cire ; qui mêle, dans son aveugle admiration, à des renommées immortelles, qu'elle eût persécutées si elles avaient paru de nos jours, je ne sais quelles vieilles réputations usurpées que les siècles se passent avec indifférence et dont elle se fait des autorités contre les réputations contemporaines; en un mot, qui poursuivrait du nom de Corneille mort Corneille renaissant.

Cette opinion décourageante et injurieuse condamne toute originalité comme une hérésie. Elle crie que le règne des lettres est passé, que les Muses se sont exilées et ne reviendront plus, et chaque jour de jeunes lyres lui donnent d'harmonieux démentis ; et la poésie française se renouvelle glorieusement autour de nous. Nous sommes à l'aurore d'une grande ère littéraire, et cette flétrissante opinion voudrait que notre époque, si éclatante de son propre éclat, ne fût que le pâle reflet des deux époques précédentes! La littérature funeste du siècle passé a, pour ainsi parler, exhalé cette opinion antipoétique dans notre siècle comme un miasme chargé de principes de mort, et, pour dire la vérité entière, nous conviendrons qu'elle dirige l'immense majorité des esprits qui composent parmi nous le public littéraire. Les chefs qui l'ont donnée ont disparu; mais elle gouverne toujours la masse, elle surnage encore comme un navire qui a perdu ses mâts. Cependant il s'élève de jeunes têtes, pleines de sève et de vigueur, qui ont médité la Bible, Homère et Dante, qui se sont abreuvées aux sources primitives de l'inspiration, et qui portent en elles la gloire de notre siècle. Ces jeunes hommes seront les chefs d'une école nouvelle et pure, rivale et non ennemie des écoles anciennes, d'une opinion poétique, qui sera un jour aussi celle de la masse. En attendant, ils auront bien des combats à livrer, bien des luttes à soutenir; mais ils supporteront avec le courage du génie les adversités de la gloire. La routine reculera bien lentement devant eux; mais il viendra un jour où elle tombera pour leur faire place, comme la scorie desséchée d'une vieille plaie qui se cicatrise.

Tous ces hommes graves, qui sont si clairvoyants en grammaire, en versification, en prosodie, et si aveugles en poésie, nous rappellent ces médecins qui connaissent la moindre fibre de la machine humaine, mais qui nient l'âme et ignorent la vertu.

DU GÉNIE.

Toute passion est éloquente; tout homme persuadé persuade; pour arracher des pleurs, il faut pleurer; l'enthousiasme est contagieux, a-t-on dit.

Prenez une femme et arrachez-lui son enfant; rassemblez tous les rhéteurs de la terre, et vous pourrez dire : *A la mort, et allons dîner*; écoutez la mère; d'où vient qu'elle a trouvé des cris, des pleurs, qui vous ont attendri, et que la sentence vous est tombée des mains? On a parlé comme d'une chose étonnante de l'éloquence de Cicéron et de la clémence de César; si Cicéron eût été le père de Ligarius, qu'en eût-on dit? Il n'y avait rien là que de simple.

Et, en effet, il est un langage qui ne trompe point, que tous les hommes entendent, et qui a été donné à tous les hommes, c'est celui des grandes passions comme des grands événements, *sunt lacrymæ rerum;* il est des moments où toutes les âmes se comprennent, où Israël se lève tout entier comme un seul homme.

Qu'est-ce que l'éloquence? dit Démosthènes. L'action, l'action, et puis encore l'action. — Mais en morale comme en physique, pour imprimer du mouvement, il faut en posséder soi-même. Comment se communique-t-il? Ceci vient de plus haut; qu'il vous suffise que les choses se passent ainsi. Voulez-vous émouvoir, soyez ému; pleurez, vous tirerez des pleurs; c'est un cercle où tout vous ramène et d'où vous ne pouvez sortir. Et en effet, je vous le demande, à quoi nous eût servi le don de nous communiquer nos idées, si, comme à Cassandre, il nous eût été refusé la faculté de nous faire croire? Quel fut le plus beau moment de l'orateur romain? Celui où les tribuns du peuple lui interdisaient la parole. Romains! s'écria-t-il, je jure que j'ai sauvé la république! Et tout le monde se leva en criant : Nous jurons qu'il a dit la vérité!

Et ce que nous venons de dire de l'éloquence, nous le disons de tous les arts, car tous les arts ne sont que la même langue différemment parlée. Et en effet, qu'est-ce que nos idées? Des sensations, et des sensations comparées. Qu'est-ce que les arts, sinon les diverses manières d'exprimer nos idées?

Rousseau, s'examinant soi-même et se confrontant avec ce modèle idéal que tous les hommes portent gravé dans leur conscience, traça un plan d'éducation par lequel il garantissait son élève de tous ses vices, mais en même temps de toutes ses vertus. Le grand homme ne s'aperçut pas qu'en donnant à son Emile ce qui lui manquait, il lui ôtait ce qu'il possédait lui-même. Et en effet, cet homme, élevé au milieu du rire et de la joie, serait comme un athlète élevé loin des combats. Pour être un Hercule, il faut avoir étouffé les serpents dès le berceau. Tu veux lui épargner la lutte des passions ; mais est-ce donc vivre que d'avoir évité la vie? Qu'est-ce qu'exister? dit Locke. C'est sentir. Les grands hommes sont ceux qui ont beaucoup senti, beaucoup vécu ; et souvent, en quelques années, on a vécu bien des vies. Qu'on ne s'y trompe pas, les hauts sapins ne croissent que dans la région des orages. Athènes, ville du tumulte, eut mille grands hommes; Sparte, ville de l'ordre, n'en eut qu'un, Lycurgue; et Lycurgue était né avant ses lois.

Aussi voyons-nous la plupart des grands hommes apparaître au milieu des grandes fermentations populaires; Homère, au milieu des siècles héroïques de la Grèce; Virgile, sous le triumvirat; Ossian, sur les débris de sa patrie et de ses dieux; le Dante, l'Arioste, le Tasse, au milieu des convulsions renaissantes de l'Italie; Corneille et Racine au siècle de la Fronde; et enfin Milton, entonnant la première révolte au pied de l'échafaud sanglant de White-Hall.

Et si nous examinons quel fut en particulier le destin de ces grands hommes, nous les voyons tous tourmentés par une vie agitée et misérable; Camoëns fend les mers, son poëme à la main ; d'Ercilla écrit ses vers sur des peaux de bêtes dans les forêts du Mexique. Ceux-là que les souffrances du corps ne distraient pas des souffrances de l'âme, traînent une vie orageuse, dévorés par une irritabilité de caractère qui les rend à charge à eux-mêmes et à ceux qui les entourent. Heureux ceux qui ne meurent pas, avant le temps, consumés par l'activité de leur propre génie, comme Pascal; de douleur, comme Molière et Racine; ou vaincus par les terreurs de leur propre imagination, comme ce Tasse infortuné!

Admettant donc ce principe reconnu de toute l'antiquité, que les grandes passions font les grands hommes nous reconnaîtrons en même temps que, de même qu'il y a des passions plus ou moins fortes, de même il existe divers degrés de génie.

Et examinant maintenant quelles sont les choses les plus capables d'exciter la violence de nos passions, c'est-à-dire de nos désirs, qui ne sont eux-mêmes que des volontés plus ou moins prononcées, jusqu'à cette volonté ferme et constante par laquelle on désire une chose de toute sa vie, tout ou rien, comme César, levier terrible par lequel l'homme se brise lui-même ;

Nous tomberons d'accord que, s'il existe une chose capable d'exciter une volonté pareille dans une âme noble et ferme, ce doit être sans contredit ce qu'il y a de plus grand parmi les hommes.

Or, jetant maintenant les yeux autour de nous, considérons s'il est une chose à laquelle cette dénomination sublime ait été justement attribuée par le consentement unanime de tous les temps et de tous les peuples.

Et nous voici, jeunes gens, arrivés en peu de paroles à cette vérité ravissante devant laquelle toute la philosophie antique et le grand Platon lui-même avaient reculé : Que le génie c'est la vertu !

Poëtes, ayez toujours l'austérité d'un but moral devant les yeux. N'oubliez jamais que par hasard des enfants peuvent vous lire. Ayez pitié des têtes blondes.

On doit encore plus de respect à la jeunesse qu'à la vieillesse.

L'homme de génie ne doit reculer devant aucune difficulté ; il fallait de petites armes aux hommes ordinaires ; aux grands athlètes, il leur fallait les cestes d'Hercule.

PLAN DE TRAGÉDIE FAIT AU COLLÉGE.

Deux des successeurs d'Alexandre, Cassandre et Alexandre, fils de Polysperchon, se disputent l'empire de la Grèce. Le premier est retranché dans la citadelle d'Athènes, le second campe sous les murailles. Athènes, entre ces deux puissants ennemis, menacée à tout moment de sa ruine, est encore tourmentée par des dissensions intérieures. Le peuple penche pour le parti d'Alexandre, qui promet de rétablir le gouvernement populaire; le sénat tient pour Cassandre, qui a rétabli le gouvernement aristocratique. De là la haine violente du peuple contre Phocion, chef du sénat, et le plus grand ennemi des caprices de la multitude. Phocion, dans cette crise, où il s'agit de lui autant que de l'État, insensible à tout autre intérêt qu'à celui de ses concitoyens, ne songe qu'au salut de la république; il y travaille avec toute l'imprudence d'une belle âme. Les moyens qu'il emploie pour sauver la patrie sont ceux qu'on emploie pour le perdre lui-même. Il parvient à déterminer les deux chefs rivaux à s'éloigner de l'Attique et à respecter Athènes; et dans le même moment il est accusé de trahison, traduit devant le peuple et condamné. Voilà, en peu de mots, toute l'action de la tragédie; elle est simple, et peut être noble pourtant. C'est le tableau des agitations populaires et de la vertu malheureuse, c'est-à-dire le plus grand exemple qu'on puisse mettre sous les yeux des hommes et le spectacle digne des dieux.

D'un côté, la haine du peuple, les ennemis de Phocion, sa vertu imprudente qui leur donne des armes contre lui, enfin Alexandre et son armée; de l'autre, les troupes de Cassandre, le parti des bons citoyens, la vieille autorité du sénat, enfin, l'ascendant éternel de la vertu qui fait triompher Phocion toutes les fois qu'il se trouve en présence de la multitude. Ainsi la balance théâtrale est établie; l'action se déroule par une suite de révolutions inattendues; les moyens d'attaque et de résistance ont entre eux des proportions qui rendent l'anxiété possible.

Ainsi, lorsqu'au troisième acte Phocion n'a pas craint de se rendre au camp d'Alexandre, son ennemi, et qu'il l'a déterminé à accepter une entrevue avec Cassandre, il semble que cette démarche courageuse va désarmer l'ingratitude du peuple et fermer la bouche à ses accusateurs. Mais Phocion s'est exposé à la mort sans mandat; il a méprisé, pour sauver le peuple, un décret populaire qui le destituait de sa charge, décret que le sénat n'avait pas sanctionné. Ainsi, lorsque le spectateur croit que l'action marche vers un heureux dénoûment, il se trouve que le péril est au comble. Le peuple, en pleine révolte, assiége la demeure de Phocion. Il ne se présente aucun moyen de salut. Le sénat est sans force et Cassandre est trop éloigné. Il n'y a plus qu'à mourir. On propose à Phocion d'armer ses esclaves et de vendre chèrement sa vie. Mais le grand homme refuse. Le peuple se précipite sur la scène en criant : La mort! la mort! Phocion n'en est point ému. Les orateurs agitent la multitude par leurs cris; Phocion la harangue; mais, voyant que le tumulte redouble, et qu'il ne peut parvenir à la ramener à des sentiments humains, il monte sur son tribunal, et à ce mouvement la révolution théâtrale est opérée. Ce n'est plus le vieillard disputant sa vie contre une populace effrénée, c'est un juge suprême qui foudroie des révoltés. Les assassins tombent aux genoux de Phocion. Le vieillard, profondément ému de l'ingratitude de ses concitoyens, ne leur demande pas vengeance, il ne leur demande pas même la vie, il ne leur demande que de le laisser vivre encore un jour pour les sauver. Ainsi la face de la scène est changée; le peuple est apaisé; les deux rois vont se rendre dans la ville pour conclure une trêve; il semble que Phocion n'ait plus rien à craindre. Tout à coup Agonide se lève, et conseille de se saisir des deux rois et de mettre ainsi fin aux malheurs de la Grèce. A cette proposition perfide, dont il ne développe que trop bien les avantages, l'incertitude renaît; on sent tout de suite quel effet la réponse de Phocion va produire sur un peuple chez qui Aristide n'osa pas une seconde fois préférer le juste à l'inutile. Phocion voit le piége, et il n'en est point étonné. Il fait ce qu'Aristide n'aurait point osé faire, il reste du parti de la chose juste contre la chose utile. L'entrevue des deux rois est rompue, et Phocion est cité devant l'assemblée du peuple comme coupable d'avoir laissé échapper l'occasion de sauver la république.

Ici l'action se presse. Phocion est sur le point d'être traîné devant cette assemblée, composée d'un ramassis d'esclaves et d'étrangers ameutés par ses ennemis, lorsqu'on apprend que Cassandre descend de l'Acropolis et marche à son secours. Le vieillard, quoique l'on viole les lois pour le faire condamner, ne veut pas être sauvé malgré les lois. Il marche lui-même au-devant de ses libérateurs et les force à rentrer dans la citadelle; il revient ensuite se présenter devant le peuple. Il est au moment d'être absous, lorsque tout à coup l'armée d'Alexandre paraît sous les remparts. Le peuple se révolte, l'autorité du sénat est méconnue, et Phocion est condamné. Il prend la coupe et boit gravement le poison.

Cette tragédie pourrait être belle; cependant elle n'obtiendrait qu'un succès d'estime. Cela tient à ce qu'elle serait froide; au théâtre un conte d'amour vaut mieux que toute l'histoire.

Campistron a déjà mis le sujet de Phocion sur la scène. Sa pièce, comme toutes celles qu'il a faites, est assez bien conçue, et n'est pas mal conduite. Il y a quelque invention dans les caractères, mais il n'a point su les soutenir. C'est ce qui arrive souvent aux gens qui, comme lui, n'ont ni vu ni observé, et qui s'imaginent qu'on fait de l'amour avec des exclamations et de la vertu avec des maximes.

Ainsi, dans une scène, d'ailleurs assez bien écrite, si l'on admet que le style des tragédies de Voltaire est un bon style, entre le tyran et Phocion, celui-ci, après avoir dit en vain capitan :

> Un homme tel que moi, loin de s'humilier,
> Conte ce qu'il a fait pour se justifier ;
> Ose toi-même ici rappeler mon histoire,
> Elle ne t'offrira que des jours pleins de gloire :
> Chaque instant est marqué par quelque exploit fameux...

se reprend tout à coup, et il ajoute, avec une emphase de modestie aussi ridicule que sa jactance :

> Mais que dis-je? où m'emporte un mouvement honteux?
> Est-ce à toi de conter la gloire de ma vie?
> D'en retracer le cours quand Athènes l'oublie?
> J'en rougis : je suis prêt à me désavouer.
> Prononce : j'aime mieux mourir que me louer.

Et, plus loin, Campistron, ne sachant comment faire revenir Phocion mourant sur la scène, s'avise de lui faire demander une entrevue au tyran. Le tyran, très-surpris, accorde par pur motif de curiosité; mais comme ce ne serait pas le compte de l'auteur de mettre en tête-à-tête deux personnages qui n'ont réellement rien à se dire, au moment d'entretenir Phocion, on vient chercher le tyran pour une révolte. Celui-ci, comme de raison, oublie de donner contre-ordre pour l'entrevue. Phocion arrive, et, ne trouvant pas le tyran, il cherche dans sa tête quelle raison peut lui avoir fait quitter la scène, et il n'en trouve pas de meilleure, sinon que c'est qu'il lui fait peur, et il ajoute, avec une bonhomie tout à fait comique :

> Sans armes et mourant je le force à me craindre.
> Que le sort d'un tyran, justes dieux! est à plaindre!

Et plus loin encore, Phocion mourant, qui se promène durant tout le cinquième acte au milieu de la sédition, se rencontre avec sa fille Chrysis, et il s'occupe, en bon père, à lui chercher un mari. Le passage est réellement curieux. Savez-vous sur qui son choix s'arrête? Sur le fils du tyran. Il semble, comme dit le proverbe, qu'il n'y a qu'à se baisser et en prendre.

> Et voulant, en mourant, vous choisir un époux,
> Je ne trouve que lui qui soit digne de vous.

La réponse de la fille est peut-être encore plus singulière :

> Qu'entends-je? ô ciel! seigneur, m'en croyez-vous capable?
> Je ne vous cèle point qu'il me paraît aimable.

C'est cette même Chrysis qui, voyant mourir son père et son amant, trop bien élevée pour les suivre, s'écrie avec une naïveté si touchante :

> O fortune contraire,
> J'ose après de tels coups défier ta colère!

Et elle s'en va, et la toile tombe. En pareil cas, Corneille est sublime, il fait dire à Eurydice.

> Non, je ne pleure pas, madame, mais je meurs.

En 1793, la France faisait front à l'Europe, la Vendée

O fortune contraire,
J'ose après de tels coups défier ta colère!

tenait tête à la France. La France était plus grande que l'Europe, la Vendée était plus grande que la France.

Décembre 1820.

Le tout jeune homme qui s'éveille de nos jours aux idées politiques est dans une perplexité étrange. En général nos pères sont bonapartistes, nos mères sont royalistes.

Nos pères ne voient dans Napoléon que l'homme qui leur donnait des épaulettes, nos mères ne voient dans Buonaparte que l'homme qui leur prenait leurs fils.

Pour nos pères, la Révolution, c'est la plus grande chose qu'ait pu faire le génie d'une assemblée; l'Empire, c'est la plus grande chose qu'ait pu faire le génie d'un homme. Pour nos mères, la Révolution, c'est une guillotine; l'Empire, c'est un sabre.

Nous autres enfants nés sous le Consulat, nous avons tous grandi sur les genoux de nos mères, nos pères étant au camp, et bien souvent privées, par la fantaisie conquérante d'un homme, de leurs maris, de leurs frères, elles ont fixé sur nous, frais écoliers de huit ou dix ans, leurs doux yeux maternels remplis de larmes, en songeant que nous aurions dix-huit ans en 1820 et qu'en 1825 nous serions colonels ou morts.

L'acclamation qui a salué Louis XVIII en 1814, ç'a été un cri de joie des mères.

En général, il est peu d'adolescents de notre génération qui n'aient sucé avec le lait de leurs mères la haine des deux époques violentes qui ont précédé la Restauration. Le croquemitaine des enfants de 1802, c'était Robespierre; le croquemitaine des enfants de 1815, c'était Buonaparte.

Dernièrement, je venais de soutenir ardemment, en

présence de mon père, mes opinions vendéennes. Mon père m'a écouté parler en silence, puis il s'est tourné vers le général L**** qui était là, et il lui a dit : *Laissons faire le temps. L'enfant est de l'opinion de sa mère, l'homme sera de l'opinion de son père.*

Cette prédiction m'a laissé tout pensif.

Quoi qu'il arrive, et en admettant même jusqu'à un certain point que l'expérience puisse modifier l'impression que nous fait le premier aspect des choses à notre entrée dans la vie, l'honnête homme est sûr de ne point errer en soumettant toutes ces modifications à la sévère critique de sa conscience. Une bonne conscience qui veille dans un esprit le sauve de toutes les mauvaises directions où l'honnêteté peut se perdre. Au moyen âge, on croyait que tout liquide où un saphir avait séjourné était un préservatif contre la peste, le charbon et la lèpre et *toutes ses espèces*, dit Jean-Baptiste de Rocoles.

Ce saphir, c'est la conscience.

JOURNAL

DES IDÉES ET DES OPINIONS

D'UN

RÉVOLUTIONNAIRE DE 1830

AOUT.

Après juillet 1830 il nous faut la chose *république* et le mot *monarchie*.

A ne considérer les choses que sous le point de vue de l'expédient politique, la Révolution de juillet nous a fait passer brusquement du constitutionnalisme au républicanisme. La machine anglaise est désormais hors de service en France; les whigs siégeraient à l'extrême droite de notre chambre. L'opposition a changé de terrain comme le reste. Avant le 30 juillet elle était en Angleterre, aujourd'hui elle est en Amérique.

Les sociétés ne sont bien gouvernées en fait et en droit que lorsque ces deux forces, l'intelligence et le pouvoir, se superposent. Si l'intelligence n'éclaire encore qu'une tête au sommet du corps social, que cette tête règne; les théocraties ont leur logique et leur beauté. Dès que plusieurs ont la lumière, que plusieurs gouvernent, les aristocraties sont alors légitimes. Mais lorsque enfin l'ombre a disparu de partout, quand toutes les têtes sont dans la lumière, que tous régissent tout. Le peuple est mûr à la république; qu'il ait la république.

Tout ce que nous voyons maintenant, c'est une aurore. Rien n'y manque, pas même le coq.

La fatalité, que les anciens disaient aveugle, y voit

clair et raisonne. Les événements se suivent, s'enchaînent et se déduisent dans l'histoire avec une logique qui effraye. En se plaçant un peu à distance, on peut saisir toutes leurs démonstrations dans leurs rigoureuses et colossales proportions ; et la raison humaine brise sa courte mesure devant ces grands syllogismes du destin.

Il ne peut y avoir rien que de factice, d'artificiel et de plâtré dans un ordre de choses où les inégalités sociales contrarient les inégalités naturelles.

L'équilibre parfait de la société résulte de la superposition immédiate de ces deux inégalités.

Les rois ont le jour, les peuples ont le lendemain.

Donneurs de places ! preneurs de places ! demandeurs de places ! gardeurs de places ! — C'est pitié de voir tous ces gens qui mettent une cocarde tricolore à leur marmite.

Il y a, dit Hippocrate, l'inconnu, le mystérieux, le *divin* des maladies. *Quid divinum.* Ce qu'il dit des maladies, on peut le dire des révolutions.

La dernière raison des rois, le boulet. La dernière raison des peuples, le pavé.

Je ne suis pas de vos gens coiffés du bonnet rouge et entêtés de la guillotine.

Pour beaucoup de raisonneurs à froid qui font après coup la théorie de la Terreur, 93 a été une amputation brutale, mais nécessaire. Robespierre est un Dupuytren politique. Ce que nous appelons la guillotine n'est qu'un bistouri.

C'est possible. Mais il faut désormais que les maux de la société soient traités, non par le bistouri, mais par la lente et graduelle purification du sang, par la résorption prudente des humeurs extravasées, par la saine alimentation, par l'exercice des forces et des facultés, par le bon régime. Ne nous adressons plus au chirurgien, mais au médecin.

Beaucoup de bonnes choses sont ébranlées et toutes tremblantes encore de la brusque secousse qui vient d'avoir lieu. Les hommes d'art en particulier sont fort stupéfaits et courent dans toutes les directions après leurs idées éparpillées. Qu'ils se rassurent. Ce tremblement de terre passé, j'ai la ferme conviction que nous retrouverons notre édifice de poésie debout et plus solide de toutes les secousses auxquelles il aura résisté. C'est aussi une question de liberté que la nôtre, c'est aussi une révolution. Elle marchera intacte à côté de sa sœur la politique. Les révolutions, comme les loups, ne se mangent pas.

SEPTEMBRE.

Notre maladie depuis six semaines, c'est le ministère et la majorité de la chambre qui nous l'ont faite; c'est une révolution rentrée.

On a tort de croire que l'équilibre européen ne sera pas dérangé par notre révolution. Il le sera. Ce qui nous rend forts, c'est que nous pouvons lâcher son peuple sur tout roi qui nous lâchera son armée. Une révolution combattra pour nous partout où nous le voudrons.

L'Angleterre seule est redoutable pour mille raisons.

Le ministère anglais nous fait bonne mine parce que nous avons inspiré au peuple anglais un enthousiasme qui pousse le gouvernement. Cependant Wellington sait par où nous prendre; il nous entamera, l'heure venue, par Alger ou par la Belgique. Or nous devions chercher à nous lier de plus en plus étroitement avec la population anglaise, pour tenir en respect son ministère; et, pour cela, envoyer en Angleterre un ambassadeur populaire, Benjamin Constant, par exemple, dont on eût dételé la voiture de Douvres à Londres avec douze cent mille Anglais en cortége. De cette façon, notre ambassadeur eût été le premier personnage d'Angleterre, et qu'on juge le beau contre-coup qu'eût produit à Londres, à Manchester, à Birmingham, une déclaration de guerre à la France! Planter l'idée française dans le sol anglais, c'eût été grand et politique.

L'union de la France et de l'Angleterre peut produire des résultats immenses pour l'avenir de l'humanité.

La France et l'Angleterre sont les deux pieds de la civilisation.

Chose étrange que la figure des gens qui passent dans les rues le lendemain d'une révolution. A tout moment, vous êtes coudoyé par le vice et l'impopularité en personne avec cocarde tricolore. Beaucoup s'imaginent que la cocarde couvre le front.

Nous assistons en ce moment à une averse de places qui a des effets singuliers. Cela débarbouille les uns. Cela crotte les autres.

On est tout stupéfait des existences qui surgissent toutes faites dans la nuit qui suit une révolution. Il y a du champignon dans l'homme politique. Hasard et intrigue. Coterie et loterie.

Charles X croit que la révolution qui l'a renversé est une conspiration creusée, minée, chauffée de longue main. Erreur! C'est tout simplement une ruade du peuple.

Mon ancienne conviction royaliste-catholique de 1820 s'est écroulée pièce à pièce depuis dix ans devant l'âge et l'expérience. Il en reste pourtant encore quelque chose dans mon esprit, mais ce n'est qu'une religieuse et poétique ruine. Je me détourne quelquefois pour la considérer avec respect, mais je n'y viens plus prier.

L'ordre sous la tyrannie, c'est, dit Alfieri quelque part, une *vie sans âme*.

L'idée de Dieu et l'idée de roi sont deux et doivent être deux. La monarchie à la Louis XIV les confond au détriment de l'ordre temporel, au détriment de l'ordre spirituel. Il résulte de ce monarchisme une sorte de mysticisme politique, de fétichisme royaliste, je ne sais quelle religion de la personne du roi, du corps du roi, qui a un palais pour temple et des gentilshommes de la chambre pour prêtres, avec l'étiquette pour décalogue. De là toutes ces fictions qu'on appelle *droit divin, légitimité, grâce de Dieu*, et qui sont tout au rebours du véritable droit divin, qui est la justice; de la véritable légitimité, qui est l'intelligence; de la véritable grâce de Dieu, qui est la raison. Cette religion des courtisans n'aboutit à autre chose qu'à substituer la chemise d'un homme à la bannière de l'Eglise.

Nous sommes dans le moment des peurs paniques. Un club, par exemple, effraye, et c'est tout simple; c'est un mot que la masse traduit par un chiffre : 93. Et, pour les basses classes, 93, c'est la disette; pour les classes moyennes, c'est le maximum; pour les hautes classes, c'est la guillotine.

Mais nous sommes en 1830.

La république, comme l'entendent certaines gens, c'est la guerre de ceux qui n'ont ni un sou, ni une idée, ni une vertu, contre quiconque a l'une de ces trois choses

La république, selon moi, la république qui n'est pas encore mûre, mais qui aura l'Europe dans un siècle, c'est la société souveraine de la société; se protégeant, garde nationale; se jugeant, jury; s'administrant, commune; se gouvernant, collége électoral.

Les quatre membres de la monarchie, l'armée, la magistrature, l'administration, la pairie, ne sont pour cette république que quatre excroissances gênantes qui s'atrophient et meurent bientôt.

— Ma vie a été pleine d'épines.
— Est-ce pour cela que votre conscience est si déchirée ?

Il y a toujours deux choses dans une charte : la solution d'un peuple et d'un siècle, et une feuille de papier. Tout le secret, pour bien gouverner le progrès politique d'une nation, consiste à savoir distinguer ce qui est la solution sociale de ce qui est la feuille de papier. Tous les principes que les révolutions antécédentes ont dégagés forment le fonds, l'essence même de la charte ; respectez-les. Ainsi liberté de culte, liberté de pensée, liberté de presse, liberté d'association, liberté de commerce, liberté d'industrie, liberté de chaire, de tribune, de théâtre, de tréteau, égalité devant la loi, libre accessibilité de toutes les capacités à tous les emplois, toutes choses sacrées et qui font choir, comme la torpille, les rois qui osent y toucher. Mais de la feuille de papier, de la forme, de la rédaction, de la lettre, des questions d'âge, de cens, d'éligibilité, d'hérédité, d'inamovibilité, de pénalité, inquiétez-vous-en peu, et réformez à mesure que le temps et la société marchent. La lettre ne doit jamais se pétrifier quand les choses sont progressives. Si la lettre résiste, il faut la briser.

Il faut quelquefois violer les chartes pour leur faire des enfants.

En matière de pouvoir, toutes les fois que le fait n'a pas besoin d'être violent pour être, le fait est droit.

———

Une guerre générale éclatera quelque jour en Europe, la guerre des royaumes contre les patries.

———

M. de Talleyrand a dit à Louis-Philippe, avec un gracieux sourire, en lui prêtant serment : — Hé! hé! sire, c'est le treizième.

———

M. de Talleyrand disait il y a un an, à une époque où l'on parlait beaucoup trilogie en littérature : — Je veux avoir fait aussi, moi, ma trilogie; j'ai fait Napoléon, j'ai fait la maison de Bourbon, je finirai par la maison d'Orléans.

———

Pourvu que la pièce que M. de Talleyrand nous joue n'ait en effet que trois actes !

———

Les révolutions sont de magnifiques improvisatrices. Un peu échevelées quelquefois.

———

Effrayante charrue que celle des révolutions! ce sont des têtes humaines qui roulent au tranchant du soc des deux côtés du sillon.

Ne détruisez pas notre architecture gothique. Grâce pour les vitraux tricolores !

Napoléon disait : Je ne veux pas du coq, le renard le mange. Et il prit l'aigle. La France a repris le coq. Or voici tous les renards qui reviennent dans l'ombre à la file, se cachant l'un derrière l'autre : P — derrière T —, V — derrière M —. *Eia! vigila, Galle!*

Il y a des gens qui se croient bien avancés et qui ne sont encore qu'en 1688. Il y a pourtant longtemps déjà que nous avons dépassé 1789.

La nouvelle génération a fait la Révolution de 1830, l'ancienne prétend la féconder. Folie, impuissance ! Une révolution de vingt-cinq ans, un parlement de soixante, que peut-il résulter de l'accouplement ?

Vieillards, ne vous barricadez pas ainsi dans la législature ; ouvrez la porte bien plutôt, et laissez passer la jeunesse. Songez qu'en lui fermant la chambre vous la laissez sur la place publique.

Vous avez une belle tribune en marbre, avec des bas-reliefs de M. Lemot, et vous n'en voulez que pour vous ; c'est fort bien. Un beau matin, la génération nouvelle renversera un tonneau sur le cul, et cette tribune-là sera en contact immédiat avec le pavé qui a écrasé une monarchie de huit siècles. Songez-y.

Remarquez d'ailleurs que, tout vénérables que vous êtes par votre âge, ce que vous faites depuis août 1830 n'est que précipitation, étourderie et imprudence. Des jeunes gens n'auraient peut-être pas fait la part du feu si large. Il y avait dans la monarchie de la branche aînée beaucoup de choses utiles que vous vous êtes trop hâtés de brûler et qui auraient pu servir, ne fût-ce que comme fascines, pour combler le fossé profond qui nous sépare de l'avenir. Nous autres, jeunes ilotes politiques, nous vous avons blâmé plus d'une fois, dans l'ombre oisive où vous nous laissez, de tout démolir trop vite et sans discernement, nous qui rêvons pourtant une reconstruction générale et complète. Mais, pour la démolition comme pour la reconstruction, il fallait une longue et patiente attention, beaucoup de temps, et le respect de tous les intérêts qui s'abritent et poussent si souvent de jeunes et vertes branches sous les vieux édifices sociaux. Au jour de l'écroulement, il faut faire aux intérêts un toit provisoire.

Chose étrange! vous avez la vieillesse, et vous n'avez pas la maturité.

———

Voici des paroles de Mirabeau qu'il est l'heure de méditer :

« Nous ne sommes point des sauvages arrivant nus
« des bords de l'Orénoque pour former une société.
« Nous sommes une nation vieille, et sans doute trop
« vieille pour notre époque. Nous avons un gouverne-
« ment préexistant, un roi préexistant, des préjugés pré-
« existants : il faut, autant qu'il est possible, assortir tou-
« tes ces choses à la révolution et sauver la soudaineté
« du passage. »

———

Dans la constitution actuelle de l'Europe, chaque Etat a son esclave, chaque royaume traine son boulet. La Turquie a la Grèce, la Russie a la Pologne, la Suède a la Norvége, la Prusse a le grand-duché de Posen, l'Autriche a la Lombardie, la Sardaigne a le Piémont, l'Angleterre a l'Irlande, la France a la Corse, la Hollande a la Belgique. Ainsi, à côté de chaque peuple maître, un peuple esclave ; à côté de chaque nation dans l'état naturel, une nation hors de l'état naturel. Edifice mal bâti ; moitié marbre, moitié plâtras.

OCTOBRE.

L'esprit de Dieu, comme le soleil, donne toujours à la fois toute sa lumière. L'esprit de l'homme ressemble à cette pâle lune qui a ses phases, ses absences et ses retours, sa lucidité et ses taches, sa plénitude et sa disparition, qui emprunte toute sa lumière des rayons du soleil, et qui pourtant ose les intercepter quelquefois.

Avec beaucoup d'idées, beaucoup de vues, beaucoup de probité, les saint-simoniens se trompent. On ne fonde pas une religion avec la seule morale. Il faut le dogme, il faut le culte. Pour asseoir le culte et le dogme, il faut les mystères. Pour faire croire aux mystères, il faut des miracles. — Faites donc des miracles. — Soyez prophètes, soyez dieux d'abord, si vous pouvez, et puis après prêtres, si vous voulez.

L'Eglise affirme, la raison nie. Entre le *oui* du prêtre et le *non* de l'homme, il n'y a plus que Dieu qui puisse placer son mot.

———

Tout ce qui se fait maintenant dans l'ordre politique n'est qu'un pont de bateaux. Cela sert à passer d'une rive à l'autre. Mais cela n'a pas de racines dans le fleuve d'idées qui coule dessous et qui a emporté dernièrement le vieux pont de pierre des Bourbons.

———

Les têtes comme celle de Napoléon sont le point d'intersection de toutes les facultés humaines. Il faut bien des siècles pour reproduire le même accident.

———

Avant une république, ayons, s'il se peut, une chose publique.

———

J'admire encore la Rochejaquelein, Lescure, Cathelineau, Charette même; je ne les aime plus. J'admire toujours Mirabeau et Napoléon ; je ne les hais plus.

———

Le sentiment de respect que m'inspire la Vendée n'est plus chez moi qu'une affaire d'imagination et de vertu. Je ne suis plus Vendéen de cœur, mais d'âme seulement.

———

Copie textuelle d'une lettre anonyme adressée ces jours-ci à M. Dupin.

« Monsieur le sauveur, vous vous f..... sur le pied de

vexer les mendiants! Pas tant de bagout, ou tu sauteras le pas! J'en ai tordu de plus malins que toi! A revoir, porte-toi bien, en attendant que je te tue. »

———

Mauvais éloge d'un homme que de dire : Son opinion politique n'a pas varié depuis quarante ans. C'est dire que, pour lui, il n'y a eu ni expérience de chaque jour, ni réflexion, ni repli de la pensée sur les faits. C'est louer une eau d'être stagnante, un arbre d'être mort; c'est préférer l'huître à l'aigle. Tout est variable, au contraire, dans l'opinion ; rien n'est absolu dans les choses politiques, excepté la moralité intérieure de ces choses. Or cette moralité est affaire de conscience et non d'opinion. L'opinion d'un homme peut donc changer honorablement, pourvu que sa conscience ne change pas. Progressif ou rétrograde, le mouvement est essentiellement vital, humain, social.

Ce qui est honteux, c'est de changer d'opinion pour son intérêt, et que ce soit un écu ou un galon qui vous fasse brusquement passer du blanc au tricolore, et *vice versâ*.

———

Nos chambres décrépites procréent à cette heure une infinité de petites lois culs-de-jatte, qui, à peine nées, branlent la tête comme de vieilles femmes et n'ont plus de dents pour mordre les abus.

———

L'égalité devant la loi, c'est l'égalité devant Dieu traduite en langue politique. Toute charte doit être une version de l'Evangile.

Les whigs? dit O'Connel, des tories sans places.

Toute doctrine sociale qui cherche à détruire la famille est mauvaise, et, qui plus est, inapplicable. Sauf à se recomposer plus tard, la société est soluble, la famille non. C'est qu'il n'entre dans la composition de la famille que des lois naturelles; la société, elle, est soluble par tout l'alliage de lois factices, artificielles, transitoires, expédientes, contingentes, accidentelles, qui se mêle à sa constitution. Il peut souvent être utile, être nécessaire, être bon de dissoudre une société quand elle est mauvaise, ou trop vieille, ou mal venue. Il n'est jamais utile, ni nécessaire, ni bon de mettre en poussière la famille. Quand vous décomposez une société, ce que vous trouvez pour dernier résidu, ce n'est pas l'individu, c'est la famille. La famille est le cristal de la société.

NOVEMBRE.

Il y a de grandes choses qui ne sont pas l'œuvre d'un homme, mais d'un peuple. Les pyramides d'Egypte sont anonymes; les journées de Juillet aussi.

Au printemps, il y aura une fonte de Russes.

TRÈS-BONNE LOI ÉLECTORALE.
(Quand le peuple saura lire.)

Article Ier. Tout Français est électeur.
Art. II. Tout Français est éligible.

DÉCEMBRE.

9 décembre 1830. — Benjamin Constant, qui est mort hier, était un de ces hommes rares qui fourbissent, polissent et aiguisent les idées générales de leur temps, ces armes des peuples qui brisent toutes celles des armées. Il n'y a que les révolutions qui puissent jeter de ces hommes-là dans la société. Pour faire la pierre-ponce, il faut le volcan.

On vient d'annoncer dans la même journée la mort de Gœthe, la mort de Benjamin Constant, la mort de Pie VIII (1). Trois papes de morts.

NAPOLÉON.

Voyez-vous cette étoile ?

CAULINCOURT.

Non.

NAPOLÉON.

Eh bien, moi, je la vois.

Si le clergé n'y prend garde et ne change de vie, on ne

(1) Cette triple nouvelle circula en effet dans Paris le même jour. Elle ne se réalisa pour Gœthe que quinze mois plus tard.

croira bientôt plus en France à d'autre trinité qu'à celle du drapeau tricolore.

———

Citadelle inexpugnable que la France aujourd'hui ! Pour remparts, au midi, les Pyrénées ; au levant, les Alpes ; au nord, la Belgique avec sa haie de forteresses ; au couchant, l'Océan pour fossé. En deçà des Pyrénées, en deçà des Alpes, en deçà du Rhin et des forteresses belges, trois peuples en révolution, Espagne, Italie, Belgique, nous montent la garde ; en deçà de la mer, la république américaine. Et, dans cette France imprenable, pour garnison, trois millions de baïonnettes ; pour veiller aux créneaux des Alpes, des Pyrénées et de la Belgique, quatre cent mille soldats ; pour défendre le terrain, un garde national par pied carré. Enfin, nous tenons le bout de mèche de toutes les révolutions dont l'Europe est minée. Nous n'avons qu'à dire : Feu !

———

J'ai assisté à une séance du procès des ministres, à l'avant-dernière, à la plus lugubre, à celle où l'on entendait le mieux rugir le peuple dehors. J'écrirai cette journée-là.

Une pensée m'occupait pendant la séance : c'est que le pouvoir occulte qui a poussé Charles X à sa ruine, le mauvais génie de la Restauration, ce gouvernement qui traitait la France en accusée, en criminelle, et lui faisait sans relâche son procès, avait fini, tant il y a une raison intérieure dans les choses, par ne plus pouvoir avoir pour ministres que des procureurs généraux. Et, en effet, quels étaient les trois hommes assis près de M. de Polignac comme ses agents les plus immédiats ? M. de

Peyronnet, procureur général; M. de Chantelauze, procureur général; M. de Guernon-Ranville, procureur général. Qu'est-ce que M. Mangin, qui eût probablement figuré à côté d'eux si la Révolution de juillet avait pu se saisir de lui ? un procureur général ! Plus de ministre de l'intérieur, plus de ministre de l'instruction publique, plus de préfet de police, des procureurs généraux partout. La France n'était plus ni administrée, ni gouvernée au conseil du roi, mais accusée, mais jugée, mais condamnée.

Ce qui est dans les choses sort toujours au dehors par quelque côté.

———

La licence se crève ses cent yeux avec ses cent bras.

———

Quelques rochers n'arrêtent pas un fleuve; à travers les résistances humaines, les événements s'écoulent sans se détourner.

———

Chacun se dépopularise à son tour. Le peuple finira peut-être par se dépopulariser.

———

Il y a des hommes malheureux. Christophe Colomb ne peut attacher son nom à sa découverte : Guillotin ne peut détacher le sien de son invention.

———

Le mouvement se propage du centre à la circonférence; le travail se fait en dessous, mais il se fait. Les pères ont vu la révolution de France, les fils verront la révolution d'Europe.

———

Les droits politiques, les fonctions de juré, d'électeur et de garde national, entrent évidemment dans la constitution normale de tout membre de la cité. Tout homme du peuple est, *à priori*, homme de la cité.

Cependant les droits politiques doivent, évidemment aussi, sommeiller dans l'individu, jusqu'à ce que l'individu sache clairement ce que c'est que des droits politiques, ce que cela signifie, et ce qu'on en fait. Pour exercer il faut comprendre. En bonne logique, l'intelligence de la chose doit toujours précéder l'action sur la chose.

Il faut donc, on ne saurait trop insister sur ce point, éclairer le peuple pour pouvoir le constituer un jour. Et c'est un devoir sacré pour les gouvernants de se hâter de répandre la lumière dans ces masses obscures où le droit définitif repose. Tout tuteur honnête presse l'émancipation de son pupille. Multipliez donc les chemins qui mènent à l'intelligence, à la science, à l'aptitude. La chambre, j'ai presque dit le trône, doit être le dernier échelon d'une échelle dont le premier échelon est une école.

Et puis instruire le peuple, c'est l'améliorer; éclairer le peuple, c'est le moraliser; lettrer le peuple, c'est le civiliser. Toute brutalité se fond au feu doux des bonnes lectures quotidiennes. *Humaniores litteræ.* Il faut faire faire au peuple ses humanités.

Ne demandez pas de droits pour le peuple tant que le peuple demandera des têtes.

———

JANVIER.

La chose la plus remarquable de ce mois-ci, c'est cet échantillon de style de tribune. La phrase a été textuellement prononcée à la Chambre des députés par un des principaux orateurs :

« . . . . . . C'est proscrire les véritables bases du lien social. »

FÉVRIER.

Le roi Ferdinand de Naples, père de celui qui vient de mourir, disait qu'il ne fallait que trois F pour gouverner un peuple : *Festa, Forca, Farina.*

On veut démolir Saint-Germain-l'Auxerrois pour un alignement de place ou de rue; quelque jour on détruira Notre-Dame pour agrandir le parvis; quelque jour on rasera Paris pour agrandir la plaine des Sablons.

Alignement, nivellement, grands mots, grands principes, pour lesquels on démolit tous les édifices, au propre et au figuré, ceux de l'ordre intellectuel comme ceux de l'ordre matériel, dans la société comme dans la cité.

Il faut des monuments aux cités de l'homme; autrement où serait la différence entre la ville et la fourmilière?

MARS.

Il y avait quelque chose de plus beau que la brochure de M. de C. —; c'était son silence. Il a eu tort de le rompre. Les Achilles dans leur tente sont plus formidables que sur le champ de bataille.

---

13 mars. — Combinaison Casimir Périer. Un homme qui engourdira la plaie, mais ne la fermera pas; un palliatif, non la guérison; un ministère au laudanum.

« Quelle administration! quelle époque! où il faut tout
« craindre et tout braver; où le tumulte renaît du tu-
« multe; où l'on produit une émeute par les moyens
« qu'on prend pour la prévenir; où il faut sans cesse de
« la mesure, et où la mesure paraît équivoque, timide,
« pusillanime; où il faut déployer beaucoup de force, et
« où la force paraît tyrannie; où l'on est assiégé de mille
« conseils, et où il faut prendre conseil de soi-même; où
« l'on est obligé de redouter jusqu'à des citoyens dont les
« intentions sont pures, mais que la défiance, l'inquié-
« tude, l'exagération, rendent presque aussi redoutables
« que des conspirateurs; où l'on est réduit même, dans
« des occasions difficiles, à céder par sagesse, à conduire
« le désordre pour le retenir, à se charger d'un emploi
« glorieux, il est vrai, mais environné d'alarmes cruelles;
« où il faut encore, au milieu de si grandes difficultés,
« déployer un front serein, être toujours calme, mettre de
« l'ordre jusque dans les plus petits objets, n'offenser
« personne, guérir toutes les jalousies, servir sans cesse,
« et chercher à plaire comme si l'on ne servait point! »

Voilà, certes, des paroles qui caractérisent admirablement le moment présent et qui se superposent étroitement dans leurs moindres détails aux moindres détails de notre situation politique. Elles ont quarante ans de date. Elles ont été prononcées par Mirabeau le 19 octobre 1789. Ainsi les révolutions ont de certaines phases qui reviennent invariablement. La Révolution de 1789 en était alors où en est la Révolution de 1830 aujourd'hui, à la période des insurrections.

Une révolution, quand elle passe de l'état de théorie à l'état d'action, débouche d'ordinaire par l'émeute. L'émeute est la première des diverses formes violentes qu'il est dans la loi d'une révolution de prendre. L'émeute, c'est l'engorgement des intérêts nouveaux, des idées nouvelles, des besoins nouveaux à toutes les portes trop étroites du vieil édifice politique. Tous veulent entrer à la fois dans toutes les jouissances sociales. Aussi est-il rare qu'une révolution ne commence pas par enfoncer les portes. Il est de l'essence de l'émeute révolutionnaire, qu'il ne faut pas confondre avec les autres sortes d'émeute, d'avoir presque toujours tort dans la forme et raison dans le fond.

DERNIERS FEUILLETS SANS DATE.

Une ancienne prophétie de Mahomet dit qu'*un soleil se lèvera au couchant.* Est-ce de Napoléon qu'il voulait parler?

Vous voyez ces deux hommes : Robespierre et Mirabeau. L'un est de plomb, l'autre est de fer. La fournaise de la Révolution fera fondre l'un, qui s'y dissoudra ; l'autre y rougira, y flamboiera, y deviendra éclatant et superbe.

―――

Il fallait être géant comme Annibal, comme Charlemagne, comme Napoléon, pour enjamber les Alpes.

―――

Les révolutions sont commencées par des hommes que font les circonstances, et terminées par des hommes qui font les événements.

―――

Sous la monarchie, une lettre de cachet prenait la liberté d'un individu, et la mettait dans la Bastille.
Toute la liberté individuelle de France était venue ainsi s'accumuler goutte à goutte, homme à homme, dans la Bastille, depuis plusieurs siècles. Aussi, la Bastille brisée, la liberté s'est répandue à flots par la France et par l'Europe.

―――

Un classique jacobin : un bonnet rouge sur une perruque.

―――

Plusieurs ont créé des mots dans la langue. Vaugelas a fait *pudeur*, Corneille *invaincu*, Richelieu *généralissime*.

―――

La civilisation est toute-puissante. Tantôt elle s'accommode d'un désert de sable, comme, sous Rome, de l'Afrique ; tantôt d'une région de neiges, comme actuellement de la Russie.

L'empereur disait : Officiers français et soldats russes.

Gloire, ambition, armées, flottes, trônes, couronnes : polichinelles des grands enfants.

Le boucher Legendre assommait Lanjuinais de coups de poing à la tribune de la Convention : « Fais donc d'abord décréter que je suis un bœuf, » dit Lanjuinais.

La France est toujours à la mode en Europe.

L'Ecriture conte qu'il y a eu un roi qui fut pendant sept ans bête fauve dans les bois, puis reprit sa forme humaine. Il arrive parfois que c'est le tour du peuple. Il fait aussi ses sept années de bête féroce, puis redevient homme.
Ces métamorphoses s'appellent révolutions.

Le peuple, comme le roi, y gagne la sagesse.

TOAST :

A l'abolition de la loi salique !

Que désormais la France soit régie par une reine, et que cette reine s'appelle la loi.

Singulier parallélisme des destinées de Rome ! Après un sénat qui faisait des dieux, un conclave qui fait des saints.

Qu'est-ce que c'est donc que cette sagesse humaine qui ressemble si fort à la folie quand on la voit d'un peu haut ?

Les empires ont leurs crises comme les montagnes ont leur hiver. Une parole dite trop haut y produit une avalanche.

En 1797, on disait : La coterie de Bonaparte; en 1807, l'empire de Napoléon.

Les grands hommes sont les coefficients de leur siècle.

Richelieu s'appelait le *marquis du Chillou;* Mirabeau, *Riquetti;* Napoléon, *Buonaparte.*

Décret publié à Pékin, dans la *Gazette de la Chine,* vers la fin d'août 1830 :

« L'académie astronomique a rendu compte que, dans la nuit du 15ᵉ jour de la 7ᵉ lune (20 août), deux étoiles ont été observées, et des vapeurs blanches sont tombées près du signe du zodiaque Tsyvéi-Tchoun. Elles se sont fait voir à l'heure où la garde de nuit est relevée pour la quatrième fois (à près de minuit), *et annoncent des troubles dans l'Ouest.*

Napoléon disait : Avec Anvers, je tiens un pistolet chargé sur le cœur de l'Angleterre.

Dieu nous garde de ces réformateurs qui *lisent les lois de Minos parce qu'ils ont une constitution à faire pour mardi!*

Le cocher qui conduisait Bonaparte le soir du 3 nivôse s'appelait César.

L'Espagne a eu, l'Angleterre a la plus grande marine de la terre.

Le midi de l'Amérique parle espagnol, le nord parle anglais.

L'incendie de Moscou, aurore boréale allumée par Napoléon.

NOBLESSE.	PEUPLE.
Le comte de Mirabeau.	Franklin.
Napoléon Bonaparte, gentilhomme corse.	Washington.
Le marquis Simon de Bolivar.	Sieyès.
Le marquis de Lafayette.	Bentham.
Lord Byron.	Schiller.
M. de Goëthe.	Canaris.
Sir Warter Scott.	Danton.
Le comte Henri de Saint-Simon.	Talma.
Le vicomte de Chateaubriand.	Cuvier.
Madame de Staël.	
Le comte de Maistre.	
F. de Lamennais.	
O'Connell, gentilhomme irlandais.	
Mina, hidalgo catalan.	
Benjamin de Constant.	
La Rochejaquelein.	
Riego.	

Luther disait : *Je bouleverse le monde en buvant mon pot de bière.* Cromwell disait : *J'ai le roi dans mon sac et le parlement dans ma poche.* Napoléon disait : *Lavons notre linge sale en famille.*

Avis aux faiseurs de tragédies qui ne comprennent pas les grandes choses sans les grands mots.

Echecs d'hommes secondaires, éclipses de lune.

« Il avait (Louis XIV) beaucoup d'esprit naturel, mais
« il était très-ignorant; il en avait honte. Aussi était-on
« obligé de tourner les savants en ridicule. »

(*Mémoires de la princesse palatine.*)

Genève : une république et un océan en petit.

Je reviens d'Angleterre, écrivait, il y a vingt ans, Henri de Saint-Simon, et je n'y ai trouvé sur le chantier aucune idée capitale neuve.

Il en est d'un grand homme comme du soleil. Il n'est jamais plus beau pour nous qu'au moment où nous le voyons près de la terre : à son lever, à son coucher.

Parmi les colosses de l'histoire, Cromwell, demi-fanatique et demi-politique, marque la transition de Mahomet à Napoléon.

Les Gaulois brûlèrent Lutèce devant César (*vid. Comm.*). Deux mille ans après, les Russes brûlent Moscou devant Napoléon.

———

Il ne faut pas voir toutes les choses de la vie à travers le prisme de la poésie. Il ressemble à ces verres ingénieux qui grandissent les objets. Ils vous montrent dans toute leur lumière et dans toute leur majesté les sphères du ciel ; rabaissez-les sur la terre, et vous ne verrez plus que des formes gigantesques, à la vérité, mais pâles, vagues et confuses.

———

Napoléon exprimé en blason, c'est une couronne gigantale surmontée d'une couronne royale.

———

Une révolution est la larve d'une civilisation.

———

La Providence est ménagère de ses grands hommes. Elle ne les prodigue pas ; elle ne les gaspille pas. Elle les émet et les retire au bon moment, et ne leur donne jamais à gouverner que des événements de leur taille. Quand elle a quelque mauvaise besogne à faire, elle la fait faire par de mauvaises mains ; elle ne remue le sang et la boue qu'avec de vils outils. Ainsi Mirabeau s'en va avant la Terreur ; Napoléon ne vient qu'après. Entre les deux géants, la fourmilière des hommes petits et méchants, la guillotine, les massacres, les noyades, 93. Et à 93 Robespierre suffit ; il est assez bon pour cela.

———

J'ai entendu des hommes éminents du siècle, en politique, en littérature, en science, se plaindre de l'envie, des haines, des calomnies, etc. Ils avaient tort. C'est la loi, c'est la gloire. Les hautes renommées subissent ces épreuves. La haine les poursuit partout. Rien ne lui est sacré. Le théâtre lui livrait plus à nu Shakspeare et Molière; la prison ne lui dérobait pas Christophe Colomb; le cloître n'en préservait pas saint Bernard; le trône n'en sauvait pas Napoléon. Il n'y a pour le génie qu'un lieu sur la terre qui jouisse du droit d'asile, c'est le tombeau.

1823. — 1824.

SUR VOLTAIRE.

Décembre 1823.

François-Marie Arouet, si célèbre sous le nom de Voltaire, naquit à Châtenay le 20 février 1694, d'une famille de magistrature. Il fut élevé au collége des jésuites, où l'un de ses régents, le père Lejay, lui prédit, à ce qu'on assure, qu'il serait en France le coryphée du déisme.

A peine sorti du collége, Arouet, dont le talent s'éveillait avec toute la force et toute la naïveté de la jeunesse, trouva, d'un côté, dans son père, un inflexible contempteur, et de l'autre, dans son parrain, l'abbé de Châteauneuf, un pervertisseur complaisant. Le père condamnait toute étude littéraire sans savoir pourquoi, et par conséquent avec une obstination insurmontable. Le parrain, qui encourageait au contraire les essais d'Arouet, aimait beaucoup les vers, surtout ceux que rehaussait une certaine saveur de licence ou d'impiété. L'un voulait emprisonner le poëte dans une étude de procureur; l'autre égarait le jeune homme dans tous les salons. M. Arouet interdisait toute lecture à son fils; Ninon de l'Enclos léguait une bibliothèque à l'élève de son ami Châteauneuf. Ainsi le génie de Voltaire subit dès sa naissance le malheur de deux actions contraires et également funestes : l'une qui tendait à étouffer violemment ce feu sacré qu'on ne peut éteindre; l'autre qui l'alimentait inconsidérément, aux dépens de tout ce qu'il y a de noble et de respectable dans l'ordre intellectuel et dans l'ordre social. Ce sont peut-être ces deux impulsions opposées, imprimées à la fois au premier essor de cette imagination puissante, qui en ont vicié pour jamais la direction. Du moins peut-on leur attribuer les premiers écarts du talent de Voltaire, tourmenté ainsi tout ensemble du frein et de l'éperon.

Aussi, dès le commencement de sa carrière, lui attribua-t-on d'assez méchants vers fort impertinents qui le firent mettre à la Bastille, punition rigoureuse pour de mauvaises rimes. C'est durant ce loisir forcé que Voltaire, âgé de vingt-deux ans, ébaucha son poëme blafard de la *Ligue*, depuis la *Henriade*, et termina son remarquable drame d'*Œdipe*. Après quelques mois de Bastille, il fut à la fois délivré et pensionné par le régent d'Orléans, qu'il remercia de vouloir bien se charger de son entretien, en le priant de ne plus se charger de son logement.

Œdipe fut joué avec succès en 1718. Lamotte, l'oracle de cette époque, daigna consacrer ce triomphe par quelques paroles sacramentelles, et la renommée de Voltaire commença. Aujourd'hui Lamotte n'est peut-être immortel que pour avoir été nommé dans les écrits de Voltaire.

La tragédie d'*Artémire* succéda à *Œdipe*. Elle tomba. Voltaire fit un voyage à Bruxelles pour y voir J.-B. Rousseau, qu'on a si singulièrement appelé Grand. Les deux poëtes s'estimaient avant de se connaître, ils se séparèrent ennemis. On a dit qu'ils étaient réciproquement envieux l'un de l'autre. Ce ne serait pas un signe de supériorité.

Artémire, refaite et rejouée en 1724 sous le nom de *Marianne*, eut beaucoup de succès sans être meilleure.

Vers la même époque, parut la *Ligue* ou la *Henriade*, et la France n'eut pas un poëme épique. Voltaire substitua dans son poëme Mornay à Sully, parce qu'il avait à se plaindre du descendant de ce grand ministre. Cette vengeance peu philosophique est cependant excusable, parce que Voltaire, insulté lâchement devant l'hôtel de Sully par je ne sais quel chevalier de Rohan et abandonné par l'autorité judiciaire, ne put en exercer d'autre.

Justement indigné du silence des lois envers son méprisable agresseur, Voltaire, déjà célèbre, se retira en Angleterre, où il étudia les sophistes. Cependant tous ses loisirs n'y furent pas perdus ; il fit deux nouvelles tragédies, *Brutus* et *César*, dont Corneille eût avoué plusieurs scènes.

Revenu en France, il donna successivement *Eryphile*, qui tomba, et *Zaïre*, chef-d'œuvre conçu et terminé en dix-huit jours, auquel il ne manque que la couleur du lieu et une certaine sévérité de style. *Zaïre* eut un succès prodigieux et mérité. La tragédie d'*Adélaïde Duguesclin* (depuis le *Duc de Foix*) succéda à *Zaïre* et fut loin d'obtenir le même succès. Quelques publications moins importantes, le *Temple du goût*, les *Lettres sur les Anglais*, etc., tourmentèrent pendant quelques années la vie de Voltaire.

Cependant son nom remplissait déjà l'Europe. Retiré à Cirey, chez la marquise du Châtelet, femme qui fut, suivant l'expression même de Voltaire, propre à toutes les sciences, excepté à celle de la vie, il desséchait sa belle imagination dans l'algèbre et la géométrie, écrivait *Alzire*, *Mahomet*, l'*Histoire* spirituelle *de Charles XII*, amassait les matériaux du *Siècle de Louis XIV*, préparait l'*Essai sur les mœurs des nations*, et envoyait des madrigaux à Frédéric, prince héréditaire de Prusse. *Mérope*, également composée à Cirey, mit le sceau à la réputation dramatique de Voltaire. Il crut pouvoir alors se présenter pour remplacer le cardinal de Fleury à l'Académie française. Il ne fut pas admis. Il n'avait encore que du génie. Quelque temps après cependant il se mit à flatter madame de Pompadour; il le fit avec une si opiniâtre complaisance, qu'il obtint tout à la fois le fauteuil académique, la charge de gentilhomme de la chambre et la place d'historiographe de France. Cette faveur dura peu. Voltaire se retira tour à tour à Lunéville, chez le bon Stanislas, roi de Pologne et duc de Lorraine; à Sceaux, chez madame du Maine, où il fit *Sémiramis*, *Oreste* et *Rome sauvée*, et à Berlin, chez Frédéric, devenu roi de Prusse. Il passa plusieurs années dans cette dernière retraite avec le titre de chambellan, la croix du Mérite de Prusse et une pension. Il était admis aux soupers royaux avec Maupertuis, d'Argens et Lamettrie, athée du roi, de ce roi qui, comme le dit Voltaire même, vivait sans cour, sans conseil et sans culte. Ce n'était point l'amitié sublime d'Aristote et d'Alexandre, de Térence et de Scipion. Quelques années de frottement suffirent pour user ce qu'avaient de commun l'âme du despote philosophe et l'âme du sophiste poëte. Voltaire voulut s'enfuir de Berlin. Frédéric le chassa.

Renvoyé de Prusse, repoussé de France, Voltaire passa deux ans en Allemagne, où il publia ses *Annales de l'Empire*, rédigées par complaisance pour la duchesse de Saxe-Gotha; puis il vint se fixer aux portes de Genève, avec madame Denis, sa nièce.

L'Orphelin de la Chine, tragédie où brille encore presque tout son talent, fut le premier fruit de sa retraite, où il eût vécu en paix si d'avides libraires n'eussent publié son odieuse *Pucelle*. C'est encore à cette époque et dans ses diverses résidences des Délices, de Tournay et de Ferney, qu'il fit le poëme sur le *tremblement de terre de Lisbonne*, la tragédie de *Tancrède*, quelques contes et différents opuscules. C'est alors qu'il défendit, avec une générosité mêlée de trop d'ostentation, Calas, Sirven, la Barre, Montbailli,

Lally, déplorables victimes des méprises judiciaires. C'est alors qu'il se brouilla avec Jean-Jacques, se lia avec Catherine de Russie, pour laquelle il écrivit l'histoire de son aïeul, Pierre I*", et se réconcilia avec Frédéric. C'est encore du même temps que date sa coopération à l'*Encyclopédie*, ouvrage où des hommes qui avaient voulu prouver leur force ne prouvèrent que leur faiblesse, monument monstrueux dont le *Moniteur* de notre révolution est l'effroyable pendant.

Accablé d'années, Voltaire voulut revoir Paris. Il revint dans cette Babylone qui sympathisait avec son génie. Salué d'acclamations universelles, le malheureux vieillard put voir, avant de mourir, combien son œuvre était avancée. Il put jouir ou s'épouvanter de sa gloire. Il ne lui restait plus assez de puissance vitale pour soutenir les émotions de ce voyage, et Paris le vit expirer le 30 mai 1778. Les esprits forts prétendirent qu'il avait emporté l'incrédulité au tombeau. Nous ne le poursuivrons pas jusque-là.

Nous avons raconté la vie privée de Voltaire; nous allons essayer de peindre son existence publique et littéraire.

Nommer Voltaire, c'est caractériser tout le dix-huitième siècle; c'est fixer d'un seul trait la double physionomie historique et littéraire de cette époque, qui ne fut, quoi qu'on en dise, qu'une époque de transition, pour la société comme pour la poésie. Le dix-huitième siècle paraîtra toujours dans l'histoire comme étouffé entre le siècle qui le précède et le siècle qui le suit. Voltaire en est le personnage principal et en quelque sorte typique, et, quelque prodigieux que fût cet homme, ses proportions semblent bien mesquines entre la grande image de Louis XIV et la gigantesque figure de Napoléon.

Il y a deux êtres dans Voltaire. Sa vie eut deux influences. Ses écrits eurent deux résultats. C'est sur cette double action, dont l'une domina les lettres, dont l'autre se manifesta dans les événements, que nous allons jeter un coup d'œil. Nous étudierons séparément chacun de ces deux règnes du génie de Voltaire. Il ne faut pas oublier toutefois que leur double puissance fut intimement coordonnée, et que les effets de cette puissance, plutôt mêlés que liés, ont toujours eu quelque chose de simultané et de commun. Si, dans cette note, nous en divisons l'examen, c'est uniquement parce qu'il serait au-dessus de nos forces d'embrasser d'un seul regard cet ensemble insaisissable; imitant en cela l'artifice de ces artistes orientaux qui, dans l'impuissance de peindre une figure de face, parviennent cependant à la représenter entièrement, en enfermant les deux profils dans un même cadre.

En littérature, Voltaire a laissé un de ces monuments dont l'aspect étonne plutôt par son étendue qu'il n'impose par sa grandeur. L'édifice qu'il a construit n'a rien d'auguste. Ce n'est point le palais des rois, ce n'est point l'hospice du pauvre. C'est un bazar élégant et vaste, irrégulier et commode; étalant dans la boue d'innombrables richesses; donnant à tous les intérêts, à toutes les vanités, à toutes les passions, ce qui leur convient; éblouissant et fétide; offrant des prostitutions pour des voluptés; peuplé de vagabonds, de marchands et d'oisifs, peu fréquenté du prêtre et de l'indigent. Là, d'éclatantes galeries inondées incessamment d'une foule émerveillée; là, des antres secrets où nul ne se vante d'avoir pénétré. Vous trouverez sous ces arcades somptueuses mille chefs-d'œuvre de goût et d'art, tout reluisants d'or et de diamants; mais n'y cherchez pas la statue de bronze aux formes antiques et sévères. Vous y trouverez des parures pour vos salons et pour vos boudoirs; n'y cherchez pas les ornements qui conviennent au sanctuaire. Et malheur au faible qui n'a qu'une âme pour fortune et qui l'expose aux séductions de ce magnifique repaire : temple monstrueux où il y a des témoignages pour tout ce qui n'est pas la vérité, un culte pour tout ce qui n'est pas Dieu !

Certes, si nous voulons bien parler d'un monument de ce genre avec admiration, on n'exigera pas que nous en parlions avec respect.

Nous plaindrions une cité où la foule serait au bazar et la solitude à l'église; nous plaindrions une littérature qui déserterait le sentier de Corneille et de Bossuet pour courir sur la trace de Voltaire.

Loin de nous toutefois la pensée de nier le génie de cet homme extraordinaire. C'est parce que, dans notre conviction, ce génie était peut-être un des plus beaux qui aient jamais été donnés à aucun écrivain, que nous en déplorons plus amèrement le frivole et funeste emploi. Nous regrettons, pour lui comme pour les lettres, qu'il ait tourné contre le ciel cette puissance intellectuelle qu'il avait reçue du ciel. Nous gémissons sur ce beau génie qui n'a point compris sa sublime mission, sur cet ingrat qui a profané la chasteté de la muse et la sainteté de la patrie, sur ce transfuge qui ne s'est pas souvenu que le trépier du poëte a sa place près de l'autel. Et (ce qui est d'une profonde et inévitable vérité) sa faute même renfermait son châtiment. Sa gloire est beaucoup moins grande qu'elle ne devait l'être, parce qu'il a tenté toutes les gloires, même celle d'Erostrate. Il a défriché tous les champs, on ne peut dire qu'il en ait cultivé un seul. Et, parce qu'il eut la coupable ambition d'y semer également les germes nourriciers et les germes vénéneux, ce sont, pour sa honte éternelle, les poisons qui ont le plus fructifié. La *Henriade*, comme composition littéraire, est encore bien inférieure à la *Pucelle* (ce qui ne signifie certes pas que ce coupable ouvrage soit supérieur, même dans son genre honteux). Ses satires, empreintes parfois d'un stigmate infernal, sont fort au-dessus de ses comédies, plus innocentes. On préfère ses poésies légères, où son cynisme éclate souvent à nu, à ses poésies lyriques, dans lesquelles on trouve parfois des vers religieux et graves (1). Ses contes, enfin, si désolants d'incrédulité et de scepticisme, valent mieux que ses histoires, où le même défaut se fait un peu moins sentir, mais où l'absence perpétuelle de dignité est en contradiction avec le genre même de ces ouvrages. Quant à ses tragédies, où il se montre réellement grand poëte, où il trouve souvent le trait du caractère, le mot du cœur, on ne peut disconvenir, malgré tant d'admirables scènes, qu'il ne soit encore resté assez loin de Racine, et surtout du vieux Corneille. Et ici notre opinion est d'autant moins suspecte, qu'un examen approfondi de l'œuvre dramatique de Voltaire nous a convaincu de sa haute supériorité au théâtre. Nous ne doutons pas que si Voltaire, au lieu de disperser les forces colossales de sa pensée sur vingt points différents, les eût toutes réunies vers un même but, la tragédie, il n'eût surpassé Racine et peut-être égalé Corneille. Mais il dépensa le génie en esprit. Aussi fut-il prodigieusement spirituel ; aussi le sceau du génie est-il plutôt empreint sur le vaste ensemble de ses ouvrages que sur chacun d'eux en particulier. Sans cesse préoccupé de son siècle, il négligeait trop la postérité, cette image austère qui doit dominer toutes les méditations du poëte. Luttant de caprice et de frivolité avec ses frivoles et capricieux con-

(1) M. le comte de Maistre, dans son sévère et remarquable portrait de Voltaire, observe qu'il est nul dans l'ode, et attribue avec raison cette nullité au défaut d'enthousiasme. Voltaire, en effet, qui ne se livrait à la poésie qu'avec antipathie, et seulement pour justifier sa prétention à l'universalité, Voltaire était étranger à toute profonde exaltation ; il ne connaissait d'émotion véritable que celle de la colère, et encore cette colère n'allait-elle pas jusqu'à l'indignation, jusqu'à cette sainte indignation qui fait poëte, comme dit Juvénal : *Facit indignatio versum.*

temporains, il voulait leur plaire et se moquer d'eux. Sa muse, qui eût été si belle de sa beauté, emprunta souvent ses prestiges aux enluminures du fard et aux grimaces de la coquetterie, et l'on est perpétuellement tenté de lui adresser ce conseil d'amant jaloux :

> Epargne-toi ce soin,
> L'art n'est pas fait pour toi, tu n'en as pas besoin.

Voltaire paraissait ignorer qu'il y a beaucoup de grâce dans la force, et que ce qu'il y a de plus sublime dans les œuvres de l'esprit humain est peut-être aussi ce qu'il y a de plus naïf; car l'imagination sait révéler sa céleste origine sans recourir à des artifices étrangers. Elle n'a qu'à marcher pour se montrer déesse. *Et vera incessu patuit dea.*

S'il était possible de résumer l'idée multiple que présente l'existence littéraire de Voltaire, nous ne pourrions que la classer parmi ces prodiges que les Latins appelaient *monstra*. Voltaire, en effet, est un phénomène peut-être unique, qui ne pouvait naître qu'en France et au dix-huitième siècle. Il y a cette différence entre sa littérature et celle du grand siècle, que Corneille, Molière et Pascal appartiennent davantage à la société, Voltaire à la civilisation. On sent, en le lisant, qu'il est l'écrivain d'un âge énervé et affadi. Il a de l'agrément et point de grâce, du prestige et point de charme, de l'éclat et point de majesté. Il sait flatter et ne sait point consoler. Il fascine et ne persuade pas. Excepté dans la tragédie, qui lui est propre, son talent manque de tendresse et de franchise. On sent que tout cela est le résultat d'une organisation et non l'effet d'une inspiration; et quand un médecin athée vient vous dire que tout Voltaire était dans ses tendons et dans ses nerfs, vous frémissez qu'il n'ait raison. Au reste, comme un autre ambitieux plus moderne, qui rêvait la suprématie politique, c'est en vain que Voltaire a essayé la suprématie littéraire. La monarchie absolue ne convient pas à l'homme. Si Voltaire eût compris la véritable grandeur, il eût placé sa gloire dans l'unité plutôt que dans l'universalité. La force ne se révèle point par un déplacement perpétuel, par des métamorphoses indéfinies, mais bien par une majestueuse immobilité. La force, ce n'est pas Protée, c'est Jupiter.

Ici commence la seconde partie de notre tâche; elle sera plus courte, parce que, grâce à la révolution française, les résultats politiques de la philosophie de Voltaire sont malheureusement d'une effrayante notoriété. Il serait cependant souverainement injuste de n'attribuer qu'aux écrits du « patriarche de Ferney » cette fatale révolution. Il faut y voir avant tout l'effet d'une décomposition sociale depuis longtemps commencée. Voltaire et l'époque où il vécut doivent s'accuser et s'excuser réciproquement. Trop fort pour obéir à son siècle, Voltaire était aussi trop faible pour le dominer. De cette égalité d'influence résultait entre son siècle et lui une perpétuelle réaction, un échange mutuel d'impiétés et de folies, un continuel flux et reflux de nouveautés qui entraînait toujours dans ses oscillations quelque vieux pilier de l'édifice social. Qu'on se représente la face politique du dix-huitième siècle, les scandales de la régence, les turpitudes de Louis XV ; la violence dans le ministère, la violence dans les parlements, la force nulle part ; la corruption morale descendant par degrés de la tête au cœur, des grands au peuple ; les prélats de cour, les abbés de toilette ; l'antique monarchie, l'antique société chancelant sur leur base commune, et ne résistant plus aux attaques des novateurs que par la magie de ce beau nom de Bourbon (1); qu'on se figure Voltaire jeté sur cette so-

(1) Il faut que la démoralisation universelle ait jeté de bien

ciété en dissolution comme un serpent dans un marais, et l'on ne s'étonnera plus de voir l'action contagieuse de sa pensée hâter la fin de cet ordre politique que Montaigne et Rabelais avaient inutilement attaqué dans sa jeunesse et dans sa vigueur. Ce n'est pas lui qui rendit la maladie mortelle, mais c'est lui qui en développa le germe, c'est lui qui en exaspéra les accès. Il fallait tout le venin de Voltaire pour mettre cette fange en ébullition ; aussi doit-on imputer à cet infortuné une grande partie des choses monstrueuses de la révolution. Quant à cette révolution en elle-même, elle dut être inouïe. La Providence voulut la placer entre le plus redoutable des sophistes et le plus formidable des despotes. A son aurore, Voltaire apparaît dans une saturnale funèbre (1) ; à son déclin, Buonaparte se lève dans un massacre (2).

profondes racines, pour que le ciel ait vainement envoyé, vers la fin de ce siècle, Louis XVI, ce vénérable martyr, qui éleva sa vertu jusqu'à la sainteté.
(1) Translation des restes de Voltaire au Panthéon.
(2) Mitraillade de Saint-Roch.

SUR WALTER SCOTT,

A PROPOS DE QUENTIN DURWARD.

Juin 1823.

Certes, il y a quelque chose de bizarre et de merveilleux dans le talent de cet homme, qui dispose de son lecteur comme le vent dispose d'une feuille; qui le promène à son gré dans tous les lieux et dans tous les temps; lui dévoile, en se jouant, le plus secret repli du cœur, comme le plus mystérieux phénomène de la nature, comme la page la plus obscure de l'histoire; dont l'imagination domine et caresse toutes les imaginations, revêt avec la même étonnante vérité le haillon du mendiant et la robe du roi, prend toutes les allures, adopte tous les vêtements, parle tous les langages; laisse à la physionomie des siècles ce que la sagesse de Dieu a mis d'immuable et d'éternel dans leurs traits, et ce que les folies des hommes y ont jeté de variable et de passager; ne force pas, ainsi que certains romanciers ignorants, les personnages des jours passés à s'enluminer de notre fard, à se frotter de notre vernis; mais contraint, par son pouvoir magique, les lecteurs contemporains à reprendre, du moins pour quelques heures, l'esprit, aujourd'hui si dédaigné, des vieux temps, comme un sage et adroit conseiller qui invite des fils ingrats à revenir chez leur père. L'habile magicien veut cependant avant tout être exact. Il ne refuse à sa plume aucune vérité, pas même celle qui naît de la peinture de l'erreur, cette fille des hommes qu'on pourrait croire immortelle si son humeur capricieuse et changeante ne rassurait sur son éternité. Peu d'historiens sont aussi fidèles que ce romancier. On sent qu'il a voulu que ses portraits fussent des tableaux et ses tableaux des portraits. Il nous peint nos devanciers avec leurs passions, leurs vices et leurs crimes, mais de sorte que l'instabilité des superstitions et l'impiété du fanatisme n'en fassent que mieux ressortir la pérennité de la religion et la sainteté des croyances. Nous aimons d'ailleurs à retrouver nos ancêtres avec leurs préjugés, souvent si nobles et si salutaires, comme avec leurs beaux panaches et leurs bonnes cuirasses.

Walter Scott a su puiser aux sources de la nature et de la vérité un genre inconnu, qui est nouveau parce qu'il se fait aussi ancien qu'il le veut. Walter Scott allie à la minutieuse exactitude des chroniques la majestueuse grandeur de l'histoire et l'intérêt pressant du roman ; génie puissant et curieux qui devine le passé ; pinceau vrai qui trace un portrait fidèle d'après une ombre confuse, et nous force à reconnaître même ce que nous n'avons pas vu ; esprit flexible et solide qui s'empreint du cachet particulier de chaque siècle et de chaque pays, comme une cire molle, et conserve cette empreinte pour la postérité comme un bronze indélébile.

Peu d'écrivains ont aussi bien rempli que Walter Scott les devoirs du romancier relativement à son art et à son siècle ; car ce serait une erreur presque coupable dans l'homme de lettres que de se croire au-dessus de l'intérêt général et des besoins nationaux, d'exempter son esprit de toute action sur les contemporains, et d'isoler sa vie égoïste de la grande vie du corps social. Et qui donc se dévouera, si ce n'est le poëte ? Quelle voix s'élèvera dans l'orage, si ce n'est celle de la lyre qui peut le calmer ? Et qui bravera les haines de l'anarchie et les dédains du despotisme, sinon celui auquel la sagesse antique attribuait le pouvoir de réconcilier les peuples et les rois, et auquel la sagesse moderne à donné celui de les diviser?

Ce n'est donc point à de doucereuses galanteries, à de mesquines intrigues, à de sales aventures, que Walter Scott voue son talent. Averti par l'instinct de sa gloire, il a senti qu'il fallait quelque chose de plus à une génération qui vient d'écrire de son sang et de ses larmes la page la plus extraordinaire de toutes les histoires humaines. Les temps qui ont immédiatement précédé et immédiatement suivi notre convulsive révolution étaient de ces époques d'affaissement que le fiévreux éprouve avant et après ses accès. Alors les livres les plus platement atroces, les plus stupidement impies, les plus monstrueusement obscènes, étaient avidement dévorés par une société malade, dont les goûts dépravés et les facultés engourdies eussent rejeté tout aliment savoureux ou salutaire. C'est ce qui explique ces triomphes scandaleux décernés alors par les plébéiens des salons et les patriciens des échoppes à des écrivains ineptes ou graveleux, que nous dédaignerons de nommer, lesquels en sont réduits aujourd'hui à mendier l'applaudissement des laquais et le rire des prostituées. Maintenant la popularité n'est plus distribuée par la populace, elle vient de la seule source qui puisse lui imprimer un caractère d'immortalité ainsi que d'universalité, du suffrage de ce petit nombre d'esprits délicats, d'âmes exaltées et de têtes sérieuses qui représentent moralement les peuples civilisés. C'est celle-là que Scott a obtenue en empruntant aux annales des nations des compositions faites pour toutes les nations, en puisant dans les fastes des siècles des livres écrits pour tous les siècles. Nul romancier n'a caché plus d'enseignement sous plus de charme, plus de vérité sous la fiction. Il y a une alliance visible entre la forme qui lui est propre et toutes les formes littéraires du passé et de l'avenir, et l'on pourrait considérer les romans épiques de

Scott comme une transition de la littérature actuelle aux romans grandioses, aux grandes épopées en vers ou en prose que notre ère poétique nous promet et nous donnera.

Quelle doit être l'intention du romancier? c'est d'exprimer dans une fable intéressante une vérité utile. Et une fois cette idée fondamentale choisie, cette action explicative inventée, l'auteur ne doit-il pas chercher, pour la développer, un mode d'explication qui rende son roman semblable à la vie, l'imitation pareille au modèle? et la vie n'est-elle pas un drame bizarre où se mêlent le bon et le mauvais, le beau et le laid, le haut et le bas, loi dont le pouvoir n'expire que hors de la création? Faudra-t-il donc se borner à composer, comme certains peintres flamands, des tableaux entièrement ténébreux, ou, comme les Chinois, des tableaux tout lumineux, quand la nature montre partout la lutte de l'ombre et de la lumière? Or les romanciers, avant Walter Scott, avaient adopté généralement deux méthodes de composition contraires; toutes deux vicieuses, précisément parce qu'elles sont contraires. Les uns donnaient à leur ouvrage la forme d'une narration divisée arbitrairement en chapitres, sans qu'on devinât trop pourquoi, ou même uniquement pour délasser l'esprit du lecteur, comme l'avoue assez naïvement le titre de *Descanso* (repos), placé par un vieil auteur espagnol en tête de ses chapitres (1). Les autres déroulaient leur fable dans une série de lettres qu'on supposait écrites par les divers acteurs du roman. Dans la narration, les personnages disparaissent, l'auteur seul se montre toujours; dans les lettres, l'auteur s'éclipse pour ne laisser jamais voir que ses personnages. Le romancier narrateur ne peut donner place au dialogue naturel, à l'action véritable; il faut qu'il leur substitue un certain mouvement monotone de style, qui est

---

(1) Marcos Obregon de la Ronda.

comme un moule, ou les événements les plus divers prennent la même forme, et sous lequel les créations les plus élevées, les inventions les plus profondes s'effacent, de même que les aspérités d'un champ s'aplanissent sous le rouleau. Dans le roman par lettres, la même monotonie provient d'une autre cause. Chaque personnage arrive à son tour avec son épître, à la manière de ces acteurs forains qui, ne pouvant paraître que l'un après l'autre, et n'ayant pas la permission de parler sur leurs tréteaux, se présentent successivement, portant au-dessus de leur tête un grand écriteau sur lequel le public lit leur rôle. On peut encore comparer le roman par lettres à ces laborieuses conversations de sourds-muets qui s'écrivent réciproquement ce qu'ils ont à se dire, de sorte que leur colère ou leur joie est tenue d'avoir sans cesse la plume à la main et l'écritoire en poche. Or, je le demande, que devient l'à-propos d'un tendre reproche qu'il faut porter à la poste? et l'explosion fougueuse des passions n'est-elle pas un peu gênée entre le préambule obligé et la formule polie qui sont l'avant-garde et l'arrière-garde de toute lettre écrite par un homme bien né? Croit-on que le cortége des compliments, le bagage des civilités accélèrent la progression de l'intérêt et pressent la marche de l'action? Ne doit-on pas enfin supposer quelque vice radical et insurmontable dans un genre de composition qui a pu refroidir parfois l'éloquence même de Rousseau?

Supposons donc qu'au roman narratif, où il semble qu'on ait songé à tout, excepté à l'intérêt, en adoptant l'absurde usage de faire précéder chaque chapitre d'un sommaire, souvent très-détaillé, qui est comme le récit du récit, supposons qu'au roman épistolaire, dont la forme même interdit toute véhémence et toute rapidité, un esprit créateur substitue le roman dramatique, dans lequel l'action imaginaire se déroule en tableaux vrais et variés, comme se déroulent les événements réels de la vie ; qui ne connaisse d'autre division que celle des différentes scènes à développer ; qui, enfin, soit un long drame, où les descriptions suppléeraient aux décorations et aux costumes, où les personnages pourraient se peindre par eux-mêmes, et représenter, par leurs chocs divers et multipliés, toutes les formes de l'idée unique de l'ouvrage. Vous trouverez, dans ce genre nouveau, les avantages réunis des deux genres anciens, sans leurs inconvénients. Ayant à votre disposition les ressorts pittoresques, et en quelque façon magiques du drame, vous pourrez laisser derrière la scène ces mille détails oiseux et transitoires que le simple narrateur, obligé de suivre ses acteurs pas à pas comme des enfants aux lisières, doit exposer longuement s'il veut être clair ; et vous pourrez profiter de ces traits profonds et soudains, plus féconds en méditation que des pages entières, que fait jaillir le mouvement d'une scène, mais qu'exclut la rapidité d'un récit.

Après le roman pittoresque mais prosaïque de Walter Scott, il restera un autre roman à créer, plus beau et plus complet encore selon nous. C'est le roman, à la fois drame et épopée, pittoresque mais poétique, réel mais idéal, vrai mais grand, qui enchâssera Walter Scott dans Homère.

Comme tout créateur, Walter Scott a été assailli jusqu'à présent par d'inextinguibles critiques. Il faut que celui qui défriche un marais se résigne à entendre les grenouilles croasser autour de lui.

Quant à nous, nous remplissons un devoir de conscience en plaçant Walter Scott très-haut parmi les romanciers, et en particulier *Quentin Durward* très-haut parmi les romans. *Quentin Durward* est un beau livre. Il est difficile de voir un roman mieux tissu, et des effets moraux mieux attachés aux effets dramatiques.

L'auteur a voulu montrer, ce nous semble, combien la

loyauté, même dans un être obscur, jeune et pauvre, arrive plus sûrement à son but que la perfidie, fût-elle aidée de toutes les ressources du pouvoir, de la richesse et de l'expérience. Il a chargé du premier de ces rôles son Ecossais Quentin Durward, orphelin jeté au milieu des écueils les plus multipliés, des piéges les mieux préparés, sans autre boussole qu'un amour presque insensé; mais c'est souvent quand il ressemble à une folie que l'amour est une vertu. Le second est confié à Louis XI, roi plus adroit que le plus adroit courtisan, vieux renard armé des ongles du lion, puissant et fin, servi dans l'ombre comme au jour, incessamment couvert de ses gardes comme d'un bouclier et accompagné de ses bourreaux comme d'une épée. Ces deux personnages si différents réagissent l'un sur l'autre de manière à exprimer l'idée fondamentale avec une vérité singulièrement frappante. C'est en obéissant fidèlement au roi que le loyal Quentin sert, sans le savoir, ses propres intérêts, tandis que les projets de Louis XI, dont Quentin devait être à la fois l'instrument et la victime, tournent en même temps à la confusion du rusé vieillard et à l'avantage du simple jeune homme.

Un examen superficiel pourrait faire croire d'abord que l'intention première du poëte est dans le contraste historique, peint avec tant de talent, du roi de France, Louis de Valois, et du duc de Bourgogne, Charles le Téméraire. Ce bel épisode est peut-être, en effet, un défaut dans la composition de l'ouvrage, en ce qu'il rivalise d'intérêt avec le sujet lui-même; mais cette faute, si elle existe, n'ôte rien à ce que présente d'imposant et de comique tout ensemble cette opposition de deux princes, dont l'un, despote souple et ambitieux, méprise l'autre, tyran dur et belliqueux, qui le dédaignerait s'il l'osait. Tous deux se haïssent; mais Louis brave la haine de Charles parce qu'elle est rude et sauvage, Charles craint la haine de

Louis parce qu'elle est caressante. Le duc de Bourgogne, au milieu de son camp et de ses Etats, s'inquiète près du roi de France, sans défense, comme le limier dans le voisinage du chat. La cruauté du duc naît de ses passions, celle du roi vient de son caractère. Le Bourguignon est loyal parce qu'il est violent : il n'a jamais songé à cacher ses mauvaises actions; il n'a point de remords, car il a oublié ses crimes comme ses colères. Louis est superstitieux, peut-être parce qu'il est hypocrite; la religion ne suffit pas à celui que sa conscience tourmente et qui ne veut pas se repentir; mais il a beau croire à d'impuissantes expiations, la mémoire du mal qu'il a fait vit sans cesse en lui près de la pensée du mal qu'il va faire, parce qu'on se rappelle toujours ce qu'on a médité longtemps, et qu'il faut bien que le crime, lorsqu'il a été un désir et une espérance, devienne aussi un souvenir. Les deux princes sont dévots; mais Charles jure par son épée avant de jurer par Dieu, tandis que Louis tâche de gagner les saints par des dons d'argent ou des charges de cour, mêle de la diplomatie à sa prière et intrigue même avec le ciel. En cas de guerre, Louis en examine encore le danger que Charles se repose déjà de la victoire. La politique du Téméraire est toute dans son bras, mais l'œil du roi atteint plus loin que le bras du duc. Enfin, Walter Scott prouve, en mettant en jeu les deux rivaux, combien la prudence est plus forte que l'audace, et comment celui qui paraît ne rien craindre a peur de celui qui semble tout redouter.

Avec quel art l'illustre écrivain nous peint le roi de France se présentant, par un raffinement de fourberie, chez son beau cousin de Bourgogne, et lui demandant l'hospitalité au moment où l'orgueilleux vassal va lui apporter la guerre! Et quoi de plus dramatique que la nouvelle d'une révolte fomentée dans les Etats du duc par les agents du roi, tombant comme la foudre entre les deux princes à l'instant ou la même table les réunit ! Ainsi la fraude est déjouée par la fraude, et c'est le prudent Louis qui s'est lui-même livré sans défense à la vengeance d'un ennemi justement irrité. L'histoire dit bien quelque chose de tout cela ; mais ici j'aime mieux croire au roman qu'à l'histoire, parce que je préfère la vérité morale à la vérité historique. Une scène plus remarquable encore peut-être, c'est celle où les deux princes, que les conseils les plus sages n'ont encore pu rapprocher, se réconcilient par un acte de cruauté que l'un imagine et que l'autre exécute. Pour la première fois ils rient ensemble de cordialité et de plaisir ; et ce rire excité par un supplice efface pour un moment leur discorde. Cette idée terrible fait frissonner d'admiration.

Nous avons entendu critiquer, comme hideuse et révoltante, la peinture de l'orgie. C'est, à notre avis, un des plus beaux chapitres de ce livre. Walter Scott, ayant entrepris de peindre ce fameux brigand surnommé le Sanglier des Ardennes, aurait manqué son tableau s'il n'eût excité l'horreur. Il faut toujours entrer franchement dans une donnée dramatique, et chercher en tout le fond des choses. L'émotion et l'intérêt ne se trouvent que là. Il n'appartient qu'aux esprits timides de capituler avec une conception forte et de reculer dans la voie qu'ils se sont tracée.

Nous justifierons, d'après le même principe, deux autres passages qui ne nous paraissent pas moins dignes de méditation et de louange. Le premier est l'exécution de ce Hayraddin, personnage singulier dont l'auteur aurait peut être pu tirer encore plus de parti. Le second est le chapitre où le roi Louis XI, arrêté par ordre du duc de Bourgogne, fait préparer dans sa prison, par Tristan l'Hermite, le châtiment de l'astrologue qui l'a trompé. C'est une idée étrangement belle que de nous faire voir ce roi cruel, trouvant encore dans son cachot assez d'espace pour sa vengeance, réclamant des bourreaux pour derniers serviteurs, et éprouvant ce qui lui reste d'autorité par l'ordre d'un supplice.

Nous pourrions multiplier ces observations et tâcher de faire voir en quoi le nouveau drame de sir Walter Scott nous semble défectueux, particulièrement dans le dénoûment ; mais le romancier aurait sans doute pour se justifier des raisons beaucoup meilleures que nous n'en aurions pour l'attaquer, et ce n'est point contre un si formidable champion que nous essayerions avec avantage nos faibles armes. Nous nous bornerons à lui faire observer que le mot placé par lui dans la bouche du fou du duc de Bourgogne sur l'arrivée du roi Louis XI à Péronne appartient au fou de François Ier, qui le prononça lors du passage de Charles-Quint en France, en 1535. L'immortalité de ce pauvre Triboulet ne tient qu'à ce mot, il faut le lui laisser. Nous croyons également que l'expédient ingénieux qu'emploie l'astrologue Galeotti pour échapper à Louis XI avait déjà été imaginé quelque mille ans auparavant par un philosophe que voulait mettre à mort Denys de Syracuse. Nous n'attachons pas à ces remarques plus d'importance qu'elles n'en méritent ; un romancier n'est pas un chroniqueur. Nous sommes étonné seulement que le roi adresse la parole, dans le conseil de Bourgogne, à des chevaliers du Saint-Esprit, cet ordre n'ayant été fondé qu'un siècle plus tard par Henri III. Nous croyons même que l'ordre de Saint-Michel, dont le noble auteur décore son brave lord Crawford, ne fut institué par Louis XI qu'après sa captivité. Que sir Walter Scott nous permette ces petites chicanes chronologiques. En remportant un léger triomphe de pédant sur un aussi illustre *antiquaire*, nous ne pouvons nous défendre de cette innocente joie qui transportait son

Quentin Durward lorsqu'il eut désarçonné le duc d'Orléans et tenu tête à Dunois, et nous serions tenté de lui demander pardon de notre victoire, comme Charles-Quint au pape : *Sanctissime pater, indulge victori.*

SUR L'ABBÉ DE LAMENNAIS,

A PROPOS DE L'ESSAI SUR L'INDIFFÉRENCE
EN MATIÈRE DE RELIGION.

Juillet 1823.

Serait-il vrai qu'il existe dans la destinée des nations un moment où les mouvements du corps social semblent ne plus être que les dernières convulsions d'un mourant? Serait-il vrai qu'on puisse voir la lumière disparaître peu à peu de l'intelligence des peuples, ainsi qu'on voit s'effacer graduellement dans le ciel le crépuscule du soir? Alors, disent des voix prophétiques, le bien et le mal, la vie et la mort, l'être et le néant, sont en présence; et les hommes errent de l'un à l'autre, comme s'ils avaient à choisir. L'action de la société n'est plus une action, c'est un tressaillement faible et violent à la fois, comme une secousse de l'agonie. Les développements de l'esprit humain s'arrêtent, ses révolutions commencent. Le fleuve ne féconde plus, il engloutit; le flambeau n'éclaire plus, il consume. La pensée, la liberté, ces facultés divines, concédées par la toute-puissance divine à l'association humaine, font place à l'orgueil, à la révolte, à l'instinct individuel. A la prévoyance sociale succède cette profonde cécité animale à laquelle il n'a pas été donné de distinguer les approches de la mort. Bientôt, en effet, la rébellion des membres amène le déchirement du corps, que suivra la dissolution du cadavre. La lutte des intérêts passagers remplace l'accord des croyances éternelles. Quelque chose de la brute s'éveille dans l'homme, et fraternise avec son âme dégradée; il abdique le ciel, et végète au-dessous de sa destinée. Alors deux camps se tracent dans la nation. La société n'est plus qu'une mêlée opiniâtre dans une nuit profonde, où ne brille d'autre lumière que l'éclair des glaives qui se heurtent et l'étincelle des armures qui se brisent. Le soleil se lèverait en vain sur ces malheureux pour leur faire reconnaître qu'ils sont frères; acharnés à leur œuvre sanglante, ils ne le verraient pas. La poussière de leur combat les aveugle.

Alors, pour emprunter l'expression solennelle de Bossuet, *un peuple cesse d'être un peuple*. Les événements qui se précipitent avec une rapidité toujours croissante s'imprègnent de plus en plus d'un sombre caractère de providence et de fatalité, et le petit nombre d'hommes simples, restés fidèles aux prédictions antiques, regardent avec terreur si des signes ne se manifestent pas dans les cieux.

Espérons que nos vieilles monarchies n'en sont point encore là. On conserve quelque espoir de guérison tant que le malade ne repousse pas le médecin, et l'enthousiasme avide qu'éveillent les premiers chants de poésie religieuse que ce siècle a entendus prouve qu'il y a encore une âme dans la société.

C'est à fortifier ce souffle divin, à ranimer cette flamme céleste, que tendent aujourd'hui tous les esprits vraiment supérieurs. Chacun apporte son étincelle au foyer commun, et, grâce à leur généreuse activité, l'édifice social peut se reconstruire rapidement, comme ces magiques palais des contes arabes, qu'une légion de génies achevait dans une nuit. Aussi trouvons-nous des méditations dans nos écrivains, et des inspirations dans nos poëtes. Il s'élève de toutes parts une génération sérieuse et douce, pleine de souvenirs et d'espérances. Elle redemande son avenir aux prétendus philosophes du dernier siècle, qui voudraient lui faire recommencer leur passé. Elle est pure, et par conséquent indulgente, même pour ces vieux et effrontés coupables qui osent réclamer son admiration ; mais son pardon pour les criminels n'exclut pas son horreur pour les crimes. Elle ne veut pas baser son existence sur des abîmes, sur l'athéisme et sur l'anarchie ; elle répudie l'héritage de mort dont la Révolution la poursuit ; elle revient à la religion, parce que la jeunesse ne renonce pas volontairement à la vie ; c'est pourquoi elle exige du poëte plus que les générations antiques n'en ont reçu. Il ne donnait au peuple que des lois, elle lui demande des croyances.

Un des écrivains qui ont le plus puissamment contribué à éveiller parmi nous cette soif d'émotions religieuses, un de ceux qui savent le mieux l'étancher, c'est sans contredit M. l'abbé F. de Lamennais. Parvenu, dès ses premiers pas, au sommet de l'illustration littéraire, ce prêtre vénérable semble n'avoir rencontré la gloire humaine qu'en passant. Il va plus loin. L'époque de l'apparition de l'*Essai sur l'indifférence* sera une des dates de ce siècle. Il faut qu'il y ait un mystère bien étrange dans ce livre que nul ne peut lire sans espérance ou sans terreur, comme s'il cachait quelque haute révélation de notre destinée. Tour à tour majestueux et passionné, simple et magnifique, grave et véhément, profond et sublime, l'écrivain s'adresse au cœur par toutes les tendresses, à l'esprit par tous les artifices, à l'âme par tous les enthousiasmes. Il éclaire comme Pascal, il brûle comme Rousseau, il foudroie comme Bossuet. Sa pensée laisse toujours dans les esprits trace de son passage; elle abat tous ceux qu'elle ne relève pas. Il faut qu'elle console, à moins qu'elle ne désespère. Elle flétrit tout ce qui ne peut fructifier. Il n'y a point d'opinion mixte sur un pareil ouvrage; on l'attaque comme un ennemi ou on le défend comme un sauveur. Chose frappante! ce livre était un besoin de notre époque, et la mode s'est mêlée de son succès! C'est la première fois sans doute que la mode aura été du parti de l'éternité. Tout en dévorant cet écrit, on a adressé à l'auteur une foule de reproches que chacun en particulier aurait dû adresser à sa conscience. Tous ces vices qu'il voulait bannir du cœur humain ont crié comme les vendeurs chassés du temple. On a craint que l'âme ne restât vide lorsqu'il en aurait expulsé les passions. Nous avons entendu dire que ce livre austère attristait sa vie, que ce prêtre morose arrachait les fleurs du sentier de l'homme. D'accord. Mais les fleurs qu'il arrache sont celles qui cachaient l'abîme.

Cet ouvrage a encore produit un autre phénomène, bien remarquable de nos jours; c'est la discussion publique d'une question de théologie. Et ce qu'il y a de singulier, et ce qu'on doit attribuer à l'intérêt extraordinaire excité par l'*Essai*, la frivolité des gens du monde et la préoccupation des hommes d'État ont disparu un instant devant un débat scolastique et religieux. On a cru voir un moment la Sorbonne renaître entre les deux Chambres.

M. de Lamennais, aidé dans sa force par la force d'en haut, a accoutumé ses lecteurs à le voir porter, sans perdre haleine, d'un bout à l'autre de son immense composition, le fardeau d'une idée fondamentale, vaste et unique. Partout se révèle en lui la possession d'une grande pensée. Il la développe dans toutes ses parties, l'illumine dans tous ses détails, l'explique dans tous ses mystères, la critique dans tous ses résultats. Il remonte à toutes les causes comme il redescend à toutes les conséquences.

Un des bienfaits de ces sortes d'ouvrages, c'est qu'ils dégoûtent profondément de tout ce qu'ont écrit de dérisoire et d'ironique les chefs de la secte incrédule. Quand une fois on est monté si haut, on ne peut plus redescendre aussi bas. Dès qu'on a respiré l'air et vu la lumière, on ne saurait rentrer dans ces ténèbres et dans ce vide. On est saisi d'une inexprimable compassion en voyant des hommes épuiser leur souffle d'un jour à forger ou à éteindre Dieu. On est tenté de croire que l'athée est un être à part, organisé à sa façon, et qu'il a raison de réclamer sa place parmi les bêtes; car on ne conçoit rien à la révolte de l'intelligence contre l'intelligence. Et puis, n'est-ce pas une étrange société que celle de ces individus ayant chacun un créateur de leur création, une foi selon leur opinion, disposant de l'éternité pendant que le temps les emporte, et cherchant à réaliser cette *multiplex relligio*, mot monstrueux trouvé par un païen? On dirait le chaos à la poursuite du néant. Tandis que l'âme du chrétien, pareille à la flamme tourmentée en vain par les caprices de l'air, se relève incessamment vers le ciel, l'esprit de ces infidèles est comme le nuage qui change de forme et de route selon le vent qui le pousse. Et l'on rit de les voir juger les choses éternelles du haut de la philosophie humaine, ainsi que des malheureux qui graviraient péniblement au sommet d'une montagne pour mieux examiner les étoiles.

Ceux qui apportent aux nations enivrées par tant de poisons la véritable nourriture de vie et d'intelligence, doivent se confier en la sainteté de leur entreprise. Tôt ou tard, les peuples désabusés se pressent autour d'eux, et leur disent comme Jean à Jésus : *Ad quem ibimus? verba vitæ æternæ habes.* « A qui irons-nous ? vous avez les paroles de la vie éternelle. »

SUR LORD BYRON

A PROPOS DE SA MORT.

Nous sommes en juin 1824. Lord Byron vient de mourir.

On nous demande notre pensée sur lord Byron, et sur lord Byron mort. Qu'importe notre pensée? A quoi bon l'écrire, à moins qu'on ne suppose qu'il est impossible à qui que ce soit de ne pas dire quelques paroles dignes d'être recueillies en présence d'un aussi grand poëte et d'un aussi grand événement? A en croire les ingénieuses fables de l'Orient, une larme devient perle en tombant dans la mer.

Dans l'existence particulière que nous a faite le goût des lettres, dans la région paisible où nous a placé l'amour de l'indépendance et de la poésie, la mort de Byron a dû nous frapper, en quelque sorte, comme une calamité domestique. Elle a été pour nous un de ces malheurs qui touchent de près. L'homme qui a dévoué ses jours au culte des lettres sent le cercle de sa vie physique se resserrer autour de lui, en même temps que la sphère de son existence intellectuelle s'agrandit. Un petit nombre d'êtres chers occupent les tendresses de son cœur, tandis que tous les poëtes, morts et contemporains, étrangers et compatriotes, s'emparent des affections de son âme. La nature lui avait donné une famille, la poésie lui en crée une seconde. Ses sympathies, que si peu d'êtres éveillent auprès de lui, s'en vont chercher, à travers le tourbillon des relations sociales, au delà des temps, au delà des espaces, quelques hommes qu'il comprend et dont il se sent digne d'être compris. Tandis que, dans la rotation monotone des habitudes et des affaires, la foule des indifférents le froisse et le heurte sans émouvoir son attention, il s'établit, entre lui et ces hommes épars que son penchant a choisis, d'intimes rapports et des communications, pour ainsi dire, électriques. Une douce communauté de pensées l'attache, comme un lien invisible et indissoluble, à ces êtres d'élite, isolés dans leur monde ainsi qu'il l'est dans le sien; de sorte que, lorsque par hasard il vient à rencontrer l'un d'entre eux, un regard leur suffit pour se révéler l'un à l'autre; une parole, pour pénétrer mutuellement le fond de leurs âmes et en reconnaître l'équilibre; et, au bout de quelques instants, ces deux étrangers sont ensemble comme deux frères nourris du même lait, comme deux amis éprouvés par la même infortune.

Qu'il nous soit permis de le dire, et, s'il le faut, de nous en glorifier, une sympathie du genre de celle que nous venons d'expliquer nous entraînait vers Byron. Ce n'était pas certainement l'attrait que le génie inspire au génie; c'était du moins un sentiment sincère d'admiration, d'enthousiasme et de reconnaissance; car on doit de la reconnaissance aux hommes dont les œuvres et les actions font battre noblement le cœur. Quand on nous a annoncé la mort de ce poëte, il nous a semblé qu'on nous enlevait une part de notre avenir. Nous n'avons renoncé qu'avec amertume à jamais nouer avec Byron une de ces poétiques amitiés qu'il nous est si doux et si glorieux d'entretenir avec la plupart des principaux esprits de notre époque, et nous lui avons adressé ce beau vers dont un poëte de son école saluait l'ombre généreuse d'André Chénier :

Adieu donc, jeune ami, que je n'ai pas connu.

Puisque nous venons de laisser échapper un mot sur l'école particulière de lord Byron, il ne sera peut-être pas hors de propos d'examiner ici quelle place elle occupe dans l'ensemble de la littérature actuelle, que l'on attaque comme si elle pouvait être vaincue, que l'on calomnie comme si elle pouvait être condamnée. Des esprits faux, habiles à déplacer toutes les questions, cherchent à accréditer parmi nous une erreur bien singulière. Ils ont imaginé que la société présente était exprimée en France par deux littératures absolument opposées ; c'est-à-dire que le même arbre portait naturellement à la fois deux fruits d'espèce contraire, que la même cause produisait simultanément deux effets incompatibles. Mais ces ennemis des innovations ne se sont pas même aperçus qu'ils créaient là une logique toute nouvelle. Ils continuent chaque jour de traiter la littérature qu'ils nomment classique comme si elle vivait encore, et celle qu'ils appellent romantique comme si elle allait périr. Ces doctes rhéteurs, qui vont proposant sans cesse de changer ce qui existe contre ce qui a existé, nous rappellent involontairement le Roland fou de l'Arioste qui prie gravement un passant d'accepter une jument morte en échange d'un cheval vivant. Roland, il est vrai, convient que sa jument est morte, tout en ajoutant que c'est là son seul défaut. Mais les Rolands du prétendu genre classique ne sont pas encore à cette hauteur, en fait de jugement ou de bonne foi. Il faut donc leur arracher ce qu'ils ne veulent pas accorder, et leur déclarer qu'il n'existe aujourd'hui qu'une littérature comme il n'existe qu'une société;

que les littératures antérieures, tout en laissant des monuments immortels, ont dû disparaître et ont disparu avec les générations dont elles ont exprimé les habitudes sociales et les émotions politiques. Le génie de notre époque peut être aussi beau que celui des époques les plus illustres, il ne peut être le même ; et il ne dépend pas plus des écrivains contemporains de ressusciter une littérature (1) passée, qu'il ne dépend du jardinier de faire reverdir les feuilles de l'automne sur les rameaux du printemps.

Qu'on ne s'y trompe pas : c'est en vain surtout qu'un petit nombre de petits esprits essayent de ramener les idées générales vers le désolant système littéraire du dernier siècle. Ce terrain, naturellement aride, est depuis longtemps desséché. D'ailleurs, on ne recommence pas les madrigaux de Dorat après les guillotines de Robespierre, et ce n'est pas au siècle de Bonaparte qu'on peut continuer Voltaire. La littérature réelle de notre âge, celle dont les auteurs sont proscrits à la façon d'Aristide ; celle qui, répudiée par toutes les plumes, est adoptée par toutes les lyres; celle qui, malgré une persécution vaste et calculée, voit tous les talents éclore dans sa sphère orageuse, comme ces fleurs qui ne croissent qu'en des lieux battus des vents ; celle, enfin, qui, réprouvée par ceux qui décident sans méditer, est défendue par ceux qui pensent avec leur âme, jugent avec leur esprit et sentent avec leur cœur; cette littérature n'a point l'allure molle et effrontée de la muse qui chanta le cardinal Dubois, flatta la Pompadour et outragea notre Jeanne d'Arc. Elle n'interroge ni le creuset de l'athée, ni le scalpel du matérialiste. Elle n'emprunte

(1) Il ne faut pas perdre de vue, en lisant ceci, que, par les mots littérature d'un siècle, on doit entendre non-seulement l'ensemble des ouvrages produits durant ce siècle, mais encore l'ordre général d'idées et de sentiments qui — le plus souvent à l'insu des auteurs mêmes — a présidé à leur composition.

pas au sceptique cette balance de plomb dont l'intérêt seul rompt l'équilibre. Elle n'enfante pas dans les orgies des chants pour les massacres. Elle ne connait ni l'adulation, ni l'injure. Elle ne prête point de séductions au mensonge. Elle n'enlève point leur charme aux illusions. Etrangère à tout ce qui n'est pas son but véritable, elle puise la poésie aux sources de la vérité. Son imagination se féconde par la croyance. Elle suit les progrès du temps, mais d'un pas grave et mesuré. Son caractère est sérieux, sa voix est mélodieuse et sonore. Elle est, en un mot, ce que doit être la commune pensée d'une grande nation après de grandes calamités : triste, fière et religieuse. Quand il le faut, elle n'hésite pas à se mêler aux discordes publiques pour les juger ou pour les apaiser. Car nous ne sommes plus au temps des chansons bucoliques, et ce n'est pas la muse du dix-neuvième siècle qui peut dire :

Non me agitant populi fasces, aut purpura regum.

Cette littérature cependant, comme toutes les choses de l'humanité, présente, dans son unité même, son côté sombre et son côté consolant. Deux écoles se sont formées dans son sein, qui représentent la double situation où nos malheurs politiques ont respectivement laissé les esprits : la résignation et le désespoir. Toutes deux reconnaissent ce qu'une philosophie moqueuse avait nié, l'éternité de Dieu, l'âme immortelle, les vérités primordiales et les vérités révélées ; mais celle-ci pour adorer, celle-là pour maudire. L'une voit tout du haut du ciel, l'autre du fond de l'enfer. La première place au berceau de l'homme un ange qu'il retrouve encore assis au chevet de son lit de mort ; l'autre environne ses pas de démons, de fantômes et d'apparitions sinistres. La première lui dit de se confier, parce qu'il n'est jamais seul ; la seconde l'effraye en l'isolant sans cesse. Toutes deux possèdent également l'art d'esquisser des scènes gracieuses et de crayonner des figures terribles; mais la première, attentive à ne jamais briser le cœur, donne encore aux plus sombres tableaux je ne sais quel reflet divin; la seconde, toujours soigneuse d'attrister, répand sur les images les plus riantes comme une lueur infernale. L'une, enfin, ressemble à Emmanuel, doux et fort, parcourant son royaume sur un char de foudre et de lumière; l'autre est ce superbe Satan (1) qui entraîna tant d'étoiles dans sa chute lorsqu'il fut précipité du ciel. Ces deux écoles jumelles, fondées sur la même base, et nées, pour ainsi dire, au même berceau, nous paraissent spécialement représentées dans la littérature européenne par deux illustres génies : Chateaubriand et Byron.

Au sortir de nos prodigieuses révolutions, deux ordres politiques luttaient sur le même sol. Une vieille société achevait de s'écrouler; une société nouvelle commençait à s'élever. Ici des ruines, là des ébauches. Lord Byron, dans ses lamentations funèbres, a exprimé les dernières convulsions de la société expirante. M. de Chateaubriand, avec ses inspirations sublimes, a satisfait aux premiers besoins de la société ranimée. La voix de l'un est comme l'adieu du cygne à l'heure de la mort; la voix de l'autre est pareille au chant du phénix renaissant de sa cendre.

Par la tristesse de son génie, par l'orgueil de son caractère, par les tempêtes de sa vie, lord Byron est le type du genre de poésie dont il a été le poëte. Tous ses ouvrages sont profondément marqués du sceau de son individualité. C'est toujours une figure sombre et hautaine que le lecteur voit passer dans chaque poëme comme à travers un crêpe de deuil. Sujet quelquefois, comme tous les penseurs pro-

(1) Ce n'est ici qu'un simple rapport qui ne saurait justifier le titre d'*école satanique* sous lequel un homme de talent a désigné l'école de lord Byron.

fonds, au vague et à l'obscurité, il a des paroles qui sondent toute une âme, des soupirs qui racontent toute une existence. Il semble que son cœur s'entr'ouvre à chaque pensée qui en jaillit comme un volcan qui vomit des éclairs. Les douleurs, les joies, les passions, n'ont point pour lui de mystères, et s'il ne fait voir les objets réels qu'à travers un voile, il montre à nu les régions idéales. On peut lui reprocher de négliger absolument l'ordonnance de ses poëmes; défaut grave, car un poëme qui manque d'ordonnance est un édifice sans charpente ou un tableau sans perspective. Il pousse également trop loin le lyrique dédain des transitions; et l'on désirerait parfois que ce peintre si fidèle des émotions intérieures jetât sur les descriptions physiques des clartés moins fantastiques et des teintes moins vaporeuses. Son génie ressemble trop souvent à un promeneur sans but qui rêve en marchant, et qui, absorbé dans une intuition profonde, ne rapporte qu'une image confuse des lieux qu'il a parcourus. Quoi qu'il en soit, même dans ses moins belles œuvres, cette capricieuse imagination s'élève à des hauteurs où l'on ne parvient pas sans des ailes. L'aigle a beau fixer ses yeux sur la terre, il n'en conserve pas moins le regard sublime dont la portée s'étend jusqu'au soleil (1). On a prétendu que l'auteur de

(1) Dans un moment où l'Europe entière rend un éclatant hommage au génie de lord Byron, avoué grand homme depuis qu'il est mort, le lecteur sera curieux de relire ici quelques phrases de l'article remarquable dont la *Revue d'Édimbourg*, journal accrédité, salua l'illustre poëte à son début. C'est d'ailleurs sur ce ton que certains journaux nous entretiennent chaque matin ou chaque soir des premiers talents de notre époque.

« La poésie de notre jeune lord est de cette classe que ni les dieux ni les hommes ne tolèrent. Ses inspirations sont si plates, qu'on pourrait les comparer à une eau stagnante. Comme pour s'excuser, le noble auteur ne cesse de rappeler qu'il est mineur... Peut-être veut-il nous dire : « Voyez comme un mineur écrit ! »

Don Juan appartenait, par un côté de son esprit, à l'école de l'auteur de *Candide*. Erreur! il y a une différence pro-

Mais, hélas! nous nous rappelons tous la poésie de Cowley à dix ans, et celle de Pope à douze. Loin d'apprendre avec surprise que de mauvais vers ont été écrits par un écolier au sortir du collége, nous croyons la chose très-commune, et sur dix écoliers, neuf peuvent en faire autant et mieux que lord Byron.

. . . .

« Dans le fait, cette seule considération (celle du rang de l'auteur) nous fait donner une place à lord Byron dans notre journal, outre notre désir de lui conseiller d'abandonner la poésie pour mieux employer ses talents.

« Dans cette intention, nous lui dirons que la rime et le nombre des pieds, quand ce nombre serait toujours régulier, ne constituent pas toute la poésie; nous voudrions lui persuader qu'un peu d'esprit et d'imagination sont indispensables, et que, pour être lu, un poëme a besoin aujourd'hui de quelque pensée ou nouvelle ou exprimée de façon à paraître telle.

« Lord Byron devrait aussi prendre garde de tenter ce que de grands poëtes ont tenté avant lui; car les comparaisons ne sont nullement agréables, comme il a pu l'apprendre de son maître d'écriture.

« Quant à ses imitations de la poésie ossianique, nous nous y connaissons si peu, que nous risquerions de critiquer du Macpherson tout pur en voulant exprimer notre opinion sur les rapsodies de ce nouvel imitateur... Tout ce que nous pouvons dire, c'est qu'elles ressemblent à du Macpherson; et nous sommes sûr qu'elles sont tout aussi stupides et ennuyeuses que celles de notre compatriote.

« Une grande partie du volume est consacrée à immortaliser les occupations de l'auteur pendant son éducation. Nous sommes fâché de donner une mauvaise idée de la psalmodie du collége par la citation de ces stances attiques ; .. (Suit la citation.)

« Mais, quelque jugement qu'on puisse prononcer sur les poésies du noble mineur, il nous semble que nous devons les prendre comme nous les trouvons et nous en contenter: car ce sont les dernières que nous recevrons de lui... Qu'il réussisse ou non, il est très-peu probable qu'il condescende de nouveau à devenir auteur. Prenons donc ce qui nous est offert et soyons reconnaissants. De quel droit ferions-nous les délicats, pauvres diables que nous sommes? C'est trop d'honneur pour nous de tant recefonde entre le rire de Byron et le rire de Voltaire. Voltaire n'avait pas souffert.

Ce serait ici le moment de dire quelque chose de la vie si tourmentée du noble poëte : mais, dans l'incertitude où nous sommes sur les causes réelles des malheurs domestiques qui avaient aigri son caractère, nous aimons mieux nous taire, de peur que notre plume ne s'égare malgré nous. Ne connaissant lord Byron que d'après ses poëmes, il nous est doux de lui supposer une vie selon son âme et son génie. Comme tous les hommes supérieurs, il a certainement été en proie à la calomnie. Nous n'attribuons qu'à elle les bruits injurieux qui ont si longtemps accompagné l'illustre nom du poëte. D'ailleurs, celle que ses torts ont offensée les a sans doute oubliés la première en présence de sa mort. Nous espérons qu'elle lui a pardonné; car nous sommes de ceux qui ne pensent pas que la haine et la vengeance aient quelque chose à graver sur la pierre d'un tombeau.

Et nous, pardonnons-lui de même ses fautes, ses erreurs, et jusqu'aux ouvrages où il a paru descendre de la double hauteur de son caractère et de son talent; pardonnons-lui, il est mort si noblement! il est si bien tombé! Il semblait là comme un belliqueux représentant de la muse moderne dans la patrie des muses antiques. Généreux auxiliaire de

voir d'un homme du rang de ce lord. Soyons reconnaissants, nous le répétons, et ajoutons avec le bon Sancho : Que Dieu bénisse celui qui nous donne! ne regardons pas le cheval à la bouche quand il ne coûte rien. »

Lord Byron daigna se venger de ce misérable fatras de lieux communs, thème perpétuel que la médiocrité envieuse reproduit sans cesse contre le génie. Les auteurs de la *Revue d'Édimbourg* furent contraints de reconnaître son talent sous les coups de son fouet satirique. L'exemple paraît bon à suivre ; nous avouerons cependant que nous eussions mieux aimé voir lord Byron garder à leur égard le silence du mépris. Si ce n'eût été le conseil de son intérêt, c'eût été du moins celui de sa dignité.

la gloire, de la religion et de la liberté, il avait apporté son épée et sa lyre aux descendants des premiers guerriers et des premiers poëtes ; et déjà le poids de ses lauriers faisait pencher la balance en faveur des malheureux Hellènes. Nous lui devons, nous particuliérement, une reconnaissance profonde. Il a prouvé à l'Europe que les poëtes de l'école nouvelle, quoiqu'ils n'adorent plus les dieux de la Grèce païenne, admirent toujours ses héros ; et que s'ils ont déserté l'Olympe, du moins ils n'ont jamais dit adieu aux Thermopyles.

La mort de Byron a été accueillie dans tout le continent par les signes d'une douleur universelle. Le canon des Grecs a longtemps salué ses restes, et un deuil national a consacré la perte de cet étranger parmi les calamités publiques. Les portes orgueilleuses de Westminster se sont ouvertes comme d'elles-mêmes, afin que la tombe du poëte vînt honorer le sépulcre des rois. Le dirons-nous! au milieu de ces glorieuses marques de l'affliction générale, nous avons cherché quel témoignage solennel d'enthousiasme Paris, cette capitale de l'Europe, rendait à l'ombre héroïque de Byron, et nous avons vu une marotte qui insultait sa lyre et des tréteaux qui outrageaient son cercueil (1) !

(1) Quelques jours après la nouvelle de la mort de lord Byron, on représentait encore, à je ne sais quel théâtre du boulevard, je ne sais quelle facétie de mauvais ton et de mauvais goût, où ce noble poëte est personnellement mis en scène sous le nom ridicule de *lord Trois-Etoiles*.

IDÉES AU HASARD.

Juillet 1824.

I

Il faut bien que toutes les oreilles possibles s'habituent à l'entendre dire et redire, une révolution est faite dans les arts. Elle a commencé par la poésie, elle s'est continuée dans la musique, la voilà qui renouvelle la peinture ; et avant peu elle ressuscitera infailliblement la sculpture et l'architecture, depuis longtemps mortes comme meurent toujours les arts, en pleine académie. Au reste, cette révolution n'est qu'un retour universel à la nature et à la vérité. C'est l'extirpation du faux goût qui, depuis près de trois siècles, substituant sans cesse les conventions de l'école à toutes les réalités, a vicié tant de beaux génies. La génération nouvelle a décidément jeté là le haillon classique, la guenille philosophique, l'oripeau mythologique. Elle a revêtu la robe virile, et s'est débarrassée des préjugés, tout en étudiant les traditions.

Il est risible d'entendre disserter sur un changement invinciblement amené par le cours des événements, cette tourbe innombrable d'esprits faux, de petits docteurs, de grands pédants, de lourds railleurs, de *jugeurs* à verbe haut, de critiques superficiels, également propres à raisonner sur tout parce qu'ils ignorent tout au même degré ; d'artistes médiocres, qui ne connaissent le talent que par l'envie dont il les tourmente et l'impuissance dont il les accable. Ces bonnes gens s'imaginent qu'à force de cris, de colère et d'anathèmes, ils parviendront à détruire ou à modifier selon leur fantaisie un ordre d'idées qui résulte ordinairement d'un ordre de choses. Ils ne comprennent pas que, de même qu'un orage change l'état de l'atmosphère, une révolution change l'état de la société. On les voit s'évertuant en efforts inutiles pour corriger la littérature et les arts nés de cette révolution. Je serais curieux de savoir comment ils s'y prendraient pour repeindre l'arc-en-ciel.

En attendant qu'ils aient résolu ce problème, l'arc-en-ciel brillera, et ce siècle sera ce qu'il est dans sa destinée d'être.

Que la nouvelle génération laisse donc des critiques accrédités ou non affirmer, avec une grotesque assurance, que *l'art est chez nous en pleine décadence*. Il faut se souvenir que l'Académie a condamné le *Cid* ; que MM. Morellet et Hoffman ont donné des férules à l'auteur du *Génie du Christianisme* ; que la *Revue d'Edimbourg* a renvoyé lord Byron à l'école. Il faut laisser la médiocrité peser de toutes ses petites forces sur le talent naissant. Elle ne l'étouffera pas. Et, à tout prendre, est-ce donc un spectacle moins amusant qu'un autre, que de voir un homme de génie foudroyé par un professeur de gazette ou d'athénée ? C'est l'aigle dans les serres du moineau-franc.

II

L'expression de l'amour, dans les poëtes de l'école antique (à quelque nation et à quelque époque qu'ils appartiennent), manque en général de chasteté et de pudeur. Cette observation, peu importante au premier aspect, se rattache cependant aux plus hautes considérations. Si nous voulions l'examiner sérieusement, nous trouverions au fond de cette question toutes les sociétés païennes et tous les cultes idolâtriques. L'*absence de chasteté dans l'amour* est peut-être le signe caractéristique des civilisations et des littératures que n'a point purifiées le christianisme. Sans parler de ces poésies monstrueuses par lesquelles Anacréon, Horace, Virgile même, ont immortalisé d'infâmes débauches et de honteuses habitudes, les chants amoureux des poëtes païens anciens et modernes, de Catulle, de Tibulle, de Bertin, de Bernis, de Parny, ne nous offrent rien de cette délicatesse, de cette modestie, de cette retenue sans lesquelles l'amour n'est plus qu'un instinct animal et qu'un appétit charnel. Il est vrai que l'amour chez ces poëtes est aussi raffiné qu'il est grossier. Il est difficile d'exprimer plus ingénieusement ce que sentent les brutes; et c'est sans doute pour qu'il y ait une différence entre leurs amours et ceux des animaux que ces galants diseurs font des élégies. Ils en sont même venus à convertir en *science* ce qu'il y a de plus naturel au monde; et l'*art d'aimer* a été enseigné par Ovide aux païens du siècle d'Auguste, par *gentil Bernard* aux païens du siècle de Voltaire.

Avec quelque attention, on reconnaît qu'il existe une différence entre les premiers et les derniers *artistes* en amour. A une nuance près, leur vermillon est le même. Tous chantent la volupté matérielle. Mais les poëtes païens grecs et romains semblent le plus souvent des maîtres qui commandent à des *esclaves*, tandis que les poëtes païens français sont toujours des esclaves implorant leurs *maîtresses*. Et le secret des deux civilisations différentes est tout entier là dedans. Les sociétés polies, mais idolâtres, de Rome et d'Athènes, ignoraient la céleste dignité de la femme, révélée plus tard aux hommes par le Dieu qui voulut naître d'une fille d'Eve. Aussi l'amour, chez ces peuples, ne s'adressant qu'aux esclaves et aux courtisanes, avait-il quelque chose d'impérieux et de méprisant. Tout, dans la civilisation chrétienne, tend au contraire à l'ennoblissement du sexe faible et beau ; et l'Evangile paraît avoir rendu leur rang aux femmes, afin qu'elles conduisissent les hommes au plus haut degré possible de perfectionnement social. Ce sont elles qui ont créé la chevalerie ; et cette institution merveilleuse, en disparaissant des monarchies modernes, y a laissé l'honneur comme une âme ; l'honneur, cet instinct de nature, qui est aussi une superstition de société ; cette seule puissance dont un Français supporte patiemment la tyrannie ; ce sentiment mystérieux inconnu aux anciens justes, qui est tout à la fois plus et moins que la vertu. A l'heure qu'il est, remarquons bien ceci : l'*honneur* est ignoré des peuples à qui l'Evangile n'a pas encore été révélé, ou chez lesquels l'influence morale des femmes est nulle. Dans notre civilisation, si les lois donnent la première place à l'homme, l'honneur donne le premier rang à la femme. Tout l'équilibre des sociétés chrétiennes est là.

III

Je ne sais par quelle bizarre manie on prétend aujourd'hui refuser au génie le droit d'admirer hautement le génie ; on insulte à l'enthousiasme que le chant du poëte inspire à un poëte ; et l'on veut que ceux qui ont du talent ne soient jugés que par ceux qui n'en ont pas. On dirait que, depuis le siècle dernier, nous ne sommes plus accoutumés qu'aux jalousies littéraires. Notre âge envieux se raille de cette fraternité poétique, si douce et si noble entre rivaux. Il a oublié l'exemple de ces antiques amitiés qui se resserraient dans la gloire, et il accueillerait d'un rire dédaigneux l'allocution touchante qu'Horace adressait au vaisseau de Virgile.

IV

La composition poétique résulte de deux phénomènes intellectuels, la méditation et l'inspiration. La méditation est une faculté; l'inspiration est un don. Tous les hommes, jusqu'à un certain degré, peuvent méditer; bien peu sont inspirés. *Spiritus flat ubi vult.* Dans la méditation, l'esprit agit; dans l'inspiration, il obéit : parce que la première est en l'homme, tandis que la seconde vient de plus haut. Celui qui nous donne cette force est plus fort que nous. Ces deux opérations de la pensée se lient intimement dans l'âme du poëte. Le poëte appelle l'inspiration par la méditation, comme les prophètes s'élevaient à l'extase par la prière. Pour que la muse se révèle à lui, il faut qu'il ait en quelque sorte dépouillé toute son existence matérielle dans le calme, dans le silence et dans le recueillement. Il faut qu'il se soit isolé de la vie extérieure pour jouir avec plénitude de cette vie intérieure qui développe en lui comme un être nouveau; et ce n'est que lorsque le monde physique a tout à fait disparu de ses yeux que le monde idéal peut lui être manifesté. Il semble que l'exaltation poétique ait quelque chose de trop sublime pour la nature commune de l'homme. L'enfantement du génie ne saurait s'accomplir, si l'âme ne s'est d'abord purifiée de toutes ces préoccupations vulgaires que l'on traine après soi dans la vie; car la pensée ne peut prendre des ailes avant d'avoir déposé son fardeau. Voilà sans doute pourquoi l'inspiration ne vient que précédée de la méditation. Chez les Juifs, ce peuple dont l'histoire est si féconde en symboles mystérieux, quand le prêtre avait édifié l'autel, il y allumait le feu terrestre, et c'est alors seulement que le rayon divin y descendait du ciel.

Si l'on s'accoutumait à considérer les compositions littéraires sous ce point de vue, la critique prendrait probablement une direction nouvelle; car il est certain que le véritable poëte, s'il est maitre du choix de ses méditations, ne l'est nullement de la nature de ses inspirations. Son génie, qu'il a reçu et qu'il n'a point acquis, le domine le plus souvent; et il serait singulier et peut-être vrai de dire que l'on est parfois étranger comme homme à ce que l'on a écrit comme poëte. Cette idée paraîtra sans doute paradoxale au premier aperçu. C'est pourtant une question de savoir jusqu'à quel point le chant appartient à la voix, et la poésie au poëte.

Heureux celui qui sent dans sa pensée cette double puissance de méditation et d'inspiration, qui est le génie! Quel que soit son siècle, quel que soit son pays, fût-il né au sein des calamités domestiques, fût-il jeté dans un temps de révolutions, ou, ce qui est plus déplorable encore, dans une époque d'indifférence, qu'il se confie à l'avenir : car, si le présent appartient aux autres hommes, l'avenir est à lui. Il est du nombre de ces êtres choisis qui doivent venir à un jour marqué. Tôt ou tard, ce jour arrive; et c'est alors que, nourri de pensées et abreuvé d'inspirations, il peut se montrer hardiment à la foule, en répétant le cri sublime du poëte :

Voici mon orient : peuples, levez les yeux !

V

Si jamais composition littéraire a profondément porté l'empreinte ineffaçable de la méditation et de l'inspiration, c'est le *Paradis perdu*. Une idée morale, qui touche à la fois aux deux natures de l'homme; une leçon terrible donnée en vers sublimes; une des plus hautes vérités de la religion et de la philosophie, développée dans une des plus belles fictions de la poésie; l'échelle entière de la création parcourue depuis le degré le plus élevé jusqu'au degré le plus bas; une action qui commence par Jésus et se termine par Satan; Eve entraînée par la curiosité, la compassion et l'imprudence, jusqu'à la perdition; la première femme en contact avec le premier démon : voilà ce que présente l'œuvre de Milton; drame simple et immense, dont tous les ressorts sont des sentiments; tableau magique qui fait graduellement succéder à toutes les teintes de lumière toutes les nuances de ténèbres; poëme singulier, qui charme et qui effraye !

VI

Quand les défauts d'une tragédie ont cela de particulier qu'il faut, pour en être choqué, avoir lu l'histoire et connaître les règles, le grand nombre des spectateurs s'en aperçoit peu, parce qu'il ne sait que sentir. Aussi le grand nombre juge-t-il toujours bien. Et, en effet, pourquoi trouver si mauvais qu'un auteur tragique viole quelquefois l'histoire? Si cette licence n'est pas poussée trop loin, que m'importe la vérité historique, pourvu que la vérité morale soit observée! Voulez-vous donc que l'on dise de l'histoire ce qu'on a dit de la poétique d'Aristote, *elle fait faire de bien mauvaises tragédies?* Soyez peintre fidèle de la nature et des caractères, et non copiste servile de l'histoire. Sur la scène, j'aime mieux l'homme vrai que le fait vrai.

VII

Quand on suit attentivement et siècle par siècle dans les fastes de la France l'histoire des arts si étroitement liée à l'histoire politique des peuples, on est frappé en arrivant jusqu'à notre temps d'un phénomène singulier. Après avoir retrouvé sur les vitraux des merveilleuses cathédrales du moyen âge, comme un reflet de cette belle époque de la grande féodalité, des croisades, de la chevalerie, époque qui n'a laissé ni dans la mémoire des hommes, ni sur la face de la terre, aucun vestige qui n'ait quelque chose de monumental, on passe au règne de François I*, si étourdiment appelé *ère de la renaissance des arts*. On voit distinctement le fil qui lie ce siècle ingénieux au moyen âge. Ce sont déjà, moins leur pureté et leur originalité propres, les formes grecques ; mais c'est toujours l'imagination gothique. La poésie, naïve encore dans Marot, a pourtant cessé d'être populaire pour devenir mythologique. On sent qu'on vient de changer de route. Déjà les études classiques ont gâté le goût national. Sous Louis XIII, la dégénération est sensible ; on subit les conséquences du mauvais système où les arts se sont engagés. On n'a plus de Jean Goujon, plus de Jean Cousin, plus de Germain Pilon ; et les types vicieux, que leur génie corrigeait par tant de grâce et d'élégance, redeviennent lourds et bâtards entre les mains de leurs copistes. A cette décadence se mêle je ne sais quel faux goût florentin, naturalisé en France par les Médicis. Tout se relève sous le sceptre éclatant de Louis XIV ; mais rien ne se redresse. Au contraire, le principe de l'*imitation des anciens* devient loi pour les arts ; et les arts restent froids, parce qu'ils restent faux. Quoique imposant, il faut le dire, le génie de ce siècle illustre est incomplet. Sa richesse n'est que de la pompe ; sa grandeur n'est que de la majesté.

Enfin, sous Louis XV, tous les germes ont porté leurs fruits. Les arts selon Aristote tombent de décrépitude, avec la monarchie selon Richelieu. Cette noblesse factice que leur imprimait Louis XIV meurt avec lui. L'esprit philosophique achève de mûrir l'œuvre classique ; et dans ce siècle de turpitudes, les arts ne sont qu'une turpitude de plus. Architecture, sculpture, peinture, poésie, musique, et, à bien peu d'exceptions près, montre les mêmes difformités. Voltaire amuse une courtisane régnante des tortures d'une vierge martyre. Les vers de Dorat naissent pour les bergères de Boucher. Siècle ignoble quand il n'est pas ridicule, ridicule quand il n'est pas hideux, et qui, commençant au cabaret pour finir à la guillotine, couronnant ses fêtes par des massacres et ses danses par la carmagnole, ne mérite de place qu'entre le chaos et le néant.

Le siècle de Louis XIV ressemble à une cérémonie de cour réglée par l'étiquette; le siècle de Louis XV est une orgie de taverne, où la démence s'accouple au vice. Cependant, quelque différentes qu'elles paraissent au premier abord, une cohésion intime existe entre ces deux époques. D'une solennité d'apparat ôtez l'étiquette, il vous restera une cohue; du règne de Louis XIV ôtez la dignité, vous aurez le règne de Louis XV.

Heureusement, et c'est là que nous voulions en venir, le même lien est loin d'enchaîner le dix-neuvième siècle au dix-huitième. Chose étrange! quand on compare notre époque si austère, si contemplative, et déjà si féconde en événements prodigieux, aux trois siècles qui l'ont précédée, et surtout à son devancier immédiat, on a d'abord peine à comprendre comment il se fait qu'elle vienne à leur suite; et son histoire, après la leur, a l'air d'un livre dépareillé. On serait tenté de croire que Dieu s'est trompé de siècle dans sa distribution alternative des temps. De notre siècle à l'autre, on ne peut découvrir la transition. C'est qu'en effet il n'en existe pas. Entre Frédéric et Buonaparte, Voltaire et Byron, Vanloo et Géricault, Boucher et Charlet, il y a un abîme : la révolution.

1827.

FRAGMENT D'HISTOIRE.

Ce ne serait pas, à notre avis, un tableau sans grandeur et sans nouveauté que celui où l'on essayerait de dérouler sous nos yeux l'histoire entière de la civilisation. On pourrait la montrer se propageant par degrés de siècle en siècle sur le globe, et envahissant tour à tour toutes les parties du monde. On la verrait poindre en Asie, dans cette Inde centrale et mystérieuse où la tradition des peuples a placé le paradis terrestre. Comme le jour, la civilisation a son aurore en Orient. Peu à peu elle s'éveille et s'étend dans son vieux berceau asiatique. D'un bras, elle dépose dans un coin du monde la Chine avec les hiéroglyphes, l'artillerie et l'imprimerie, comme une première ébauche de ses œuvres futures, comme un immuable échantillon de ce qu'elle sera un jour. De l'autre, elle jette à l'Occident ces grands empires d'Assyrie, de Perse, de Chaldée, ces villes prodigieuses, Babylone, Suze, Persépolis, métropoles de la terre, qui n'a pas même gardé leur trace. Alors, tandis que tout le reste du globe est submergé sous de profondes ténèbres, resplendit dans tout son éclat cette haute civilisation théocratique de l'Orient, dont on entrevoit à peine, à travers tant de siècles, quelques rayons éblouissants, quelques gigantesques vestiges, et qui nous paraît fabuleuse, tant elle est lointaine, vague et confuse.

Cependant la civilisation marche et se développe toujours. L'intérieur des terres ne lui suffit plus, elle colonise le bord des mers. Aux populations de laboureurs et de bergers succèdent des races de pêcheurs et de commerçants. De là, les Phéniciens, les Phrygiens, Sidon, Troie, Sarepta, et Tyr qui bat les mers, comme dit l'Écriture, avec *les ailes de mille vaisseaux*. Enfin, prête à déborder l'Asie, elle fonde sur la limite de l'Afrique cette énigmatique Egypte, ce peuple de prêtres et de marchands, de laboureurs et de matelots, qui est en quelque sorte la transition de la civilisation asiatique à la civilisation africaine, des empires théocratiques aux républiques commerçantes, de Babylone à Carthage.

Sur l'Egypte, en effet, s'appuient les trois civilisations successives d'Asie, d'Afrique et d'Europe. L'Egypte est la clef de voûte de l'ancien continent.

Ici la civilisation se bifurque, pour ainsi parler. Elle prend deux routes, l'une au nord, l'autre au couchant; et tandis que l'Egypte crée la Grèce en Europe, Sidon apporte Carthage en Afrique. Alors la scène change. L'Asie s'éteint. C'est le tour de l'Afrique. Les Carthaginois complètent l'œuvre des Phéniciens, leurs pères. Pendant que derrière eux s'élèvent, comme les arcs-boutants de leur empire, ces royaumes de Nubie, d'Abyssinie, de Nigritie, d'Ethiopie, de Numidie; pendant que se peuple et se féconde cette terre de feu qui doit porter les Juba et les Jugurtha, Carthage s'empare des mers et court les aventures. Elle débarque en Sicile, en Corse, en Sardaigne. Puis la Méditerranée ne lui suffit plus. Ses innombrables vaisseaux franchissent les colonnes d'Hercule, où plus tard la timide navigation des Grecs et des Romains croira voir les bornes du monde. Bientôt les colonies carthaginoises, risquées sur l'Océan, dépassent la péninsule hispanique. Elles montent hardiment vers le nord, et, tout en côtoyant la rive occidentale de l'Europe, apportent le dialecte phénicien, d'abord en Biscaye, où on le retrouve colorant de mots étranges l'ancienne langue ibérique, puis en Irlande, au pays de Galles, en Armorique, où il subsiste encore aujourd'hui, mêlé au celte primitif. Elles enseignent à ces sauvages peuplades quelque chose de leurs arts, de leur commerce, de leur religion; le culte monstrueux du Saturne carthaginois qui devient le Teutatés celte, les sacrifices humains, et jusqu'au mode de ces sacrifices, les victimes brûlées vives dans des cages d'osier à forme humaine. Ainsi Carthage donne aux Celtes ce qu'elle a de la théocratie asiatique, dénaturé par sa féroce civilisation. Les druides sont des mages; seulement ils ont passé par l'Afrique. Tout, chez ces peuples, se ressent de leur contact avec l'Orient. Leurs monuments bruts prennent quelque chose d'égyptien. De grossiers hiéroglyphes, les caractères runiques, commencent à en marquer la face que jusque-là le fer n'avait pas touchée; et il n'est pas prouvé que ce ne soit point la puissante navigation carthaginoise qui ait déposé sur la grève armoricaine cet autre hiéroglyphe monumental, Karnac, livre colossal et éternel dont les siècles ont perdu le sens et dont chaque lettre est un obélisque de granit. Comme Thèbes, la Bretagne a son palais de Karnac.

L'audace punique ne s'est peut-être pas arrêtée là. Qui sait jusqu'où est allée Carthage? N'est-il pas étrange qu'après tant de siècles on ait retrouvé vivant en Amérique le culte du soleil, le Bélus assyrien, le Mithra persan? N'est-il pas étonnant qu'on y ait retrouvé des vestales (les filles du soleil), débris du sacerdoce asiatique et africain, emprunté aussi par Rome à Carthage? N'est-il pas merveilleux enfin que ces ruines du Pérou et du Mexique, magnifiques témoins d'une ancienne civilisation éteinte, ressemblent si fort par leur caractère et par leurs ornements aux monuments syriaques, par leur forme et par leurs hiéroglyphes à l'architecture égyptienne?...

Quoi qu'il en soit, le colosse carthaginois, maître des mers, héritier de la civilisation d'Asie, d'un bras s'appuyant sur l'Egypte, de l'autre environnant déjà l'Europe, est un moment le centre des nations, le pivot du globe. L'Afrique domine le monde.

Cependant la civilisation a déposé son germe en Grèce (1). Il y a pris racine, il s'y est développé, et du premier jet a produit un peuple capable de le défendre contre les irruptions de l'Asie, contre les revendications hautaines de cette vieille mère des nations. Mais si ce peuple a su défendre le feu sacré, il ne saurait le propager. Manquant de métropole et d'unité; divisée en petites républiques qui luttent entre elles, et dans l'intérieur desquelles se heurtent déjà toutes les formes de gouvernement, démocratie, oligarchie, aristocratie, royauté; ici, énervée par les arts précoces, là, nouée par des lois étroites, la société grecque a plus de beauté que de puissance, plus d'élégance que de grandeur, et la civilisation s'y raffine avant de se fortifier. Aussi Rome se hâte-t-elle d'arracher à la Grèce le flambeau de l'Europe, elle le secoue du haut du Capitole et lui fait

(1) Ceci n'est qu'un premier chapitre. L'auteur n'a pu y indiquer et y classer que les faits les plus généraux et les plus sommaires. Il n'a point négligé pour cela d'autres faits, qui, pour être du second ordre, n'en ont pas moins une haute valeur. On verra dans la suite du livre dont ceci est un fragment, si jamais il termine ce livre, comment il les coordonne et les rattache à l'idée principale. Les preuves arriveront aussi. Il y a bien des cavités à fouiller dans l'histoire, bien des fonds perdus dans cette mer, là même où elle a été le plus explorée, le plus sondée. Et, par exemple, la grande civilisation dominante d'Europe, celle qui d'abord apparaît aux yeux, la civilisation grecque et romaine, n'est qu'un grand palimpseste, sous lequel, la première couche enlevée, on retrouve les Pélasges, les Étrusques, les Ibères et les Celtes. Rien que cela ferait un livre.

jeter des rayons inattendus. Rome, pareille à l'aigle, son redoutable symbole, étend largement ses ailes, déploie puissamment ses serres, saisit la foudre et s'envole. Carthage est le soleil du monde, c'est sur Carthage que se fixent ses yeux. Carthage est maîtresse des océans, maîtresse des royaumes, maîtresse des nations. C'est une ville magnifique, pleine de splendeur et d'opulence, toute rayonnante des arts étranges de l'Orient. C'est une société complète, finie, achevée, à laquelle rien ne manque du travail du temps et des hommes. Enfin, la métropole d'Afrique est à l'apogée de sa civilisation, elle ne peut plus monter, et chaque progrès désormais sera un déclin. Rome au contraire n'a rien. Elle a bien pris déjà tout ce qui était à sa portée; mais elle a pris pour prendre plutôt que pour s'enrichir. Elle est à demi sauvage, à demi barbare. Elle a son éducation ensemble et sa fortune à faire. Tout devant elle, rien derrière.

Quelque temps les deux peuples existent de front. L'un se repose dans sa splendeur, l'autre grandit dans l'ombre. Mais peu à peu l'air et la place leur manquent à tous deux pour se développer. Rome commence à gêner Carthage. Il y a longtemps que Carthage importune Rome. Assises sur les deux rives opposées de la Méditerranée, les deux cités se regardent en face. Cette mer ne suffit plus pour les séparer. L'Europe et l'Afrique pèsent l'une sur l'autre. Comme deux nuages surchargés d'électricité, elles se côtoient de trop près. Elles vont se mêler dans la foudre.

Ici est la péripétie de ce grand drame. Quels acteurs sont en présence! deux races, celle-ci de marchands et de marins, celle-là de laboureurs et de soldats; deux peuples, l'un régnant par l'or, l'autre par le fer; deux républiques, l'une théocratique, l'autre aristocratique; Rome et Carthage; Rome avec son armée, Carthage avec sa flotte; Carthage, vieille, riche, rusée; Rome, jeune, pauvre et forte ; le passé et l'avenir ; l'esprit de découverte et l'esprit de conquête; le génie des voyages et du commerce, le démon de la guerre et de l'ambition ; l'orient et le midi d'une part, l'occident et le nord de l'autre ; enfin, deux mondes, la civilisation d'Afrique et la civilisation d'Europe.

Toutes deux se mesurent des yeux. Leur attitude avant le combat est également formidable. Rome, déjà à l'étroit dans ce qu'elle connaît du monde, ramasse toutes ses forces et tous ses peuples. Carthage, qui tient en lesse l'Espagne, l'Armorique et cette Bretagne que les Romains croyaient au fond de l'univers, Carthage a déjà jeté son ancre d'abordage sur l'Europe.

La bataille éclate. Rome copie grossièrement la marine de sa rivale. La guerre s'allume d'abord dans la Péninsule et dans les îles. Rome heurte Carthage dans cette Sicile où déjà la Grèce a rencontré l'Egypte, dans cette Espagne où plus tard lutteront encore l'Europe et l'Afrique, l'orient et l'occident, le midi et le septentrion.

Peu à peu le combat s'engage, le monde prend feu. Les colosses s'attaquent corps à corps, ils se prennent, se quittent, se reprennent. Ils se cherchent et se repoussent. Carthage franchit les Alpes; Rome passe les mers. Les deux peuples, personnifiés en deux hommes, Annibal et Scipion, s'étreignent et s'acharnent pour en finir. C'est un duel à outrance, un combat à mort. Rome chancelle, elle pousse un cri d'angoisse : *Annibal ad portas !* Mais elle se relève, épuise ses forces pour un dernier coup, se jette sur Carthage et l'efface du monde.

C'est là le plus grand spectacle qui soit dans l'histoire. Ce n'est pas seulement un trône qui tombe, une ville qui s'écroule, un peuple qui meurt. C'est une chose qu'on n'a vue qu'une fois; c'est un astre qui s'éteint ; c'est tout un monde qui s'en va ; c'est une société qui en étouffe une autre.

Elle l'étouffe sans pitié. Il faut qu'il ne reste rien de Carthage. Les siècles futurs ne sauront d'elle que ce qu'il plaira à son implacable rivale. Ils ne distingueront qu'à travers d'épaisses ténèbres cette capitale de l'Afrique, sa civilisation barbare, son gouvernement difforme, sa religion sanglante, son peuple, ses arts, ses monuments gigantesques, ses flottes qui vomissaient le feu grégeois, et cet autre univers connu de ses pilotes, et que l'antiquité romaine nommera dédaigneusement *le monde perdu*.

Rien n'en restera. Seulement, longtemps après encore, Rome, haletant et comme essoufflée de sa victoire, se recueillera en elle-même, et dira dans une sorte de rêverie profonde : *Africa portentosa*.

Prenons haleine avec elle : voilà le grand œuvre accompli. La querelle des deux moitiés de la terre, la voilà décidée. Cette réaction de l'occident sur l'orient, déjà la Grèce l'avait tentée deux fois. Argos avait démoli Troie. Alexandre avait été frapper l'Inde à travers la Perse. Mais les rois grecs n'avaient détruit qu'une ville, qu'un empire. Mais l'aventurier macédonien n'avait fait qu'une trouée dans la vieille Asie, qui s'était promptement refermée sur lui. Pour jouer le rôle de l'Europe dans ce drame immense, pour tuer la civilisation orientale, il fallait plus qu'Achille, il fallait plus qu'Alexandre; il fallait Rome.

Les esprits qui aiment à sonder les abîmes ne peuvent s'empêcher de se demander ici ce qui serait advenu du genre humain, si Carthage eût triomphé dans cette lutte. Le théâtre de vingt siècles eût été déplacé. Les marchands eussent régné, et non les soldats. L'Europe eût été laissée aux brouillards et aux forêts. Il se serait établi sur la terre quelque chose d'inconnu.

Il n'en pouvait être ainsi. Les sables et le désert réclamaient l'Afrique; il fallait qu'elle cédât la scène à l'Europe.

A dater de la chute de Carthage, en effet, la civilisation européenne prévaut. Rome prend un accroissement prodigieux, elle se développe tant qu'elle commence à se diviser. Conquérante de l'univers connu, quand elle ne peut plus faire la guerre étrangère, elle fait la guerre civile. Comme un vieux chêne, elle s'élargit, mais elle se creuse.

Cependant la civilisation se fixe sur elle. Elle en a été la racine, elle en devient la tige, elle en devient la tête. En vain les Césars, dans la folie de leur pouvoir, veulent casser la ville éternelle, et reporter la métropole du monde à l'orient. Ce sont eux qui s'en vont; la civilisation ne les suit pas, et ils s'en vont à la barbarie. Byzance deviendra Stamboul. Rome restera Rome.

Le Vatican remplace le Capitole; voilà tout. Tout s'est écroulé de vétusté autour d'elle; la cité sainte se renouvelle. Elle régnait par la force; la voici qui règne par la croyance, plus forte que la force. Pierre hérite de César. Rome n'agit plus, elle parle; et sa parole est un tonnerre. Ses foudres désormais frappent les âmes. A l'esprit de conquête succède l'esprit de prosélytisme. Foyer du globe, elle a des échos dans toutes les nations; et ce qu'un homme, du haut du balcon papal, dit à la ville sacrée, est dit aussi pour l'univers : *Urbi et orbi.*

Ainsi une théocratie fait l'Europe, comme une théocratie a fait l'Afrique, comme une théocratie a fait l'Asie. Tout se résume en trois cités : Babylone, Carthage, Rome. Un docteur dans sa chaire préside les rois sur leurs trônes. Chef-lieu du christianisme, Rome est le chef-lieu nécessaire de la société. Comme une mère vigilante, elle garde la grande famille européenne, et la sauve

deux fois des irruptions du nord, des invasions du midi.
Ses murs font rebrousser Attila et les Vandales. C'est elle
qui forge le martel dont Charles pulvérise Abdérame et
les Arabes.

On dirait même que Rome chrétienne a hérité de la
haine de Rome païenne pour l'Orient. Quand elle voit
l'Europe assez forte pour combattre, elle lui prêche les
croisades, guerre éclatante et singulière, guerre de chevalerie et de religion, pour laquelle la théocratie arme la
féodalité !

Voilà deux mille ans que les choses vont ainsi. Voilà
vingt siècles que domine la civilisation européenne, la
troisième grande civilisation qui ait ombragé la terre.
Peut-être touchons-nous à sa fin. Notre édifice est bien
vieux. Il se lézarde de toutes parts. Rome n'en est plus
le centre. Chaque peuple tire de son côté. Plus d'unité,
ni religieuse ni politique. L'opinion a remplacé la foi.
Le dogme n'a plus la discipline des consciences. La révolution française a consommé l'œuvre de la réforme ;
elle a décapité le catholicisme comme la monarchie, elle
a ôté la vie à Rome. Napoléon, en rudoyant la papauté,
l'a achevée ; il a ôté son prestige au fantôme. Que sera
l'avenir de cette société européenne, qui perd de plus en
plus, chaque jour, sa forme papale et monarchique ? Le
moment ne serait-il pas venu où la civilisation, que nous
avons vue tour à tour déserter l'Asie pour l'Afrique, l'Afrique pour l'Europe, va se remettre en route, et continuer
son majestueux voyage autour du monde ? Ne semble-t-elle pas se pencher vers l'Amérique ? N'a-t-elle pas inventé des moyens de franchir l'Océan plus vite qu'elle ne
traversait autrefois la Méditerranée ? D'ailleurs lui reste-t-il beaucoup à faire en Europe ? Est-il si hasardé de supposer qu'usée et dénaturée dans l'ancien continent, elle
aille chercher une terre neuve et vierge pour se rajeunir

et la féconder? Et pour cette terre nouvelle, ne tient-elle pas tout prêt un principe nouveau; nouveau quoiqu'il jaillisse aussi, lui, de cet évangile qui a deux mille ans, si toutefois l'évangile a un âge? Nous voulons parler ici du principe d'émancipation, de progrès et de liberté, qui semble devoir être désormais la loi de l'humanité. C'est en Amérique que jusqu'ici l'on en a fait les plus larges applications. Là, l'échelle d'essai est immense. Là, les nouveautés sont à l'aise. Rien ne les gêne. Elles ne trébuchent point à chaque pas contre des tronçons de vieilles institutions en ruines. Aussi, si ce principe est appelé, comme nous le croyons avec joie, à refaire la société des hommes, l'Amérique en sera le centre. De ce foyer s'épandra sur le monde la lumière nouvelle, qui, loin de dessécher les anciens continents, leur redonnera peut-être chaleur, vie et jeunesse. Les quatre mondes deviendront frères dans un perpétuel embrassement. Aux trois théocraties successives d'Asie, d'Afrique et d'Europe, succédera la famille universelle. Le principe d'autorité fera place au principe de liberté, qui, pour être plus humain, n'est pas moins divin.

Nous ne savons : mais, si cela doit être, si l'Amérique doit offrir le quatrième acte de ce drame des siècles, il sera certainement bien remarquable qu'à la même époque où naissait l'homme qui devait, préparant l'anarchie politique par l'anarchie religieuse, introduire le germe de mort dans la vieille société royale et pontificale d'Europe, un autre homme ait découvert une nouvelle terre, futur asile de la civilisation fugitive; qu'en un mot Christophe Colomb ait trouvé un monde au moment où Luther en allait détruire un autre.

Aliquis providet.

1830.

SUR M. DOVALLE.

Il y a du talent dans les poésies de M. Dovalle; et pourtant sans prôneurs, sans coterie, sans appui extérieur, ce recueil, on peut le prédire, aura, tout de suite, le succès qu'il mérite. C'est que M. Dovalle n'a besoin maintenant de qui que ce soit pour réussir. En littérature, le plus sûr moyen d'avoir raison, c'est d'être mort.

Et puis, ce manuscrit du poëte tué à vingt ans réveille de si douloureux souvenirs! Tant d'émotions se soulèvent en foule sous chacune de ces pages inachevées! On est saisi d'une si profonde pitié au milieu de ces odes, de ces ballades orphelines, de ces chansons toutes saignantes encore! Quelle critique faire après une si poignante lecture? Comment raisonner ce qu'on a senti! Quelle tâche impossible pour nous autres surtout, critiques peu déterminés, simples hommes d'art et de poésie! Aussi, après avoir lu ce manuscrit, n'est-ce pas de l'opinion, mais de l'impression qui m'en reste que je parlerais volontiers.

Et d'abord, ce qui frappe en commençant cette lecture, ce qui frappe en la terminant, c'est que tout, dans ce livre d'un poëte si fatalement prédestiné, tout est grâce, tendresse, fraicheur, douceur harmonieuse, suave et molle rêverie. Et en y réfléchissant, la chose semble plus singulière encore. Un grand mouvement, un vaste progrès avec lequel sympathisait complétement M. Dovalle, s'accomplit dans l'art. Ce mouvement, nous l'avons déjà dit bien des fois, n'est qu'une conséquence naturelle, qu'un corollaire immédiat de notre grand mouvement social de 1789. C'est le principe de liberté qui, après s'être établi dans l'Etat et y avoir changé la face de toute chose, poursuit sa marche, passe du monde matériel au monde intellectuel, et vient renouveler l'art comme il a renouvelé la société. Cette régénération, comme l'autre, est générale, universelle, irrésistible. Elle s'adresse à tout, recrée tout, réédifie tout, refait à la fois l'ensemble et le détail, rayonne en tous sens et chemine en toutes voies. Or (pour n'envisager ici que cette particularité), par cela même qu'elle est complète, la révolution de l'art a ses cauchemars, comme la révolution politique a eu ses échafauds. Cela est fatal. Il faut les uns après les madrigaux de Dorat, comme il fallait les autres après les petits soupers de Louis XV. Les esprits, affadis par la comédie en paniers et l'élégie en pleureuses, avaient besoin de secousses et de secousses fortes. Cette soif d'émotions violentes, de beaux et sombres génies sont venus de nos jours la satisfaire. Et il ne faut pas leur en vouloir d'avoir jeté dans vos âmes tant de sinistres imaginations, tant de rêves horribles, tant de visions sanglantes. Qu'y pouvaient-ils faire? Ces hommes qui paraissent si fantasques et si désordonnés ont obéi à une loi de leur nature et de leur siècle. Leur littérature, si capricieuse qu'elle semble et qu'elle soit, n'est pas un des résultats les moins nécessaires du principe de liberté qui désormais gouverne et régit tout d'en haut, même le génie. C'est de la fantaisie, soit; mais il y a une logique dans cette fantaisie.

Et puis, le grand malheur après tout! Bonnes gens, soyons tranquilles. Pour avoir vu 93, ne nous effrayons pas tant de *la terreur* en fait de révolutions littéraires. En conscience, tout *satanique* qu'est le premier, et tout *frénétique* qu'est le second, Byron et Maturin me font moins peur que Marat et Robespierre.

Si sérieux que l'on soit, il est difficile de ne pas sourire quelquefois en répondant aux objections que l'ancien régime littéraire emprunte à l'ancien régime politique pour combattre toutes les tentatives de la liberté dans l'art. Certes, après les catastrophes qui, depuis quarante ans, ont ensanglanté la société et décimé la famille, après une puissante révolution qui a fait des places de Grève dans toutes nos villes et des champs de bataille dans toute l'Europe, ce qu'il y a de triste, d'amer, de sanglant dans les esprits, et par conséquent dans la poésie, n'a besoin ni d'être expliqué ni d'être justifié. Sans doute la contemplation des quarante dernières années de notre histoire, la liberté d'un grand peuple qui éclôt géante et écrase une bastille à son premier pas, la marche de cette haute république qui va les pieds dans le sang et la tête dans la gloire, sans doute ce spectacle, quand la raison nous montre qu'après tout et enfin c'est un progrès et un bien, ne doit pas inspirer moins de joie que de tristesse; mais s'il nous réjouit par notre côté divin, il nous déchire par notre côté humain, et notre joie même y est triste. De là, pour longtemps, de sombres visions dans les imaginations et un deuil profond mêlé de fierté et d'orgueil dans la poésie.

Heureux pour lui-même le poëte qui, né avec le goût des choses fraîches et douces, aura su isoler son âme de toutes ces impressions douloureuses; et, dans cette atmosphère flamboyante et sombre qui rougit l'horizon longtemps encore après une révolution, aura conservé rayonnant et pur son petit monde de fleurs, de rosée et de soleil!

M. Dovalle a eu ce bonheur d'autant plus remarquable, d'autant plus étrange chez lui, qui devait finir d'une telle fin et interrompre si tôt sa chanson à peine commencée! Il semblerait d'abord qu'à défaut de douloureux souvenirs on rencontrera dans son livre quelque pressentiment vague et sinistre. Non, rien de sombre, rien d'amer, rien de fatal. Bien au contraire, une poésie toute jeune, enfantine parfois; tantôt les désirs de Chérubin, tantôt une sorte de nonchalance créole; un vers à gracieuse allure, trop peu métrique, trop peu rhythmique, il est vrai, mais toujours plein d'une harmonie plutôt naturelle que musicale; la joie, la volupté, l'amour; la femme surtout, la femme divinisée, la femme faite muse; et puis partout des fleurs, des fêtes, le printemps, le matin, la jeunesse : voilà ce qu'on trouve dans ce portefeuille d'élégies déchiré par une balle de pistolet.

Ou, si quelquefois cette douce muse se voile de mélancolie, c'est, comme dans le *Premier chagrin*, un accent confus, indistinct, presque inarticulé, à peine un soupir dans les feuilles de l'arbre, à peine une ride à la face transparente du lac, à peine une blanche nuée dans le ciel bleu. Si même, comme dans la touchante personnification du *Sylphe*, l'idée de la mort se présente au poëte, elle est si charmante encore et si suave, si loin de ce que sera la réalité, que les larmes en viennent aux yeux.

> Oh ! respectez mes jeux et ma faiblesse,
> Vous qui savez le secret de mon cœur !
> Oh ! laissez-moi pour unique richesse
>   De l'eau dans une fleur;
> L'air frais du soir; au bois une humble couche;
> Un arbre vert pour me garder du jour...
> Le sylphe, après, ne voudra qu'une bouche
>   Pour y mourir d'amour !

Certes, cela ne ressemble guère à un pressentiment.

Il me semble que cette grâce, cette harmonie, cette joie qui s'épanouit à tous les vers de M. Dovalle, donnent à cette lecture un charme et un intérêt singuliers. André Chénier, qui est mort bien jeune également et qui pourtant avait dix ans de plus que M. Dovalle, André Chénier a laissé aussi un livre de douces et *folles élégies*, comme il dit lui-même, où se rencontrent bien çà et là quelques iambes ardents, fruit de ses trente ans, et tout rouges des réverbérations de la lave révolutionnaire; mais dans lequel dominent, ainsi que dans le livre charmant de M. Dovalle, la grâce, l'amour, la volupté. Aussi, quiconque lira le recueil de M. Dovalle sera-t-il longtemps poursuivi par la jeune et pâle figure de ce poëte souriant comme André Chenier, et sanglant comme lui.

Et puis cette réflexion me vient en terminant : dans ce moment de mêlée et de tourmente litteraire, que faut-il plaindre, ceux qui meurent ou ceux qui combattent? Sans doute, c'est triste de voir un poëte de vingt ans qui s'en va, une lyre qui se brise, un avenir qui s'évanouit; mais n'est-ce pas quelque chose aussi que le repos? N'est-il pas permis à ceux autour desquels s'amassent incessamment calomnies, injures, haines, jalousies, sourdes menées, basses trahisons; hommes loyaux auxquels on fait une guerre déloyale ; hommes dévoués qui ne voudraient enfin que doter le pays d'une liberté de plus, celle de l'art, celle de l'intelligence; hommes laborieux qui poursuivent paisiblement leur œuvre de conscience, en proie, d'un côté, à de viles machinations de censure et de police, en butte, de l'autre, trop souvent à l'ingratitude des esprits mêmes pour lesquels ils travaillent; ne leur est-il pas permis de retourner quelquefois la tête avec envie vers ceux qui sont tombés derrière eux et qui dorment dans le tombeau? *Invideo*, disait Luther dans le cimetière de Worms, *invideo, quia quiescunt.*

Qu'importe toutefois? Jeunes gens, ayons bon courage, si rude qu'on nous veuille faire le présent, l'avenir sera beau. Le romantisme, tant de fois mal défini, n'est, à tout prendre, et c'est là sa définition réelle, que le *libéralisme* en littérature. Cette vérité est déjà comprise à peu près de tous les bons esprits, et le nombre en est grand ; et bientôt, car l'œuvre est déjà bien avancée, le libéralisme littéraire ne sera pas moins populaire que le libéralisme politique. La liberté dans l'art, la liberté dans la société, voilà le double but auquel doivent tendre d'un même pas tous les esprits conséquents et logiques ; voilà la double bannière qui rallie, à bien peu d'intelligences près (lesquelles s'éclaireront), toute la jeunesse si forte et si patiente d'aujourd'hui ; puis avec la jeunesse, et à sa tête, l'élite de la génération qui nous a précédés, tous ces sages vieillards qui, après le premier moment de défiance et d'examen, ont reconnu que ce que font leurs fils est une conséquence de ce qu'ils ont fait eux-mêmes, et que la liberté littéraire est fille de la liberté politique. Ce principe est celui du siècle et prévaudra. Les *ultra* de tout genre, classiques ou monarchiques, auront beau se prêter secours pour refaire l'ancien régime de toutes pièces, société et littérature, chaque progrès du pays, chaque développement des intelligences, chaque pas de la liberté fera crouler tout ce qu'ils auront échafaudé. Et, en définitive, leurs efforts de réaction auront été utiles. En révolution, tout mouvement fait avancer. La vérité et la liberté ont cela d'excellent que tout ce qu'on fait pour elles et tout ce qu'on fait contre elles les sert également. Or, après tant de grandes choses que nos pères ont faites et que nous avons vues, nous voilà sortis de la vieille forme sociale: comment ne sortirions-nous pas de la vieille forme poétique? A peuple nouveau, art nouveau. Tout en admirant la littérature de Louis XIV si bien adaptée à sa monarchie, elle saura bien avoir sa littérature propre, et personnelle, et nationale, cette France actuelle, cette France du dix-neuvième siècle, à qui Mirabeau a fait sa liberté et Napoléon sa puissance.

1825. — 1832.

GUERRE AUX DÉMOLISSEURS!

1825.

Si les choses vont encore quelque temps de ce train, il ne restera bientôt plus à la France d'autre monument national que celui des *Voyages pittoresques et romantiques*, où rivalisent de grâce, d'imagination et de poésie le crayon de Taylor et la plume de Ch. Nodier, dont il nous est bien permis de prononcer le nom avec admiration, quoiqu'il ait quelquefois prononcé le nôtre avec amitié.

Le moment est venu où il n'est plus permis à qui que ce soit de garder le silence. Il faut qu'un cri universel appelle enfin la nouvelle France au secours de l'ancienne. Tous les genres de profanation, de dégradation et de ruine menacent à la fois le peu qui nous reste de ces admirables monuments du moyen âge, où s'est imprimée la vieille gloire nationale, auxquels s'attachent à la fois la mémoire des rois et la tradition du peuple. Tandis que l'on construit à grands frais je ne sais quels édifices bâtards, qui, avec la ridicule prétention d'être grecs ou romains en France, ne sont ni romains ni grecs, d'autres édifices, admirables et originaux, tombent sans qu'on daigne s'en informer, et leur seul tort cependant, c'est d'être français par leur origine, par leur histoire et par leur but. A Blois, le château des Etats sert de caserne, et la belle tour octogone de Catherine de Médicis croule ensevelie sous les charpentes d'un quartier de cavalerie. A Orléans, le dernier vestige des murs défendus par Jeanne vient de disparaître. A Paris, nous savons ce qu'on a fait des vieilles tours de Vincennes, qui faisaient une si magnifique compagnie au donjon. L'abbaye de Sorbonne, si élégante et si ornée, tombe en ce moment sous le marteau. La belle église romane de Saint-Germains-des-Prés, d'où Henri IV avait observé Paris, avait trois flèches, les seules de ce genre qui embellissent la silhouette de la capitale. Deux de ces aiguilles menaçaient ruine. Il fallait les étayer ou les abattre; on a trouvé plus court de les abattre. Puis, afin de raccorder, autant que possible, ce vénérable monument avec le mauvais portique dans le style de Louis XIII, qui en masque le portail, les *restaurateurs* ont remplacé quelques-unes des anciennes chapelles par de petites bonbonnières à chapiteaux corinthiens dans le goût de celle de Saint-Sulpice; et on a badigeonné le reste en beau jaune-serin. La cathédrale gothique d'Autun a subi le même outrage. Lorsque nous passions à Lyon, en août 1825, il y a deux mois, on faisait également disparaître sous une couche de détrempe rose la belle couleur que les siècles avaient donnée à la cathédrale du primat des Gaules. Nous avons vu démolir encore, près de Lyon, le château renommé de l'Arbresle. Je me trompe, le propriétaire a conservé une des tours il la loue à la commune, elle sert de prison. Une petite ville historique dans le Forez, Crozet, tombe en ruines avec le manoir des d'Aillecourt, la maison seigneuriale où naquit Tourville, et des monuments qui embelliraient Nuremberg. A Nevers, deux églises du onzième siècle servent d'écurie. Il y en avait une troisième du même temps, nous ne l'avons pas vue. A notre passage, elle était effacée du sol. Seulement nous en avons admiré à la porte d'une chaumière, où ils étaient jetés, deux chapiteaux romans qui attestaient par leur beauté celle de l'édifice dont ils étaient les seuls vestiges. On a détruit l'antique église de Mauriac. A Soissons, on laisse crouler le riche cloître de Saint-Jean et ses deux flèches si légères et si hardies. C'est dans ces magnifiques ruines que le tailleur de pierre choisit des matériaux. Même indifférence pour la charmante église de Braisnes, dont la voûte démantelée laisse arriver la pluie sur les dix tombes royales qu'elle renferme.

A la Charité-sur-Loire, près Bourges, il y a une église romane qui, par l'immensité de son enceinte et la richesse de son architecture, rivaliserait avec les plus célèbres cathédrales de l'Europe; mais elle est à demi ruinée. Elle tombe pierre à pierre, aussi inconnue que les pagodes orientales dans leurs déserts de sable. Il passe là six diligences par jour. Nous avons visité Chambord, cet Alhambra de la France. Il chancelle déjà, miné par les eaux du ciel qui ont filtré à travers la pierre tendre de ses toits dégarnis de plomb. Nous le déclarons avec douleur, si l'on n'y songe promptement, avant peu d'années, la souscription, souscription qui, certes, méritait d'être nationale, qui a rendu le chef-d'œuvre du Primatice au pays, aura été inutile; et bien peu de chose restera debout de cet édifice, beau comme un palais de fées, grand comme un palais de rois.

Nous écrivons ceci à la hâte, sans préparation, et en

choisissant au hasard quelques-uns des souvenirs qui nous sont restés d'une excursion rapide dans une petite portion de la France. Qu'on y réfléchisse, nous n'avons dévoilé qu'un bord de la plaie. Nous n'avons cité que des faits, et des faits que nous avions vérifiés. Que se passe-t-il ailleurs ?

On nous a dit que des Anglais avaient acheté *trois cents francs* le droit d'emballer tout ce qui leur plairait dans les débris de l'admirable abbaye de Jumiéges. Ainsi les profanations de lord Elgin se renouvellent chez nous, et nous en tirons profit. Les Turcs ne vendaient que les monuments grecs ; nous faisons mieux, nous vendons les nôtres. On affirme encore que le cloître si beau de Saint-Wandrille est débité, pièce à pièce, par je ne sais quel propriétaire ignorant et cupide, qui ne voit dans un monument qu'une carrière de pierres. *Proh pudor !* au moment où nous traçons ces lignes, à Paris, au lieu même dit *Ecole des Beaux-Arts*, un escalier de bois, sculpté par les merveilleux artistes du quatorzième siècle, sert d'échelle à des maçons ; d'admirables menuiseries de la renaissance, quelques-unes encore peintes, dorées et blasonnées, des boiseries, des portes touchées par le ciseau si tendre et si délicat qui a ouvré le château d'Anet, se rencontrent là, brisées, disloquées, gisantes en tas sur le sol, dans les greniers, dans les combles, et jusque dans l'antichambre du cabinet d'un individu qui s'est installé là, et qui s'intitule *architecte de l'Ecole des Beaux-Arts*, et qui marche tous les jours stupidement là-dessus. Et nous allons chercher bien loin et payer bien cher des ornements à nos musées !

Il serait temps enfin de mettre un terme à ces désordres, sur lesquels nous appelons l'attention du pays. Quoique appauvrie par les dévastateurs révolutionnaires, par les spéculateurs mercantiles et surtout par les restaurateurs classiques, la France est riche encore en monuments français. Il faut arrêter le marteau qui mutile la face du pays. Une loi suffirait; qu'on la fasse. Quels que soient les droits de la propriété, la destruction d'un édifice historique et monumental ne doit pas être permise à ces ignobles spéculateurs que leur intérêt aveugle sur leur honneur ; misérables hommes, et si imbéciles qu'ils ne comprennent même pas qu'ils sont des barbares ! Il y a deux choses dans un édifice, son usage et sa beauté ; son usage appartient au propriétaire, sa beauté à tout le monde : c'est donc dépasser son droit que le détruire.

Une surveillance active devrait être exercée sur nos monuments. Avec de légers sacrifices, on sauverait des constructions qui, indépendamment du reste, représentent des capitaux énormes. La seule église de Brou, bâtie vers la fin du quinzième siècle, a coûté vingt-quatre millions, à une époque où la journée d'un ouvrier se payait deux sous. Aujourd'hui ce serait plus de cent cinquante millions. Il ne faut pas plus de trois jours et de trois cents francs pour la jeter bas.

Et puis, un louable regret s'emparerait de nous, nous voudrions reconstruire ces prodigieux édifices que nous ne le pourrions. Nous n'avons plus le génie de ces siècles. L'industrie a remplacé l'art.

Terminons ici cette note; aussi bien c'est encore là un sujet qui exigerait un livre. Celui qui écrit ces lignes y reviendra souvent, à propos et hors de propos ; et, comme ce vieux Romain qui disait toujours : *Hoc censeo, et delendam esse Carthaginem*, l'auteur de cette note répétera sans cesse : « Je pense cela, et qu'il ne faut pas démolir la France. »

1832.

Il faut le dire et le dire haut, cette démolition de la vieille France, que nous avons dénoncée plusieurs fois sous la restauration, se continue avec plus d'acharnement et de barbarie que jamais. Depuis la Révolution de juillet, avec la démocratie quelque ignorance a débordé et quelque brutalité aussi. Dans beaucoup d'endroits, le pouvoir local, l'influence municipale, la curatelle communale a passé des gentilshommes qui ne savaient pas écrire aux paysans qui ne savent pas lire. On est tombé d'un cran. En attendant que ces braves gens sachent épeler, ils gouvernent. La bévue administrative, produit naturel et normal de cette machine de Marly qu'on appelle la *centralisation*, la bévue administrative s'engendre toujours comme par le passé du maire au sous-préfet, du sous-préfet au préfet, du préfet au ministre. Seulement elle est plus grosse.

Notre intention est de n'envisager ici qu'une seule des innombrables formes sous lesquelles elle se produit aux yeux du pays émerveillé. Nous ne voulons traiter de la *bévue administrative* qu'en matière de monuments, et encore ne ferons-nous qu'effleurer cet immense sujet que vingt-cinq volumes in-folio n'épuiseraient pas.

Nous posons donc en fait qu'il n'y a peut-être pas en France, à l'heure qu'il est, une seule ville, pas un seul chef-lieu d'arrondissement, pas un seul chef-lieu de canton, où il ne se médite, où il ne se commence, où il ne s'achève la destruction de quelque monument historique national, soit par le fait de l'autorité locale de l'aveu de l'autorité centrale, soit par le fait des particuliers sous les yeux et avec la tolérance de l'autorité locale.

Nous avançons ceci avec la profonde conviction de ne pas nous tromper, et nous en appelons à la conscience de quiconque a fait, sur un point quelconque de la France, la moindre excursion d'artiste et d'antiquaire. Chaque jour quelque vieux souvenir de la France s'en va avec la pierre sur laquelle il était écrit. Chaque jour nous brisons quelque lettre du vénérable livre de la tradition. Et bientôt, quand la ruine de toutes ces ruines sera achevée, il ne nous restera plus qu'à nous écrier avec ce Troyen qui du moins emportait ses dieux :

    Fuit Ilium, et ingens
Gloria.

Et à l'appui de ce que nous venons de dire, qu'on permette à celui qui écrit ces lignes de citer, entre une foule de documents qu'il pourrait produire, l'extrait d'une lettre à lui envoyée. Il n'en connaît pas personnellement le signataire, qui est, comme sa lettre l'annonce, homme de goût et de cœur; mais il le remercie de s'être adressé à lui. Il ne fera jamais faute à quiconque lui signalera une injustice ou une absurdité nuisible à dénoncer. Il regrette seulement que sa voix n'ait pas plus d'autorité et de retentissement. Qu'on lise donc cette lettre, et qu'on songe, en la lisant, que le fait qu'elle atteste n'est pas un fait isolé, mais un des mille épisodes du grand fait général, la *démolition successive et incessante de tous les monuments de l'ancienne France.*

Charleville, 14 février 1832.

« Monsieur,

....
....

« Au mois de septembre dernier, je fis un voyage à Laon
« (Aisne), mon pays natal. Je l'avais quitté depuis plusieurs
« années : aussi, à peine arrivé, mon premier soin fut de
« parcourir la ville... Arrivé sur la place du bourg, au
« moment où mes yeux se levaient sur la vieille tour de
« Louis d'Outremer, quelle fut ma surprise de la voir de
« toutes parts bardée d'échelles, de leviers et de tous les
« instruments possibles de destruction. Je l'avouerai,
« cette vue me fit mal. Je cherchais à deviner pourquoi
« ces échelles et ces pioches, quand vint à passer
« M. Th......, homme simple et instruit, plein de goût
« pour les lettres et fort ami de tout ce qui touche à la
« science et aux arts. Je lui fis part à l'instant de l'impres-
« sion douloureuse que me causait la destruction de ce
« vieux monument. M. Th......, qui la partageait, m'ap-
« prit que, resté seul des membres de l'ancien conseil mu-
« nicipal, il avait été seul pour combattre l'acte dont nous
« étions en ce moment témoins ; que ses efforts n'avaient
« rien pu. Raisonnements, paroles, tout avait échoué.
« Les nouveaux conseillers, réunis en majorité contre lui,
« l'avaient emporté. Pour avoir pris un peu chaudement
« le parti de cette tour innocente, M. Th...... avait été
« même accusé de carlisme. Ces messieurs s'étaient écriés
« que cette tour ne rappelait que les souvenirs des temps
« féodaux, et la destruction avait été votée par acclama-
« tion. Bien plus, la ville a offert au soumissionnaire qui

« se charge de l'exécution une somme de plusieurs mille
« francs, les matériaux en sus. Voilà le prix du meurtre,
« car c'est un véritable meurtre ! M. Th..... me fit remar-
« quer sur le mur voisin l'affiche d'adjudication en papier
« jaune. En tête était écrit en énormes caractères : DES-
« TRUCTION DE LA TOUR DITE DE LOUIS D'OUTREMER. *Le public*
« *est prévenu*, etc.

« Cette tour occupait un espace de quelques toises.
« Pour agrandir le marché qui l'avoisine, si c'est là le
« but qu'on a cherché, on pouvait sacrifier une maison
« particulière *dont le prix n'eût peut-être pas dépassé la*
« *somme offerte au soumissionnaire*. Ils ont préféré
« anéantir la tour. Je suis affligé de le dire à la honte
« des Laonnois, leur ville possédait un monument rare,
« un monument des rois de la seconde race ; il n'y en
« existe plus aujourd'hui un seul. Celui de Louis IV était
« le dernier. Après un pareil acte de vandalisme, on ap-
« prendra quelque jour sans surprise qu'ils démolissent
« leur belle cathédrale du onzième siècle, pour faire une
« halle aux grains (1). »

Les réflexions abondent et se pressent devant de tels faits.

Et d'abord, ne voilà-t-il pas une excellente comédie ? Vous représentez-vous ces dix ou douze conseillers municipaux mettant en délibération la grande *destruction de la tour dite de Louis d'Outremer ?* Les voilà tous, rangés en cercle, et sans doute assis sur la table, jambes croisées et babouches aux pieds, à la façon des Turcs.

---

(1) Nous ne publions pas le nom du signataire de la lettre, n'y étant point formellement autorisé par lui ; mais nous le tenons en réserve pour notre garantie. Nous avons cru devoir aussi retrancher les passages qui n'étaient que l'expression trop bienveillante de la sympathie de notre correspondant pour nous personnellement.

Ecoutez-les. Il s'agit d'agrandir le carré aux choux et de faire disparaître un *monument féodal*. Les voilà qui mettent en commun tout ce qu'ils savent de grands mots, depuis quinze ans qu'ils se font anucher le *Constitutionnel* par le magister de leur village. Ils se cotisent. Les bonnes raisons pleuvent. L'un a argué de la *féodalité*, et s'y tient ; l'autre allègue la *dîme* ; l'autre, la *corvée* ; l'autre, les *serfs qui battaient l'eau des fossés pour faire taire les grenouilles* ; un cinquième, le *droit de jambage et de cuissage* ; un sixième, les éternels *prêtres* et les éternels *nobles* ; un autre, les *horreurs de la Saint-Barthélemy* ; un autre, qui est probablement avocat, les *jésuites* ; puis ceci, puis cela, puis encore cela et ceci ; et tout est dit, la tour de Louis d'Outremer est condamnée.

Vous figurez-vous bien au milieu du grotesque sanhédrin la situation de ce pauvre homme, représentant unique de la science, de l'art, du goût, de l'histoire ? Remarquez-vous l'attitude humble et opprimée de ce paria ? L'écoutez-vous hasarder quelques mots timides en faveur du vénérable monument ? Et voyez-vous l'orage éclater contre lui ? Le voilà qui ploie sous les invectives. Voilà qu'on l'appelle de toutes parts *carliste*, et probablement *carlisse*. Que répondre à cela ? C'est fini. La chose est faite. La démolition du « monument des âges de barbarie » est définitivement votée avec enthousiasme, et vous entendez le hourra des braves conseillers municipaux de Laon, qui ont pris d'assaut la tour de Louis d'Outremer.

Croyez-vous que jamais Rabelais, que jamais Hogarth auraient pu trouver quelque part faces plus drôlatiques, profils plus bouffons, silhouettes plus réjouissantes à charbonner sur les murs d'un cabaret ou sur les passages d'une batrachomyomachie ?

Oui, riez. — Mais, pendant que les prud'hommes jargonnaient, croassaient et délibéraient, la vieille tour, si longtemps inébranlable, se sentait trembler dans ses fondements. Voilà tout à coup que, par les fenêtres, par les portes, par les barbacanes, par les meurtrières, par les lucarnes, par les gouttières, de partout, les démolisseurs lui sortent comme les vers d'un cadavre. Elle sue des maçons. Ces pucerons la piquent. Cette vermine la dévore. La pauvre tour commence à tomber pierre à pierre; ses sculptures se brisent sur le pavé; elle éclabousse les maisons de ses débris; son flanc s'éventre, son profil s'ébrèche, et le bourgeois inutile, qui passe à côté sans trop savoir ce qu'on lui fait, s'étonne de la voir chargée de cordes, de poulies et d'échelles plus qu'elle ne le fut jamais par un assaut d'Anglais ou de Bourguignons.

Ainsi, pour jeter bas cette tour de Louis d'Outremer, presque contemporaine des tours romaines de l'ancienne Bibrax, pour faire ce que n'avaient fait ni béliers, ni balistes, ni scorpions, ni catapultes, ni haches, ni dolabres, ni engins, ni bombardes, ni serpentines, ni fauconneaux, ni coulevrines, ni les boulets de fer des forges de Creil, ni les pierres à bombarde des carrières de Péronne, ni le canon, ni le tonnerre, ni la tempête, ni la bataille, ni le feu des hommes, ni le feu du ciel, il a suffi au dix-neuvième siècle, merveilleux progrès! d'une plume d'oie, promenée à peu près au hasard sur une feuille de papier par quelques infiniment petits! méchante plume d'un conseil municipal du vingtième ordre! plume qui formule boiteusement les fetfas imbéciles d'un divan de paysans! plume imperceptible du sénat de Lilliput! plume qui fait des fautes de français! plume qui ne sait pas l'orthographe! plume qui, à coup sûr, a tracé plus de croix que de signatures au bas de l'inepte arrêté!

Et la tour a été démolie! et cela s'est fait, et la ville a payé pour cela! on lui a volé sa couronne, et elle a payé le voleur!

Quel nom donner à toutes ces choses?

Et, nous le répétons pour qu'on y songe bien, le fait de Laon n'est pas un fait isolé. A l'heure où nous écrivons, il n'est pas un point en France où il ne se passe quelque chose d'analogue. C'est plus ou c'est moins, c'est peu ou c'est beaucoup, c'est petit ou c'est grand, mais c'est toujours et partout du vandalisme. La liste des démolitions est inépuisable. Elle a été commencée par nous et par d'autres écrivains qui ont plus d'importance que nous. Il serait facile de la grossir, il serait impossible de la clore.

On vient de voir une prouesse du conseil municipal. Ailleurs, c'est un maire qui déplace un peulven pour marquer la limite du champ communal; c'est un évêque qui ratisse et badigeonne sa cathédrale; c'est un préfet qui jette bas une abbaye du quatorzième siècle pour démasquer les fenêtres de son salon; c'est un artilleur qui rase un cloître de 1460 pour rallonger un polygone; c'est un adjoint qui fait du sarcophage de Théodeberthe une auge aux pourceaux.

Nous pourrions citer les noms. Nous en avons pitié. Nous les taisons.

Cependant il ne mérite pas d'être épargné, ce curé de Fécamp qui a fait démolir le jubé de son église, donnant pour raison que ce massif incommode, ciselé et fouillé par les mains miraculeuses du quinzième siècle, privait ses paroissiens du bonheur de le contempler, lui curé, dans sa splendeur à l'autel. Le maçon qui a exécuté l'ordre du béat s'est fait des débris du jubé une admirable maisonnette qu'on peut voir à Fécamp. Quelle honte! qu'est devenu le temps où le prêtre était le suprême architecte? Maintenant le maçon enseigne le prêtre!

N'y a-t-il pas aussi un dragon ou un housard qui veut faire de l'église de Brou, de cette merveille, son grenier à foin, et qui en demande ingénument la permission au ministre! N'était-on pas en train de gratter du haut en bas la belle cathédrale d'Angers quand le tonnerre est tombé sur la flèche, noire et intacte encore, et l'a brûlée, comme si le tonnerre avait eu, lui, de l'intelligence et avait mieux aimé abolir le vieux clocher que de le laisser égratigner par des conseillers municipaux! Un ministre de la restauration n'a-t-il pas rogné à Vincennes ses admirables tours, et à Toulouse ses beaux remparts? N'y a-t-il pas eu, à Saint-Omer, un préfet qui a détruit aux trois quarts les magnifiques ruines de Saint-Bertin, sous prétexte de *donner du travail aux ouvriers?* Dérision! si vous êtes des administrateurs tellement médiocres, des cervaux tellement stériles, qu'en présence des routes à ferrer, des canaux à creuser, des rues à macadamiser, des ports à curer, des landes à défricher, des écoles à bâtir, vous ne sachiez que faire de vos ouvriers, du moins ne leur livrez pas comme une proie nos édifices nationaux à démolir, ne leur dites pas de se faire du pain avec ces pierres. Partagez-les plutôt, ces ouvriers, en deux bandes; que toutes deux creusent un grand trou, et que chacune ensuite comble le sien avec la terre de l'autre. Et puis payer-leur ce travail. Voilà une idée. J'aime mieux l'inutile que le nuisible.

A Paris, le vandalisme florit et prospère sous nos yeux. Le vandalisme est architecte. Le vandalisme se carre et se prélasse. Le vandalisme est fêté, applaudi, encouragé, admiré, caressé, protégé, consulté, subventionné, défrayé, naturalisé. Le vandalisme est entrepreneur de travaux pour le compte du gouvernement. Il s'est installé sournoisement dans le budget, et il grignote à petit bruit, comme le rat son fromage. Et certes, il gagne bien son argent. Tous les jours il démolit quelque chose du peu qui nous reste de cet admirable vieux Paris. Que sais-je? Le vandalisme a badigeonné Notre-Dame, le vandalisme a retouché les tours du Palais-de-Justice, le vandalisme a rasé Saint-Magloire, le vandalisme a détruit le cloître des Jacobins, le vandalisme a amputé deux flèches sur trois à Saint-Germain-des-Prés. Nous parlerons peut-être dans quelques instants des édifices qu'il bâtit. Le vandalisme a ses journaux, ses coteries, ses écoles, ses chaires, son public, ses raisons. Le vandalisme a pour lui les bourgeois. Il est bien nourri, bien renté, bouffi d'orgueil, presque savant, très-classique, bon logicien, fort théoricien, joyeux, puissant, affable au besoin, beau parleur, et content de lui. Il tranche du Mécène. Il protège les jeunes talents. Il est professeur. Il donne des grands prix d'architecture. Il envoie des élèves à Rome. Il porte habit brodé, épée au côté et culotte française. Il est de l'Institut. Il va à la cour. Il donne le bras au roi, et flâne avec lui dans les rues, lui soufflant ses plans à l'oreille. Vous avez dû le rencontrer.

Quelquefois il se fait propriétaire, et il change la tour magnifique de Saint-Jacques-de-la-Boucherie en fabrique de plomb de chasse, impitoyablement fermée à l'antiquaire fureteur; et il fait de la nef de Saint-Pierre-aux-Bœufs un magasin de futailles vides, de l'hôtel de Sens une écurie à rouliers, de la Maison-de-la-Couronne-d'Or une draperie, de la chapelle de Cluny une imprimerie. Quelquefois il se fait peintre en bâtiments, et il démolit Saint-Landry pour construire sur l'emplacement de cette simple et belle église une grande laide maison qui ne se loue pas. Quelquefois il se fait greffier, et il encombre de paperasses la Sainte-Chapelle, cette église qui sera la plus admirable parure de Paris, quand il aura détruit Notre-Dame. Quelquefois il se fait spéculateur, et dans la nef déshonorée de Saint-Benoît il emboîte violemment un théâtre, et quel théâtre! Opprobre! le cloître saint, docte et grave des bénédictins, métamorphosé en je ne sais quel mauvais lieu littéraire!

Sous la Restauration, il prenait ses aises et s'ébattait d'une manière tout aussi charmante, nous en convenons.

Chacun se rappelle comment le vandalisme, qui alors aussi était architecte du roi, a traité la cathédrale de Reims. Un homme d'honneur, de science et de talent, M. Vitet, a déjà signalé le fait. Cette cathédrale est, comme on sait, chargée du haut en bas de sculptures excellentes qui débordent de toutes parts son profil. A l'époque du sacre de Charles X, le vandalisme, qui est bon courtisan, eut peur qu'une pierre ne se détachât par aventure de toutes ces sculptures en surplomb, et ne vînt tomber incongrûment sur le roi, au moment où Sa Majesté passerait; et sans pitié, et à grands coups de maillet, et trois grands mois durant, il ébarba la vieille église! — Celui qui écrit ceci a chez lui une belle tête de Christ, débris curieux de cette exécution.

Depuis juillet, il en a fait une autre qui peut servir de pendant à celle-là, c'est l'exécution du jardin des Tuileries. Nous reparlerons quelque jour et longuement de ce bouleversement barbare. Nous ne le citons ici que pour mémoire. Mais qui n'a haussé les épaules en passant devant ces deux petits enclos usurpés sur une promenade publique? On a fait mordre au roi le jardin des Tuileries, et voilà les deux bouchées qu'il se réserve. Toute l'harmonie d'une œuvre royale et tranquille est troublée, la symétrie des parterres est éborgnée, les bassins entaillent la terrasse : c'est égal, on a ses deux jardinets. Que dirait-on d'un fabricant de vaudevilles qui se taillerait un couplet ou deux dans les chœurs d'*Athalie!* Les Tuileries, c'était l'*Athalie* de le Nôtre.

On dit que le vandalisme a déjà condamné notre vieille et irréparable église de Saint-Germain-l'Auxerrois. Le vandalisme a son idée à lui. Il veut faire tout à travers Paris une grande, grande, grande rue. Une rue d'une lieue ! Que de magnifiques dévastations chemin faisant! Saint-Germain-l'Auxerrois y passera, l'admirable tour de Saint-

Jacques-de-la-Boucherie y passera peut-être aussi. Mais qu'importe ! une rue d'une lieue ! comprenez-vous comme cela sera beau ! une ligne droite tirée du Louvre à la barrière du Trône ! d'un bout de la rue, de la barrière, on contemplera la façade du Louvre. Il est vrai que tout le mérite de la colonnade de Perrault, si mérite il y a, est dans ses proportions, et que ce mérite s'évanouira dans la distance ; mais qu'est-ce que cela fait ? on aura une rue d'une lieue ! de l'autre bout, du Louvre, on verra la barrière du Trône, les deux colonnes proverbiales que vous savez, maigres, fluettes et risibles comme les jambes de Potier. O merveilleuse perspective !

Espérons que ce burlesque projet ne s'accomplira pas. Si l'on essayait de le réaliser, espérons qu'il y aura une émeute d'artistes. Nous y pousserons de notre mieux.

Les dévastateurs ne manquent jamais de prétextes. Sous la Restauration, on gâtait, on mutilait, on défigurait, on profanait les édifices catholiques du moyen âge, le plus dévotement du monde. La congrégation avait développé sur les églises la même excroissance que sur la religion. Le sacré-cœur s'était fait marbre, bronze, badigeonnage et bois doré. Il se produisait le plus souvent dans les églises sous la forme d'une petite chapelle peinte, dorée, mystérieuse, élégiaque, pleine d'anges bouffis, coquette, galante, ronde et à faux jour, comme celle de Saint-Sulpice. Pas de cathédrale, pas de paroisse en France à laquelle il ne poussât, soit au front, soit au côté, une chapelle de ce genre. Cette chapelle constituait pour les églises une véritable maladie. C'était la verrue de Saint-Acheul.

Depuis la Révolution de juillet, les profanations continuent, plus funestes et plus mortelles encore, et avec d'autres semblants. Au prétexte dévot a succédé le prétexte national, libéral, patriote, philosophique, voltairien.

On ne *restaure* plus, on ne gâte plus, on n'enlaidit plus un monument, on le jette bas. Et l'on a de bonnes raisons pour cela. Une église, c'est le fanatisme ; un donjon, c'est la féodalité. On dénonce un monument, on massacre un tas de pierres, on septembrise des ruines. A peine si nos pauvres églises parviennent à se sauver en prenant cocarde. Pas une Notre-Dame en France, si colossale, si vénérable, si magnifique, si impartiale, si historique, si calme et si magnifique qu'elle soit, qui n'ait son petit drapeau tricolore sur l'oreille. Quelquefois on sauve une admirable église en écrivant dessus : *Mairie*. Rien de moins populaire parmi nous que ces édifices faits par le peuple et pour le peuple. Nous leur en voulons de tous ces crimes des temps passés dont ils ont été témoins. Nous voudrions effacer le tout de notre histoire. Nous dévastons, nous pulvérisons, nous détruisons, nous démolissons par esprit national. A force d'être bons Français, nous devenons d'excellents Welches.

Dans le nombre, on rencontre certaines gens auxquels répugne ce qu'il y a d'un peu banal dans le magnifique pathos de juillet, et qui applaudissent aux démolisseurs par d'autres raisons, des raisons doctes et importantes, des raisons d'économiste et de banquier. — A quoi servent ces monuments ? disent-ils. Cela coûte des frais d'entretien, et voilà tout. Jetez-les à terre, et vendez les matériaux. C'est toujours cela de gagné. — Sous le pur rapport économique, le raisonnement est mauvais. Nous l'avons déjà établi plus haut, ces monuments sont des capitaux. Beaucoup d'entre eux, dont la renommée attire les étrangers riches en France, rapportent au pays bien au delà de l'intérêt de l'argent qu'ils ont coûté. Les détruire, c'est priver le pays d'un revenu.

Mais quittons ce point de vue aride, et raisonnons de plus haut. Depuis quand ose-t-on, en pleine civilisation, questionner l'art sur son *utilité?* Malheur à vous si vous ne savez pas à quoi l'art sert! On n'a rien de plus à vous dire. Allez! démolissez! utilisez! Faites des moellons avec Notre-Dame de Paris. Faites des gros sous avec la Colonne.

D'autres acceptent et veulent l'art; mais, à les entendre, les monuments du moyen âge sont des constructions de mauvais goût, des œuvres barbares, des monstres en architecture, qu'on ne saurait trop vite et trop soigneusement abolir. A ceux-là non plus il n'y a rien à répondre. C'en est fini d'eux. La terre a tourné, le monde a marché depuis eux; ils ont les préjugés d'un autre siècle; ils ne sont plus de la génération qui voit le soleil. Car il faut bien, nous le répétons, que les oreilles de toute grandeur s'habituent à l'entendre dire et redire, en même temps qu'une glorieuse révolution politique s'est accomplie dans la société, une glorieuse révolution intellectuelle s'est accomplie dans l'art. Voilà vingt-cinq ans que Charles Nodier et madame de Staël l'ont annoncé en France; et s'il était permis de citer un nom obscur après ces noms célèbres, nous ajouterions que voilà quatorze ans que nous luttons pour elle. Maintenant elle est faite. Le ridicule duel des classiques et des romantiques s'est arrangé de lui-même, tout le monde étant à la fin du même avis. Il n'y a plus de question. Tout ce qui a de l'avenir est pour l'avenir. A peine y a-t-il encore, dans l'arrière-parloir des colléges, dans la pénombre des académies, quelques bons vieux enfants qui font joujou dans leur coin avec les poétiques et les méthodes d'un autre âge; qui poëtes, qui architectes; celui-ci s'ébattant avec les trois unités, celui-là avec les cinq ordres; les uns gâchant du plâtre selon Vignole, les autres gâchant des vers selon Boileau.

Cela est respectable. N'en parlons plus.

Or, dans ce renouvellement complet de l'art et de la critique, la cause de l'architecture du moyen âge, plaidée sérieusement pour la première fois depuis trois siècles, a été gagnée en même temps que la bonne cause générale, gagnée par toutes les raisons de la science, gagnée par toutes les raisons de l'histoire, gagnée par toutes les raisons de l'art, gagnée par l'intelligence, par l'imagination et par le cœur. Ne revenons donc pas sur la chose jugée et bien jugée, et disons de haut au gouvernement, aux communes, aux particuliers, qu'ils sont responsables de tous les monuments nationaux que le hasard met dans leurs mains. Nous devons compte du passé à l'avenir. *Posteri, posteri, vestra res agitur.*

Quant aux édifices qu'on nous bâtit pour ceux qu'on nous détruit, nous ne prenons pas le change, nous n'en voulons pas. Ils sont mauvais. L'auteur de ces lignes maintient tout ce qu'il a dit ailleurs (1) sur les monuments modernes du Paris actuel. Il n'a rien de plus doux à dire des monuments en construction. Que nous importe les trois ou quatre petites églises cubiques que vous bâtissez piteusement çà et là? Laissez donc crouler votre ruine du quai d'Orsay avec ses lourds cintres et ses vilaines colonnes engagées! laissez crouler votre palais de la chambre des députés, qui ne demandait pas mieux! N'est-ce pas une insulte au lieu dit *Ecole des Beaux-Arts* que cette construction hybride et fastidieuse dont l'épure a si longtemps sali le pignon de la maison voisine, étalant effrontément sa nudité et sa laideur à côté de l'admirable façade du château de Gaillon! Sommes-nous tombés à ce point de misère qu'il nous faille absolument admirer les barrières de Paris? Y a-t-il rien au monde de plus bossu et de plus rachitique que votre monument expiatoire (ah çà, décidément, qu'est-ce qu'il expie?) de la rue de Richelieu? N'est-ce pas une belle chose, en vérité, que votre Madeleine, ce tome deux de la

(1) *Notre-Dame de Paris.*

Bourse, avec son lourd tympan qui écrase sa maigre colonnade ? Oh ! qui me délivrera des colonnades !

De grâce, employez mieux nos millions.

Ne les employez même pas à parfaire le Louvre. Vous voudriez achever d'enclore ce que vous appelez le parallélogramme du Louvre. Mais nous vous prévenons que ce parallélogramme est un trapèze ; et pour un trapèze, c'est trop d'argent. D'ailleurs le Louvre, hors ce qui est de la renaissance, le Louvre, voyez-vous, n'est pas beau. Il ne faut pas admirer et continuer, comme si c'était de droit divin, tous les monuments du dix-septième siècle, quoiqu'ils vaillent mieux que ceux du dix-huitième, et surtout que ceux du dix-neuvième. Quel que soit leur bon air, quelle que soit leur grande mine, il en est des monuments de Louis XIV comme de ses enfants. Il y en a beaucoup de bâtards.

Le Louvre, dont les fenêtres entaillent l'architrave, le Louvre est de ceux-là.

S'il est vrai, comme nous le croyons, que l'architecture, seule entre tous les arts, n'ait plus d'avenir, employez vos millions à conserver, à entretenir, à éterniser les monuments nationaux et historiques qui appartiennent à l'État, et à racheter ceux qui sont aux particuliers. La rançon sera modique. Vous les aurez à bon marché. Tel propriétaire ignorant vendra le Parthénon pour le prix de la pierre.

Faites réparer ces beaux et graves édifices. Faites-les réparer avec soin, avec intelligence, avec sobriété. Vous avez autour de vous des hommes de science et de goût qui vous éclaireront dans ce travail. Surtout que l'architecte restaurateur soit frugal de ses propres imaginations ; qu'il étudie curieusement le caractère de chaque édifice, selon chaque siècle et chaque climat. Qu'il se pénètre de la ligne générale et de la ligne particulière du monument qu'on lui met entre les mains, et qu'il sache habilement souder son génie au génie de l'architecte ancien.

Vous tenez les communes en tutelle, défendez-leur de démolir.

Quant aux particuliers, quant aux propriétaires qui voudraient s'entêter à démolir, que la loi le leur défende ; que leur propriété soit estimée, payée et adjugée à l'Etat. Qu'on nous permette de transcrire ici ce que nous disions à ce sujet en 1825 ; « Il faut arrêter le marteau qui mutile la face du pays. Une loi suffirait. Qu'on la fasse. Quels que soient les droits de la propriété, la destruction d'un édifice historique et monumental ne doit pas être permise à ces ignobles spéculateurs que leur intérêt aveugle sur leur honneur ; misérables hommes, et si imbéciles qu'ils ne comprennent même pas qu'ils sont des barbares ! Il y a deux choses dans un édifice : son usage et sa beauté. Son usage appartient au propriétaire, sa beauté à tout le monde, à vous, à moi, à nous tous. Donc, le détruire c'est dépasser son droit. »

Ceci est une question d'intérêt général, d'intérêt national. Tous les jours, quand l'intérêt général élève la voix, la loi fait taire les glapissements de l'intérêt privé. La propriété particulière a été souvent et est encore à tous moments modifiée dans le sens de la communauté sociale. On vous achète de force votre champ pour en faire une place, votre maison pour en faire un hospice. On vous achètera votre monument.

S'il faut une loi, répétons-le, qu'on la fasse. Ici, nous entendons les objections s'élever de toutes parts. — Est-ce que les chambres ont le temps ? Une loi pour si peu de chose !

Pour si peu de chose !

Comment ! nous avons quarante-quatre mille lois dont nous ne savons que faire, quarante-quatre mille lois sur lesquelles il y en a à peine dix de bonnes. Tous les ans, quand les chambres sont en chaleur, elles en pondent par centaines, et, dans la couvée, il y en a tout au plus deux ou trois qui naissent viables. On fait des lois sur tout, pour tout, contre tout, à propos de tout. Pour transporter les cartons de tel ministère d'un côté de la rue de Grenelle à l'autre, on fait une loi. Et une loi pour les monuments, une loi pour l'art, une loi pour la nationalité de la France, une loi pour les souvenirs, une loi pour les cathédrales, une loi pour les plus grands produits de l'intelligence humaine, une loi pour l'œuvre collective de nos pères, une loi pour l'histoire, une loi pour l'irréparable qu'on détruit, une loi pour ce qu'une nation a de plus sacré après l'avenir, une loi pour le passé, cette loi juste, bonne, excellente, sainte, utile, nécessaire, indispensable, urgente, on n'a pas le temps, on ne la fera pas !

Risible ! risible ! risible !

1833.

YMBERT GALLOIX.

Ymbert Galloix était un pauvre jeune homme de Genève, fils ou petit-fils, si notre mémoire est bonne, d'un vieux maître d'écriture du pays ; un pauvre Genevois, disons-nous, bien élevé et bien lettré d'ailleurs, qui vint à Paris, il y a six ans, n'ayant pas devant lui de quoi vivre plus d'un mois, mais avec cette pensée qui en a leurré tant d'autres, que Paris est une ville de chance et de loterie où quiconque joue bien le jeu de sa destinée finit par gagner; une métropole bénie où il y a des avenirs tout faits et à choisir que chacun peut ajuster à son existence; une terre de promission qui ouvre des horizons magnifiques à toutes les intelligences dans toutes les directions; un vaste atelier de civilisation où toute capacité trouve du travail et fait fortune; un océan où se fait chaque jour la pêche miraculeuse; une cité prodigieuse, en un mot, une cité de prompts succès et d'activité excellente d'où, en moins d'un an, l'homme de talent qui y est entré sans souliers ressort en carrosse.

Il y est arrivé au mois d'octobre 1827. Il y est mort de misère au mois d'octobre 1828.

Il n'y a en ceci aucune hyperbole, ce jeune homme est mort de misère à Paris. Ce n'est pas que quelques hommes de ces classes intelligentes et humaines qu'on est convenu de désigner sous le nom vague d'*artistes*, ce n'est pas que quelques jeunes gens de la bonne jeunesse qui pense et qui étudie, au milieu desquels il tomba à son arrivée à Paris, inconnu de tous, ne lui aient serré la main, ne lui aient donné conseil et secours, ne lui aient, dans l'occasion, ouvert leur bourse quand il avait faim et leur cœur quand il pleurait. Il va sans dire que plusieurs d'entre eux se sont tout naturellement cotisés pour payer son dernier loyer et son dernier médecin, et que ce n'est pas au charpentier qu'il doit sa bière. Mais qu'est-ce que tout cela si ce n'est mourir de misère?

A son arrivée à Paris, il se présenta de lui-même, avec quelque assurance, dans trois ou quatre maisons. Voici à ce sujet ce que nous disait encore il y a peu de jours un de ceux qui l'ont accueilli dans ses premières illusions et assisté dans ses dernières angoisses:

— C'était en octobre 1827, un matin qu'il faisait déjà froid, je déjeunais, la porte s'ouvre, un jeune homme entre.

Un grand jeune homme un peu courbé, l'œil brillant, les cheveux noirs, les pommettes rouges, une redingote blanche assez neuve, un vieux chapeau. Je me lève, et je le fais asseoir. Il balbutie une phrase embarrassée d'où je ne vis saillir distinctement que trois mots : *Ymbert Galloix, Genève, Paris.* Je compris que c'était son nom, le lieu où il avait été enfant, et le lieu où il voulait être homme. Il me parla poésie. Il avait un rouleau de papier sous le bras. Je l'accueillis bien. Je remarquai seulement qu'il cachait ses pieds sous sa chaise avec un air gauche et presque honteux. Il toussait un peu. Le lendemain, il pleuvait à verse, le jeune homme revint. Il resta trois heures. Il était d'une belle humeur et tout rayonnant. Il me parla des poëtes anglais sur lesquels je suis peu lettré, Shakspeare et Byron exceptés. Il toussait beaucoup. Il cachait toujours ses pieds sous sa chaise. Au bout de trois heures, je m'aperçus qu'il avait des souliers percés et qui prenaient l'eau. Je n'osai lui en rien dire. Il s'en alla sans m'avoir parlé d'autre chose que des poëtes anglais. —

Il se présenta à peu près de cette façon partout où il alla, c'est-à-dire chez trois ou quatre hommes spécialement voués aux études d'art et de poésie. Il fut bien reçu partout, toujours encouragé, souvent aidé. Cela ne l'a pas empêché de mourir de misère, à la lettre, comme il a été dit plus haut.

Ce qui le caractérisait dans les premiers mois de son séjour à Paris, c'était une ardente et fiévreuse curiosité. Il voulait voir Paris, entendre Paris, respirer Paris, toucher Paris. Non le Paris qui parle politique et lit le *Constitutionnel* et monte la garde à la mairie; non le Paris que viennent admirer les provinciaux désœuvrés, le Paris monument, le Paris Saint-Sulpice, le Paris-Panthéon; pas même le Paris des bibliothèques et des musées. Non, ce qui l'occupait avant tout, ce qui éveillait sans relâche sa curiosité, ce qu'il examinait, ce qu'il questionnait sans cesse, c'est la pensée de Paris, c'est la mission littéraire de Paris, c'est la mission civilisatrice de Paris, c'est le progrès que contient Paris. C'est surtout sous le point de vue des développements nouveaux de l'art que ce jeune homme étudiait Paris. Partout où il entendait résonner une enclume littéraire, il arrivait. Il y mettait ses idées, il les laissait marteler à plaisir par la discussion, et souvent, à force de les reforger ainsi sans cesse, il les déformait. Ymbert Galloix est un des plus frappants exemples du péril de la controverse pour les esprits de second ordre. Quand il est mort, il n'avait plus une seule idée droite dans le cerveau.

Ce qui le caractérisa dans les derniers mois de son séjour, qui furent les derniers mois de sa vie, c'est un profond découragement. Il ne voulait plus rien voir, plus rien entendre, plus rien dire. En quelques mois, par une transition dont nous laissons le lecteur rêver les nuances, le pauvre jeune homme était arrivé de la curiosité au dégoût. Ici, il se présente plusieurs questions que nous posons sans les résoudre. De quel côté ses illusions étaient-elles ruinées? Etait-ce à l'intérieur ou à l'extérieur? Avait-il cessé de croire en lui ou au monde? Paris, après examen, lui avait-il semblé chose trop grande ou chose trop petite? S'était-il jugé trop faible ou trop fort pour prendre joyeusement de l'ouvrage dans cet immense atelier de civilisation? La mesure idéale de lui-même qu'il portait en lui s'était-elle trouvée trop courte ou trop haute quand il l'avait superposée aux réalités d'une existence à faire et d'une carrière à parcourir? En un mot, la cause de l'inaction volontaire qui hâta sa mort, était-ce effroi ou dédain? Nous ne savons. Ce qu'il y a de certain, c'est qu'après avoir bien regardé Paris, il croisa tristement les bras et refusa de rien faire. Etait-ce paresse? était-ce fatigue? était-ce stupeur? Selon nous, c'était les trois choses à la fois. Il n'avait trouvé, ni dans Paris ni en lui-même, ce qu'il cherchait. La ville qu'il avait cru voir dans Paris n'existait pas. L'homme qu'il avait cru voir en lui ne se réalisait pas. Son double rêve évanoui, il se laissa mourir.

Nous disons qu'il se laissa mourir. C'est qu'en effet, au physique comme au moral, sa mort fut une espèce de suicide. On nous permettra de ne pas éclairer davantage un des côtés de notre pensée. Le fait est qu'il refusa de travailler. On lui avait trouvé des besognes à faire (misérables besognes, il est vrai, où s'usent tant de jeunes gens capables peut-être de grandes choses), des dictionnaires, des compilations, des biographies de contemporains à vingt francs la colonne. Il essaya pendant un temps d'écrire quelques lignes pour ces divers labeurs. Puis le cœur lui manqua; il refusa tout. Il fut invinciblement pris d'oisiveté comme un voyageur est pris de sommeil dans la neige. Une maladie lente qu'il avait depuis l'enfance s'aggrava. La fièvre survint. Il traîna deux ou trois mois et mourut. Il avait vingt-deux ans.

A proprement parler, le pays de son choix, ce n'était pas la France, c'était l'Angleterre. Son rêve, ce n'était pas Paris, c'était Londres. On le va voir dans les lignes qu'il a laissées. Vers les derniers temps de sa vie, quand la souffrance commençait à déranger sa raison, quand ses idées à demi éteintes ne jetaient plus que quelques lueurs dans son cerveau épuisé, il disait, bizarre chimère, que la principale condition pour être heureux, c'était d'être *né Anglais*. Il voulait aller en Angleterre pour y devenir lord, grand poëte, et y faire fortune. Il apprenait l'anglais ardemment. C'était le seul travail auquel il fût resté fidèle. Le jour de sa mort, sachant qu'il allait mourir, il avait une grammaire sur son lit, et il étudiait l'anglais. Qu'en voulait-il faire?

Ymbert Galloix est mort triste, anéanti, désespéré, sans

une seule vision de gloire à son chevet. Il avait enfoui quelques colonnes de prose fort vulgaire, disait-il, dans le recoin le plus obscur d'une de ces tours de Babel littéraires que la librairie appelle *Dictionnaires biographiques*. Il espérait bien que personne ne viendrait jamais déterrer cette prose de là. Quant aux rares essais de poésie qu'il avait tentés, sur les derniers temps, découragé comme il l'était, il en parlait d'un ton morose et fort sévèrement. Sa poésie, en effet, ne se produisait jamais guère qu'à l'état d'ébauche. Dans l'ode, son vers était trop haletant et avait trop courte haleine pour courir fermement jusqu'au bout de la strophe. Sa pensée, toujours déchirée par de laborieux enfantements, n'emplissait qu'à grand'peine les sinuosités du rhythme et y laissait souvent des lacunes partout. Il avait des curiosités de rime et de forme qui peuvent être dans des talents complets une qualité de plus, précieuse sans doute, mais secondaire après tout et qui ne supplée à aucune qualité essentielle. Qu'un vers ait une bonne forme, cela n'est pas tout ; il faut absolument, pour qu'il ait parfum, couleur et saveur, qu'il contienne une idée, une image ou un sentiment. L'abeille construit artistement les six pans de son alvéole de cire, et puis elle l'emplit de miel. L'alvéole, c'est le vers ; le miel, c'est la poésie.

Galloix était plus à l'aise dans l'élégie. Là, sa poésie était parfois aussi palpitante que son cœur. Mais là aussi la faculté d'exprimer tout lui manquait souvent. En général, son cerveau résistait à la production littéraire proprement dite. Quelquefois, à force de souffrir, le poëte devenait un homme, son élégie devenait une confidence, son chant devenait un cri, alors c'était beau.

Comme il croyait peu à la valeur essentielle et durable de sa prose ou de ses vers, comme il n'avait eu le temps de réaliser aucun de ses rêves d'artiste, il est mort avec la conviction désolante que rien de lui ne resterait après lui.

Il se trompait.

Il restera de lui une lettre.

Une lettre admirable, selon nous, une lettre éloquente, profonde, maladive, fébrile, douloureuse, folle, unique; une lettre qui raconte toute une âme, toute une vie, toute une mort; une lettre étrange, vraie lettre de poëte, pleine de vision et de vérité.

Cette lettre, l'ami auquel Ymbert Galloix l'adressait a bien voulu nous la confier. La voici. Elle fera mieux connaître Ymbert Galloix que tout ce que nous pourrions dire. Nous la publions telle qu'elle est, avec les répétitions, les néologismes, les fautes de français (il y en a), et tous ces embarras d'expression propres au style genevois. Les deux ou trois suppressions qu'on y remarquera étaient imposées à celui qui écrit ceci par des convenances rigoureuses qui seraient approuvées de tout le monde. On a tâché que cette publication, toute dans l'intérêt de l'art, fût aussi impersonnelle que possible. Ainsi, les noms propres qui sont écrits en toutes lettres dans l'original ne sont ici désignés que par des initiales, afin de ménager les vanités et surtout les modesties.

Cela posé, nous devons redire que l'essence même de la lettre est religieusement respectée. Pas un mot n'a été changé, pas un détail n'a été déformé. Nous croyons qu'on lira avec le même intérêt que nous cette confession mystérieuse d'une âme qui ressemble fort peu aux autres âmes, et qui nous peint presque tous cependant. Voilà, à notre sens, ce qui caractérise cette singulière lettre. C'est une exception, et c'est tout le monde.

Paris, 11 décembre 1827.

Mon pauvre D...,

Il y a bien des jours que je me propose de vous écrire. Mais la douleur, la maladie que vous me connaissez, les distances de Paris qui mangent la moitié des journées, tout m'en a empêché. Oh! que je souffre, et que j'ai souffert! Il m'est impossible de songer à mettre de l'ordre dans ma lettre, à vous dépeindre même l'état de mon âme, à matérialiser par des mots glacés ces navrantes et perpétuellement successives impressions, sensations, terreurs, abîmes de mélancolie, de désespoir, etc. Nous sommes aujourd'hui le 11 décembre. Il est trois heures. J'ai marché, j'ai lu, le ciel est beau, et je souffre horriblement. Arrivé ici le 27 octobre, voici donc un mois que je languis et végète sans espoir. J'ai eu des heures, des journées entières où mon désespoir approchait de la folie. Fatigué, crispé physiquement et moralement, crispé à l'âme, j'errais sans cesse dans ces rues boueuses et enfumées, inconnu, solitaire au milieu d'une immense foule d'êtres les uns pour les autres inconnus aussi.

Un soir, je m'appuyai contre les murs d'un pont sur la Seine. Des milliers de lumières se prolongeaient à l'infini, le fleuve coulait. J'étais si fatigué que je ne pouvais plus marcher, et là, regardé par quelques passants comme un fou probablement, là, je souffrais tellement que je ne pouvais pleurer. Vous me plaisantiez quelquefois à Genève sur mes sensations. Eh bien, ici, je les dévore solitaire. Elles me tourmentent, m'agitent sans cesse, et tout se réunit pour me déchirer l'âme, ce sentiment immense et continuel du néant de nos vanités, de nos joies, de nos douleurs, de nos pensées; l'incertitude de ma situation, la peur de la misère, ma maladie nerveuse, mon obscurité, l'inutilité des démarches, l'isolement, l'indifférence, l'égoïsme, la solitude du cœur, le besoin du ciel, des champs, des montagnes, les pensées philosophiques mêmes, et par-dessus tout cela, oh! oui, par-dessus tout cela, les regrets *lacérants* (1) du pays de ses aïeux. Il est des moments où je rêve à tout ce que j'aimais, où je me promène encore sur Saint-Antoine, où je me rappelle toutes mes douleurs de Genève, et les joies que j'y ai connues, bien rarement il est vrai.

Il est des moments où les traits de mes amis, de mes parents, un lieu consacré par un souvenir, un arbre, un rocher, un coin de rue sont là devant mes yeux, et les cris d'un porteur d'eau de Paris me réveillent. Oh! que je souffre alors! Souvent, rentré dans ma chambre solitaire, harassé de corps et d'esprit, là, je m'assieds, je rêve, mais d'une rêverie amère, sombre, délirante. Tout me rappelle ces pauvres parents que je n'ai pas rendus heureux; les soins de blanchisseuse, etc., etc., tout cela m'étouffe. Les heures des repas changées! Oh! que je regrette et ma chambre de Genève où j'ai tant souffert, et la classe, et mon oncle, et votre coin de feu, et les visages connus, et les rues accoutumées. Souvent un rien, la vue de l'objet le plus trivial, d'un bas, d'une jarretière, tout cela me rend le passé vivant, et m'accable de toute la douleur du présent. Misère de l'homme qui regrette ce qu'il maudirait bientôt quand il le retrouverait! Je ne puis même jouir de ma douleur, l'esprit d'analyse est toujours là qui désenchante tout.

Ennui d'une âme flétrie à vingt et un ans, doutes arides, vagues regrets d'un bonheur entrevu plus vaguement encore comme ces gloires du couchant sur la cime de nos

---

(1) Le mot est souligné dans la lettre que nous avons sous les yeux.

montagnes, douleurs positives, douleurs idéales, persuasion du malheur enracinée dans l'âme, certitude que la fortune, quoique un grand bien, ne nous rendrait pas parfaitement heureux : voilà ce qui tourmente ma pauvre âme. Oh! mon unique ami! qu'ils sont malheureux ceux qui sont nés malheureux !

Et quelquefois pourtant, il semble qu'une musique aérienne résonne à mes oreilles, qu'une harmonie mélancolique et étrangère au tourbillon des hommes vibre de sphère en sphère jusqu'à moi ; il semble qu'une possibilité de douleurs tranquilles et majestueuses s'offre à l'horizon de ma pensée comme les fleuves des pays lointains à l'horizon de l'imagination. Mais tout s'évanouit par un cruel retour sur la vie positive, tout!

Que de fois j'ai dit avec Rousseau : O ville de boue et de fumée! Que cette âme tendre a dû souffrir ici! Isolé, errant, tourmenté comme moi, mais moins malheureux de soixante ans d'un siècle sérieux et de grands événements, il gémirait à Paris ; j'y gémis, d'autres y viendront gémir. O néant, ô néant !

J'ai pourtant eu deux ou trois moments d'extase. Un jour, à l'Opéra, la musique enchantée du *Siége de Corinthe* m'avait fait oublier mes peines. Vous savez combien j'aime l'élégance, la somptuosité, les titres, tout enfin, tout ce qui nous place dans un monde aussi beau que possible ici-bas, du moins à l'extérieur. Eh bien, ces impressions que m'apportaient à Genève tant de physionomies étrangères et distinguées, tant de belles âmes, de grands personnages, tant de livrées, d'équipages enfin, ce spectacle ravissant des pompes de la civilisation au milieu des pompes de la nature, spectacle qui fait de Genève une ville peut-être unique en Europe relativement à sa grandeur, ces impressions, je ne les ai retrouvées à Paris qu'à l'Opéra, et en relisant avec passion la vie d'Alfiéri, écrite par lui-même, que je n'avais pas lue depuis quatre ans. Que de choses pour moi et pour chaque âme dans ces quatre ans ! J'étais donc à l'Opéra. Les prestiges de la musique, la magnificence du théâtre, les toilettes et les physionomies qui garnissaient les loges, je respirais tout cela, je me croyais prince, riche, honoré ; les portiques d'un monde qui n'est beau pour moi que parce que je l'ignore, se dessinaient à ma vue entourés d'une auréole d'élégance et de recherche. J'avais oublié ma situation, ou plutôt je cherchais à me convaincre qu'elle allait cesser. Quoique entouré des simples mises du parterre, c'était bien aux loges que j'étais. Je ne voyais qu'au-dessus de moi. J'étais plongé dans un océan d'illusions, d'espérances démesurées, d'harmonie, de splendeurs, de vanités, etc. Cet état dura une demi-heure. Oh ! qu'ils furent tristes les moments qui suivirent, qu'ils furent amers ! Il en est de même de la vie errante de ce riche, noble et malheureux Alfiéri. On n'y voit que des ambassadeurs nobles, des voyages en poste continuels, des valets de chambre, etc. Oh ! qu'il fait bon être malheureux avec trente mille francs de rente ! Non, non ; excusez cette phrase. Vous savez combien je sais dépouiller le malheur de son entourage positif, et le contempler dans son affreuse nudité, qui est la même pour toutes les conditions lorsqu'on a dans l'âme quelque chose qui bat plus fortement pour nous que pour la foule. Les sensations m'accablent. Je quitte la plume ; je vais rêver. Riez, car là vous me reconnaissez tout entier, n'est-ce pas ?

Je reprends la plume aujourd'hui 27 décembre. Je souffre, et toujours. J'ai eu des moments horribles ; mais je ne veux pas vous lasser encore de mes plaintes. Il est minuit et quelques minutes. Nous sommes donc le 28. Qu'importe ? Quelques voitures roulent encore de loin en loin ; mais on est sorti de l'Odéon. La tristesse, l'hiver, la solitude et la nuit règnent. Je veille au coin d'un feu au quatrième étage de la rue des Fossés-Saint-Germain-des-Prés. Ma chambre, assez élégante, est seule, et je suis face à face avec ma tristesse et mon ennui. Croiriez-vous que je n'aime plus les femmes ? Pas le moindre désir physique. Il faut que la douleur m'absorbe entièrement. Mais je me laisserais facilement aller à de nouvelles rêveries. Venons au fait. Depuis longtemps je suis très-lié avec ***. . . . .

Je suis encore lié intimement avec Ch. N. Celui-là est encore plus expansif que*** ; il vous plairait davantage, surtout les premières fois. N — a souvent les larmes sur le bord des paupières, tout en vous parlant. Il a ce que vous nommez de l'*humectant* dans toute sa personne. Il me témoigne une affection toute paternelle. On pourrait lui reprocher peut-être d'avoir trop d'indulgence pour les médiocrités, mais cela tient à sa grande bonté. *** tomberait dans l'excès contraire ; il ne verrait pas avec plaisir, je crois, un homme qu'il jugerait ordinaire. Vous me direz qu'il y a de l'amour-propre là ; mais si j'étais obligé de me gêner avec vous, autant vaudrait ne pas vous écrire.

Je passe tous les dimanches soirs chez N —. Là se réunissent plusieurs hommes de lettres. J'y ai vu madame T—, j'y ai causé avec E—D—, P—, le baron T—, M. de C—, savant célèbre, qui s'intéresse beaucoup à moi ; M. de R, — antiquaire et historien. Enfin M. J.—, que j'ai connu là, est un ami que j'espère avoir acquis. Il est colossal par la pensée. S'il avait un peu plus de poésie dans l'âme, je n'hésiterais pas à le regarder comme un homme étonnant. Vous avez lu ses articles sur Walter Scott et d'autres. Ce n'est pas un médiocre dédommagement à ma douleur que d'être apprécié par un tel homme, d'autant plus qu'il est froid, sec, au premier abord, et

surtout désespérant pour les médiocrités qu'il méprise, lors même qu'il les voit célèbres. M. J—ressemble à L—, il est beau de visage. Dessous sa sécheresse, il y a aussi beaucoup d'humectant, et dans tout lui, dans son accent, dans ses manières, une couleur montagnarde et anglaise. Il est né dans le Jura. Il a été souvent à Genève. Nous sympathisons par la pensée, par les inductions, et par la difficulté de rendre ce que nous éprouvons. . . . .
. . . .
. . . .

Je reviens à N—. Pour en finir sur lui, il a l'air et les goûts d'un gentilhomme de campagne. Je lui ai prêté vos poésies; il en est enchanté. P. L—va publier ses *Voyages en Grèce*, en vers. Je lui en ai entendu lire un fragment, c'est ravissant, c'est poétique comme Byron; mais il n'y a ni cette pensée féconde, ni ce génie vaste et souffrant qui nous prennent à la gorge dans le barde anglais et dans son rival de Florence. M. L— ressemble à Gœthe (vous reconnaissez là ma manie de ressemblance). Il lit ses vers d'une manière tout à fait particulière et pleine de charme; il est simple, tranquille, réservé; il a quelque chose de protestant dans sa personne. Il a beaucoup voyagé. Il a un recueil de poésies en portefeuille; mais il a de la répugnance à les publier toutes, parce qu'il les trouve trop individuelles. Il a beaucoup goûté *ma vie*. Je vous dis en passant que*** et N—font de mes poésies plus de cas peut-être qu'elles ne méritent. J'en ai plusieurs nouvelles, faites soit à Genève, soit ici. Je suis très-lié avec de B—, le fils du poëte, homme d'un esprit élevé. F— fait jouer son P—dans un mois. C'est un drame tout à fait romantique. F—a été au Cap et à la Martinique; du reste, c'est un homme d'un ton de cabaret. Il a un poëme en portefeuille. On ne peut lui refuser un talent frais et gracieux; mais il ne faut pas le connaître pour aimer ses poésies. Quel désenchantement! Je me rappelle que son *Pêcheur*, avant que Verre allât en Russie, nous émut jusqu'aux larmes ; et je prêtais à l'auteur quelque chose d'idéal, n'ayant jamais vu ce nom, et le lisant au bas d'un morceau tout rêveur, tout maritime ; j'en faisais un jeune ondin, etc. ; et c'est un mélange de commun et de soldat. V— (que j'ai vu une heure chez*") est un homme de sept pieds. Quand il parle à un honnête homme, son estomac dessine une arcade et ses genoux un triangle. S'il est assis, il se divise en deux pièces qui forment l'angle aigu. Ajoutez qu'il ne dit pas six mots sans un *comme ça*, qu'il est homme de bon ton de l'ancien régime, et maigre comme un lézard. Il fait peur à contempler. Vous savez qu'il a fait la charmante bluette intitulée *Sainte-P* —. Il connaît L—. A—, l'historien duelliste, a l'air d'un boucher civilisé. Quelque chose d'âpre, et pourtant d'imposant, le caractérise. Il ne me reste pas de place pour vous parler d'Al—, des V— père et fils, de D— et M—, rédacteurs du *G*—, et de plusieurs autres littérateurs que je connais. Un mot sur S—: c'est un homme qui me paraît tenir du charlatan, de l'illuminé, du Durand, du Swedenborg, et aussi du vrai poëte. Il a un talent descriptif remarquable. Je n'ai eu qu'une entrevue avec lui ; j'en ai assez. Il est vrai que le tête-à-tête a duré trois heures. Mais il y a trop de crème fouettée dans ce cerveau-là pour que je m'amuse à la faire mousser encore davantage. Je dois être présenté à Benjamin Constant par C—, bon garçon (le rédacteur de la *Rev—Prot*—). Je m'attendais à trouver en C— un grave pasteur, et c'est un étourdi que j'ai trouvé ; mais du moins un étourdi d'esprit et de mérite, quoique sans génie. J'aurais encore mille choses intéressantes à vous dire, mais il faut clore ma lettre.

Vos *Mélodies* ont paru. Jolie édition. Je les ai lues et relues avec charme. Elles ont eu un article dans la *R.*

J'en fais un pour le *F.*; je les ai recommandées au *G.* On en parlera dans la *N.* Mais il faudrait pour le succès des prôneurs que vous n'avez pas. Il s'en vendra peu, je le crains. La poésie est dans un discrédit si complet qu'il faut être sur les lieux pour en avoir une idée. C'est cent fois pis qu'à Genève, personne ne lit de vers. On en achète encore moins. L., D. et *** font seuls exception à la règle. D'ailleurs, tout le monde fait bien les vers à Paris. On en lit tant de manuscrits, qu'un auteur étranger, qui n'a d'autre protection que son talent, ne peut percer que par un heureux hasard. Votre éloignement de Paris est nuisible aussi au succès de votre livre; mais il est favorable à votre bonheur. La grande Babylone vous saturerait de dégoût, de boue, de fatigue et de tristesse. J'ignore l'état de votre âme à Florence; mais à coup sûr il serait pire à Paris : sans parler de l'extrême difficulté d'y vivre. Jusqu'à présent, je ne gagne rien ; et j'ai pourtant de vrais amis qui font leurs efforts pour me trouver quelque chose. On m'a écrit que vous étiez lié avec L —. Décrivez-le-moi de la cravate à la pantoufle. Est-ce bien ce que j'ai rêvé, un lord Byron français, de l'insouciance, de la vanité, de l'affectation, du malheur, une pensée dévorante, du génie à flots, du bon ton, de l'élégance, enfin une atmosphère poétique étrangère qui n'a rien de commun avec la sale atmosphère de nos hommes de lettres parisiens? L — n'est-il pas cet idéal de mon âme, où j'aime à retrouver jusqu'à ces petits défauts de vanité, de puérile affectation, qu'anciennement vous détestiez, et que vous avez finalement découverts en vous, comme on les découvrira toujours chez la plupart des poëtes qui auront l'esprit d'analyse et la bonne foi de l'homme supérieur? Il est une heure et demie, j'interromps ma lettre. Je compte vous mettre encore quelques mots derrière la copie de deux élégies que vous trouverez ci-incluses.

. . . .
. . . .

Mon ami, je continue ma lettre bien après l'avoir commencée et reprise. Il est huit heures du soir, et nous sommes le 31 mars. Je suis fou de douleur, mon désespoir surpasse mes forces. J'ai souffert aujourd'hui ce qu'il est à peine possible à un homme de se figurer. Enfin, un accès de fièvre m'a pris ce soir, c'était l'excès de la peine morale. Ecoutez. Si du moins je pouvais me persuader qu'un jour je serai heureux! mais l'avenir rembrunit encore le présent. Vous me connaissez; vous savez les bizarreries de mon caractère. J'ai fait une découverte en moi, c'est que je ne suis réellement point malheureux pour telle ou telle chose, mais j'ai en moi une douleur permanente qui prend différentes formes. Vous savez pour combien de choses jusqu'ici j'ai été malheureux, ou plutôt sous combien de formes le foie, la bile, ou enfin le principe qui me tourmente s'est reproduit. Tantôt, vous le savez, c'était de n'être pas né Anglais qui m'affligeait; tantôt de n'être pas propre aux sciences; plus habituellement encore de n'être pas riche, de lutter avec la misère et les préjugés, d'être inconnu. Vous savez encore que depuis Genève il me semblait que si jamais je parvenais à percer à Paris je serais enfin heureux. Eh bien, mon ami, je suis lié avec presque tous les littérateurs les plus distingués. Quelques-uns, tels que***, C. N—, etc., sont d'illustres amis avec qui je suis presque aussi familier qu'avec vous. Eh bien, ma vanité est satisfaite; souvent dans les salons j'ai des moments de satisfaction mondaine; enfin quelquefois je suis enivré de ces petits triomphes d'une soirée, d'un instant; et avec cela, le fond, la presque totalité de ma vie, c'est je ne dirais pas le malheur, mais un chancre aride; un plomb liquide me coule dans les veines; si l'on voyait mon âme, je ferais pitié; j'ai peur de devenir fou. Depuis que je suis ici, ma douleur a pris cinq à six formes; d'abord ç'a été le regret de ma patrie, et mon incertitude de l'avenir; ensuite le sentiment de mon isolement, de mon *néant*; puis un vide occupé par cet affreux tumulte de sensations dont je vous ai tant parlé; enfin, depuis deux mois, toutes mes facultés de douleur se sont réunies sur un point. J'ose à peine vous le dire, tant il est fou; mais, je vous en supplie, ne voyez là dedans qu'une forme de la douleur, qu'une des apparences de l'ulcère qui me ronge : ne me jugez pas d'après les règles ordinaires, et voyez le mal et non pas son objet. Eh bien, ce point central de mes maux, c'est de n'être pas né Anglais. Ne riez pas, je vous en supplie; je souffre tant! les gens vraiment amoureux sont des monomanes comme moi, qui ont une seule idée, laquelle absorbe toutes leurs sensations. Moi, dont l'âme a été en butte si longtemps à un tumulte si varié, je suis monomane aussi maintenant.

Je lisais dernièrement *Valérie*, de madame de Krudener; je ne puis vous exprimer les sensations que j'en ai reçues. Ce livre étonnant m'avait ennuyé jadis; maintenant il m'a déchiré. C'est que Gustave est comme moi victime d'une passion dévorante, ou plutôt d'une énergie de sensations qui le dévore, et qui s'est portée sur un aliment naturel, l'amour, tandis que cette même énergie, luttant dans mon âme avec le vide, y enfante des fantômes. Je lisais ce roman, aux premiers rayons du soleil du printemps, dans les vastes et tristes allées du Luxembourg. A chaque instant, je m'arrêtais anéanti.

Maintenant, voici l'origine de ma passion pour l'Angleterre. D'abord vous savez que j'aime à revivre avec les morts, à connaître leur vie d'autrefois, à habiter avec eux, à les suivre dans les circonstances de leur existence, à me créer enfin des sympathies que pare l'illusion du temps et que la présence des individus ne puisse plus détruire. Eh bien, là; en Angleterre, j'aurais au moins cinquante poëtes d'une vie aventureuse, et dont les livres sont pleins d'imagination, de pensée, etc.; en France, je n'en ai pas trois. Outre cela, j'aurais eu une patrie dont j'aurais aimé jusqu'aux préjugés; il y a tant de poésie dans les vieilles mœurs de l'Angleterre, et tant d'imagination dans tout ce qui est de ce pays-là. D'abord, au lieu d'une littérature, il y en a quatre : l'américaine, l'anglaise, l'écossaise, l'irlandaise; et elles ont toutes avec la même langue un caractère différent. Quelles richesses littéraires! la vie du maniaque Cowper, si grand poëte, a été écrite en trois volumes in-octavo, celle de Johnson en quatre. C'est de celle-là que Walter Scott dit qu'on la trouve dans toutes les maisons de campagne, etc. Et encore, qu'au seul nom de Johnson, un Anglais a devant les yeux une individualité, un personnage qui a le privilége d'être encore vivant, agissant au physique comme au moral. Il y a trente poëtes vivants, tous originaux, tous individuels, ne marchant point sur les traces les uns des autres, et très-féconds. Que de richesses! enfin quelles aventures que celles de ce malheureux Savage, de Shelley! quel colosse qu'un Byron! que de trésors pour une âme qui aime à fuir le monde, et à chercher ses amis dans son cabinet! Quels soins ont les Anglais de leurs auteurs! ils les réimpriment sous tous les formats. Quel goût dans leurs éditions! quelle imagination dans leurs vignettes! Voyez la nation elle-même, les hommes qui ont un air ignoble sont aussi rares en Angleterre que le sont en France ceux qui ont l'air distingué! tout est *excentric* dans cette nation; j'aime jusqu'à leur originalité, leurs vêtements bizarres. Ce n'est que là que l'enthousiasme règne sous mille formes; que là, qu'à côté des idées positives les plus sévères, on trouve les billevesées les plus pittoresques. Ce pays réunit tout, le positif et l'idéal, la France et l'Allemagne. C'est le seul qui soit assez fort pour tout comprendre, assez grand pour ne rien rejeter.

Quelle individualité! on reconnaît un Anglais entre mille, un Français ressemble à tout le monde.

L'abondance des sectes religieuses en Angleterre prouve au moins de la bonne foi, des âmes qui ont besoin d'espoir, que la matière n'a pas desséchées. Les extravagances individuelles des jeunes Anglais prouvent des âmes agitées. Oh! si vous voyiez la France, que vous en seriez dégoûté! pour tout homme au monde, c'est un chagrin de se sentir déplacé. Cela vous faisait souffrir à Genève. Eh bien, je suis cruellement déplacé, moi qui ne me sens aucune sympathie avec la France, et qui m'en trouve sur tous les points avec l'Angleterre; je me trouve cruellement déplacé, au milieu d'une nation frivole, bavarde, impie, aride, et vaine et froide, quand je songe qu'il en est une religieuse ou terriblement sceptique, mais au moins pas indifférente; une où l'on trouve des amis fidèles, des âmes exaltées, et où la frivolité même, extravagante et bizarre, n'a pas ce ton railleur et fadement insipide qu'elle a en France. Chez le restaurateur où je dîne, il y a des Français et des Anglais. Quelle différence! Presque tous les Français y sont gascons, braillards et communs; tous les Anglais, nobles et décents. Enfin, mon ami, je sens qu'un amant peut entretenir un ami de son amour, parce que cette passion trouve un écho dans toutes les âmes, il n'y a rien là de ridicule; mais tel est le surcroît de mes douleurs, que je n'ose les confier, parce qu'elles sont trop individuelles, et doivent paraître trop ridicules à qui ne les a pas naturellement éprouvées. Et cependant (je vous en conjure, soyez assez exempt de préjugés pour me croire) cette folie me fait souffrir des douleurs *épouvantables*. Tout la réveille, la vue d'un Anglais, d'un livre anglais en vente chez Baudry, les moqueries mêmes dont ils sont l'objet, tout cela me dévore ; ce sont autant de coups de poignard qui ravivent ma douleur, comme, sans doute, tout ce qui rappelle une maîtresse morte à un amant passionné. Enfin, ma manie me dégoûte même de la gloire. Je voudrais être célèbre en Angleterre, et, par conséquent, écrire en anglais. D'ailleurs, mes douleurs m'agitent trop pour que je puisse écrire autre chose, et ne sont malheureusement pas des sujets poétiques. Je sais que, si (supposition absurde, comme toutes les suppositions) j'étais Anglais, je ne souffrirais pas moins avec mon tempérament maladif, mais cela me fait un effet tout différent. C'est ma raison seule qui me donne cette persuasion ; car, si je n'écoutais que la sensation, il me semble que, né Anglais, je pourrais supporter tous mes maux. Je me représente ce que je suis d'organisation et d'âme ; mais né lord anglais et riche. Tous mes goûts, toutes mes vanités, tout serait satisfait ! Lorsque je compare ce sort au mien, je deviens presque fou.

Une réflexion pourtant m'est souvent venue ; mais que peuvent les réflexions contre les passions ? C'est celle-ci : si je n'étais pas exactement ce que je suis, je n'existerais pas ; ce serait un autre que moi ; mon moi homogène, identique et individuel serait détruit ; j'aurais d'autres idées ! Nul ne voudrait se changer contre un autre, et nul n'est content de ce qu'il est. Quelle contradiction ! Acceptons-nous ce que nous sommes. Je souffre tant qu'il me semble que je changerais volontiers, degré de douleur où je n'étais pas arrivé jusqu'ici. Dans le fait, accepter le sort d'un autre, si c'était possible, ce serait mourir. La mort n'est que la destruction du moi. Mais que fais-je ? quelle irrésistible manie m'entraine ? Ah ! mon ami, plus je sonde notre nature et plus je me persuade que, pièces nécessaires d'un ensemble que nous ne voyons pas, nous jouons un rôle qui nous sera révélé un jour. Si l'on me demandait : Croyez-vous à l'existence de Dieu, à l'immortalité de l'âme ? Je dirais : Absurdes questions ! Dieu est parce qu'il est nécessaire ; et je crois que nous sommes ici-bas dans un état faux, transitoire, intermédiaire. Avons-nous existé ailleurs ? devons-nous revivre ? Comment, avec nos langues bornées et nos idées tourmentées, aborder le grand inconnu ? Oh ! Dieu ! Dieu ! je le vois partout. Ce désir ardent de le connaître et de deviner notre nature, ces pressentiments de l'infini et ce mur d'airain, ce mur de l'impossible, du défendu, contre lequel viennent se briser non-seulement nos systèmes, mais jusqu'à nos élancements d'idées, tout cela me prouve un *être*. Non, la terre n'aurait pas, avec de la boue, produit des êtres si complexes et si bizarres. Ensuite, aller plus loin me paraît impossible. J'espère et je me tais. Je sais seulement qu'ici-bas je me débats sous la douleur comme un torturé. Ces douleurs seront-elles compensées en ce monde ou ailleurs ? Je n'en sais rien.

Mes maux ont été si vifs aujourd'hui que ce qui m'effraye le plus ordinairement je le regardais presque sans peur. A force de souffrir, la gloire, le bonheur, l'avenir, tout me semblait impossible, indifférent. Oh ! si vous saviez les suggestions infernales qui se mêlent à tout cela. Les idées affreuses qui me passent par la tête, les tourments de doute ! Malheureux ! je sais que je le suis. C'est là tout. — Ce qui me tourmente le plus, c'est que je vois des hommes que leur caractère pousse au bonheur. Je me dis alors : Si tous souffraient, une compensation générale, un paradis après la vie, me semblerait de rigueur. Mais il en est, quoi qu'on en dise, il en est d'heureux (par le caractère). Ceux-là souvent s'embarrassent peu de l'avenir, ils vivent imprévoyants et satisfaits ; ici-bas tout est pour eux. Le malheur ne serait-il donc qu'une cruelle maladie? les malheureux, des pestiférés atteints d'une plaie incurable que leur organisation fait souffrir comme celle des heureux les fait jouir? Avec tout cela, j'espère, et j'avoue que Dieu me paraît tellement mêlé à toutes les choses d'ici-bas, qu'au résumé je me confie en lui. Courbons la tête, ami. Que sert de se rebiffer contre l'impossible? Souvent j'anatomise mes douleurs, je les contemple froidement. L'idée qui prédomine chez moi, c'est que je n'y peux rien.

Depuis deux mois j'ai repris l'étude de l'anglais avec une telle énergie, que je lis facilement la poésie. *Rasselas* que je lis dans ce moment. Voilà un livre prodigieux. Mon idée est d'aller en Angleterre, et, après quelques années, d'écrire en anglais. J. L. —, avec lequel je suis très-lié, me prête les poëtes lakistes modernes de l'Angleterre; ils sont ravissants. J'ai changé votre Gérando contre un Byron en un volume. J'en ai lu un petit poëme, le *Rêve*, qui m'a fait une impression foudroyante. Une dame anglaise, qui me donne des leçons, m'a dit qu'au bout de deux ans de séjour en Angleterre j'écrirai très-bien en anglais, parce que, dit-elle, j'écris déjà comme très-peu de Français. En effet, j'ai traduit du L — presque sans faute. Il est vrai que je travaille à l'anglais la moitié du jour.

Mes manies sont toujours cruelles. Quel ennui! enfin, partout où je tourne les yeux, je vois des douleurs. Mes moyens d'existence sont encore un tourment. Je travaille maintenant à une biographie; mais j'ai besoin d'argent : je suis même dans un grand embarras.

Y. G.

Quand on songe que l'homme qui a écrit ceci est mort là-dessus, des réflexions de toutes sortes débordent autour de chacune des lignes de cette longue lettre.

Quel roman, quelle histoire, quelle biographie que cette lettre! Certes, ce n'est pas nous qui répéterons les banalités convenues, ce n'est pas nous qui exigerons que toutes les souffrances peintes par l'artiste soient constamment éprouvées par l'artiste, ce n'est pas nous qui trouverons mauvais que Byron pleure dans une élégie et rie à son billard, ce n'est pas nous qui poserons des limites à la création littéraire et qui blâmerons le poëte de se donner artificiellement telle ou telle douleur pour l'analyser dans ses convulsions comme le médecin s'inocule telle ou telle fièvre pour l'épier dans ses paroxysmes. Nous reconnaissons plus que personne tout ce qu'il y a de réel, de vrai, de beau et de profond dans certaines études psychologiques faites sur des souffrances d'exception et sur des états singuliers du cœur par d'éminents poëtes contemporains qui n'en sont pas morts. Mais nous ne pouvons nous empêcher d'observer que ce qu'il y a de particulièrement poignant dans la lettre que nous venons de citer, c'est que celui qui l'a écrite en est mort. Ce n'est pas un homme qui dit : Je souffre, c'est un homme qui souffre; ce n'est pas un homme qui dit : Je meurs, c'est un homme qui meurt. Ce n'est pas l'anatomie étudiée sur la cire, ni même sur la chair morte, c'est l'anatomie étudiée nerf à nerf, fibre à fibre, veine à veine, sur la chair qui vit, sur la chair qui saigne, sur la chair qui hurle. Vous voyez la plaie, vous entendez le cri. Cette lettre, ce n'est pas chose littéraire, chose philosophique, chose poétique, œuvre de profond artiste, fantaisie du génie, vision d'Hoffmann, cauchemar de Jean-Paul, non, c'est une chose réelle, c'est un homme dans un bouge qui écrit. Le voilà avec sa table chargée de livres anglais, avec sa plume, avec son encre, avec son papier, pressant les lignes sur les lignes, souffrant et disant qu'il souffre, pleurant et disant qu'il pleure, cherchant la date au calendrier, l'heure à l'horloge, quittant sa lettre, la reprenant, la quittant, allumant sa chandelle pour la continuer, puis il va dîner à vingt sous, il rentre, il a froid, il se remet à écrire, parfois même sans trop savoir ce qu'il écrit; car son cerveau est tellement secoué par la douleur, qu'il laisse ses idées tomber pêle-mêle sur le papier et s'éparpiller et courir en désordre, comme un arbre ses feuilles dans un grand vent.

Et s'il était permis de remarquer dans quel style un homme agonise, il y aurait plus d'une observation à faire sur le style de cette lettre. En général, les lettres qu'on publie tous les jours, lettres de grands hommes et de gens célèbres, manquent de naïveté, d'insouciance et de simplicité. On sent toujours, en les lisant, qu'elles ont été écrites pour être imprimées un jour. M. Paul-Louis Courier faisait jusqu'à dix-sept brouillons d'un billet de quinze lignes. Chose étrange, certes, et que nous n'avons jamais pu comprendre! Mais la lettre d'Ymbert Galloix, c'est bien, selon nous, une vraie lettre, bien écrite comme doit être écrite une lettre, bien flottante, bien décousue, bien lâchée, bien ignorante de la publicité qu'elle peut avoir un jour, bien certaine d'être perdue. C'est l'idée qui se fait jour comme elle peut, qui vient à vous toute naïve dans l'état où elle se trouve, et qui pose le pied au hasard dans la phrase sans craindre d'en déranger le pli. Quelquefois ce que celui qui l'a écrite voulait dire s'en va dans un *et cætera*, et vous laisse rêver. C'est un homme qui souffre et qui le dit à un autre homme. Voilà tout. Remarquez ceci, *à un autre homme*, pas à vingt, pas à dix, pas à deux, car, au lieu d'un ami, s'il avait deux auditeurs seulement, ce poëte, ce qu'il fait là, ce serait une élégie, ce serait un chapitre, ce ne serait plus une lettre. Adieu la nature, l'abandon, le laisser-aller, la réalité, la vérité; la prétention viendrait. Il se draperait avec son haillon. Pour écrire une lettre pareille, aussi négligée, aussi poignante, aussi belle, sans être malheureux comme l'était Ymbert Galloix, par le seul effort de la création littéraire, il faudrait du génie. Ymbert Galloix qui souffre vaut Byron.

Toutes les qualités pénétrantes, métaphysiques, intimes, ce style les a; il a aussi, ce qui est remarquable, toutes les qualités mordantes, incisives, pittoresques. La lettre contient quelques portraits. Plusieurs ont été crayonnés trop à la hâte, et l'on sent que les modèles ont à peine posé un instant devant le peintre; mais comme ceux qui sont vrais sont vrais! comme tous sont en général bien touchés et détachés sur le fond d'une manière qui n'est pas commune! métamorphose frappante, et qui prouve, pour la millième fois, qu'il n'y a que deux choses qui fassent un homme poëte, le génie ou la passion! cet homme qui n'avait pour les biographies qu'une prose assez incolore et pour ses élégies qu'une poésie assez languissante, le voilà tout à coup admirable écrivain dans une lettre. Du moment où il ne songe plus à être prosateur ni poëte, il est grand poëte et grand prosateur.

Nous le redisons, cette lettre restera. C'est l'amalgame d'idées le plus extraordinaire peut-être qu'ait encore produit dans un cerveau humain la double action combinée de la douleur physique et de la douleur morale. Pour ceux qui ont connu Galloix, c'est une autopsie effrayante, l'autopsie d'une âme. Voilà donc ce qu'il y avait au fond de cette âme. Il y avait cette lettre. Lettre fatale, convulsive, interminable, où la douleur a suinté goutte à goutte durant des semaines, durant des mois, où un homme qui saigne se regarde saigner, où un homme qui crie s'écoute crier, où il y a une larme dans chaque mot.

Quand on raconte une histoire comme celle d'Ymbert Galloix, ce n'est pas la biographie des faits qu'il faut écrire, c'est la biographie des idées. Cet homme, en effet, n'a pas agi, n'a pas aimé, n'a pas vécu; il a pensé; il n'a fait que penser, et, à force de penser, il a rêvé, et, à force de rêver, il s'est évanoui de douleur. Ymbert Galloix est un des chiffres qui serviront un jour à la solution de ce lugubre et singulier problème : — Combien la pensée qui ne peut se faire jour et qui reste emprisonnée sous le crâne met-elle de temps à ronger un cerveau? — Nous le répétons, dans une vie pareille, il n'y a pas d'événements, il n'y a que des idées. Analysez les idées, vous avez raconté l'homme. Un grand fait pourtant domine cette morne histoire : *C'est un penseur qui meurt de misère!* Voilà ce que Paris, la cité intelligente, a fait d'une intelligence. Ceci est à méditer. En général, la société a parfois d'étranges façons de traiter les poëtes. Le rôle qu'elle joue dans leur vie est tantôt passif, tantôt actif, mais toujours triste. En temps de paix, elle les laisse mourir comme Malfilâtre; en temps de révolution, elle les fait mourir comme André Chénier.

Ymbert Galloix, pour nous, n'est pas seulement Ymbert Galloix, il est un symbole. Il représente à nos yeux une notable portion de la généreuse jeunesse d'à présent. Au dedans d'elle, un génie mal compris qui la dévore; au dehors, une société mal posée qui l'étouffe. Pas d'issue pour le génie pris dans le cerveau; pas d'issue pour l'homme pris sous la société.

En général, gens qui pensent et gens qui gouvernent ne s'occupent pas assez de nos jours du sort de cette jeunesse pleine d'instincts de toutes sortes qui se précipite avec une ardeur si intelligente et une patience si résignée dans toutes les directions de l'art. Cette foule de jeunes esprits qui fermentent dans l'ombre a besoin de portes ouvertes, d'air, de jour, de travail, d'espace, d'horizon. Que de grandes choses on ferait, si l'on voulait, avec cette légion d'intelligences! que de canaux à creuser, que de chemins à frayer dans la science! que de provinces à conquérir, que de mondes à découvrir dans l'art! Mais non, toutes les carrières sont fermées ou obstruées. On laisse toutes ces activités si diverses, et qui pourraient être si utiles, s'entasser, s'engorger, s'étouffer dans des culs-de-sac. Ce pourrait être une armée, ce n'est qu'une cohue. La société est mal faite pour les nouveaux venus. Tout esprit a pourtant droit à un avenir. N'est-il pas triste de voir toutes ces jeunes intelligences en peine, l'œil fixé sur la rive lumineuse où il y a tant de choses resplendissantes, gloire, puissance, renommée, fortune, se presser, sur la rive obscure, comme les ombres de Virgile,

Palus inamabilis unda
Alligat, et novies Styx interfusa coercet.

Le Styx, pour le pauvre jeune artiste inconnu, c'est le libraire qui dit, en lui rendant son manuscrit : Faites-vous une réputation. C'est le théâtre qui dit : Faites-vous une réputation. C'est le musée qui dit : Faites-vous une réputation. Eh mais! laissez-les commencer! aidez-les. Ceux qui sont célèbres n'ont-ils pas d'abord été obscurs? Et comment se faire une réputation quel que soit leur génie, sans musée pour leur tableau, sans théâtre pour leur pièce, sans libraire pour leur livre? Pour que l'oiseau vole, des ailes ne lui suffisent pas, il lui faut de l'air.

Pour nous, nous pensons que dans l'art surtout, où un but désintéressé doit passionner tous les génies, il est du devoir de ceux qui sont arrivés d'aplanir la route à ceux qui arrivent. Vous êtes sur le plateau, tant mieux, tendez la main à ceux qui gravissent. Disons-le à l'honneur des lettres ; en général, cela a toujours été ainsi. Nous ne pouvons pas croire à l'existence réelle de ces espèces d'araignées littéraires qui tendent leur toile, dit-on, à la porte des théâtres, par exemple, et qui se jettent sans pitié sur tout pauvre jeune homme obscur qui passe là avec un manuscrit. Qu'on arrache ainsi les ailes à la mouche, la renommée, l'œuvre, et jusqu'à l'argent au malheureux poëte inconnu et impuissant; pour l'honneur de quiconque écrit, nous voulons l'ignorer, si cela est, et nous ne croyons pas que cela soit. Quant à celui qui écrit ces lignes, tout poëte qui commence lui est sacré. Si peu de place qu'il tienne personnellement en littérature, il se rangera toujours pour laisser passer le début d'un jeune homme. Qui sait si ce pauvre étudiant que vous coudoyez ne sera pas Schiller un jour? Pour nous, tout écolier qui fait des ronds et des barres sur le mur, c'est peut-être Pascal; tout enfant qui ébauche un profil sur le sable, c'est peut-être Giotto.

Et puis, dans notre opinion, les générations présentes sont appelées à de hautes destinées. Ce siècle a fait de grandes choses par l'épée, il fera de grandes choses par la plume. Il lui reste à nous donner un grand homme littéraire de la taille de son grand homme politique. Préparons donc les voies. Ouvrons les rangs.

Toute grande ère a deux faces; tout siècle est un binome, $a + b$, l'homme d'action plus l'homme de pensée, qui se multiplient l'un par l'autre et expriment la valeur de leur temps. L'homme d'action, plus l'homme de pensée; l'homme de la civilisation, plus l'homme de l'art; Luther, plus Shakspeare; Richelieu, plus Corneille; Cromwell, plus Milton; Napoléon, plus l'*inconnu*. Laissez donc se dégager l'Inconnu! Jusqu'ici vous n'avez qu'un profil de ce siècle, Napoléon, laissez se dessiner l'autre. Après l'empereur, le poëte. La physionomie de cette époque ne sera fixée que lorsque la Révolution française, qui s'est faite homme dans la société sous la forme de Bonaparte, se sera faite homme dans l'art. Et cela sera. Notre siècle tout entier s'encadrera et se mettra de lui-même en perspective entre ces deux grandes vies parallèles, l'une du soldat, l'autre de l'écrivain, l'une toute d'action, l'autre toute de pensée, qui s'expliqueront et se commenteront sans cesse l'une par l'autre. Marengo, les Pyramides, Austerlitz, la Moskowa, Montereau, Waterloo, quelles épopées! Napoléon a ses poëmes; le poëte aura ses batailles. Laissons-le donc venir, le poëte! et répétons ce cri sans nous lasser! Laissons-le sortir des rangs de cette jeunesse, où son front plonge encore dans l'ombre, ce prédestiné qui doit, en se combinant un jour avec Napoléon, selon la mystérieuse algèbre de la Providence, donner complète à l'avenir la formule générale du dix-neuvième siècle.

1834.

SUR MIRABEAU.

I.

En 1781, un sérieux débat s'agitait en France au sein d'une famille entre un père et un oncle. Il s'agissait d'un mauvais sujet dont cette famille ne savait plus que faire. Cet homme, déjà hors de la première phase ardente de la jeunesse, et pourtant plongé encore tout entier dans les frénésies de l'âge passionné, obéré de dettes, perdu de folies, s'était séparé de sa femme, avait enlevé celle d'un autre, avait été condamné à mort et décapité en effigie

pour ce fait, s'était enfui de France, puis il venait d'y
reparaître, corrigé et repentant, disait-il, et, sa contu-
mace purgée, il demandait à rentrer dans sa famille et à
reprendre sa femme. Le père souhaitait cet arrangement,
voulant avoir des petits-fils et perpétuer son nom, espérant
d'ailleurs être plus heureux comme aïeul que comme
père ; mais l'enfant prodigue avait trente-trois ans. Il
était à refaire en entier. Education difficile ! Une fois replacé dans la société, à quelles mains le confier ? Qui se
chargerait de redresser l'épine dorsale d'un pareil caractère ? De là, controverse entre les vieux parents. Le père
voulait le donner à l'oncle, l'oncle voulait le laisser au
père.

— Prends-le, disait le père.

— Je n'en veux pas, disait l'oncle.

« Pose d'abord en fait, répliquait le père, que cet
« homme-là n'est rien, mais rien du tout. Il a du goût,
« du charlatanisme, l'air de l'acquis, de l'action, de la
« turbulence, de l'audace, du boute-en-train, de la di-
« gnité quelquefois. Ni dur ni odieux dans le commande-
« ment. Eh bien, tout cela n'est que pour le faire voir li-
« vré à l'oubli de la veille, au désouci du lendemain, à
« l'impulsion du moment, enfant perroquet, homme
« avorté, qui ne connaît ni le possible ni l'impossible, ni
« le malaise ni la commodité, ni le plaisir ni la peine, ni
« l'action ni le repos, et qui s'abandonne tout aussitôt
« que les choses résistent. Cependant, je pense qu'on en
« peut faire un excellent outil en l'empoignant par le
« manche de la vanité. Il ne t'échapperait pas. Je ne lui
« épargne point les ratiocinations du matin. Il saisit ma
« morale bien appuyée et mes leçons toujours vivantes,
« parce qu'elles portent sur un pivot toujours réel, à sa-
« voir que sans doute on ne change guère de nature,

« mais que la raison sert à couvrir le côté faible et à le
« bien connaître pour éviter l'abordage par là.

« — Te voilà donc, reprenait l'oncle, grâce à ta pos-
« téromanie, occupé à régenter un poulet de trente-trois
« ans! C'est prendre une furieuse tâche que de vouloir
« arrondir un caractère qui n'est qu'un hérisson tout en
« pointes avec très-peu de corps ! »

Le père insistait : « — Aie pitié de ton neveu l'Ouragan !
« Il avoue toutes ses sottises ; car c'est le plus grand avoueur
« de l'univers ; mais il est impossible d'avoir plus de fa-
« cilité et d'esprit. C'est un foudre de travail et d'expédi-
« tion. Au fond, il n'a pas plus de trente-trois ans que moi
« soixante-six, et il n'est pas plus rare de voir un homme
« de mon âge suffire, quoique blanchi par les contre-temps,
« à fatiguer les jambes et l'esprit des jeunes gens par huit
« heures de courses et de cabinet, que de voir un tonneau
« boursouflé, gravé et l'air vieux, dire *papa*, et ne pas sa-
« voir se conduire. Il a un besoin immense d'être gouverné.
« Il le sent fort bien. Il faut que tu t'en charges. Il sait
« que tu me fus toujours et que tu lui dois être et pilote
« et boussole. Il met sa vanité en son oncle. Je te le donne
« pour un sujet rare au futur. Tu as tout le saturne qui
« manque à son mercure. Mais quand tu le tiendras, ne le
« laisse pas aller. Fît-il des miracles, tiens-le toujours et
« le tire par la manche ; le pauvre diable en a besoin. Si
« tu lui es père, il te contentera ; si tu lui es oncle, il est
« perdu. Aime ce jeune homme !

« — Non, disait l'oncle ; je sais que les sujets d'une cer-
« taine trempe savent faire patte de velours quelque temps ;
« et lui-même autrefois, quand il vivait près de moi, était
« comme une belle-fille pour peu que je fronçasse le sour-
« cil. Mais je n'en veux pas. Je ne suis plus d'âge ni de
« goût à me colleter avec l'impossible.

« — Oh ! frère ! reprenait le vieillard suppliant, si cette

« créature disloquée peut jamais être recousue, ce ne peut
« être que par toi. Puisqu'il est à retailler, je ne saurais
« lui donner un meilleur patron que toi. Prends-le, sois-
« lui bon et ferme et tu seras son sauveur, et tu en feras
« ton chef-d'œuvre. Qu'il sache que sous ta longue mine
« roide et froide habite le meilleur homme qui fut jamais!
« un homme de la rognure des anges! Sonde-lui le cœur,
« élève-lui la tête. *Tu es omnis spes et fortuna nostri no-*
« *minis!*

« — Point, répliquait l'oncle. Ce n'est pas qu'il ait, à
« mon sens, commis un si grand crime dans la conjonc-
« ture. Ce ne devrait être une affaire. Une jeune et jolie
« femme va trouver un jeune homme de vingt-six ans.
« Quel est le jeune homme qui ne ramasse pas ce qu'il
« trouve en son chemin en ce genre ? Mais c'est un esprit
« turbulent, orgueilleux, avantageux, insubordonné! un
« tempérament méchant et vicieux! Pourquoi m'en char-
« ger? Il fait de son grossier mieux pour te plaire. C'est
« bien. Je sais qu'il est séduisant, qu'il est le soleil levant.
« Raison de plus pour ne pas m'exposer à être sa dupe.
« La jeunesse a toujours raison contre les vieux.

« — Tu n'as pas toujours pensé ainsi, répondait triste-
« ment le père; il fut un temps où tu m'écrivais : *Quant*
« *à moi, cet enfant m'ouvre la poitrine.*

« — Oui, disait l'oncle, et où tu me répondais : *Défie-*
« *toi, tiens-toi en garde contre la dorure de son bec.*

« — Que veux-tu donc que je fasse? s'écriait le père,
« forcé dans ses derniers raisonnements. Tu es trop équi-
« table pour ne pas sentir qu'on ne se coupe pas un fils
« comme un bras. Si cela se pouvait, il y a longtemps que
« je serais manchot. Après tout, on a tiré race de dix mille
« plus faibles et plus fols. Or, frère, nous l'avons comme
« nous l'avons. Je passe, moi. Si je ne t'avais, je ne serais

« qu'un pauvre vieillard terrassé. Et pendant que nous lui
« durons encore, il faut le secourir. »

Mais l'oncle, homme péremptoire, coupait enfin court
à toute prière par ces nettes paroles :

« Je n'en veux pas! C'est une folie que de vouloir faire
« quelque chose de cet homme. Il faudrait l'envoyer,
« comme dit sa bonne femme, aux *insurgents*, se faire
« casser la tête. Tu es bon, ton fils est méchant. La fureur
« de la postéromanie te tient à présent; mais tu devrais
« songer que Cyrus et Marc-Aurèle auraient été fort heu-
« reux de n'avoir ni Cambyse ni Commode! »

Ne semble-t-il pas, en lisant ceci, qu'on assiste à l'une
de ces belles scènes de haute comédie domestique, où la
gravité de Molière équivaut presque à la grandeur de Corneille? Y a-t-il dans Molière quelque chose de plus frappant
en beau style et en grand air, quelque chose de plus profondément humain et vrai que ces deux imposants vieillards
que le dix-septième siècle semble avoir oubliés dans le dix-huitième, comme deux échantillons de mœurs meilleures?
Ne les voyez-vous pas venir tous les deux, affairés et sévères, appuyés sur leurs longues cannes, rappelant par leur
costume plutôt Louis XIV que Louis XV, plutôt Louis XIII
que Louis XIV? La langue qu'ils parlent, n'est-ce pas la
langue même de Molière et de Saint-Simon? Ce père et cet
oncle, ce sont les deux types éternels de la comédie; ce
sont les deux bouches sévères par lesquelles elle gourmande,
enseigne et moralise au milieu de tant d'autres bouches qui
ne font que rire. C'est le Marquis et le Commandeur, c'est
Géronte et Ariste, c'est la bonté et la sagesse, admirable
duo auquel Molière revient toujours.

L'ONCLE.

Où voulez-vous courir?

LE PÈRE.

Las! que sais-je!

L'ONCLE.

Il me semble
Que l'on doit commencer par consulter ensemble
Les choses qu'on peut faire en cet événement.

La scène est complète; rien n'y manque, pas même le *coquin de neveu.*

Ce qu'il y a de frappant dans le cas présent, c'est que la scène qu'on vient de retracer est une chose réelle, c'est que ce dialogue du père et de l'oncle a eu textuellement lieu par lettres, par lettres que le public peut lire à l'heure qu'il est (1); c'est qu'à l'insu des deux vieillards il y avait

(1) Voyez les *Mémoires de Mirabeau*, ou plutôt *sur Mirabeau*, récemment publiés, tome III. Ce travail, fait malheureusement d'une façon peu intelligente, contient sur Mirabeau et de Mirabeau un certain nombre de choses curieuses, authentiques et inédites. Mais ce qu'il renferme de plus intéressant, à notre gré, ce sont des extraits de la correspondance intime du marquis de Mirabeau avec le bailli son frère. Tout un côté peu éclairé jusqu'à présent du dix-huitième siècle apparaît dans cette correspondance, où le père et l'oncle de Mirabeau, personnages originaux d'ailleurs, tous deux grands écrivains sans le savoir, grands écrivains dans des lettres, dessinent admirablement, dans un cercle d'idées qui va s'élargissant et se rétrécissant selon leur fantaisie et les accidents, leur cœur, leur famille, leur époque. Nous conseillons à l'éditeur de multiplier les citations de cette correspondance; nous regrettons même qu'on n'ait pas songé à en faire une publication à part aussi complète que possible, dans tous les cas très-sobrement élaguée. Les *Lettres du marquis et du bailli de Mirabeau, père et oncle de Mirabeau*, eussent été un des testaments les plus importants du dix-huitième siècle. Doublement riches sous le rapport biographique et sous le rapport littéraire, ces *Lettres* eussent été pour l'historien une mine, pour l'écrivain un livre. Ces lettres, qui sont du meilleur style, continuent, jusqu'en 1789, l'excellente langue française de madame de Sévigné, de madame de Maintenon, de M. de Saint-Simon. La correspondance, publiée en entier, serait un précieux pendant aux *Lettres de Diderot*. Les lettres de Diderot peignent le dix-huitième siècle du point de vue des philosophes; les lettres de Mirabeau le peindraient du point de vue des gentilshommes; face,

au fond de leur grave contestation un des plus grands hommes de notre histoire; c'est que le *marquis* et le *commandeur* ici sont un vrai marquis et un vrai commandeur. L'un se nommait Victor de Riquetti, marquis de Mirabeau; l'autre Jean Antoine de Mirabeau, bailli de l'ordre de Malte. Le *coquin de neveu*, c'était Honoré-Gabriel de Riquetti, qu'en 1781 sa famille appelait l'*Ouragan*, et que le monde appelle aujourd'hui Mirabeau.

Ainsi, un *homme avorté*, une *créature disloquée*, un sujet *dont on ne peut rien faire*, une tête à *faire casser* aux insurgents, un criminel flétri par la justice, un fléau d'ailleurs, voilà ce que Mirabeau était pour sa famille en 1781.

Dix ans après, en 1791, le 1ᵉʳ avril, une foule immense encombrait les abords d'une maison de la Chaussée-d'Antin. Cette foule était morne, silencieuse, consternée, profondément triste. Il y avait dans la maison un homme qui agonisait.

Tout ce peuple inondait la rue, la cour, l'escalier, l'antichambre. Plusieurs étaient là depuis trois jours. On parlait bas, on semblait craindre de respirer, on interrogeait avec anxiété ceux qui allaient et venaient. Cette foule était pour cet homme comme une mère pour son enfant. Les médecins n'avaient plus d'espoir. De temps en temps, des bulletins, arrachés par mille mains, se dispersaient dans la multitude, et l'on entendait des femmes sangloter. Un

---

certes, non moins curieuse. Cette dernière collection n'importerait pas moins que la première aux études de ceux qui voudraient savoir complétement quelle est définitivement l'idée que le dix-huitième siècle a léguée au dix-neuvième.

Espérons que la personne entre les mains de laquelle se trouve cette volumineuse correspondance comprendra la responsabilité qui résulte pour elle d'un pareil dépôt, et, dans tous les cas, le conservera intact à l'avenir. D'aussi précieux documents sont le patrimoine d'une nation et non d'une famille.

jeune homme, exaspéré de douleur, offrait à haute voix de s'ouvrir l'artère pour infuser son sang riche et pur dans les veines appauvries du mourant. Tous, les moins intelligents même, semblaient accablés sous cette pensée que ce n'était pas seulement un homme, que c'était peut-être un peuple qui allait mourir.

On ne s'adressait plus qu'une question dans la ville.

Cet homme expira.

Quelques minutes après que le médecin qui était debout au chevet de son lit eut dit : *Il est mort!* le président de l'Assemblée nationale se leva de son siége et dit : *Il est mort !* tant ce cri fatal avait en peu d'instants rempli Paris. Un des principaux orateurs de l'assemblée, M. Barrère de Vieuzac, se leva en pleurant et dit ceci d'une voix qui laissait échapper plus de sanglots que de paroles : « Je demande
« que l'assemblée dépose dans le procès-verbal de ce jour
« funèbre le témoignage des regrets qu'elle donne à la perte
« de ce grand homme ; et qu'il soit fait, au nom de la pa-
« trie, une invitation à tous les membres de l'assemblée
« d'assister à ses funérailles. »

Un prêtre, membre du côté droit, s'écria : « Hier, au
« milieu des souffrances, il a fait appeler M. l'évêque d'Au-
« tun ; et en lui remettant un travail qu'il venait de ter-
« miner sur les successions, il lui a demandé, comme une
« dernière marque d'amitié, qu'il voulût bien le lire à l'as-
« semblée. C'est un devoir sacré. M. l'évêque d'Autun doit
« exercer ici les fonctions d'exécuteur testamentaire du
« grand homme que nous pleurons tous. »

Tronchet, le président, proposa une députation aux funérailles. L'assemblée répondit : *Nous irons tous!*

Les sections de Paris demandèrent qu'il fût inhumé « au champ de la fédération, sous l'autel de la patrie. »

Le directoire du département proposa de lui donner pour tombe la « nouvelle église de Sainte-Geneviève, » et

de décréter que « cet édifice serait désormais destiné à
« recevoir les cendres des grands hommes. »

A ce sujet, M. Pastoret, procureur général syndic de la
« commune, dit : «Les larmes que fait couler la perte d'un
« grand homme ne doivent pas être des larmes stériles.
« Plusieurs peuples anciens renfermèrent dans des monu-
« ments séparés leurs prêtres et leurs héros. Cette espèce
« de culte qu'ils rendaient à la piété et au courage, ren-
« dons-le aujourd'hui à l'amour du bonheur et de la li-
« berté des hommes. Que le temple de la religion devienne
« le temple de la patrie ; que la tombe d'un grand homme
« devienne l'autel de la liberté ! »

L'assemblée applaudit.

Barnave s'écria : « Il a en effet mérité les honneurs qui
« doivent être décernés par la nation aux grands hommes
« qui l'ont bien servie! »

Robespierre, c'est-à-dire l'Envie, se leva aussi et dit :
« Ce n'est pas au moment où l'on entend de toutes parts
« les regrets qu'excite la perte de cet homme illustre, qui,
« dans les époques les plus critiques, a déployé tant de
« courage contre le despotisme, que l'on pourrait s'oppo-
« ser à ce qu'il lui fût décerné des marques d'honneur.
« J'appuie la proposition de tout mon pouvoir, ou plutôt
« de toute ma sensibilité. »

Il n'y eut plus, ce jour-là, ni côté gauche ni côté droit
dans l'Assemblée nationale, qui rendit tout d'une voix ce
décret :

« Le nouvel édifice de Sainte-Geneviève sera destiné à
« réunir les cendres des grands hommes.
« Seront gravés au-dessus du fronton ces mots :

AUX GRANDS HOMMES

LA PATRIE RECONNAISSANTE.

« Le corps législatif décidera seul à quels hommes cet
« honneur sera décerné.

« Honoré Riquetti Mirabeau est jugé digne de recevoir
« cet honneur. »

Cet homme qui venait de mourir, c'était Honoré de Mirabeau. Le *grand homme* de 1791, c'était l'*homme avorté* de 1781.

Le lendemain, le peuple fit à ses funérailles un cortége de plus d'une lieue, auquel manqua son père, mort, comme il convenait à un vieux gentilhomme de sa sorte, le 13 juillet 1789, la veille de la chute de la Bastille.

Ce n'est pas sans intention que nous avons rapproché ces deux dates, 1781 et 1791, les mémoires et l'histoire, Mirabeau avant et Mirabeau après, Mirabeau jugé par sa famille, Mirabeau jugé par le peuple. Il y a dans ce contraste une source inépuisable de méditations. Comment, en dix ans, ce démon d'une famille est-il devenu le dieu d'une nation? Question profonde.

II

Il ne faudrait pas croire cependant que, du moment où cet homme sortit de la famille pour apparaître au peuple, il ait été tout de suite et par acclamation accepté *dieu*. Les choses ne vont jamais ainsi d'elles-mêmes. Où le génie se lève l'envie se dresse. Bien au contraire, jusqu'à l'heure de sa mort, jamais homme ne fut plus complétement et plus constamment nié dans tous les sens que Mirabeau.

Lorsqu'il arriva comme député d'Aix aux états généraux, il n'excitait la jalousie de personne. Obscur et mal famé, les bonnes renommées s'en inquiétaient peu; laid et mal bâti, les seigneurs de belle mine en avaient pitié. Sa noblesse disparaissait sous l'habit noir, sa physionomie sous la petite vérole. Qui donc eût songé à être jaloux de cette espèce d'aventurier repris de justice, difforme de corps et de visage, ruiné d'ailleurs, que les petites gens d'Aix avaient député aux états généraux dans un moment de fièvre et par mégarde sans doute et sans savoir pourquoi? Cet homme, en vérité, ne comptait pas. Le premier venu était beau, riche et considérable à côté de lui. Il n'offusquait aucune vanité, il ne gênait les coudes d'aucune prétention. C'était un chiffre quelconque que les ambitions qui se jalousaient comptaient à peine dans leurs calculs.

Peu à peu, cependant, comme le crépuscule de toutes les choses anciennes arrivait, il se fit assez d'ombre autour de la monarchie pour que le sombre éclat propre aux grands hommes révolutionnaires devînt visible aux yeux. Mirabeau commença à rayonner.

L'envie alors vint à ce rayonnement comme tout oiseau de nuit à toute lumière. A dater de ce moment, l'envie prit Mirabeau et ne le quitta plus. Avant tout, chose qui semble étrange et qui ne l'est pas, ce qu'elle lui contesta jusqu'à son dernier souffle, ce qu'elle lui nia sans cesse en face, sans lui épargner d'ailleurs les autres injures, ce fut précisément ce qui est la véritable couronne de cet homme dans la postérité, son génie d'orateur. Marche que l'envie suit toujours d'ailleurs! c'est toujours à la plus belle façade d'un édifice qu'elle jette des pierres. Et puis, à l'égard de Mirabeau, l'envie, il faut en convenir, était inépuisable en bonnes raisons. *Probitas*, l'orateur doit être sans reproche, M. de Mirabeau est reprochable de toutes parts; *præstantia*, l'orateur doit être beau, M. de Mirabeau est laid ; *vox amæna*, l'orateur doit avoir un organe agréable, M. de Mirabeau a la voix dure, sèche, criarde, tonnant toujours et ne parlant jamais ; *subrisus audientium*, l'orateur doit être bien venu de son auditoire, M. de Mirabeau est haï de l'assemblée, etc.; et une foule de gens, fort contents d'eux-mêmes, concluaient : *M. de Mirabeau n'est pas orateur.*

Or, loin de prouver cela, tous ces raisonnements ne prouvaient qu'une chose : c'est que les Mirabeaux ne sont pas prévus par les Cicérons.

Certes, il n'était pas orateur à la manière dont ces gens l'entendaient; il était orateur selon lui, selon sa nature, selon son organisation, selon son âme, selon sa vie. Il était orateur parce qu'il était haï, comme Cicéron parce qu'il était aimé. Il était orateur parce qu'il était laid, comme Hortensius parce qu'il était beau. Il était orateur parce qu'il avait souffert, parce qu'il avait failli, parce qu'il avait été, bien jeune encore et dans l'âge où s'épanouissent toutes les ouvertures du cœur, repoussé, moqué, humilié, méprisé, diffamé, chassé, spolié, interdit, exilé, emprisonné, condamné; parce que, comme le peuple de 1789 dont il était le plus complet symbole, il avait été tenu en minorité et en tutelle beaucoup au delà de l'âge de raison; parce que la paternité avait été dure pour lui comme la royauté pour le peuple; parce que, comme le peuple, il avait été mal élevé; parce que, comme au peuple, une mauvaise éducation lui avait fait croître un vice sur la racine de chaque vertu. Il était orateur, parce que, grâce aux larges issues ouvertes par les ébranlements de 1789, il avait enfin pu extravaser dans la société tous ses bouillonnements intérieurs si longtemps comprimés dans la famille; parce que, brusque, inégal, violent, vicieux, cynique, sublime, diffus, incohérent, plus rempli d'instincts encore que de pensées, les pieds souillés, la tête rayonnante, il était en tout semblable aux années ardentes dans lesquelles il a resplendi et dont chaque jour passait marqué au front par sa parole. Enfin, à ces hommes imbéciles qui comprenaient assez peu leur temps pour lui adresser, à travers mille objections, d'ailleurs souvent ingénieuses, cette question, s'il se croyait sérieusement orateur, il aurait pu répondre d'un seul mot : Demandez à la monarchie qui finit, demandez à la révolution qui commence !

On a peine à croire, aujourd'hui que c'est chose jugée, qu'en 1790 beaucoup de gens, et dans le nombre de doucereux amis, conseillaient à Mirabeau, *dans son propre intérêt*, de *quitter la tribune, où il n'aurait jamais de succès complet*, ou du moins d'*y paraître moins souvent*. Nous avons les lettres sous les yeux. On a peine à croire que dans ces mémorables séances où il remuait l'assemblée comme de l'eau dans un vase, où il entre-choquait si puissamment dans sa main toutes les idées sonores du moment, où il forgeait et amalgamait si habilement dans sa parole sa passion personnelle et la passion de tous, après qu'il avait parlé et pendant qu'il parlait et avant qu'il parlât, les applaudissements étaient toujours mêlés de huées, de rires et de sifflets. Misérables détails criards que la gloire a estompés aujourd'hui ! Les journaux et les pamphlets du temps ne sont qu'injures, violences et voies de fait contre le génie de cet homme. On lui reproche tout à propos de tout. Mais le reproche qui revient sans cesse, et comme par manie c'est *sa voix rude et âpre, et sa parole toujours tonnante*. Que répondre à cela ? Il a la voix rude, parce qu'apparemment le temps des douces voix est passé. Il a la parole tonnante, parce que les événements tonnent de leur côté, et que c'est le propre des grands hommes d'être de la stature des grandes choses.

Et puis, et ceci est une tactique qui a été de tout temps invariablement suivie contre les génies, non-seulement les hommes de la monarchie, mais encore ceux de son parti, car on n'est jamais mieux haï que dans son propre parti, étaient toujours d'accord, comme par une sorte de convention tacite, pour lui opposer sans cesse et lui préférer en toute occasion un autre orateur, fort adroitement choisi par l'envie, en ce sens qu'il servait les mêmes sympathies politiques que Mirabeau, Barnave. Et la chose sera toujours ainsi. Il arrive souvent que, dans une époque donnée, la même idée est représentée à la fois à des degrés différents par un homme de génie et par un homme de talent. Cette position est une heureuse chance pour l'homme de talent. Le succès présent et incontesté lui appartient (il est vrai que cette espèce de succès-là ne prouve rien et s'évanouit vite). La jalousie et la haine vont droit au plus fort. La médiocrité serait bien importunée par l'homme de talent si l'homme de génie n'était pas là; mais l'homme de génie est là, elle soutient l'homme de talent et se sert de lui contre le maître. Elle se leurre de l'espoir chimérique de renverser le premier, et dans ce cas-là (qui ne peut se réaliser d'ailleurs) elle compte avoir ensuite bon marché du second; en attendant, elle l'appuie et le porte le plus haut qu'elle peut. La médiocrité est pour celui qui la gêne le moins et qui lui ressemble le plus. Dans cette situation, tout ce qui est ennemi à l'homme de génie est ami à l'homme de talent. La comparaison qui devrait écraser celui-ci l'exhausse. De toutes les pierres que le pic et la pioche, et la calomnie et la diatribe et l'injure, peuvent arracher à la base du grand homme, on fait un piédestal à l'homme secondaire. Ce qu'on fait crouler de l'un sert à la construction de l'autre. C'est ainsi que vers 1790 on bâtissait Barnave avec tout ce qu'on ruinait de Mirabeau.

Rivarol disait : *M. Mirabeau est plus écrivain, M. Barnave est plus orateur.* — Pelletier disait : *Le Barnave oui, le Mirabeau non.* — *La mémorable séance du 13*, écrivait Chamfort, *a prouvé plus que jamais la prééminence déjà démontrée depuis longtemps de M. Barnave sur M. de Mirabeau comme orateur.* — *Mirabeau est mort*, murmurait M. Target en serrant la main de Barnave, *son discours sur la formule de promulgation l'a tué.* — *Barnave, vous avez enterré Mirabeau*, ajoutait Duport appuyé du sourire de Lameth, lequel était à Duport comme Duport à Barnave, un diminutif. — *M. Barnave fait plaisir*, disait M. Goupil, *et M. Mirabeau fait peine. — Le comte de Mirabeau a des éclairs*, disait M. Camus, *mais il ne fera jamais un discours, il ne saura même jamais ce que c'est. Parlez-moi de Barnave!* — *M. Mirabeau a beau se fatiguer et suer*, disait Robespierre, *il n'atteindra jamais Barnave, qui n'a pas l'air de prétendre tant que lui, et qui vaut plus* (1). Toutes ces pauvres petites injustices égratignaient Mirabeau et le faisaient souffrir au milieu de sa puissance et de ses triomphes. Coups d'épingle au porte-massue.

Et si la haine, dans son besoin de lui opposer quelqu'un, n'importe qui, n'avait pas eu un homme de talent sous la main, elle aurait pris un homme médiocre. Elle ne s'embarrasse jamais de la qualité de l'étoffe dont elle fait son drapeau. Mairet a été préféré à Corneille. Pradon à Racine. Voltaire s'écriait, il n'y a pas cent ans :

On m'ose préférer Crébillon le barbare!

En 1808, Geoffroy, le critique le plus écouté qui fût en Europe, mettait « M. Lafon fort au-dessus de M. Talma. » Merveilleux instincts des coteries! En 1798, on préférait Moreau à Bonaparte; en 1815, Wellington à Napoléon.

Nous le répétons, parce que selon nous la chose est singulière, Mirabeau daignait s'irriter de ces misères. Le parallèle avec Barnave l'offusquait. S'il avait regardé dans l'avenir, il aurait souri; mais c'est en général le défaut des orateurs politiques, hommes du présent avant tout, d'avoir l'œil trop fixé sur les contemporains et pas assez sur la postérité.

Ces deux hommes, Barnave et Mirabeau, présentaient

---

(1) Faute de français. Il faudrait *qui vaut davantage*.

d'ailleurs un contraste parfait. Dans l'assemblée, quand l'un ou l'autre se levait, Barnave était toujours accueilli par un sourire, et Mirabeau par une tempête. Barnave avait en propre l'ovation du moment, le triomphe du quart d'heure, la gloire dans la gazette, l'applaudissement de tous, même du côté droit. Mirabeau avait la lutte et l'orage. Barnave était un assez beau jeune homme et un très-beau parleur. Mirabeau, comme disait spirituellement Rivarol, était un *monstrueux bavard*. Barnave était de ces hommes qui prennent chaque matin la mesure de leur auditoire; qui tâtent le pouls de leur public; qui ne se hasardent jamais hors de la possibilité d'être applaudis; qui baisent toujours humblement le talon du succès; qui arrivent à la tribune, quelquefois avec l'idée du jour, le plus souvent avec l'idée de la veille, jamais avec l'idée du lendemain, de peur d'aventure; qui ont une faconde bien nivelée, bien plane et bien roulante, sur laquelle cheminent et circulent à petit bruit avec leurs divers bagages toutes les idées communes de leur temps; qui, de crainte d'avoir des pensées trop peu imprégnées de l'atmosphère de tout le monde, mettent sans cesse leur jugement dans la rue comme un thermomètre à leur fenêtre. Mirabeau, au contraire, était l'homme de l'idée neuve, de l'illumination soudaine, de la proposition risquée; fougueux, échevelé, imprudent, toujours inattendu partout, choquant, blessant, renversant, n'obéissant qu'à lui-même; cherchant le succès, sans doute, mais après beaucoup d'autres choses, et aimant mieux encore être applaudi par ses passions dans son cœur que par le peuple dans les tribunes; bruyant, trouble, rapide, profond, rarement transparent, jamais guéable, et roulant pêle-mêle dans son écume toutes les idées de son époque souvent fort rudoyées dans leur rencontre avec les siennes. L'éloquence de Barnave à côté de l'éloquence de Mirabeau, c'était un grand chemin côtoyé par un torrent.

Aujourd'hui que le nom de Mirabeau est si grand et si accepté, on a peine à se faire une idée de la façon excessive dont il était traité par ses collègues et par ses contemporains. C'était M. de Guillermy s'écriant tandis qu'il parlait : *M. Mirabeau est un scélérat, un assassin!* C'étaient MM. d'Ambly et de Lautrec vociférant : *Ce Mirabeau est un grand gueux!* Après quoi M. de Foucault lui montrait le poing, et M. de Virieu disait : *Monsieur Mirabeau, vous nous insultez.* Quand la haine ne parlait pas, c'était le mépris. *Ce petit Mirabeau!* disait M. de Castellanet au côté droit. *Cet extravagant!* disait M. Lapoule au côté gauche. Et, lorsqu'il avait parlé, Robespierre grommelait entre ses dents : *Cela ne vaut rien.*

Quelquefois cette haine d'une si grande partie de son auditoire laissait trace dans son éloquence, et au milieu de son magnifique discours *sur la régence*, par exemple, il échappait à ses lèvres dédaigneuses des paroles comme celles-ci, paroles mélancoliques, simples, résignées et hautaines, que tout homme dans une situation pareille devrait méditer : « Pendant que je parlais et que j'exprimais mes « premières idées sur la régence, j'ai entendu dire avec « cette indubitabilité charmante à laquelle je suis dès long- « temps apprivoisé : *Cela est absurde! cela est extrava- « gant! cela n'est pas proposable!* Mais, il faudrait réfléchir. » Il parlait ainsi le 25 mars 1791, sept jours avant sa mort.

Au dehors de l'assemblée, la presse le déchirait avec une étrange fureur. C'était une pluie battante de pamphlets sur cet homme. Les partis extrêmes le mettaient au même pilori. Ce nom, *Mirabeau*, était prononcé avec le même accent à la caserne des gardes du corps et au club des Cordeliers. M. de Champcenetz disait : *Cet homme a la petite vérole à l'âme.* M. de Lambesc proposait de le faire enlever par vingt cavaliers et *conduire aux galères.* Marat écrivait : « Citoyens, élevez huit cents potences, pendez-y tous

« ces traîtres, et à leur tête l'infâme Riquetti l'aîné ! » Et Mirabeau ne voulait pas que l'Assemblée nationale poursuivît Marat, se contentant de répondre : « Il paraît qu'on
« publie des extravagances. C'est un paragraphe d'homme
« ivre. »

Ainsi, jusqu'au 1ᵉʳ avril 1791, Mirabeau est un *gueux* (1), un *extravagant* (2), un *scélérat*, un *assassin* (3), un *fou* (4), un *orateur de second ordre* (5), un *homme médiocre* (6), un *homme mort* (7), un *homme enterré* (8), un *monstrueux bavard* (9), *hué, sifflé, conspué plus encore qu'applaudi* (10); Lambesc propose pour lui les *galères*, Marat la *potence*. Il meurt le 2 avril. Le 3, on invente pour lui le Panthéon.

Grands hommes ! voulez-vous avoir raison demain, mourrez aujourd'hui.

III

Le peuple, cependant, qui a un sens particulier et le rayon visuel toujours singulièrement droit, qui n'est pas haineux parce qu'il est fort, qui n'est pas envieux parce qu'il est grand; le peuple, qui connaît les hommes, tout enfant qu'il est, le peuple était pour Mirabeau. Mirabeau était selon le peuple de 89, et le peuple de 89 était selon Mirabeau. Il n'est pas de plus beaux spectacles pour le penseur que ces embrassements étroits du génie et de la foule.

L'influence de Mirabeau était niée et était immense. C'était toujours lui, après tout, qui avait raison ; mais il n'avait raison sur l'assemblée que par le peuple, et il gouvernait les chaises curules par les tribunes. Ce que Mirabeau avait dit en mots précis, la foule le redisait en applaudissements ; et, sous la dictée de ces applaudissements,

---

(1) MM. d'Ambly et de Lautrec. — (2) M. Lapoule. — (3) M. de Guillermy. — (4) (5) (6) Journaux et pamphlets du temps. — (7) Target. — (8) Duport. — (9) Rivarol. — (10) Pelletier.

bien à contre-cœur souvent, la législature écrivait. Libelles, pamphlets, calomnies, injures, interruptions, menaces, huées, éclats de rire, sifflets, n'étaient tout au plus que des cailloux jetés dans le courant de sa parole, qui servaient par moments à la faire écumer. Voilà tout. Quand l'orateur souverain, pris d'une subite pensée, montait à la tribune ; quand cet homme se trouvait face à face avec son peuple; quand il était là debout et marchant sur l'envieuse assemblée, comme l'homme-Dieu sur la mer, sans être englouti par elle; quand son regard sardonique et lumineux, fixé, du haut de cette tribune, sur les hommes et sur les idées de son temps, avait l'air de mesurer la petitesse des hommes sur la grandeur des idées, alors il n'était plus ni calomnié, ni hué, ni injurié : ses ennemis avaient beau faire, avaient beau dire, avaient beau amonceler contre lui; le premier souffle de sa bouche ouverte pour parler faisait crouler tous ces entassements. Quand cet homme était à la tribune dans la fonction de son génie, sa figure devenait splendide et tout s'évanouissait devant elle.

Mirabeau, en 1791, était donc tout à la fois bien haï et bien aimé : génie haï par les beaux esprits, homme aimé par le peuple. C'était une illustre et désirable existence que celle de cet homme qui disposait à son gré de toutes les âmes alors ouvertes vers l'avenir ; qui, avec de magiques paroles et par une sorte d'alchimie mystérieuse, convertissait en pensées, en systèmes, en volontés raisonnées, en plan précis d'amélioration et de réforme, les vagues instincts des multitudes ; qui nourrissait l'esprit de son temps de toutes les idées que sa grande intelligence émiettait sur la foule; qui, sans relâche et à tour de bras, battait et flagellait sur la table de la tribune, comme le blé sur l'aire, les hommes et les choses de son siècle, pour séparer la paille que la république devait consumer du grain que la révolution devait féconder ; qui donnait à la fois des insomnies à Louis XVI et à Robespierre : à Louis XVI, dont il attaquait le trône; à Robespierre, dont il eût attaqué la guillotine; qui pouvait se dire chaque matin en s'éveillant : Quelle ruine ferai-je aujourd'hui avec ma parole ? qui était pape, en ce sens qu'il menait les esprits; qui était Dieu, en ce sens qu'il menait les événements.

Il mourut à temps. C'était une tête souveraine et sublime. 91 la couronna, 93 l'eût coupée.

IV

Quand on suit pas à pas la vie de Mirabeau depuis sa naissance jusqu'à sa mort, depuis l'humble piscine baptismale du Bignon jusqu'au Panthéon, on voit que, comme tous les hommes de sa trempe et de sa mesure, il était prédestiné.

Un tel enfant ne pouvait manquer d'être un grand homme.

Au moment où il vient au monde, la grosseur surhumaine de sa tête met la vie de sa mère en danger. Quand la vieille monarchie française, son autre mère, mit au monde sa renommée, elle manqua aussi en mourir.

A l'âge de cinq ans, Poisson, son précepteur, lui dit d'*écrire ce qui lui viendrait dans la tête.* « Le petit, » comme dit son père, écrivit littéralement ceci : « Monsieur
« moi, je vous prie de prendre attention à votre écriture
« et de ne pas faire des pâtés sur votre exemple; d'être
« attentif à ce qu'on fait; obéir à son père, à son maître,
« à sa mère; ne point contrarier; point de détours, de
« l'honneur surtout. N'attaquez personne, hors qu'on ne
« vous attaque. *Défendez votre patrie.* Ne soyez pas mé-
« chant avec les domestiques. Ne familiarisez pas avec eux.
« Cacher les défauts de son prochain, parce que cela peut
« arriver à soi-même (1). »

(1) Ce singulier document est cité textuellement dans une

A onze ans, voici ce que le duc de Nivernois écrit de lui au bailli de Mirabeau, dans une lettre datée de Saint-Maur, du 11 septembre 1760 : « L'autre jour, dans des prix qu'on « gagne chez moi à la course, il gagne le prix, qui était « un chapeau, se retourne vers un adolescent qui avait un « bonnet, et, lui mettant sur la tête le sien qui était encore « fort bon : *Tiens*, dit-il, *je n'ai pas deux têtes*. Ce jeune « homme me parut alors l'empereur du monde ; je ne sais « quoi de divin transpira rapidement dans son attitude : j'y « rêvai, j'en pleurai, et la leçon me fut fort bonne. »

A douze ans, son père disait de lui : « C'est un cœur « haut sous la jaquette d'un bambin. Cela a un étrange « instinct d'orgueil, noble pourtant. C'est un embryon de « matamore ébouriffé qui veut avaler tout le monde avant « d'avoir douze ans (1) »

A seize ans, il avait la mine si hardie et si hautaine, que le prince de Conti lui demande : *Que ferais-tu si je te donnais un soufflet?* Il répond : *Cette question eût été embarrassante avant l'invention des pistolets à deux coups.*

A vingt et un ans (1770), il commence à écrire une histoire de la Corse au moment où quelqu'un venait d'y naître (2). Singulier instinct des grands hommes !

A cette même époque, son père, qui le tenait bien sévèrement, porte sur lui ce pronostic étrange : *C'est une bouteille ficelée depuis vingt et un ans. Si elle est jamais débouchée tout à coup sans précaution, tout s'en ira.*

A vingt-deux ans, il est présenté à la cour. Madame Elisabeth, alors âgée de six ans, lui demande *s'il a été ino-*

---

lettre inédite du marquis au bailli de Mirabeau, du 9 décembre 1754.

(1) Lettre inédite à madame la comtesse de Rochefort, 29 novembre 1761.

(2) 15 août 1769.

culé. Et toute la cour de rire. Non, il n'avait pas été inoculé. Il portait en lui le germe d'une contagion qui plus tard devait gagner tout un peuple.

Il se produit à la cour avec une extrême assurance, portant déjà le front aussi haut que le roi, étrange pour tous, odieux pour beaucoup. *Il est aussi entrant que j'étais farouche*, dit le père, qui n'avait jamais voulu *s'enversailler*, lui, « oiseau hagard dont le nid fut entre quatre tou-
« relles. » — « Il retourne les grands comme fagots. Il a
« *ce terrible don de la familiarité,* » comme disait Grégoire le Grand. Et puis le vieux fier gentilhomme ajoute :
« Comme, depuis cinq cents ans, on a toujours souffert
« des Mirabeau qui n'ont jamais été faits comme les au-
« tres, on souffrira encore celui-ci. »

A vingt-quatre ans, le père, philosophe agricole, veut prendre son fils avec lui et « le faire rural. » Il n'y peut réussir. « Il est bien malaisé de manier la bouche de cet
« animal fougueux ! » s'écrie le vieillard.

L'oncle, le bailli, examine froidement le jeune homme et dit : « S'il n'est pas pire que Néron, il sera meilleur que
« Marc-Aurèle. »

En tout, laissons mûrir ce fruit vert, répond le marquis.

Le père et l'oncle correspondent entre eux sur l'avenir du jeune homme déjà si aventuré dans la mauvaise vie. *Ton neveu l'Ouragan*, dit le père. *Ton fils, monsieur le comte de la Bourrasque*, réplique l'oncle.

Le bailli, vieux marin, ajoute : *Les trente-deux vents de la boussole sont dans sa tête.*

A trente ans, *le fruit mûrit*. Déjà les nouveautés commencent à reluire dans l'œil profond de Mirabeau. On voit qu'il est plein de pensées. *Ce cerveau est un fourneau encombré*, dit le prudent bailli. Dans un autre moment, l'oncle écrit cette observation d'homme effrayé : « Quand

« il passe quelque chose dans sa tête, il avance le front,
« et ne regarde plus nulle part. »

De son côté, le père s'étonne de *ce hachement d'idées
qui voit par éclairs*. Il s'écrie : « Fouillis dans sa tête,
« bibliothèque renversée, talent pour éblouir par des su-
« perficies, il a humé toutes les formules et ne sait rien
« substancier! » Il ajoute, ne comprenant déjà plus sa
créature : « Dans son enfance, ce n'était qu'un mâle mon-
« strueux au moral comme au physique. » Aujourd'hui,
c'est un homme *tout de reflet et de réverbère*, un fou,
« tiré à droite par le cœur et à gauche par la tête, qu'il a
« toujours à quatre pas de lui. » Et puis le vieillard ajoute,
avec un sourire mélancolique et résigné : « Je tâche de
« verser sur cet homme ma tête, mon âme et mon cœur. »
Enfin, comme l'oncle, il a aussi par moments « ses pres-
« sentiments, ses terreurs, ses anxiétés, ses doutes. » Il
sent, lui père, tout ce qui se remue dans la tête de son fils,
comme la racine sent l'ébranlement des feuilles.

Voilà ce qu'est Mirabeau à trente ans. Il était fils d'un
père qui s'était défini ainsi lui-même : « Et moi aussi,
« madame, tout gourd et lourd que vous me voyez, je prê-
« chais à trois ans; à six, j'étais un prodige; à douze, un
« objet d'espoir; à vingt, un brûlot; à trente, un politi-
« que de théorie; à quarante, je ne suis plus qu'un bon
« homme. »

A quarante ans, Mirabeau est un grand homme.

A quarante ans, il est l'homme d'une révolution.

A quarante ans, il se déclare autour de lui, en France,
une de ces formidables anarchies d'idées où se fondent les
sociétés qui ont fait leur temps. Mirabeau en est le despote.

C'est lui qui, silencieux jusqu'alors, crie, le 23 juin 1789,
à M. de Brézé : *Allez dire à* votre maître!... *Votre Maître!*
c'est le roi de France déclaré étranger. C'est toute une
frontière tracée entre le trône et le peuple. C'est la révo-

lution qui laisse échapper son cri. Personne ne l'eût osé avant Mirabeau. Il n'appartient qu'aux grands hommes de prononcer les mots décisifs des époques.

Plus tard on insultera Louis XVI plus gravement en apparence, on le battra à terre, on le raillera dans les fers, on le huera sur l'échafaud. La république en bonnet rouge mettra ses poings sur ses hanches, et lui dira de gros mots, et l'appellera *Louis Capet*. Mais il ne sera plus rien dit à Louis XVI d'aussi redoutable et d'aussi effectif que cette parole fatale de Mirabeau : *Louis Capet*, c'est la royauté frappée au visage; *votre maître*, c'est la royauté frappée au cœur.

Aussi, à dater de ce mot, Mirabeau est l'homme du pays, l'homme de la grande émeute sociale, l'homme dont la fin de ce siècle a besoin. Populaire sans être plébéien, chose rare en des temps pareils ! Sa vie privée est résorbée par sa vie publique. Honoré de Riquetti, cet homme perdu, est désormais illustre, écouté et considérable. L'amour du peuple lui fait une cuirasse aux sarcasmes de ses ennemis. Sa personne est la plus éclairée de toutes celles que la foule regarde. Les passants s'arrêtent quand il traverse une rue, et pendant les deux années qu'il remplit, sur tous les coins des murs de Paris les petits enfants du peuple écrivent sans faute son nom, que quatre-vingts ans auparavant Saint-Simon, avec son dédain de duc et pair, écrivait *Mirebaut*, sans se douter qu'un jour Mirebaut ferait *Mirabeau*.

Il y a des parallélismes bien frappants dans la vie de certains hommes. Cromwell, encore obscur, désespérant de son avenir en Angleterre, veut partir pour la Jamaïque; les réglements de Charles Ier l'empêchent. Le père de Mirabeau, ne voyant aucune e⟨...⟩ possible en France pour son fils, veut envoyer le ⟨...⟩me aux colonies hollandaises; un ordre du r⟨...⟩ oppose. Or, ôtez Cromwel de la révolution d'Angle⟨...⟩ ôtez Mirabeau de la ré-

volution de France, vous ôtez peut-être des deux révolutions deux échafauds. Qui sait si la Jamaïque n'eût pas sauvé Charles Ier, et Batavia Louis XVI !

Mais non, c'est le roi d'Angleterre qui veut garder Cromwell ; c'est le roi de France qui veut garder Mirabeau. Quand un roi est condamné à mort, la Providence lui bande les yeux.

Chose étrange, que ce qu'il y a de plus grand dans l'histoire d'une société tienne si souvent à ce qu'il y a de plus petit dans la vie d'un homme !

La première partie de la vie de Mirabeau est remplie par Sophie, la seconde par la révolution. Un orage domestique, puis un orage politique, voilà Mirabeau. Quand on examine de près sa destinée, on se rend raison de ce qu'il y eut en elle de fatal et de nécessaire. Les déviations de son cœur s'expliquent par les secousses de sa vie.

Voyez : jamais les causes n'ont été nouées de plus près aux effets. Le hasard lui donne un père qui lui enseigne le mépris de sa mère, une mère qui lui enseigne la haine de son père ; un précepteur, c'est Poisson, qui n'aime pas les enfants, et qui lui est dur parce qu'il est petit et parce qu'il est laid ; un valet, c'est Grévin, le lâche espion de ses ennemis ; un colonel, c'est le marquis de Lambert, qui est aussi impitoyable pour le jeune homme que Poisson l'a été pour l'enfant ; une belle-mère (non mariée), c'est madame de Pailly, qui le hait parce qu'il n'est pas d'elle ; une femme, c'est mademoiselle de Marignane, qui le repousse ; une caste, c'est la noblesse, qui le renie ; des juges, c'est le parlement de Besançon, qui le condamne à mort ; un roi, c'est Louis XV, qui l'embastille. Ainsi, père, mère, femme, son précepteur, son colonel, la magistrature, la noblesse, le roi, c'est-à-dire tout ce qui entoure et côtoie l'existence d'un homme dans l'ordre légitime et naturel, tout est pour lui traverse, obstacle, occasion de chute et de contusion, pierre dure à ses pieds nus, buisson d'épines qui le déchire au passage. La famille et la société tout ensemble lui sont marâtres. Il ne rencontre dans la vie que deux choses qui le traitent bien et qui l'aiment, deux choses irrégulières et révoltées contre l'ordre, une maîtresse et une révolution.

Ne vous étonnez donc pas que pour la maîtresse il brise tous les liens domestiques, que pour la révolution il brise tous les liens sociaux.

Ne vous étonnez donc pas, pour résoudre la question dans les termes où nous l'avons posée en commençant, que ce démon d'une famille devienne l'idole d'une femme en rébellion contre son mari et le dieu d'une nation en divorce avec son roi.

V

La douleur que causa la mort de Mirabeau fut une douleur générale, universelle, nationale. On sentit que quelque chose de la pensée publique venait de s'en aller avec cette âme. Mais un fait frappant, et qu'il faut bien dire parce qu'il serait ingénu de l'attribuer à l'admiration emportée et irréfléchie des contemporains, c'est que la cour porta son deuil comme le peuple.

Un sentiment de pudeur insurmontable nous empêche de sonder ici de certains mystères... parties honteuses du grand homme, qui d'ailleurs, selon nous, se perdent heureusement dans les colossales proportions de l'ensemble; mais il paraît prouvé que dans les derniers temps de sa vie la cour affirmait avoir quelques raisons d'espérer en lui. Il est patent qu'à cette époque Mirabeau se cabra plus d'une fois sous l'entraînement révolutionnaire; qu'il manifesta par moments l'envie de faire halte et de laisser rejoindre; que lui, qui avait tant d'haleine, il ne suivit pas sans essoufflement la marche de plus en plus accélérée des idées nouvelles, et qu'il essaya en quelques occasions d'enrayer cette révolution à laquelle il avait forgé des roues. Roues fatales, qui écrasaient tant de choses vénérables en passant !

Il y a encore aujourd'hui beaucoup de personnes qui pensent que si Mirabeau avait eu plus longue vie, il aurait fini par mater le mouvement qu'il avait déchaîné. A leur sens, la Révolution française pouvait être arrêtée; par un seul homme, à la vérité, qui était Mirabeau. Dans cette opinion, qui s'autorise d'une parole que Mirabeau mourant n'a évidemment pas prononcée (1); Mirabeau expiré, la monarchie était perdue; si Mirabeau avait vécu, Louis XVI ne serait pas mort; et le 2 avril 1791 a engendré le 21 janvier 1793.

Selon nous, ceux qui avaient cette persuasion alors, ceux qui l'ont eue aujourd'hui, Mirabeau lui-même, s'il croyait cela possible de lui, tous se sont trompés. Pure illusion d'optique chez Mirabeau comme chez les autres, et qui prouverait qu'un grand homme n'a pas toujours une idée nette de l'espèce de puissance qui est en lui !

La Révolution française n'était pas un fait simple. Il y avait plus et autre chose que Mirabeau en elle.

Il ne suffisait pas à Mirabeau d'en sortir pour la vider.

Il y avait dans la Révolution française du passé et de l'avenir. Mirabeau n'était que le présent.

Pour n'indiquer ici que deux points culminants, la Révolution française se compliquait de Richelieu dans le passé et de Bonaparte dans l'avenir.

Les révolutions ont cela de particulier, que ce n'est pas quand elles sont encore grosses qu'on peut les tuer.

(1) *J'emporte le deuil de la monarchie. Après moi les factieux s'en disputeront les morceaux.* Cabanis a cru entendre cela.

D'ailleurs, en supposant même la question moins abondante qu'elle ne l'est, il est à observer que, dans les choses politiques surtout, ce qu'un homme a fait ne peut guère jamais être défait que par un autre homme.

Le Mirabeau de 91 était impuissant contre le Mirabeau de 89. Son œuvre était plus forte que lui.

Et puis les hommes comme Mirabeau ne sont pas la serrure avec laquelle on peut fermer la porte des révolutions. Ils ne sont que le gond sur lequel elle tourne, pour se clore, il est vrai, comme pour s'ouvrir. Pour fermer cette fatale porte, sur les panneaux de laquelle font incessamment effort toutes les idées, tous les intérêts, toutes les passions mal à l'aise dans la société, il faut mettre dans les ferrures une épée en guise de verrou.

VI

Nous avons essayé de caractériser ce qu'a été Mirabeau dans la famille, puis ce qu'il a été dans la nation. Il nous reste à examiner ce qu'il sera dans la postérité.

Quelques reproches qu'on ait pu justement lui faire, nous croyons que Mirabeau restera grand.

Devant la postérité, tout homme et toute chose s'absout par la grandeur.

Aujourd'hui que presque toutes les choses qu'il a semées ont donné leurs fruits dont nous avons goûté, la plupart bons et sains, quelques-uns amers; aujourd'hui que le haut et le bas de sa vie n'ont plus rien de disparate aux yeux, tant les années qui s'écoulent mettent bien les hommes en perspective ; aujourd'hui qu'il n'y a plus pour son génie ni adoration ni exécration, et que cet homme, furieusement ballotté, tant qu'il vécut, d'une extrémité à l'autre, a pris l'attitude calme et sereine que la mort donne aux grandes figures historiques ; aujourd'hui que sa mémoire, si longtemps traînée dans la fange et baisée sur l'autel, a été retirée du panthéon de Voltaire et de l'égout de Marat, nous pouvons froidement le dire : Mirabeau est grand. Il lui est resté l'odeur du panthéon et non de l'égout. L'impartialité historique, en nettoyant sa chevelure souillée dans le ruisseau, ne lui a pas de la même main enlevé son auréole. On a lavé la boue de ce visage, et il continue de rayonner.

Après qu'on s'est rendu compte de l'immense résultat politique que le total de ses facultés a produit, on peut envisager Mirabeau sous un double aspect : comme écrivain et comme orateur. Ici nous prenons la liberté de ne pas être de l'avis de Rivarol, nous croyons Mirabeau plus grand comme orateur que comme écrivain.

Le marquis de Mirabeau, son père, avait deux espèces de style, et comme deux plumes dans son écritoire. Quand il écrivait un livre, un bon livre pour le public, pour l'effet, pour la cour, pour la Bastille, pour le grand escalier du Palais-de-Justice, le digne seigneur se drapait, se roidissait, se boursouflait, couvrait sa pensée, déjà fort obscure par elle-même, de toutes les ampoules de l'expression; et l'on ne peut se figurer sous quel style à la fois plat et bouffi, lourd et traînant en longues queues de phrases interminables, chargé de néologismes au point de n'avoir plus nulle cohésion dans le tissu, sous quel style, disons-nous, tout ensemble incolore et incorrect, se travestissait l'originalité naturelle et incontestable de cet étrange écrivain, moitié gentilhomme et moitié philosophe; préférant Quesnay à Socrate et Lefranc de Pompignan à Pindare; dédaignant Montesquieu comme arriéré et tenant à être harangué par son curé; habitant amphibie des rêveries du dix-huitième siècle et des préjugés du seizième. Mais quand cet homme, ce même homme, voulait écrire une lettre, quand il oubliait le public et ne s'adressait plus qu'à la *longue mine roide et froide* de son vénérable frère le bailli, ou à sa fille *la petite Saillannette* (1), la plus émolliente femme qui fut « jamais, » ou encore à la jolie tête rieuse de madame de Rochefort, alors cet esprit tuméfié de prétention se détendait ; plus d'effort, plus de fatigue, plus de gonflement apoplectique dans l'expression ; sa pensée se répandait sur la lettre de famille et d'intimité, vive, originale, colorée, curieuse, amusante, profonde, gracieuse, naturelle enfin, à travers ce beau style grand seigneur du temps de Louis XIV, que Saint-Simon parlait avec toutes les qualités de l'homme et madame de Sévigné avec toutes les qualités de la femme. On a pu en juger par les fragments que nous avons cités. Après une lettre du marquis de Mirabeau, une lettre de lui c'est une révélation. On a peine à y croire. Buffon ne comprendrait pas cette variété de l'écrivain. Vous avez deux styles et vous n'avez qu'un homme.

Sous ce rapport, le fils tenait quelque peu du père. On pourrait dire, avec beaucoup d'adoucissements et de restrictions néanmoins, qu'il y a la même différence entre son style écrit et son style parlé. Notons seulement ceci, que le père était à l'aise dans une lettre, le fils dans un discours. Pour être lui, pour être naturel, pour être dans son milieu, il fallait à l'un sa famille, à l'autre une nation. Mirabeau qui écrit, c'est quelque chose de moins que Mirabeau. Soit qu'il démontre à la jeune république américaine l'inanité de son *ordre de Cincinnatus*, et ce qu'il y a de gauche et d'inconsistant dans une chevalerie de laboureurs ; soit qu'il taquine *sur la liberté de l'Escaut* Joseph II, cet empereur philosophe, ce Titus selon Voltaire, ce buste de César romain dans le goût pompadour ; soit qu'il fouille dans les doubles fonds du cabinet de Berlin, et qu'il en tire cette *Histoire secrète* que la cour de

---

(1) Madame du Saillant.

France fait livrer juridiquement aux flammes sur l'escalier du Palais : maladresse insigne, car de ces livres brûlés par la main du bourreau il s'échappait toujours des flammèches et des étincelles, lesquelles se dispersaient au loin, selon le vent qui soufflait, sur le toit vermoulu de la grande société européenne, sur la charpente des monarchies, sur tous les esprits, pleins d'idées inflammables, sur toutes les têtes, faites d'étoupe alors; soit qu'il invective au passage cette charretée de charlatans qui a fait tant de bruit sur le pavé du dix-huitième siècle, Necker, Beaumarchais, Lavater, Calonne et Cagliostro; quel que soit le livre qu'il écrit, enfin, sa pensée suffit toujours au sujet, mais son style ne suffit pas toujours à sa pensée. Son idée est constamment grande et haute ; mais, pour sortir de son esprit, elle se courbe et se rapetisse sous l'expression comme sous une porte trop basse. Excepté dans ses éloquentes lettres à madame de Monnier, où il est lui tout entier, où il parle plutôt qu'il n'écrit, et qui sont des harangues d'amour (1) comme ses discours à la Constituante sont des harangues de révolution ; excepté là, disons-nous, le style qu'il trouve dans son écritoire est en général d'une forme médiocre, pâteux, mal lié, mou aux extrémités des phrases, sec d'ailleurs, se composant une couleur terne avec des épithètes banales, pauvre en images, et n'offrant par places, et bien rarement encore, que des mosaïques bizarres de métaphores peu adhérentes entre elles. On sent en le lisant que les idées de cet homme ne sont pas, comme celles des grands prosateurs-nés, faites de cette substance particulière qui se prête, souple et molle, à toutes les ciselures de l'expression, qui s'insinue bouillante et liquide dans tous les recoins du

(1) Nous n'entendons ne qualifier ainsi que celles de ces lettres qui sont passion pure. Nous jetons sur les autres le voile qui convient.

moule où l'écrivain la verse, et se fige ensuite; lave d'abord, granit après. On sent en le lisant que bien des choses regrettables sont restées dans sa tête, que le papier n'a qu'un à peu près, que ce génie n'est pas conformé de façon à s'exprimer complétement dans un livre, et qu'une plume n'est pas le meilleur conducteur possible pour tous les fluides comprimés dans ce cerveau plein de tonnerres. Mirabeau qui parle, c'est Mirabeau. Mirabeau qui parle, c'est l'eau qui coule, c'est le flot qui écume, c'est le feu qui étincelle, c'est l'oiseau qui vole, c'est une chose qui fait son bruit propre, c'est une nature qui accomplit sa loi. Spectacle toujours sublime et harmonieux.

Mirabeau à la tribune, tous les contemporains sont unanimes sur ce point maintenant, c'est quelque chose de magnifique. Là, il est bien lui, lui tout entier, lui tout-puissant. Là, plus de table, plus de papier, plus d'écritoire hérissée de plumes, plus de cabinet solitaire, plus de silence et de méditation; mais un marbre qu'on peut frapper, un escalier qu'on peut monter en courant, une tribune, espèce de cage de cette sorte de bête fauve, où l'on peut aller et venir, marcher, s'arrêter, souffler, haleter, croiser ses bras, crisper ses poings, peindre sa parole avec son geste, et illuminer une idée avec un coup d'œil; un tas d'hommes qu'on peut regarder fixement; un grand tumulte, magnifique accompagnement pour une grande voix; une foule qui hait l'orateur, l'assemblée, enveloppée d'une foule qui l'aime, le peuple; autour de lui toutes ces intelligences, toutes ces âmes, toutes ces passions, toutes ces médiocrités, toutes ces ambitions, toutes ces natures diverses et qu'il connaît, et desquelles il peut tirer le son qu'il veut comme des touches d'un immense clavecin; au-dessus de lui la voûte de la salle de l'Assemblée constituante, vers laquelle ses yeux se lèvent souvent comme pour y chercher des pensées : car on renverse les monarchies avec les idées qui tombent d'une pareille voûte sur une pareille tête.

Oh! qu'il est bien là sur son terrain, cet homme! qu'il y a bien le pied ferme et sûr! que ce génie qui s'amoindrissait dans des livres est grand dans un discours! comme la tribune change heureusement les conditions de la production extérieure pour cette pensée! Après Mirabeau écrivain Mirabeau orateur, quelle transfiguration!

Tout en lui était puissant. Son geste brusque et saccadé était plein d'empire. A la tribune, il avait un colossal mouvement d'épaules comme l'éléphant qui porte sa tour armée en guerre. Lui, il portait sa pensée. Sa voix, lors même qu'il ne jetait qu'un mot de son banc, avait un accent formidable et révolutionnaire qu'on démêlait dans l'assemblée comme le rugissement du lion dans la ménagerie. Sa chevelure, quand il secouait la tête, avait quelque chose d'une crinière. Son sourcil remuait tout, comme celui de Jupiter, *cuncta supercilio moventis*. Ses mains quelquefois semblaient pétrir le marbre de la tribune. Tout son visage, toute son attitude, toute sa personne était bouffie d'un orgueil pléthorique qui avait sa grandeur. Sa tête avait une laideur grandiose et fulgurante dont l'effet par moments était électrique et terrible. Dans les premiers temps, quand rien n'était encore visiblement décidé pour ou contre la royauté; quand la partie avait l'air presque égale entre la monarchie encore forte et les théories encore faibles; quand aucune des idées qui devaient plus tard avoir l'avenir n'était encore arrivée à sa croissance complète; quand la révolution, mal gardée et mal armée, paraissait facile à prendre d'assaut, il arrivait quelquefois que le côté droit, croyant avoir jeté bas quelque mur de la forteresse, se ruait en masse sur elle avec des cris de victoire: alors la tête monstrueuse de Mirabeau apparaissait à la brèche et pétrifiait les assaillants. Le génie de la révolution s'était forgé une égide avec toutes les doctrines amalgamées de Voltaire, d'Helvétius, de Diderot, de Bayle, de Montesquieu, de Hobbes, de Locke et de Rousseau, et avait mis la tête de Mirabeau au milieu. Il n'était pas seulement grand à la tribune, il était grand sur son siège ; l'interrupteur égalait en lui l'orateur. Il mettait souvent autant de choses dans un mot que dans un discours. *Lafayette a une armée*, disait-il à M. de Suleau, *mais j'ai ma tête*. Il interrompait Robespierre avec cette parole profonde : *Cet homme ira loin, car il croit tout ce qu'il dit*.

Il interpellait la cour dans l'occasion : *La cour affame le peuple. Trahison! Le peuple lui vendra la constitution pour du pain*. Tout l'instinct du grand révolutionnaire est dans ce mot.

L'abbé Sieyès! disait-il, *métaphysicien voyageant sur une mappemonde*. Posant ainsi une touche vive sur l'homme de théorie toujours prêt à enjamber les mers et les montagnes.

Il était par moments d'une simplicité admirable. Un jour, ou plutôt un soir, dans son discours du 3 mai, au moment où il luttait, comme l'athlète à deux cestes, du bras gauche contre l'abbé Maury et du bras droit contre Robespierre, M. de Cazalès, avec son assurance d'homme médiocre, lui jette cette interruption : — *Vous êtes un bavard, et voilà tout*. — Mirabeau se tourne vers l'abbé Goutes, qui occupait le fauteuil : *Monsieur le président*, dit-il avec une grandeur d'enfant, *faites donc taire M. de Cazalès qui m'appelle bavard*.

L'Assemblée nationale voulait commencer une adresse au roi par cette phrase : *L'assemblée apporte aux pieds de Votre Majesté une offrande*, etc. — *La majesté n'a pas de pieds*, dit froidement Mirabeau.

L'assemblée veut être un peu plus loin qu'*elle est ivre*

de la gloire de son roi. — Y pensez-vous, objecta Mirabeau ; *des gens qui font des lois et qui sont ivres !*

Quelquefois il caractérisait d'un mot, qu'on eût dit traduit de Tacite, l'histoire et le genre de génie de toute une maison souveraine. Il criait aux ministres, par exemple : *Ne me parlez pas de votre duc de Savoie, mauvais voisin de toute liberté.*

Quelquefois il riait. Le rire de Mirabeau, chose formidable. Il raillait la Bastille. « Il y a eu, disait-il, cinquante-« quatre lettres de cachet dans ma famille, et j'en ai eu « dix-sept pour ma part. Vous voyez que j'ai été traité en « aîné de Normandie. »

Il se raillait lui-même. Il est accusé par M. de Valfond d'avoir parcouru, le 6 octobre, les rangs du régiment de Flandre un sabre nu à la main et parlant aux soldats. Quelqu'un démontre que le fait concerne M. de Gamaches et non pas Mirabeau, et Mirabeau ajoute : « Ainsi, tout « pesé, tout examiné, la déposition de M. de Valfond n'a « rien de bien fâcheux que pour M. de Gamaches, qui se « trouve légalement et véhémentement soupçonné d'être « fort laid, puisqu'il me ressemble. »

Quelquefois il souriait. Lorsque la question de la régence se débat devant l'assemblée, le côté gauche pense à M. le duc d'Orléans, et le côté droit à M. le prince de Condé, alors émigré en Allemagne. Mirabeau demande qu'aucun prince ne puisse être régent sans avoir prêté serment à la constitution. M. de Montlosier objecte qu'un prince peut avoir des raisons pour ne pas avoir prêté serment ; par exemple, il peut avoir fait un voyage outremer... — Mirabeau reprend : « Le discours du préopinant « va être imprimé ; je demande à en rédiger l'erratum : « *outre-mer,* lisez *outre-Rhin.* » Et cette plaisanterie décide la question. Le grand orateur jouait ainsi quelquefois avec ce qu'il tuait. A en croire les naturalistes, il y a du chat dans le lion.

Une autre fois, comme les procureurs de l'assemblée avaient barbouillé un texte de loi de leur mauvaise rédaction, Mirabeau se lève : « Je demande à faire quel-« ques réflexions timides sur les convenances qu'il y aurait « à ce que l'Assemblée nationale de France parlât fran-« çais, et même écrivit en français les lois qu'elle pro-« pose. »

Par moments, au beau milieu de ses plus violentes déclamations populaires, il se rappelait tout à coup qui il était, et il avait de fières saillies de gentilhomme. C'était une mode oratoire alors de jeter dans tout discours une imprécation quelconque sur les massacres de la Saint-Barthélemy. Mirabeau faisait son imprécation comme tout le monde, mais il disait en passant : *Monsieur l'amiral de Coligny, qui, par parenthèse, était mon cousin.* La parenthèse était digne de l'homme dont le père écrivait : *Il n'y a qu'une mésalliance dans ma famille, les Médicis.* — *Mon cousin, monsieur l'amiral de Coligny ;* c'eût été impertinent à la cour de Louis XIV, c'était sublime à la cour du peuple de 1791.

Dans un autre instant il parlait aussi de son *digne cousin, monsieur le garde des sceaux* (1); mais c'était d'un autre ton.

Le 22 septembre 1789, le roi fait offrir à l'assemblée l'abandon de son argenterie et de sa vaisselle pour les besoins de l'État. Le côté droit admire, s'extasie et pleure. *Quant à moi,* s'écrie Mirabeau, *je ne m'apitoie pas aisément sur la faïence des grands.*

Son dédain était beau, son rire était beau ; mais sa colère était sublime.

(1) M. de Barentin. Séance du 24 juin 1789.

Quand on avait réussi à l'irriter, quand on lui avait tout à coup enfoncé dans le flanc quelqu'une de ces pointes aiguës qui font bondir l'orateur et le taureau; si c'était au milieu d'un discours, par exemple, il quittait tout sur-le-champ, il laissait là les idées entamées, il s'inquiétait peu que la voûte de raisonnements qu'il avait commencé à bâtir s'écroulât derrière lui faute de couronnement, il abandonnait la question net, et se ruait tête baissée sur l'incident. Alors, malheur à l'interrupteur! malheur au toréador qui lui avait jeté la vanderille! Mirabeau fondait sur lui, le prenait au ventre, l'enlevait en l'air, le foulait aux pieds. Il allait et venait sur lui, il le broyait, il le pilait. Il saisissait dans sa parole l'homme tout entier, quel qu'il fût, grand ou petit, méchant ou nul, boue ou poussière, avec sa vie, avec son caractère, avec son ambition, avec ses vices, avec ses ridicules; il n'omettait rien, il n'épargnait rien, il ne manquait rien; il cognait désespérément son ennemi sur les angles de la tribune; il faisait trembler, il faisait rire; tout mot portait coup, toute phrase était flèche; il avait la furie au cœur, c'était terrible et superbe. C'était une colère lionne. Grand et puissant orateur, beau surtout dans ce moment-là! C'est alors qu'il fallait voir comme il chassait au loin tous les nuages de la discussion! C'est alors qu'il fallait voir comme son souffle orageux faisait moutonner toutes les têtes de l'assemblée! Chose singulière! il ne raisonnait jamais mieux que dans l'emportement. L'irritation la plus violente, loin de disjoindre son éloquence dans les secousses qu'elle lui donnait, dégageait en lui une sorte de logique supérieure, et il trouvait des arguments dans la fureur comme un autre des métaphores. Soit qu'il fît rugir son sarcasme aux dents acérées sur le front pâle de Robespierre, ce redoutable inconnu qui, deux ans plus tard, devait traiter les têtes comme Phocion les discours; soit qu'il mâchât avec rage les dilemmes filandreux de l'abbé Maury, et qu'il les recrachât au côté droit tordus, déchirés, disloqués, dévorés à demi et tout couverts de l'écume de sa colère; soit qu'il enfonçât les ongles de son syllogisme dans la phrase molle et flasque de l'avocat Target; il était grand et magnifique, et il avait une sorte de majesté formidable que ne dérangeaient pas ses bonds les plus effrénés. Nos pères nous l'ont dit, qui n'avait pas vu Mirabeau en colère, n'avait pas vu Mirabeau. Dans la colère, son génie faisait la roue et étalait toutes ses splendeurs. La colère allait bien à cet homme, comme la tempête à l'Océan.

Et, sans le vouloir, dans ce que nous venons d'écrire pour figurer la surnaturelle éloquence de cet homme, nous l'avons peinte par la confusion même des images. Mirabeau, en effet, ce n'était pas seulement le taureau, ou le lion, ou le tigre, ou l'athlète, ou l'archer, ou l'aigle, ou le paon, ou l'aquilon, ou l'Océan; c'était, dans une série indéfinie de surprenantes métamorphoses, tout cela à la fois. C'était Protée.

Pour qui l'a vu, pour qui l'a entendu, ses discours sont aujourd'hui lettre morte. Tout ce qui était saillie, relief, couleur, haleine, mouvement, vie et âme, a disparu. Tout dans ces belles harangues aujourd'hui est gisant à terre, à plat sur le sol. Où est le souffle qui faisait tourbillonner toutes ces idées comme les feuilles dans l'ouragan! Voilà bien le mot; mais où est le geste? Voilà le cri, où est l'accent? Voilà la parole, où est le regard? Voilà le discours, où est la comédie de ce discours? Car, il faut le dire, dans tout orateur il y a deux choses, un penseur et un comédien. Le penseur reste, le comédien s'en va avec l'homme. Talma meurt tout entier, Mirabeau à demi.

Dans l'Assemblée constituante il y avait une chose qui épouvantait ceux qui regardaient attentivement, c'était la Convention. Pour quiconque a étudié cette époque, il est évident que dès 1789 la Convention était dans l'Assemblée constituante. Elle y était à l'état de germe, à l'état de fœtus, à l'état d'ébauche. C'était encore quelque chose d'indistinct pour la foule, c'était déjà quelque chose de terrible pour qui savait voir. Un rien sans doute ; une nuance plus foncée que la couleur générale ; une note détonnant parfois dans l'orchestre ; un refrain morose dans un cœur d'espérances et d'illusions ; un détail qui offrait quelque discordance avec l'ensemble ; un groupe sombre dans un coin obscur ; quelques bouches donnant un certain accent à de certains mots ; trente voix, rien que trente voix, qui devaient plus tard se ramifier, suivant une effrayante loi de multiplication, en Girondins, en Plaine et en Montagne : 93, en un mot, point noir dans le ciel bleu de 89. Tout était déjà dans ce point noir, le 21 janvier, le 31 mai, le 9 thermidor, sanglante trilogie ; Buzot, qui devait dévorer Louis XVI ; Robespierre, qui devait dévorer Buzot ; Vadier, qui devait dévorer Robespierre : trinité sinistre. Parmi ces hommes, les plus médiocres et les plus ignorés, Hébrard et Putraink, par exemple, avaient un sourire étrange dans les discussions, et semblaient garder sur l'avenir une pensée quelconque qu'ils ne disaient pas. A notre avis, l'historien devrait avoir des microscopes pour examiner la formation d'une assemblée dans le ventre d'une autre assemblée. C'est une sorte de gestation qui se reproduit souvent dans l'histoire, et qui, selon nous, n'a pas été assez observée. Dans le cas présent, ce n'était certes pas un détail insignifiant sur la surface du corps législatif que cette excroissance mystérieuse qui contenait l'échafaud déjà tout dressé du roi de France. C'était une chose qui devait avoir une forme monstrueuse que l'embryon de la Convention dans le flanc de la Constituante. Œuf de vautour porté par une aigle !

Dès lors beaucoup de bons esprits dans l'Assemblée constituante s'effrayaient de la présence de ces quelques hommes impénétrables qui semblaient se tenir en réserve pour une autre époque. Ils sentaient qu'il y avait bien des ouragans dans ces poitrines dont il s'échappait à peine quelques souffles. Ils se demandaient si ces aquilons ne se déchaîneraient pas un jour, et ce que deviendraient alors toutes les choses essentielles à la civilisation que 89 n'avait pas déracinées. Rabaut Saint-Etienne, qui croyait la Révolution finie et le disait tout haut, flairait avec inquiétude Robespierre, qui ne la croyait pas commencée et qui le disait tout bas. Les démolisseurs présents de la monarchie tremblaient devant les démolisseurs futurs de la société. Ceux-ci, comme tous les hommes qui ont l'avenir et qui le savent, étaient hautains, hargneux et arrogants, et le moindre d'entre eux coudoyait dédaigneusement les principaux de l'assemblée. Les plus nuls et les plus obscurs jetaient, selon leur humeur et leur fantaisie, d'insolentes interruptions aux plus graves orateurs; et, comme tout le monde savait qu'il y avait des événements pour ces hommes dans un prochain avenir, personne n'osait leur répliquer. C'est dans ces moments où l'assemblée qui devait venir un jour faisait peur à l'assemblée qui existait; c'est alors que se manifestait avec splendeur le pouvoir d'exception de Mirabeau. Dans le sentiment de sa toute-puissance, et sans se douter qu'il fît une chose si grande, il criait au groupe sinistre qui coupait la parole à la Constituante : *Silence aux trente voix!* et la Convention se taisait. Cet antre d'Eole resta silencieux et contenu tant que Mirabeau tint le pied sur le couvercle.

Mirabeau mort, toutes les arrière-pensées anarchiques firent irruption.

Nous le répétons d'ailleurs, nous croyons que Mirabeau est mort à propos. Après avoir déchaîné bien des orages dans l'Etat, il est évident que pendant un temps il a comprimé sous son poids toutes les forces divergentes auxquelles il était réservé d'achever la ruine qu'il avait commencée; mais elles se condensaient par cette compression même; et tôt ou tard, selon nous, l'explosion révolutionnaire devait trouver issue et jeter au loin Mirabeau, tout géant qu'il était. Concluons.

Si nous avions à résumer Mirabeau d'un mot, nous dirions : Mirabeau, ce n'est pas un homme, ce n'est pas un peuple, c'est un événement qui parle.

Un immense événement, la chute de la forme monarchique en France.

Sous Mirabeau, ni la monarchie ni la république n'étaient possibles. La monarchie l'excluait par sa hiérarchie, la république par son niveau. Mirabeau est un homme qui passe dans une époque qui prépare. Pour que l'envergure de Mirabeau s'y déployât à l'aise, il fallait que l'atmosphère sociale fût dans cet état particulier où rien de précis et d'enraciné dans le sol ne résiste, où tout obstacle à l'essor des théories se refoule aisément, où les principes qui feront un jour le fond solide de la société future sont encore en suspension, sans trop de forme ni de consistance, attendant, dans ce milieu où ils flottent pêle-mêle en tourbillon, l'instant de se précipiter et de se cristalliser. Toute institution assise a des angles auxquels le génie de Mirabeau se fût peut-être brisé l'aile.

Mirabeau avait un sens profond des choses. Il avait aussi un sens profond des hommes. A son arrivée aux états généraux, il observa longtemps en silence, dans l'assemblée et hors de l'assemblée, le groupe alors si pittoresque des partis. Il devina l'insuffisance de Mounier, de Malouet et de Rabaut Saint-Etienne, qui rêvaient une conclusion anglaise. Il jugea froidement la passion de Chapelier, la brièveté d'esprit de Pétion, la mauvaise emphase littéraire de Volney; l'abbé Maury, qui avait besoin d'une position,

Desprémesnil et Adrien Duport, parlementaires de mauvaise humeur, et non tribuns; Roland, ce zéro dont la femme était le chiffre; Grégoire, qui était à l'état de somnambulisme politique. Il vit tout de suite le fond de Sieyès, si peu pénétrable qu'il fût. Il enivra de ses idées Camille Desmoulins, dont la tête n'était pas assez forte pour les porter. Il fascina Danton, qui lui ressemblait en moins grand et en plus laid. Il n'essaya aucune séduction près des Guillermy, des Lautrec et des Cazalès, sortes de caractères insolubles dans les révolutions. Il sentait que tout allait marcher si vite, qu'on n'avait pas de temps à perdre. D'ailleurs, plein de courage et n'ayant jamais peur de l'homme du jour, ce qui est rare, ni de l'homme du lendemain, ce qui est plus rare encore, toute sa vie il fut hardi avec ceux qui étaient puissants; il attaqua successivement dans leur temps Maupeou et Terray, Calonne et Necker. Il s'approcha du duc d'Orléans, le toucha et le quitta aussitôt. Il regarda Robespierre en face et Marat de travers.

Il avait été successivement enfermé à l'île de Rhé, au château d'If, au fort de Joux, au donjon de Vincennes. Il se vengea de toutes ces prisons sur la Bastille.

Dans ses captivités, il lisait Tacite. Il le dévorait, il s'en nourrissait; et quand il arriva à la tribune, en 1789, il avait encore la bouche pleine de cette moelle de lion. On s'en aperçut aux premières paroles qu'il prononça.

Il n'avait pas l'intelligence de ce que voulaient Robespierre et Marat. Il regardait l'un comme un avocat sans causes et l'autre comme un médecin sans malades, et il supposait que c'était le dépit qui les faisait divaguer. Opinion qui d'ailleurs avait son côté vrai. Il tournait le dos complétement aux choses qui venaient à si grands pas par derrière lui. Comme tous les régénérateurs radicaux, il avait l'œil bien plus fixé sur les questions sociales que sur les questions politiques. Son œuvre, à lui, ce n'est pas la république, c'est la révolution.

Mirabeau n'importe pas moins à l'œuvre générale du dix-huitième siècle que Voltaire. Ces deux hommes avaient des missions semblables, détruire les vieilles choses et préparer les nouvelles. Le travail de l'un a été continu et l'a occupé, aux yeux de l'Europe, durant toute sa longue vie. L'autre n'a paru sur la scène que peu d'instants. Pour faire leur besogne commune, le temps a été donné à Voltaire par années et à Mirabeau par journées. Cependant Mirabeau n'a pas moins fait que Voltaire. Seulement l'orateur s'y prend autrement que le philosophe. Chacun attaque la vie du corps social à sa façon. Voltaire décompose, Mirabeau écrase. Le procédé de Voltaire est en quelque sorte chimique, celui de Mirabeau est tout physique. Après Voltaire, une société est en dissolution; après Mirabeau, en poussière. Voltaire, c'est un acide; Mirabeau, c'est une massue.

Ce qui prouve qu'il est le vrai grand homme essentiel de ces temps-là, c'est qu'il est resté plus grand qu'aucun des hommes qui ont grandi après lui dans le même ordre d'idées que lui.

Son père, qui ne le comprenait pas plus, quoiqu'il l'eût engendré, que la Constituante ne comprenait la Convention, disait de lui : *Cet homme n'est ni la fin ni le commencement d'un homme.* Il avait raison. Cet « homme » était la fin d'une société et le commencement d'une autre.

VII

Si maintenant, pour compléter l'ensemble que nous avons essayé d'ébaucher, de Mirabeau et de son époque nous reportons les yeux sur nous, il est aisé de voir, au point où se trouve aujourd'hui le mouvement social commencé en 89, que nous n'aurons plus d'hommes comme Mirabeau, sans que personne puisse dire d'ailleurs précisément de quelle forme seront les grands hommes politiques que nous réserve l'avenir.

Les Mirabeau ne sont plus nécessaires, donc ils ne sont plus possibles.

La Providence ne crée pas des hommes pareils quand ils sont inutiles. Elle ne jette pas de cette graine-là au vent.

Et, en effet, à quoi pourrait servir maintenant un Mirabeau? Un Mirabeau, c'est une foudre. Qu'y a-t-il à foudroyer? Où sont dans la région politique les objets trop haut placés qui attirent le tonnerre? Nous ne sommes plus comme en 1789, où il y avait dans l'ordre social tant de choses disproportionnées.

Aujourd'hui le sol est à peu près nivelé; tout est plane, rase, uni. Un orage comme Mirabeau qui passerait sur nous ne trouverait pas un seul sommet où s'accrocher.

Ce n'est pas à dire, parce que nous n'aurons plus besoin d'un Mirabeau, que nous n'ayons plus besoin de grands hommes. Bien au contraire. Il y a certes beaucoup à travailler encore. Tout est défait, rien n'est refait.

Dans les moments comme celui où nous sommes, le parti de l'avenir se divise en deux classes, les hommes de révolution, les hommes de progrès. Ce sont les hommes de révolution qui déchirent la vieille terre politique, creusent le sillon, jettent la semence; mais leur temps est court. Aux hommes de progrès appartient la lente et laborieuse culture des principes, l'étude des saisons propices à la greffe de telle ou telle idée, le travail au jour le jour, l'arrosement de la jeune plante, l'engrais du sol, la récolte pour tous. Ils vont courbés et patients, sous le soleil ou sous la pluie, dans le champ public, épierrant cette terre couverte de ruines, extirpant les chicots du passé qui accrochent encore çà et là, déracinant les souches mortes des anciens régimes, sarclant les abus, cette mauvaise herbe qui pousse si vite dans toutes les lacunes de la loi. Il leur faut bon œil, bon pied, bonne main. Dignes et consciencieux travailleurs, souvent bien mal payés !

Or, selon nous, à l'heure qu'il est, les hommes de révolution ont accompli leur tâche. Ils ont eu tout récemment encore leurs trois jours de semailles en juillet. Qu'ils laissent faire maintenant les hommes de progrès. Après le sillon, l'épi.

Mirabeau, c'est un grand homme de révolution. Il nous faut maintenant le grand homme du progrès.

Nous l'aurons. La France a une initiative trop importante dans la civilisation du globe pour que les hommes spéciaux lui fassent jamais faute. La France est la mère majestueuse de toutes les idées qui sont aujourd'hui en mission chez tous les peuples. On peut dire que la France depuis deux siècles nourrit le monde du lait de ses mamelles. La grande nation a le sang généreux et riche et les entrailles fécondes; elle est inépuisable en génies; elle tire de son sein toutes les grandes intelligences dont elle a besoin ; elle a toujours des hommes à la mesure de ses événements, et il ne lui manque dans l'occasion ni des Mirabeau pour commencer ses révolutions ni des Napoléon pour les finir.

La Providence ne lui refusera certainement pas le grand homme social, et non plus seulement politique, dont l'avenir a besoin.

En attendant qu'il vienne, sans doute, à peu d'exceptions près, les hommes qui font de l'histoire pour le moment sont petits; sans doute il est triste que les grands corps de l'Etat manquent d'idées générales et de larges sympathies; sans doute il est affligeant qu'on emploie à des badigeonnages le temps qu'on devrait donner à des constructions; sans doute il est étrange qu'on oublie que la souveraineté véritable est celle de l'intelligence, qu'il faut avant tout éclairer les masses, et que, quand le peuple sera intelligent, alors seulement le peuple sera souverain ; sans doute il est honteux que les magnifiques prémisses de 89 aient amené de certains corollaires comme une tête de sirène amène une queue de poisson, et que des gâcheurs aient pauvrement plaqué tant de lois de plâtre sur des idées de granit ; sans doute il est déplorable que la Révolution française ait eu de si maladroits accoucheurs : sans doute, mais rien d'irréparable n'a encore été fait ; aucun principe essentiel n'a été étouffé dans l'enfantement révolutionnaire ; aucun avortement n'a eu lieu ; toutes les idées qui importent à la civilisation future sont nées viables, et prennent chaque jour force, taille et santé. Certes, quand 1814 est arrivé, toutes ces idées, filles de la Révolution, étaient bien jeunes et bien petites encore et tout à fait au berceau ; et la Restauration, il faut en convenir, leur a été une maigre et mauvaise nourrice. Cependant, il faut en convenir aussi, elle n'en a tué aucune. Le groupe des principes est complet. A l'heure où nous sommes, toute critique est possible ; mais l'homme sage doit avoir pour l'époque entière un regard bienveillant. Il doit espérer, se confier, attendre. Il doit tenir compte aux hommes de théorie de la lenteur avec laquelle poussent les idées ; aux hommes de pratique, de cet étroit et utile amour des choses qui sont, sans lequel la société se désorganiserait dans les expériences successives ; aux passions, de leurs digressions généreuses et fécondantes ; aux intérêts, de leurs calculs qui rattachent les classes entre elles à défaut de croyances ; aux gouvernements, de leurs tâtonnements vers le bien dans l'ombre ; aux oppositions, de l'aiguillon qu'elles ont sans cesse au poing et qui fait tracer au bœuf le sillon ; aux partis mitoyens, de l'adoucissement qu'ils apportent aux transitions ; aux partis extrêmes, de l'activité qu'ils impriment à la circulation des idées, lesquelles sont le sang même de la civilisation; aux amis du passé, du soin qu'ils prennent de quelques racines vivaces; aux zélateurs de l'avenir, de leur amour pour ces belles fleurs qui seront un jour de beaux fruits; aux hommes mûrs, de leur modération; aux hommes jeunes, de leur patience; à ceux-ci, de ce qu'ils font; à ceux-là, de ce qu'ils veulent faire; à tous, de la difficulté de tout.

Nous ne nierons pas d'ailleurs tout ce que l'époque où nous vivons a d'orageux et de trouble. La plupart des hommes qui font quelque chose dans l'État ne savent pas ce qu'ils font. Ils travaillent dans la nuit sans y voir. Demain, quand il fera jour, ils seront peut-être tout surpris de leur œuvre. Charmés ou effrayés, qui sait? Il n'y a plus rien de certain dans la science politique; toutes les boussoles sont perdues; la société chasse sur ses ancres; depuis vingt ans on lui a déjà changé trois fois ce grand mât qu'on appelle la *dynastie*, et qui est toujours le premier frappé de la foudre.

La loi définitive de rien ne se révèle encore. Le gouvernement, tel qu'il est, n'est l'affirmation d'aucune chose; la presse, si grande et si utile d'ailleurs, n'est qu'une négation perpétuelle de tout. Aucune formule nette de civilisation et de progrès n'a encore été rédigée.

La Révolution française a ouvert pour toutes les théories sociales un livre immense, une sorte de grand testament. Mirabeau y a écrit son mot, Robespierre le sien, Napoléon le sien. Louis XVIII y a fait une rature. Charles X a déchiré la page. La chambre du 7 août l'a recollée à peu près, mais voilà tout. Le livre est là, la plume est là. Qui osera écrire? Les hommes actuels semblent peu de chose sans doute; cependant quiconque pense doit fixer sur l'ébullition sociale un regard attentif.

Certes, nous avons ferme confiance et ferme espoir.

Eh! qui ne sent que dans ce tumulte et dans cette tempête, au milieu de ce combat de tous les systèmes et de toutes les ambitions qui fait tant de fumée et tant de poussière, sous ce voile qui cache encore aux yeux la statue sociale et providentielle à peine ébauchée, derrière ce nuage de théories, de passions, de chimères qui se croisent, se heurtent et s'entre-dévorent dans l'espèce de jour brumeux qu'elles déchirent de leurs éclairs, à travers ce bruit de la parole humaine qui parle à la fois toutes les langues par toutes les bouches, sous ce violent tourbillon de choses, d'hommes et d'idées qu'on appelle le dix-neuvième siècle, quelque chose de grand s'accomplit?

Dieu reste calme et fait son œuvre.

FIN

TABLE.

DERNIER JOUR D'UN CONDAMNÉ.................. 1

LITTÉRATURE ET PHILOSOPHIE MÊLÉES.

BUT DE CETTE PUBLICATION........................ 133
JOURNAL DES IDÉES, DES OPINIONS ET DES LECTURES D'UN
    JEUNE JACOBITE DE 1819...................... 165
        Histoire............................ 167
        Fragments de critique................. 182
        Théâtre............................. 202
        Fantaisie........................... 207
JOURNAL DES IDÉES ET DES OPINIONS D'UN RÉVOLUTIONNAIRE
    DE 1830................................... 257
        Août.............................. 259
        Septembre......................... 262
        Octobre........................... 269
        Novembre.......................... 272
        Décembre.......................... 273
        Janvier............................ 277
        Février............................ 277
        Mars.............................. 278
        Derniers feuillets sans date............ 279

1823-1824.

Sur Voltaire....................................... 287
Sur Walter Scott (à propos de *Quentin Durward*)...... 298

Sur l'abbé de Lamennais (à propos de l'*Essai sur l'in-
  différence en matière de religion*).................. 308
Sur lord Byron (à propos de sa mort)................ 313
Idées au hasard.................................... 323

1827.
Fragment d'histoire................................. 332

1830.
Sur M. Dovalle..................................... 342

1825-1832.
Guerre aux démolissseurs ! { 1825.................. 348
                             { 1832.................. 353

1833.
Ymbert Galloix..................................... 370

1834.
Sur Mirabeau....................................... 397

FIN DE LA TABLE.

Ch. Lahure, imprimeur du Sénat et de la Cour de Cassation,
rue de Vaugirard, 9, près de l'Odéon.

www.ingramcontent.com/pod-product-compliance
Lightning Source LLC
Chambersburg PA
CBHW051822230426
43671CB00008B/809